譯註 中國 正史 東夷傳 4
晉書~新五代史 新羅

동북아역사 자료총서 40

譯註 中國 正史 東夷傳 4　晉書~新五代史 新羅

차례

해제 …………………………………………… 005

『진서(晉書)』 진한전 ………………………… 015

『남제서(南齊書)』 만·동남이전 …………… 023

『양서(梁書)』 신라전 ………………………… 029

『남사(南史)』 신라전 ………………………… 049

『북사(北史)』 신라전 ………………………… 055

『수서(隋書)』 신라전 ………………………… 073

『구당서(舊唐書)』 신라전 …………………… 081

『신당서(新唐書)』 신라전 …………………… 117

『구오대사(舊五代史)』 신라전 ……………… 153

『신오대사(新五代史)』 신라전 ……………… 157

신라 관련 『괄지지(括地志)』 일문(逸文) …… 163

참고문헌 ……………………………………… 166

譯註 中國 正史 東夷傳 4　晉書~新五代史 新羅

일러두기

1. 이 자료의 구성은 범례-원문-역주 순으로 구성하였다. 참고문헌의 경우 각주에서는 서지정보만 소개하고, 참고문헌에 구체적인 내용을 수록하였다.
2. 범례는 '한국고전번역원'의 것을 준용하였다. 한글 사용을 지향하였지만, 정확한 의미 전달을 위해 필요한 경우 한자를 병기하였다.
3. 원문은 「남감본」을 저본으로 하였으며, 교감이 필요한 경우 부분적으로 다른 판본을 적용하였다.
4. 원문 교감의 경우 사서마다 각각 표기하는 것을 원칙으로 하였다.
5. 번역은 가능한 원문의 내용을 그대로 옮기는 것을 원칙으로 하였지만, 원래의 의미를 벗어나지 않는 범위 내에서 보충하였다. 보충 내용은 [ ]로 표시하고, 참고사항이나 연도 등은 ( )을 사용하였다.
6. 역주 본문은 가급적 한글 사용을 원칙으로 하고, 지명·인명 등 고유명사와 동음이형자 등 필요한 경우에만 한자를 병기하였다. 한글·한자 병기의 경우 한글과 한자의 음이 같으면 ( ) 표시를 사용하고, 음이 다르면 [ ]를 사용하였다.
7. 역주 본문의 내용 가운데 세주는 【 】를 통해 표시하였다.
8. 역주 본문에서 역주자의 견해를 보충하거나 참고문헌을 제시할 경우 각주 달기를 원칙으로 하였다.
9. 본문 제목은 한글로 사용하였다. 참고문헌은 필자, 발행연도, 논문 제목, 발행자 순으로 적었다.
10. 맞춤법과 띄어쓰기, 외래어 표기법은 국립국어원 규정에 따랐다. 단 중국 지명은 현지음으로 표기하지 않고, 우리식 한자음으로 표기하였다.
11. 기원전은 연도에 각각 표기하였고, 기원후 혹은 서기는 생략하였다. 왕력을 먼저 사용하는 경우에는 연도를 ( ) 안에 표기하였다.
12. 중국의 간자체는 모두 우리식 한자음으로 표기하였다.

> 해제

중국 정사 동이전의 교감과 역주

1

중국 정사(正史)는 사학을 비롯하여 사상·문학 등 중국학(中國學) 연구의 기본적인 전적(典籍)이다. 아울러 열전(列傳)에 수록된 외국전(外國傳)은 중국 주변 민족의 사회와 문화 그리고 정치와 대외관계까지도 가늠해 볼 수 있다. 고려시대 이전의 역사서가 남아 있지 않은 한국사 연구에서 중국 사서 「동이전」(이하 한국 관련 「외국전」을 「동이전」으로 칭함)이 차지하는 비중은 시대가 올라갈수록 높다고 할 수 있다. 「동이전」을 통해 고대 중국인의 한국관과 그 시대적 변화상을 알 수 있기 때문이다.[1]

『사기(史記)』부터 『명사(明史)』에 이르는 중국 왕조의 역사서를 흔히 '이십사사(二十四史, 이하 24사로 약함)'라 하고, 여기에 『신원사(新元史)』를 합쳐 '이십오사(二十五史)'라 일컫는다. 그리고 24사에 채택된 사서에 '정사(正史)'라는 표현을 붙이고 있다. 청대 건륭(乾隆) 황제가 24사를 직접 흠정(欽定)한 이후로 정사라는 명칭은 전적으로 24사만을 가리키게 되었다.

정사라는 표현은 남조 양무제(梁武帝)대에 완효서(阮孝緖)가 쓴 『정사삭번(正史削繁)』에서 처음 사용되었지만, 『수서(隋書)』 경적지(經籍志)에서 『사기』와 『한서(漢書)』를 정사로 분류하고 사부(史部)의 첫머리에 올려놓은 데 연유한다. 곧 사마천(司馬遷)의 『사기』와 반고(班固)의 『한서』를 모방한 기전체 사서를 정사라 한 것이다.[2]

---

1 高柄翊(1970), 「中國正史의 外國列傳—朝鮮傳을 중심으로」, 『東亞交涉史의 硏究』, 서울대학교출판부 ; 全海宗(1985), 「古代 中國人의 韓國觀」, 『韓國史學』 6, 한국정신문화연구원.

2 自是世有著述, 皆擬班·馬, 以爲正史, 作者尤廣. 一代之史, 至數十家 … 今依其世代, 聚而編之, 以備正史(『隋書』 33, 經籍志 史部 序).

24사 가운데 『사기』부터 『구당서(舊唐書)』에 이르는 16사는 북송(北宋) 이전에 편찬된 것이다. 『사기』와 『한서』는 처음에는 간책(簡冊)이었고, 『삼국지(三國志)』 이후의 사서는 종이에 필사되어 유전(流傳)된 것이다.

이처럼 사본(寫本)으로 유전된 사서는 송대의 문치주의와 과거에 의한 관리 채용에 따른 수요가 늘어나면서, 차례로 목판에 새겨 간각(刊刻)되었다. 북송 순화(淳化) 5년(994)에 『사기』를 시작으로, 『한서』(1004)·『후한서』(1034)가 나왔다. 이어 함평(咸平) 3년(1000)에는 『삼국지』·『진서(晉書)』·『구당서』, 1026년에는 『남사(南史)』·『북사(北史)』를 판각하였다. 남송에 들어서도 소흥(紹興) 4년(1034)에 『수서』가 나왔고, 가우(嘉祐) 6년(1061)에 이르러 남북조 7사[『송서(宋書)』·『남제서(南齊書)』·『양서(梁書)』·『진서(陳書)』·『위서(魏書)』·『북제서(北齊書)』·『주서(周書)』]까지 간행되었다.[3]

목판에 새겨 인쇄한 이후로는 필사 도중 생길 수밖에 없는 착간(錯簡)과 상습적인 오자 및 누락, 줄이고 고치는 절문(節文)과 개문(改文)의 오류를 더이상 겪지 않게 되었다. 그러나 인쇄에 의한 서적 간행이 보편화되면서 한대(漢代) 이래 전해오던 다양한 필사본은 자취를 감추고 말았다. 한 번 잘못 새겨진 내용은 바로잡을 방법이 사라진 것이다.

이 때문에 판본은 짧은 기간 획일화되어 갔지만, 송원대(宋元代) 고판본(古版本)의 중요성은 더욱 높아졌다. 목판을 통한 반복된 인쇄 과정에서 부스러져 개각(改刻)을 하거나 분실된 판목(版木)을 보각(補刻)하는 과정에서 모본(母本)의 역할을 하였기 때문이다.

오늘날 우리가 볼 수 있는 중국 정사는 송대 이후 목판 인쇄물이다. 고판본이라 하여도 수백 년에서 천년 가까운 사본의 시대를 거쳐 정본(定本)으로 정착한 것이다. 『한서』와 『삼국지』 등 필사본 잔권(殘卷)이 돈황과 투르판의 사막에서 발견된다. 『삼국지』만 하여도 이미 서진대 필사본과 오늘날 『삼국지』의 차이가 적지 않다고 알려져 있다.[4]

이처럼 중국 정사의 필사와 인쇄 과정에서 나타난 왜곡 현상은 「동이전」의 경우도 마찬가지였다. 특히 한국고대사의 시작과 국가 형성기에 해당하는 『사기』와 『한서』 「조선전」, 『후한서』와 『삼국지』 「동이전」의 사소한 자구(字句) 차이도 연구상의 쟁점이 되고 있음은 잘 알려진 사실이다. 「동이전」 원문에 대한 충실한 교감(校勘)이 강조되는 까닭이다.

---

3   尾崎康(1989), 「北宋および元代のおける正史の開版」, 『正史宋元版の研究』, 汲古書院, 9~19쪽.
4   片山章雄(1992), 「吐魯番·燉煌發見の《三國志》寫本殘卷」, 『東海史學』 26, 東海大學史學會.

2

중국 정사 「동이전」에 대한 교감은 『사기』와 『한서』에 대한 주석(注釋)으로부터 시작되었다. 후한대 사회가 안정되면서 지식인은 물론 정치적 수요와 관심이 크게 늘어난 데 따른 것이다. 특히 『한서』는 후한의 정통성을 정립하고 충효를 강조하여 역대 제왕(帝王)의 각별한 관심을 받았는데, 이는 남북조시대를 거쳐 당대까지도 지속되었다. 따라서 『한서』에 주석을 다는 것은 집필자의 학문적 권위를 드러내고 명성을 알리는 수단이었다.

이 때문에 후한대 복건(服虔, ?~192)을 시작으로 응소(應劭, ?~204)는 여러 주석을 모아 『한서집해음의(漢書集解音義)』(24권)를 성서(成書)하는 등 당대 안사고(顔師古)의 한서주(漢書注) 이전에 이미 50가(家)의 『한서』 주석이 성행하였다. 반면 『사기』의 주석은 『한서』에 비해 저조하였다. 주석의 내용도 처음에는 『한서』의 주석을 옮겨 놓는 수준이었다. 이후 남조 송대 배인(裴駰, 371~451)의 『사기집해(史記集解)』(80권)에 이어 당대 사마정(司馬貞, 679~732)의 『사기색은(史記索隱)』(30권)과 장수절(張守節)의 『사기정의(史記正義)』(30권)로 결집되고, 남송대에 합각(合刻)되어 오늘에 이른다. 이를 『사기』 삼가주(三家注)라고 부른다.

『사기』와 『한서』 「조선전」에 대한 주석은 고조선과 예맥 등 한국고대사 연구에 필수적인 자료이다. 고조선의 중심지와 한사군의 위치 문제는 거의 전적으로 두 사서의 내용과 주석에 의존할 수밖에 없다. 그러나 그 내용과 주석에 역사적 사실과 배치되는 글이나 상호 모순되는 이문(異文)이 적지 않다. 현재 전해지는 주석도 거듭된 필사와 여러 주문(注文)을 모으는 집주(集注) 과정에서 일일이 원문을 대조하여 작성된 것이 아니었고, 주석자에 따라 위치 변동, 첨삭과 축약이 반복되었다. 『사기』와 『한서』 주문을 이용한 연구에 있어서 유의해야 할 부분이다.[5]

후한에서 위진대까지의 사정을 전하는 중국 정사는 『후한서』와 『삼국지』이다. 두 사서의 「동이전」은 한국 고대국가의 형성기에 존재하였던 여러 지역 정치체의 생활상을 보여주고 있다. 「동이전」의 경우 『삼국지』를 대본으로 범엽(范曄, 398~445)이 『후한서』를 작성한 것으로 알려져 있다. 『삼국지』 또한 진수(陳壽, 233~297)가 그에 앞선 어환(魚豢)의 『위략(魏略)』을 대본으로 「동이전」을 저술하였다. 『위략』은 남조 송대 배송지(裴松之, 372~451)가 『삼국지』에 주문을 달면서 인용하여 그 편린을 짐작해 볼 수 있을 뿐이다.

『후한서』와 『삼국지』의 「동이전」이 지니는 높은 사료적 가치에도 불구하고, 이를 이용하는 데 있어서 자구의 차이와 난해한 문구(文句)로 인한 혼란이 연구의 장애가 된 지 오래다.

---

5 尹龍九(2017), 「《사기》·《한서》 注文에 보이는 '古朝鮮' 관련 기사」, 『한국고대사연구』 85, 154~180쪽.

이는 『위략』을 원자료로 하여 『삼국지』 「동이전」을 저술함에 있어서 삭제와 축약 그리고 개문(改文)을 한 데서 비롯되었다.[6] 여기에 『후한서』 「동이전」 또한 『위략』을 보지 않고, 『삼국지』만을 대본으로 재편성하면서 혼란이 가중된 것이다.[7]

24사 가운데 『사기』와 『한서』 그리고 『후한서』와 『삼국지』 등 이른바 전사서(前四書)에만 주석이 이루어져 왔다. 오랜 사본의 시기를 거친 데다, 북송 이후 간본(刊本)에서도 반복된 판각으로 인한 자구 이동이 어느 사서보다 심하였기 때문이다.

송원대에 판각된 중국 정사 「동이전」에 대한 교감 내용은 알려져 있지 않다. 이는 송원대 판본이 연구 자료로 공개되지 않았기 때문이다. 1930년대에 간행된 백납본(百衲本) 24사를 통해 송원대 판본의 단편을 볼 수 있을 뿐이다.

남송 소흥 14년(1144)에 남북조 7사를 중국 사천 미산(眉山)에서 판각하였는데, 이를 '미산 7사'라 부른다. 현재 '미산 7사'는 전하지 않아 전체상을 알기 어렵다. 원 대덕(大德, 1297~1307) 연간에도 대규모 판각이 이루어졌다. 이른바 '원 대덕 구로유학간 10사(元大德九路儒學刊十史)'이다. 줄여서 '대덕구로본'이라 한다. 당시 강절행성(江浙行省) 관할 아래에 있는 구로의 유학에서 이 사업을 분담하여 판각하였다. 당초에는 '미산 7사'를 포함하여 17사로 계획되었으나 이루어지지 않았다. 현재 전하는 것도 희귀하여 「동이전」 교감에 사용하지 못하였다.[8]

명대에 판각한 중국 정사는 남경과 북경의 국자감(國子監)에서 간행한 '21사(二十一史)'와 모진(毛晉)이 간행한 급고각본(汲古閣本) '17사(十七史)'가 있다. 가정(嘉靖) 7년(1528)부터 11년(1532) 사이에 남경국자감본, 즉 남감본(南監本)이 간행되었고, 북경국자감본, 즉 북감본(北監本)은 만력(萬曆) 24년(1596)에서 34년(1606) 사이에 나왔다. 21사는 송대의 17사에 『송사(宋史)』・『요사(遼史)』・『금사(金史)』・『원사(元史)』를 더한 것이다. 남감본은 교각(校刻)이 매우 심한 사서로 알려져 있으나, 현존하는 가장 오래된 완질의 판목이다. 이 때문에 청대 이후 중국 정사를 간행할 때 저본(底本)으로 사용되었다. 급고각본 17사는 송원대에 나온 17사를 판각한 것으로 알려져 있다. 그러나 『삼국지』 외에는 많이 활용되지 않았다.

「동이전」에 대한 표점은 명 만력 연간에 나온 진인석(陳仁錫, 1579~1634)의 『삼국지』 평점본(平點本)이 처음이 아닌가 생각한다.[9] 이 본은 표점과 함께 주요 고유명사를 두주(頭注)로

---

6 全海宗(1980), 『東夷傳의 文獻的 硏究』, 일조각.
7 尹龍九(1998), 「3세기 이전 中國史書에 나타난 한국고대상」, 『한국고대사연구』 14.
8 尾崎康(1989), 「宋元代における正史の刊刻」, 『正史宋元版の硏究』, 汲古書院, 94~144쪽.
9 이하 내용은 尹龍九(2010), 「《三國志》 판본과 東夷傳 교감」, 『韓國古代史研究』 60, 63~70쪽의 내용을 재편성한 것이다.

표기하여 독자의 이해를 돕고 있다. 이에 앞서 『사통(史通)』, 『십칠사상각(十七史商榷)』 등의 사평(史評)이나, 청대 고증학이 이룬 사서별 보표(補表)가 많지만, 원문의 문헌적인 이해에는 도움이 되지 못하였다.

본격적인 「동이전」 교감은 1739년 무영전본(武英殿本)을 교간(校刊)하면서 작성한 '고증(考證)'이 권말마다 부기(附記)된 것이 아닌가 여겨진다. 이른바 '전본고증(殿本考證)'이다. 전본고증 이후 민국(民國) 초에 이르기까지 10여 종의 교감과 주석서가 나왔다.[10] 그러나 여전히 「동이전」에 관한 교감은 항목 수가 적고, 내용도 소략하였다.

1931~1936년에 걸쳐 상해 상무인서관(商務印書館)에서 장원제(張元濟)의 주도로 백납본24사(百衲本二十四史)가 간행되었다. 당시까지 남아 있는 송원대 선본(善本)을 찾아 이를 축소·영인한 것이다. 후술한 대로 교감에 사용한 수많은 전적은 대부분 사라졌다. 송원대 판본 못지않게 '백납본 이십사사'가 중시되는 까닭이다. 그러나 백납본은 순수한 영인본이 아니었다. 송본(宋本)을 무영전본과 대교하고, 이자(異字)가 있는 여러 판본과 주석서를 참교(參校)하여 수정한 교간본(校刊本)이다.

장원제는 교간 과정에서 저본으로 삼은 송본과 차이가 나는 내용을 비롯하여 수정한 자구를 정리한 『백납본교감기(百衲本校勘記)』를 작성하고 그 대강을 『교사수필(校史隨筆)』로 간행하였다. 그러나 1932년 상해사변과 뒤이은 중일전쟁으로 수집한 자료가 거의 소진(燒盡)되었다. 『백납본교감기』의 존재는 잊혀져 있다가 1990년대 말이 되서야 일부가 세상에 공개되었다.

백납본은 그 이전의 교감과는 현격한 차이가 있다. 당시까지 통행본(通行本)이었던 무영전본의 문제점을 해결하는 데 주안점을 두었다. 이를 위해 백납본에 사용된 송본을 전본(殿本)과 대교하고, 여기에 사본에서 명청대 판본까지를 동원하여 참교(參校)하였다.[11] 백납본은 현재 중국 정사 교감의 남본(藍本)으로서의 위치를 차지하고 있다. 그러나 순수한 영인본이 아니라는 사실은 백납본 「동이전」을 이용할 때도 유의할 대목이다. 『삼국지』 「동이전」만 하여도 54개소 58자에 대하여 교감을 하였고, 이 중에 13곳을 개자(改字)하였다. 「한전(韓傳)」이

---

10 『二十五史補編』, 二十五史刊行委員會, 開明書店, 1936(中華書局, 1956) ; 『二十四史研究資料叢刊-後漢書三國志補表三十種』(全3冊), 中華書局, 1984 ; 『二十五史三編』第4分冊(三國志屬), 長沙 : 岳麓書社, 1994 ; 『二十四史訂補-魏晉南北朝正史訂補文獻匯編 1』, 書目文獻出版社, 1996(北京圖書館出版社, 2004).

11 張元濟는 殿本과 汲古閣本은 南監本을 저본으로 한 까닭에 누락과 잘못이 많다는 점을 百衲本 간행의 이유로 삼았다. 張元濟(1938), 「三國志」, 『校史隨筆』, 長沙 : 商務印書館 ; 張元濟(2003), 『張元濟古籍書目序跋彙編(上)』, 北京 : 商務印書館, 49~56쪽.

가장 많은 16곳을 교감하고 이 가운데 7자를 다른 글자로 수정하였다.[12]

백납본이 간행된 이후「동이전」연구의 중심은 일본 측 연구자에게 옮아갔다. 1933년 조선사편수회(朝鮮史編修會)에서는『조선사(朝鮮史)』를 편찬하면서 중국 사료를 편년기(編年記)로 구성하고, 말미에『사기』부터『구당서』·『신당서(新唐書)』까지의「동이전」과 두우(杜佑)의『통전(通典)』「동이전」을 더하여 별록(別錄)으로 편집하였다. 별록에 수록된「동이전」은 백납본에 사용된 송원대 판본과 명말의 급고각본을 저본으로 삼았다. 여기에『한원(翰苑)』·『태평어람(太平御覽)』등의 유서(類書)나,『자치통감(資治通鑑)』등의 편년기를 사용하여 사서별「동이전」에 두주(頭注)를 달았다.

『삼국지』의 경우는 1930년대에 주목할 만한 주석서들이 연이어 나왔다. 1936년 노필(盧弼)의『삼국지집해(三國志集解)』가 오랜 준비 끝에 성서(成書)되어『삼국지』관련 여러 주석서가 결집되었으나, 백납본은 이용하지 않았다. 그는 금릉서국(金陵書局) 간행의 급고각본 교간본과 원각본을 비교하여 사용하였다. 노필의『삼국지집해』와 동시에 성서된 주석서로는 역배기(易培基)의『삼국지보주(三國志補注)』와 조유문(趙幼文)의『삼국지교전(三國志校箋)』이 있다. 역배기는 명 오씨(吳氏) 서상당본(西爽堂本)을 저본으로 여러 판본을 비교하였고, 조유문은 성도서국(成都書局)에서 영인한 무영전본을 사용하였다.

1959년에서 1970년대 초까지 중화서국은 표점과 교감을 한『점교본(點校本) 25사(二十五史)』를 간행하였다. 명대 남감본에 의한 금릉서국본이 저본이다. 여기에 백납본, 무영전본, 강남서국(江南書局) 급고각본을 비교하고, 진내건(陳乃乾)이 교점(校點)하여 간행한 것이다. 이 때문에 '진교본(陳校本)'으로도 불린다. 점교본은 1982년에 제2판을 냈지만 보급을 늘리기 위해 장정을 달리하고 책수를 늘렸을 뿐, 원문 교감은 처음과 같았다.

점교본의 문제점은 25사 전편에 걸쳐 끊임없이 제기되었는데,『삼국지』의 경우 오금화(吳金華)가 백납본을 저본으로 하여 2002년 악록서사(岳麓書社)에서 간행한『수정본 삼국지(修訂本三國志)』(상·하 2책)가 나오기도 하였다.

이와 전후하여『점교본 25사』전체를 새로 교감한 수정본(修訂本)의 간행을 중화서국에서 진행하고 있다. 2013년『신정본 사기』(전 10책)를 시작으로 연차적으로 간행하고 있다.[13] 이 밖에 24사 전체에 주석을 새로 붙이는 '금주본 24사(今注本 二十四史)'의 간행도 진행 중이다.

---

12 尹龍九(2010), 앞의 논문.
13 2015년『신오대사』(전 3책)·『구오대사』(전 6책), 2016년『요사』(전 5책), 2017년『위서』(전 8책)·『남제서』(전 3책)가 나왔고, 2018년『송서』(전 8책)가 간행되었다.

2010년 『삼국지』와 『양서』가 간행되었으며, 2023년까지 완간한다는 계획이다.[14]

이 밖에도 2002년부터는 이른바 '중화재조선본공정(中華再造善本工程)'에 따라 송원대 여러 중국 고전에 대한 영인·출판이 진행되고 있어 관련 연구 환경이 개선되고 있다. 이처럼 최근 중국 정사인 24사에 대한 전면적인 교감, 표점, 번역과 주석 그리고 호화 장정의 송원본 영인·출판까지 다방면의 편찬사업이 진행 중에 있다.

3

중국 정사「동이전」의 원문 교감에 있어서 1930년대에 나온 조선사편수회와 조선사학회의 『조선사』와 별록이 1970년대까지 한국학계에서 활용되었다. 특히 별록의 주석은 당시까지 가장 상세한 교감이었다.

한국학계에서 『사기』를 비롯한 중국 정사「동이전」에 대하여 원문 교감과 주석을 본격적으로 시도한 것은 1977년 단국대학교 동양학연구소에서 간행한 『25사초(二十五史抄)』(상·중·하, 전 3책)가 처음이다. 이후 경희대학교 전통문화연구소에서 1981~1991년까지 동이조선전 관계 자료 주석(東夷朝鮮傳關係資料註釋) 작업을 연차적으로 진행하였다.[15] 이런 분위기 속에서 1987~1990년에 걸쳐 국사편찬위원회의 『역주 중국 정사 조선전(譯註中國正史朝鮮傳)』(전 4책)이 출간되었다.

단국대학교 동양학연구소의 『25사초』 편찬 작업은 한국사만이 아니라 동북아시아 전체를 조망하면서 사료 발췌의 폭과 내용을 확장하였고, 경희대학교 전통문화연구소에서는 기사를 내용별로 분류하고 『삼국사기(三國史記)』와 『자치통감』 등의 동일 기사를 대비하여 연구자의 이해를 도왔다. 이를 바탕으로 국사편찬위원회의 『역주 중국 정사 조선전』은 국역(國譯)과 함께 한국사 연구의 성과를 주석에 반영하여 한국학계의 동이전 이해의 폭을 크게 확장하였다.

2009~2015년까지 동북아역사재단에서 간행한 『역주 중국 정사 외국전』(전 29책)도 특기할 만하다. 왜인을 비롯하여 북방의 흉노와 오환·선비, 물길과 말갈, 거란과 돌궐 등 한국 고대사 이해에 필수적인 「외국전」을 번역하고 상세한 주석을 달았다. 이는 한국학계에서 중

---

14 孫曉(2017), 「二十四史의 百衲本·點校本·今注本과 그 영향」, 『民族文化』 50, 한국고전번역원, 21~23쪽.
15 『동이전 고구려 관계 기사의 정리』(1982)·『동이전 백제 관계 자료』(1985)·『동이전 신라 관계 기사의 정리·동이전 발해·말갈 관계 자료』(1992), 『자치통감 삼국 관계 자료』(1991) 등이다.

국 정사에 서술된 외국전의 전체상을 이해하는 데 기여하였다.

이처럼 중국 정사 「동이전」의 원문 교감과 역주 작업은 1977년 단국대학교 동양학연구소의 『이십오사초』(전 3책)의 간행, 1980년대 경희대학교 전통문화연구소의 사료 집록과 주석이라는 작업 위에, 1990년 국사편찬위원회의 『역주 중국 정사 조선전』으로 일단락되었다.

국사편찬위원회의 역주본이 나온 지도 30년이 되었다. 그 사이 한국사 연구는 괄목할 만한 변화가 있었다. 「동이전」 이해를 위해서는 원문 교감과 주석에 대한 전면적인 재검토가 요구된다. 『역주 중국 정사 조선전』에서도 원문 교감이 시도되었다. 교감한 내용이 모두 잘못된 것은 아니지만, 일일이 확인하지 않고서는 어느 부분도 자료로 이용하는 데 어려움이 있다. 교감 주석이 교란되었기 때문이다. 그 발단은 1977년에 간행된 『25사초』에서 시작되었다. 예컨대 『삼국지』의 경우 청대 무영전본을 저본으로 삼았다 하였으나, 실제 사용한 저본은 1936년 노필의 『삼국지집해』를 재편집한 것이었다. 『삼국지집해』는 1884년 강남서국에서 급고각본을 교간(校刊)한 이른바 국본(局本)을 저본으로 한 것이다.

『25사초』의 교감·주석은 1933년 조선사편수회에서 간행한 『조선사』 별록의 주석을 거의 그대로 전재하였다. 그런데 『조선사』 별록의 「삼국지」 저본은 급고각본 원간본[모본(毛本)]이었다. 주석의 내용에는 전본(殿本, 무영전본)도 다수 인용되어 있다. 『삼국지집해』에서는 무영전본을 '관본(官本)'이란 별명으로 주석을 달았다. 『25사초』는 무영전본(실제로는 급고각본을 교간한 국본)에 '전본'과 '관본'이라 표기된 무영전본을 주석으로 달았던 셈이다. 이는 1981년부터 간행된 경희대학교 전통문화연구소의 「동이전」 주석 자료는 물론이고, 1990년에 완간된 국사편찬위원회의 『역주 중국 정사 조선전』에서도 답습되었다.

중국 정사 「동이전」의 원문 교감 문제는 판본에 대한 이해 부족에서 기인한다. 아울러 교감에 사용하였다고 밝힌 여러 판본을 실제로 찾아보고 교감하지 않은 데 있다. 그런데 원문 교감의 혼란은 『삼국지』 「동이전」에 그치지 않는다는 점에 문제의 심각성이 있다.

지난 10년간 동북아역사재단에서는 중국 왕조의 시각에서 서술된 「외국전」의 역주 작업을 통해서 중국 중심 세계관의 실제와 인식의 변화상을 이해하고자 하였다. 2016년부터 「외국전」의 원문 교감 작업과 역주에 착수하였고, 진행 과정에서 국사편찬위원회 역주 작업에 참여하였던 연구자의 협조를 받아 사업의 연속성을 도모하였다.

동북아역사재단의 중국 정사 「동이전」 교감·역주 작업은 한국의 삼국시대 이전 상황을 전하는 『사기』·『한서』·『후한서』·『삼국지』, 즉 이른바 전사서(前四書)를 따로 분리하고, 이후 『진서(晉書)』부터 『당서』와 『오대사기(五代史記)』까지를 고구려(읍루·물길·말갈 포함)·신라·백제로 나누어 총 4개의 연구팀이 2017년까지 진행하였다. 그 첫 결과물로 새로운 「동이전」 교감본을 2018년에 간행하고, 2020년부터 전사서 「동이전」과 삼국별 「동이전」 역주서 순으로 펴내기로 하였다. 원문 교감의 저본은 명대 '남감본(南監本)'을 사용하였다.[16] 이는 『사기』부터 『오대사기』에 이르는 중국 정사 가운데 완질을 갖춘 가장 오래된 판본이기 때문이다. 판본의 대교에는 송원본과 명청대 여러 판본, 그리고 중화서국 점교본까지 참고하였다. 아울러 「동이전」 교감본의 내용을 연구팀의 결과물에 반영하고 각 결과물 간의 차이를 줄여 통일성과 완성도를 높이는 작업을 진행하였다.[17]

---

16 「重修二十一史(原刊 明南京國子監刊)」(康熙 39~40年 補刻本)는 하버드대학 漢和圖書館 소장본을 사용하였다. 남감본 21사(明南京國子監二十一史)는 嘉靖 7년(1528)에서 11년(1532)에 成書된 이후, 萬曆 연간(1596~1606) 북경 국자감에서 중간되었고 청대까지 여러 차례 補刻과 重刊을 거듭하였다. 따라서 남감본이라 하여도 중수 시기에 따라 字句의 異同이 적지 않다. 尾崎康(1982), 「明南北國子監二十一史について」, 『斯道文庫論集』 18 ; 尾崎康(1989), 『正史宋元版の研究』, 東京 : 汲古書院, 589~614쪽.

17 이 작업은 이성제(동북아역사재단), 이정빈(충북대학교), 위가야(성균관대학교), 이승호(경희대학교), 권순홍(성균관대학교)이 수행하였다.

『진서(晉書)』 진한전

『진서』진한전은 신라전이 아닌 진한전으로 되어 있는 것이 특징이다. 『삼국지』와 『후한서』한전의 기록을 거의 그대로 옮겼다. 『삼국지』에서는 지리적 위치, 출자 등에 대해서 간략하게 서술하였고, 『후한서』에서는 여기에 진한의 북계(北界)에 대한 기사 및 그 사회상에 대하여 보충하였다. 하지만 『진서』진한전은 대체로 『삼국지』 기사를 기본 틀로 하였다(신현웅, 2005). 그리고 『삼국지』와 『후한서』에는 없는 태강(太康) 원년(280)과 2년·7년 진(晉)과의 교섭 기사를 첨가하였는데, 이 기사는 3세기 후반 신라의 성장에 따른 중국과의 교섭 기사로 여길 수 있다(고병익, 1970).

『진서』 권97, 사이열전67 동이 진한

辰韓在馬韓之東. 自言秦之亡人避役入韓, 韓割東界以居之. 立城柵, 言語有類秦人, 由是 或謂之爲秦韓.

진한[1]은 마한의 동쪽에 있다.[2] 스스로 말하기를 진[3]의 망명인으로 [진의] [노]역을 피해 한에 들어왔는데,[4] [마]한이 동쪽 경계를 분할하여 그들을 살게 하였다고 한다.[5] [그들은] 성책을

---

1 辰韓 : 진한은 기원 전후부터 4세기 무렵까지 대체로 지금의 낙동강 동쪽 경상도 지역에 형성되어 있던 여러 정치집단을 통칭하는 명칭이다. 『삼국지』 동이전에는 12개의 소국이 보이며 규모가 큰 것은 4,000~5,000家, 작은 것은 600~700가 정도였다고 한다. 진한을 『삼국지』에는 辰國의 후신이라고 기록하였는데, 『후한서』에는 진국이 진한뿐만 아니라 삼한 전체의 전신이라고 하였다. 그리고 『삼국지』에는 진한의 노인들이 말하기를 자신들은 망명인으로 秦나라의 苦役을 피해 韓으로 왔는데, 馬韓이 그들의 동쪽 땅을 나누어주었다고 한다. 이러한 진한은 3세기 후반부터 4세기 중반 사이에 斯盧國에 통합되어 삼국의 하나인 신라로 발전하였다(주보돈, 2002).

2 辰韓在馬韓之東 : 『후한서』 한전에는 "辰韓在東"이라고 하였다. 본문의 내용은 『삼국지』 진한전의 "辰韓在馬韓之東"을 옮긴 것으로, 『진서』의 본 문장은 진한의 기원 기사인 '古亡人' 기사와 연결되는 점에서 『삼국지』 진한전과는 서술상의 위치와 구조가 같다(신현웅, 2005). 진한은 『삼국사기』 탈해이사금 즉위년조에 '탈해가 진한의 阿珍浦口에 이르렀다.'는 점으로 미루어 해안을 따라 있었음을 알 수 있다. 그 후 『고려사』를 비롯하여 『세종실록지리지』, 『신증동국여지승람』, 『八域志』 등에 진한은 경상도 지역에 있었다고 하며, 한백겸의 『東國地理志』나 안정복의 『東史綱目』에서 확실한 근거를 갖게 되었다. 현재는 경상도의 낙동강 동쪽에 비정하고 있다.

3 秦 : 기원전 771~기원전 221년 사이에 중국에 분립한 여러 소제후국 중 하나로, 전략적 요지인 渭水 유역을 점령했다. 기원전 3세기 중반에서 기원전 2세기 말 사이에 秦國公은 전국 어디서나 똑같이 적용되는 엄격한 법률체계를 만들고 전국에 중앙에서 파견된 관리가 다스리는 군·현을 설치하는 등 권력을 집중화시키기 시작했다. 이와 같은 개혁을 바탕으로 서서히 주변 국가들을 정복하고 강국으로 부상하기 시작했다. 기원전 247년 嬴政이 왕위에 올랐는데, 그는 재상인 李斯와 함께 정복사업을 완성하고 기원전 221년 진 제국을 세웠다. 또한 스스로 始皇帝라고 칭하고, 거대한 영토를 다스리기 위해 엄격하고 권위주의적인 정치를 폈다. 서체와 도량형을 통일하고 도로도 정비했다. 또한 봉건적인 모든 특권을 철폐하고 만리장성을 쌓았다. 기원전 213년 국가에 대한 비판적인 사상들을 없애기 위해 醫書와 같은 실용적인 서적들을 제외한 모든 서적을 불사르게 했다. 이러한 가혹한 조치와 전쟁과 건설에 드는 비용을 조달하기 위해 과중한 세금을 부과했다. 이로 인해 백성들은 피폐해졌고 결국 기원전 210년 시황제가 죽은 후 반란이 일어났다. 진은 기원전 206년 멸망하였다.

4 自言秦之亡人避役入韓 : 『삼국지』 동이전의 "古之亡人避秦役 來適韓國"을 『후한서』에서는 "秦之亡人 避苦役適韓國"이라 하였다. 이후 『후한서』의 내용을 『진서』·『양서』·『남사』·『북사』와 『한원』, 『太平寰宇記』와 『册府元龜』·『通典』 등이 따랐다. 『후한서』에는 『삼국지』의 "옛날 유망인들이 진나라의 역을 피하여(古之亡人避秦役)" 부분에서 그 실체가 불분명한 '古之亡人'을 '秦人'으로 보았는데, 이는 뒤이어 나오는 '秦役'으로 짐작하였다. 그리고 '진역'의 성격을 '苦役'이라고 규정함으로써, 한에 온 이들이 秦人이라고 하였다. 게다가 『삼국지』가 편찬된 당시에 "진한의 언어가 진나라 사람들과 비슷하기 때문에 진한을 秦韓이라 이

세웠으며[6] 언어는 진나라 사람과 비슷하여 이로 말미암아 혹은 그들을 일러 진한이라고 하였다.[7]

> 初有六國, 後稍分爲十二. 又有弁辰, 亦十二國, 合四五萬戶, 各有渠帥, 皆屬於辰韓. 辰韓常用馬韓人作主, 雖世世相承, 而不得自立, 明其流移之人, 故爲馬韓所制也.

처음에 6국이 있었는데, 이후에 점점 나누어져 12국이 되었다.[8] 또 변진이 있는데, 역시 12국

름하는 것이다."라고 서술한 것을, "진한의 언어가 秦語와 비슷하므로 달리 秦韓이라 이름한다."고 하였다. 즉 辰韓 사람들은 유망한 진나라 사람들로서 진나라와 비슷한 말을 쓰기 때문에 秦韓이라 이름하게 된 것이라고 하였다. 이러한 『후한서』의 秦人 유망설은 『삼국유사』에 소개되어, 진한(신라)의 기원설 중 하나인 秦流亡人설로 자리잡았다. 하지만 "옛날 秦의 전쟁을 피하여 유망한 사람"이라는 기사는 춘추전국시대 이래 중국 유망인의 남하를 상징적으로 표현한 것이며 秦人의 한반도 남하는 아니다. 秦役을 피해서 한반도로 유입된 '古之亡人'은 곧 넓은 의미의 위만조선의 멸망으로 생긴 유민으로 보기도 한다(이현혜, 1984). 그런데 위만조선의 멸망 시기는 亡人들이 진역을 피해 온 시기보다 100여 년 늦다. 반면에 준왕의 남래 시기는 기원전 194년이어서 진유망인의 발생 시기와는 10여 년 정도의 차이가 난다(노중국, 2007). 『진서』 역시 『후한서』의 기록을 그대로 따랐다.

5 韓割東界以居之 : 『삼국지』 진한전에는 "馬韓割其東界地與之", 『후한서』 한전에는 "馬韓割東界地與之"로 나오므로 『진서』의 한은 마한임을 알 수 있다. 마한이 동쪽 경계를 떼어주어 그곳에 살게 하였다는 것으로 미루어 진한이 마한보다 열세였음을 알 수 있다. 한반도 경기·충청·전라 일대에서 출토되는 유물은 거의 철기를 반출하지 않는 청동기가 중심이 된 반면에 경상도 일대의 유물은 북방계의 영향과 철기가 큰 비중을 차지한다고 하였다(이현혜, 1984). 한국 건국신화의 경우 고구려와 백제는 하나의 범주에 들어가는 반면 신라는 그 계통이 다르다(趙芝薰, 1996). 따라서 본문의 기사는 유이민이 내려올 때 마한을 경유하였을 가능성 정도로 이해할 수 있을 것이다.

6 城柵 : 『진서』 신라전의 '立城柵'에 대해서 『삼국지』 진한전에는 "有城柵", 『후한서』 한전에는 "有城柵屋室"이라고 하였다. 그런데 『삼국지』 마한전에서는 "無城郭"이라고 하였다. 이것은 진한과 마한을 이룬 사회구성원이 다름을 말해주는 것으로 이해할 수 있다. 성책은 성과 그 주위에 둘러싸인 나무 울타리, 즉 木柵을 말한다. 목책은 적의 침입을 막기 위하여 만든 성이다. 삼한 지역에서 성곽(성책)의 발전은 대체로 방어취락에서 토성으로 발전한 것으로 여겨진다. 영남 지역에서 성곽의 기원은 창원 남산유적, 진주 대평리유적, 울산 검단리유적 등 청동기시대 취락유적의 외부를 둘러싼 환호에서 비롯된다. 선사시대 환호가 발전된 형태는 양산 평산리 마을유적에서 보이고 있는데, 구상유구를 중심으로 내측에는 목책열이 구상유구와 나란히 진행되고, 외부로는 구상유구 굴토 과정에서 나온 흙을 쌓아올리는 등 3중의 방어시설을 설치하였다. 또한 어긋문 형태의 문지 및 문지 주변에서 출입을 통제할 목적으로 축조된 것으로 보이는 구조물도 출토되었다. 이러한 모습은 토성의 초기적인 모습과 연결되며 이 유적 내부의 주거지는 출토유물로 보아 2세기경으로 편년되고 있다(서영일, 2009).

7 言語有類秦人 由是或謂之爲秦韓 : 『삼국지』와 『후한서』에 "有似秦人(語)" 즉 秦나라 사람의 언어와 비슷하다고 서술하고 있으며, 『진서』도 이를 따르고 있다. 반면 『양서』와 『남사』·『북사』에는 진한의 언어에 대해 '중국(인)과 비슷하다.'고 하였다. 秦韓은 진한의 기원에 대한 4가지 설, 곧 秦유망인설, 고구려잔민설, 변한후예설, 燕人망명인설 가운데 진유망인설에 따른 명칭이다. 『삼국지』 동이전에 "古之亡人避秦役"이라 한 이후 『후한서』·『양서』·『진서』·『남사』·『북사』 그리고 『한원』·『책부원구』·『통전』 등에서 이를 따르고 있다. 그리고 秦韓의 명칭은 진의 유망민이라는 전승 외에 진한의 언어가 마한과 다르고 중국 진나라 사람들과 유사하다는 『삼국지』·『후한서』 이래의 전승 때문이라고 할 수 있다.

8 初有六國 後稍分爲十二 : 『삼국지』 진한전의 "始有六國 稍分爲十二國"을 옮긴 것이다. 『후한서』 한전에는 "辰韓在東 十有二國 其北與濊貊接"으로 나온다. 진한이 처음에 6국이었다가 12국으로 나오는 것은 고조선 유민들이 남하해 諸國이 형성된 이후 시점으로 보기도 한다(이부오, 2012). 처음의 6국에 대해서는 알 수 없으나, 12국과 관련해서는 『삼국지』 변진전에 "弁·辰韓合二十四國"이라고 하였다. 이 중 진한 12국은 ① 己柢國(안동 또는 풍기 基木鎭), ② 不斯國(창녕), ③ 勤耆國(영일 또는 청도), ④ 難彌離彌凍國(의성군 단밀면 또는 창녕군 영산), ⑤ 冉奚國(울산시 염포 또는 대구), ⑥ 軍彌國(사천군 곤양 또는 칠곡군 인동), ⑦ 如湛國(군위 또는 의성군 탑리), ⑧ 戶路國(상주군 함창면 또는 영천), ⑨ 州鮮國(경산군 자인 또는 경산 압독국), ⑩ 馬延國(밀양), ⑪ 斯盧國(경주 일대), ⑫ 優由國(청도 또는 울진)이다(이병도, 1976 ; 천관우, 1976a).

이었으며[9] 합해서 4만~5만 호로[10] 각각 거수가 있으며[11] 모두 진한에 속했다.[12] 진한은 항상 마한 사람으로 임금을 하게 하여, 비록 대대로 이어받았지만 스스로 임금의 자리에 설 수 없었는데,[13] 그들이 흘러들어온 사람이 분명했기 때문에 마한의 지배를 받게 되었던 것이다.[14]

地宜五穀, 俗饒蠶桑, 善作縑布, 服牛乘馬.

땅은 오곡을 기르기에 적합하였으며[15] 습속에 누에와 뽕나무가 충분하여 겸포를 잘 제작했

9 又有弁辰 亦十二國 : 『진서』의 편자는 변한과 진한이 합해서 12국이라고 하였지만, 『삼국지』 동이전 변진조에는 "弁辰韓合二十四國"이라고 하였다. 『후한서』 한전에는 "辰韓 … 十有二國"으로 나온다. 따라서 여기에서 변진 12국이라고 한 것은 변한 12국을 말한다. 변한 12국과 관련해서 『삼국지』 변진전에 "弁辰韓合二十四國"이라고 하였다. 이 중 弁辰 12국은 彌離彌凍國(밀양 또는 고령), 古資彌凍國(고성), 古淳是國(산청), 半路國(고령 또는 성주), 樂奴國(하동군 악양), 彌烏邪馬國(창원), 甘路國(개령), 狗邪國(김해), 走漕馬國(함양), 安邪國(함안), 瀆盧國(부산 또는 거제도), 接塗國(칠원)이다(김태식, 2007).
10 合四五萬戶 : 『삼국지』 진한전에는 보이지 않고 변진조에는 "弁辰韓合二十四國 大國四五千家 小國六七百家 總四五萬戶"라고 기술하고 있다. 따라서 『진서』에서 변진이 "合四五萬戶"라고 한 것은 진한과 변한이 합쳐진 24국의 총 호수가 4만~5만 호라는 뜻이라고 할 수 있다.
11 各有渠帥 : 渠帥는 고대 읍락사회의 首長을 말한다. 『삼국지』 진한전에는 보이지 않고 변진전에는 "又有諸小別邑 各有渠帥 大者名臣智 其次有險側 次有樊濊 次有殺奚 次有邑借"라고 하였고, 『후한서』 (진)한전에는 "諸小別邑 各有渠帥 大者名臣智 次有儉側 次有樊秖 次有殺奚 次有邑借"라 하였다. 이로 볼 때 거수는 소별읍을 다스렸는데, 소별읍은 主帥가 근거했다는 마한의 '국읍'에 대응한다(이부오, 2012). 그리고 삼한의 거수들은 세력의 크기에 따라 臣智·險側·樊濊·殺奚·邑借로 불렸다. 이처럼 거수는 소국의 수장을 가리키는 君長보다는 다소 격이 낮은 읍락의 우두머리로, 동옥저의 읍락 거수들은 스스로 三老를 칭하였다.
12 皆屬於辰韓 : 『삼국지』 변진전에는 "其十二國屬辰王"으로 나온다. 이처럼 『삼국지』의 진왕이 『진서』에서는 진한으로 바뀌었고 『양서』와 『북사』에는 진한왕으로 나온다. 그리고 『통전』·『태평환우기』·『한원』은 『삼국지』를 따르며, 『후한서』에는 辰王을 '삼한을 모두 다스리는 辰國王'으로 기술하였다. 이와 같이 진(한)왕 관련 기사는 세 가지 유형이 있는데, '辰王'은 『삼국지』의 계통을 따르는 것(『통전』·『태평환우기』·『한원』)과 『후한서』의 계통을 따른 것, 이들 양 계통과는 달리 '辰韓王'으로 표기한 계통(『양서』·『진서』·『북사』)이 있다. 『삼국지』와 『후한서』의 공통되는 부분은 진왕이 목지국을 다스렸으며, 마한인으로서 진왕을 삼아 대대로 승계하게 하였다는 점이다. 다만 『삼국지』에서 진왕은 진한 지역을 예속하였다고 한 데 대해, 『후한서』에서는 모든 삼한 지역을 다스렸다고 한 점에서 차이가 있다. 이로써 『삼국지』의 기사를 따르게 될 경우 진왕은 目支國을 다스리며 주위를 제어하는 정도의 통치자로 해석되지만, 『후한서』를 따른다면 삼한 전체를 다스리는 왕으로 볼 수 있게 된다. 학계에서는 일반적으로 『삼국지』의 기사대로 진왕을 목지국을 다스린 지배자 정도로 보고 있으며, 목지국은 마한뿐만 아니라 진한 지역까지 통제하였던 것으로 이해하고 있다. 이런 까닭에 『진서』를 비롯하여 『양서』와 『북사』에서는 변진 12국은 진한에 속하며, 진한은 항상 마한인으로 왕을 삼아 진한이 자립하여 스스로 왕이 되지 못하였다 하는데, 그 이유는 진한인이 유망하여 옮겨 온 사람들이기 때문이라고 밝혔다. 한편 『삼국지』의 진왕을 『진서』에서 진한으로 바꾼 것과 관련해서 『진서』 찬자가 진왕을 오기로 판단해 진한으로 수정했다고 하기도 하고(박대재, 2002), 『위략』 원문에 의거해 기술했다고도 하며(신현웅, 2005), 『삼국지』의 진왕을 원래는 한으로 보면서 이것이 『진서』 진한조로 계승되었다고 하기도 하였다(이부오, 2012).
13 辰韓常用馬韓人作主 雖世世相承 而不得自立 : 『삼국지』 진한전에는 보이지 않고 변진조에 "辰王常用馬韓人作之 世世相繼 辰王不得自立爲王"이라고 하였다. 『삼국지』의 '진왕'은 『진서』에는 '진한'으로 기록하였다. 진왕의 실체와 관련해서는 노중국, 2007 참조.
14 明其流移之人 故爲馬韓所制也 : 『삼국지』 진한전에 보이지 않고 변진조에 "魏略曰 明其爲流移之人 故爲馬韓所制"가 주로 처리되어 있다. 조선 유민이 남하하는 과정에서 마한의 동쪽을 지나왔으므로, 이를 마한의 부용으로 여겼을 것이다. 조선 유민이 남하해 諸國을 세우는 과정에서 마한의 승인과 영향을 받은 것으로 혁거세거서간 38년(기원전 20)이 관심을 끈다(이부오, 2012). 이로 볼 때 유민이 새로 정착하는 데 있어 마한의 영향력이 상당하였음을 말해주는 것이다.
15 地宜五穀 : 『삼국지』 진한전에는 보이지 않고 변진조에 "土地肥美 宜種五穀及稻"라고 하였다. 『후한서』 진한전에 "土地肥美 宜

고,[16] 소를 부리며 말을 탔다.[17]

> 其風俗可[18]類馬韓, 兵器亦與之同. 初生子, 便以石押其頭使扁. 喜舞, 善彈瑟.[19] 瑟形似筑.

그 습속은 마한과 비슷하였으며[20] 병기 또한 마한과 같았다.[21] 처음 아기가 태어나면 곧바로 돌로 그 머리를 눌러서 넓적하게 하였다.[22] 춤추기를 좋아했으며 비파 연주를 잘했다.[23] 비파의 모양은 축(筑)과 비슷하다.

五穀"이라고 하였다. 오곡의 구체적인 종류는 문헌에 따라 차이가 있지만, 대체로 稷(조 또는 피), 黍(기장), 麥(보리), 豆(콩)와 麻(삼) 또는 稻(벼)를 말한다(조재영, 1998). 이 중 稻는 기원전 6세기 이전의 책인 『주례』와 『管子』에는 오곡에 들어있는데, 『삼국지』에서 쌀은 5곡의 개념에 들어있지 않다. 따라서 『후한서』와 『진서』의 오곡 기사는 稻의 기록을 빠트린 것으로 볼 수 있다. 하지만 고고학 자료에서 일찍이 김해패총에서 탄화된 쌀이 발견되었고 무문토기에서도 쌀농사의 흔적이 많이 발견된다. 그리고 『삼국사기』 신라본기 혁거세거서간 17년(기원전 41)의 "王巡撫六部 妃閼英從焉 勸督農桑 以盡地利"라는 표현과 빈번한 수리 관계 기록에서 벼농사가 이루어졌다고 할 수 있다. 이로 볼 때 『삼국지』 단계에서 쌀은 오곡에 포함되지 않았지만, 『진서』 단계에서 쌀은 오곡에 포함되었다고 할 수 있을 것이다.

16　俗饒蠶桑 善作縑布 : 『삼국지』 변진전에는 "曉蠶桑 作縑布", 『후한서』 진한전에는 "知蠶桑 作縑布"가 보인다. 이 기록은 일찍부터 진한과 신라에서 뽕나무를 재배하였고 縑布를 생산하였음을 알 수 있다. 겸포는 "『석명』에 '縑은 兼의 뜻으로, 실이 가늘어서 몇 개의 실을 겹쳐서 布나 絹을 짜는 것이다."하였다(『해동역사』 권26, 物産志 布帛類 布). 이와 같은 잠상과 겸포에 대한 기록은 『삼국지』 이래의 산업이 신라에도 그대로 전승된 결과로 볼 수 있으며, 혁거세거서간 17년(기원전 41)의 "勸督農桑", 파사이사금 3년(82)의 下令 중 "勸農桑"도 참고된다. 특히 유리이사금 9년(32)의 기사를 보면 8월 15일에 績麻大會가 열리고 있음도 알 수 있다.

17　服牛乘馬 : 『삼국지』 변진전과 『후한서』 진한전에 "乘駕牛馬"로 나온다. 『진서』 마한전에는 마한은 "소나 말을 탈 줄 모르기 때문에 가축을 기르는 것은 단지 장사지내는 데 쓰기 위해서이다(不知乘牛馬 畜者但以送葬)."라고 하였다. 이로 볼 때 마한과 진한의 문화적 풍습이 달랐음을 알 수 있다. 그리고 소를 이용함으로써 노동력이 절감되고 깊이갈이를 할 수 있어 농업생산력이 증대되었다. 신라에서는 "지증왕 3년(502)에 처음으로 우경을 이용했다."고 하였는데, 이것은 우경의 시작을 의미하는 것이라기보다는 이전부터 이용되어 오고 있던 우경을 국가적으로 장려한 조치라고 할 수 있다. 『삼국유사』에는 신라 노례왕(24~57) 때 쇠 보습을 제작했다고 한다. 이로 미루어 축력을 이용한 쟁기 사용이 더 빨랐음을 보여준다. 하지만 이것은 사람이 끄는 쟁기인 극쟁이를 지칭하는 것으로 보기도 한다. 그리고 신라의 수도 경주에서는 한 점의 보습도 나오지 않았고 6세기 이후 안변 용성리유적과 진주 옥봉유적에서 둥근 U자형의 보습이 출토되었다(김재홍, 2007).

18　「可」: 남감본·급고각본·백납본 「可」, 무영전본 「有」.

19　「瑟」: 남감본 「琴」, 급고각본·무영전본·백납본 「瑟」.

20　其風俗可類馬韓 : 『진서』 마한전에는 마한의 풍속을 다음과 같이 기록하고 있다. "俗少綱紀 無跪拜之禮 居處作土室 形如冢 其戶向上 擧家共在其中 無長幼男女之別 … 俗不重金銀錦罽 而貴瓔珠 用以綴衣或飾髮垂耳 其男子科頭露紒 衣布袍 履草蹻 … 俗信鬼神 常以五月耕種畢 群聚歌舞以祭神 至十月農事畢 亦如之."

21　兵器亦與之同 : 『진서』 마한전에는 "활·방패·창·큰 방패를 잘 쓴다(善用弓楯矛櫓)."고 하였다.

22　初生子 便以石押其頭使扁 : 『삼국지』에는 "今辰韓人皆褊頭", 『후한서』 한전에는 "兒生欲令其頭扁 皆押之以石"이라고 나온다. 머리 모양[頭形]을 변하게 만드는 頭型變形 풍속은 전 세계적으로 시행되었다. 변진에서는 돌을 사용한다는 것이 특색이다. 머리를 편편하게 만든다는 것은 두형을 고르게 한다는 의미로, 한국인은 대체로 단두형이다. 어린이가 태어났을 때부터 머리의 모양을 바르게 잡지 못하면 균형을 깨기 때문에 이러한 습관은 오늘날에도 민간에서 시행하고 있다. 다만 돌을 어떻게 사용하였는지는 알 수가 없으나, 보조적인 도구의 하나였을 것이다.

23　喜舞 善彈瑟 : 『후한서』 한전에는 "俗憙歌舞飮酒鼓瑟"이라고 나온다.

武帝太康元年, 其王遣使獻方物. 二年復來朝貢, 七年又來.

[서진] 무제 태강 원년(280)에 그 왕이 사신을 보내 방물을 바쳤다. [태강] 2년(281)에 다시 와서 조공하였고 [태강] 7년(286)에 또 왔다.[24]

---

24 武帝太康元年 其王遣使獻方物 二年 復來朝貢 七年又來 : 『진서』 마한전에는 "武帝 太康元年 … 其主頻遣使入貢方物 二年 其主頻遣使入貢方物 七年 … 又頻至"라고 하였다. 이로 볼 때 진한뿐만 아니라 마한 역시 진에 갔음을 알 수 있다. 진한왕이 사신을 보내서 진에 조공했다는 기사는 3세기 후반에 와서 사로국의 조공무역 본격화를 반영한다고 이해하였고(이현혜, 1994), 사로국의 급격한 성장을 반영하는 것이라고 하기도 하였으며(이부오, 2012), 『진서』의 조공 기사는 서진 무제의 무공을 현양시키기 위해 과장되었다고 보기도 한다(윤용구, 1998).

『진서(晉書)』 진한전   『진서』 권97, 사이열전67 동이 진한

『남제서(南齊書)』
만·동남이전

『남제서』의 만·동남이전(蠻·東南夷傳)은 위로전(魏虜傳) 및 예예로·하남·저·강전(芮芮虜·河南·氐·羌傳)과 함께 세 권으로 이루어진 외국열전(外國列傳) 중 하나로, 그 내용은 만·동이·남이의 순으로 나뉘어 기술되고 있다. 이러한 전명(傳名)은 그 편제로 보아 이전 왕조의 정사(正史)인 『송서(宋書)』의 이만전(夷蠻傳)을 그대로 답습한 것으로 보인다. 북위(北魏)에 관한 전명(傳名)을 위로전이라 하고, 여타 이민족전도 거의 멸시적인 족명(族名)으로 기술하였음을 알 수 있는데, 이는 대체로 화이(華夷)의 구별이 한층 강조된 남북조시대의 사조가 『남제서』에 이르러서 좀 더 강하게 나타난 결과라 하겠다.

『남제서』는 『남사(南史)』가 편찬되고 널리 통용된 뒤에는 점차 보는 이가 줄어들어 부분적으로 잔결이 생기게 되었다. 그러나 『남제서』에서만 확인할 수 있는 기록을 전하고 있어서, 여전히 사료적 가치가 높다. 특히 『남제서』는 중국 정사 가운데 가야에 대해 입전(立傳)하고 있는 유일한 사서로, 여기에 수록된 가라전(加羅傳)은 5세기 말 가야의 해상활동이 활발하였음을 입증하고 있는 것으로 보인다. 『남제서』 가라전은 국왕 하지(荷知)가 479년 남제와 교섭하여 책봉을 받았다는 사실만 기록하고 있을 뿐, 가야에 대한 자세한 정보는 전하지 않고 있다.

『남제서』 권58,
열전39 동이 가라

加羅國, 三韓種也. 建元元年, 國王荷知使來獻. 詔曰:「量廣始登, 遠夷洽化. 加羅王荷知款關海外, 奉贄東遐. 可授輔國將軍·本國王.」

가라국[1]은 삼한[2]의 한 종족[3]이다. 건원 원년(479)에 국왕 하지[4]가 사신을 보내와 방물을 바쳤

---

1 加羅國 : 가라국의 가라는 중국 문헌에는 加羅 또는 加邏로 표기되어 있으며, 한국·일본 측 기록에는 加羅·加良·加耶·伽倻·狗邪·駕洛 등으로 다양하게 표기되어 있다. 가라 또는 가야에 대한 문헌사료 중에서 가장 많이 나타나는 차자는 加羅가 47회이고, 그다음으로 加耶가 31회, 伽倻가 28회, 駕洛이 15회, 伽耶가 14회 등의 순으로 나타나고 있다. 가라 또는 가야는 '갓나라[邊國]'를 뜻하는 말로 보기도 하며(李丙燾, 1976), 일족·동족을 뜻하는 만주어의 hala, 혹은 퉁구스어의 kala, Xala와 관련이 있다는 설도 있다(崔鶴根, 1968). 사실 가야사는 그 本紀의 入傳이 사서에 따라 존재하지 않을 뿐 아니라 이를 가리키는 명칭도 사료의 계통에 따라 일정하지 않다. 그러므로 그 연구대상을 어느 문헌에 근거하여 논리를 전개해야 하는가 하는 기본적인 문제가 있다. 이를 이해하기 위한 기본자료로 김태식·이익주 편, 1992가 있으며, 천관우, 1991 ; 김태식, 1993 ; 한국고대사연구회, 1995 ; 부산대학교 한국민족문화연구소, 2000 ; 부산대학교 한국민족문화연구소, 2001 ; 한국상고사학회, 2002 등의 연구성과를 참고할 수 있다. 아울러 가라 또는 가야의 기원과 그 명칭의 분포에 대한 연구성과를 살펴보면, 가야라는 말의 기원에 대해서는 (1) 駕那설 : 끝이 뾰족한 冠幘, (2) 평야설 : 남방 잠어에서 '개간한 평야'를 뜻하는 말인 가라(Kala), (3) 간나라설 : '신의 나라[神國]' 또는 '큰 나라'의 뜻, (4) 갓나라설 : 가야가 한반도 남단의 해변에 위치함으로써 '갓나라[邊國]'로 불린 것, (5) 가람설 : 가야 제국이 여러 갈래로 나뉜 낙동강 지류에 인접해 있었으므로, 가야는 '그름[江]' 또는 '가르=갈래[분기]'라는 뜻, (6) 겨레설 : '겨레[姓, 一族]'라는 말의 기원이고, 그 근원은 알타이 제어의 '사라(Xala)[姓, 一族]'에 있으며, 그것이 가라(Kala) > 가야(Kaya) > 카레(Kya+re) > 겨레(Kyeore)로 음운 변천, (7) 성읍설 : 가야는 곧 'ㄱㄹ[大, 長의 뜻]'이며, 그 어원은 '城邑'의 뜻을 가진 '溝婁'라는 학설 등이 있다. 그 가운데 현재로서는 겨레설이 다수설(崔鶴根, 1968 ; 김태식, 2003)이다. 지명·국명으로서의 가라·가야를 가리키는 借字의 용례로는 狗邪·拘邪·加耶·伽耶·伽倻·加羅·伽羅·迦羅·呵囉·柯羅·加良·伽落·駕洛 등 10여 종이 있다(김태식, 2003).

[가라·가야 차자의 출전 및 사용 빈도]

借字(頻度)	初見出典	最頻出典	出典(使用頻度)
狗邪(2)	삼국지	삼국지	삼국지 위서 동이전 변진전(1)·왜인(1)
拘邪(1)	삼국지	삼국지	삼국지 위서 동이전 한(1)
加耶(31)	삼국사기	삼국사기	삼국사기 신라본기(19)·악지(2)·지리지(3)·열전(4), 고려사 지리지(2), 동국여지승람(1)
伽耶(14)	삼국사기	삼국유사	삼국사기 지리지(1), 삼국유사 왕력(1)·오가야(8)·가락국기(4)
伽倻(28)	고려사	동국여지승람	고려사 지리지(3), 동국여지승람(25)
加羅(47)	광개토왕릉비	일본서기	광개토왕릉비(1), 송서 왜국전(3), 남사 왜국전(3), 남제서 가라국전(2)·왜국전(1), 통전 신라전(1), 일본서기(29), 신찬성씨록(1), 삼국사기 신라본기(2)·악지(2)·열전(2)
伽羅(1)	양서	양서	양서 왜전(1)

다. 이에 조서를 내렸다. "널리 헤아려 비로소 [조정에] 올라오니, 멀리 있는 이(夷)가 두루 덕

借字(頻度)	初見出典	最頻出典	出典(使用頻度)
迦羅(2)	수서	수서·북사	수서 신라전(1), 북사 신라전(1)
呵囉(1)	삼국유사	삼국유사	삼국유사 어산불영(1)
柯羅(3)	일본서기	일본서기	일본서기(3)
加良(2)	삼국사기	삼국사기	삼국사기 신라본기(1)·강수전(1)
伽落(1)	삼국사기	삼국사기	삼국사기 지리지(1)
駕洛(15)	삼국사기	삼국유사	삼국사기 김유신전(1), 삼국유사 왕력(1)·오가야(1)·제사탈해왕(1)·가락국기(5), 동국여지승람(6)

특히, 중국 정사 중 가야에 대하여 입전하고 있는 것은 『남제서』가 유일한데, 이는 5세기 말 가야의 활발한 해상활동을 반영한 것으로 주목된다고 할 것이다. 그러나 『남제서』 가라전은 국왕 하지가 479년 남제와 교섭하여 책봉을 받았다는 사실만 기록되어 있을 뿐, 가라에 대한 보다 상세한 서술은 없다. 당시 대가야는 일단 육로로 河東 지역으로 나와 해로로 중국에까지 교통하였을 가능성이 높은데, 그 교통로를 보유하기 위해서는 가야 지역 내부의 통솔 관계를 분명히 하고 해로에 대해 백제·고구려가 가하는 제약을 극복해야만 하였을 것이다. 이러한 내적·외적 제약을 극복하고, 가라왕 하지가 對中交易을 독자적으로 성공시켜 남제로부터 제3품에 해당하는 벼슬을 받았다는 점은 가야 지역에 신라나 백제에 의존치 않는 독립적인 지배 권력의 성장이 있었다는 증거로서 제시될 수 있다(김태식, 2003).

2   三韓 : 삼한은 馬韓·辰韓·弁韓을 말한다. 그 위치에 대해서는 다양한 설이 제기되어 왔으나, 일반적으로 마한은 경기도·충청도·전라도 지역에, 진한과 변한은 경상도 지역에 있었던 것으로 비정되고 있다. 대체로 낙동강을 경계로 동쪽 지역을 진한, 서쪽 지역을 변한이라 하여 지역적으로 구분하기도 하나, 예외도 있어 절대적인 기준은 아니다. 삼한 사회에 대한 사료로 가장 중요하면서 오래된 것은 중국 측 기록인 『三國志』 위서 동이전이며, 그 내용이 『後漢書』·『晉書』 등에 축약되어 있다. 그러나 이 기록들은 매우 소략하여 전모를 파악하기에는 어려움이 많다. 삼국의 역사를 중심으로 구성된 『삼국사기』·『삼국유사』 등 우리 측 문헌기록에는 더욱 단편적인 내용만 실려 있어 삼한의 역사를 온전히 이해하는 데 어려움이 있다.

3   加羅國 三韓種也 : 가라국이 삼한의 한 종족이라는 것은 弁辰을 두고 말한 것으로 이해된다. 즉, 『후한서』·『삼국지』 등의 사료상에는 삼한에 가라국이 포함되지 않았으나, 변진 지역에서 가라국이 뒤에 등장하여 변진 지역과 가라국이 차지한 지역이 대체로 같게 되었기 때문에 가라국이 삼한의 한 종족이라고 말하게 된 것 같다. 『삼국지』 동이전 변진조에 3세기 중엽 낙동강 중·하류지역의 변한 12국이 있었다고 하였으나, 이들 나라 중 狗邪國·彌烏邪馬國·安邪國을 제외하고는 그 위치를 알 수가 없다. 그런데 『삼국유사』에 인용된 『가락국기』에서는 본가야를 비롯한 대가야·고령가야·성산가야·소가야 등 6가야의 이름이 보이며, 같은 책에 인용된 『本朝史略』에서는 본가야 대신 비화가야의 이름이 보인다. 12국이나 가야 6국은 개별적으로 볼 수 없다고 생각되며, 대개 4세기 초를 경계로 하여 변한에서 가야로 그 명칭이 바뀌는 것으로 보인다.

4   國王 荷知 : 가라의 여러 나라 중에서 낙동강 하구에 위치한 본가야는 기원전 1세기경부터 해상교역의 중심지로 발전하여 중국 군현과 일본에 대한 무역 중계지로서의 기능을 가졌는데, 이러한 활발한 해상활동을 통하여 본가야는 낙동강 하구의 가야 소국은 물론 가야 전체를 대표하는 맹주로 등장한 듯하다. 또한 5세기 중엽 이후 고구려가 평양 천도(427)를 계기로 하여 적극적인 남하정책을 펴기 시작하면서 가라는 백제·신라의 두 나라에 있어서 전략상 더욱 필요하게 되었다. 따라서 본문의 '建元元年 國王荷知使來獻'은 이 당시에 가야에서 중국 남조에 사신을 보내어 국제무대에 등장하려고 하였음을 보여주는 것이라 할 수 있다. 하지가 가야의 여러 나라 가운데서 어느 나라의 왕인지는 확실히 밝혀지고 있지 않으나, 본문에 나오는 '本國王'으로 미루어 본가야의 국왕일 가능성이 높다. 그러나 『駕洛國記』의 본가야 世系에는 479년 당시의 왕이 銍知王(451~492)으로 되어 있어 그 이름이 같지 않다. 그런 이유로 하지를 대가야의 왕으로 보는 견해도 나오고 있다(千寬宇, 1991). 또한 『가락국기』의 기년에 상당한 오차를 인정할 수 있다는 입장에서 하지왕을 질지왕 다음의 鉗知王에 比擬하는 견해도 있다(今西龍, 1920). 한편, 가라국을 경북 고령의 대가야를 가리키는 것으로 보는 견해(김태식, 2014)도 있다. 즉, 가라국왕 하지는 南齊에 조공하고 '輔國將軍本國王'이라는 장군호와 작호를 받았다. 보국장군은 남제의 官階로 제3품에 해당되어 표기대장군, 정동대장군, 진동대장군 등 제2품을 받은 고구려, 백제, 왜의 국왕보다 1등급이 낮다. 그러나 이 당시에 백제나 왜는 실제로 조공을 하고 책봉을 받은 것이 아니라 宋代의 조공을 참작하여 남제가 왕조 개창 기념으로 서류상의 승진을 시켜준 것에 지나지 않았으므로, 중국과 직접적으로 교류한 적 없던 대가야가 처음으로 조공하여 제3품의 장군호를 받은 것은 의미가 크다(김태식, 2006)고 지적하고 있다. 그러나 대가야는 475년 고구려에 의해 백제 漢城이 함락당한 사건을 계기로 하여 독자적인 움직임을 좀 더 강화하였다. 加羅國王 荷知는 479년에 독자적으로 중국 남제와 교역하여 '輔國將軍本國王'이라는 작호를 받았다고 기록되어 있다. 다시 말해 479년에 가라왕 하지가 머나먼 중국 남제에 사신을 보내 자신의 존재를 알렸다는 사실은 중요하다. 하지왕이 중국에 사신을 보낸 것은 가라

에 감화됨이라. 가라왕 하지는 먼 동쪽 바다 밖에서 폐백을 받들고 관문을 두드렸으니, 보국장군[5] 본국왕의 벼슬을 제수함이 합당하다."

의 발전 도상에 매우 중요한 도약을 시사하고 가라가 초기 고대 국가로 성장할 수 있는 단서를 보인 역사적 사건이라 할 수 있다. 그러나 가라의 중국에 대한 사신 파견이 그 뒤로 계속 이어지지 못하는 것으로 보아 일정한 한계성이 있는 것으로 보이며, 따라서 이것만으로 가라가 초기 고대 국가를 이루었다고 단정하기 어려울 뿐 아니라 당시의 시대상을 읽을 수 있는 자료이기도 하다.

5 輔國將軍 : 보국장군에 대한 좀 더 구체적인 자료인 『宋書』 百濟國傳에 의하면, 行冠軍將軍 右賢王 餘紀는 冠軍將軍으로, 行征虜將軍 左賢王 餘昆과 行征虜將軍 餘暈는 모두 征虜將軍으로, 行輔國將軍 餘都와 餘乂는 모두 輔國將軍으로, 行龍驤將軍 沐衿과 餘爵은 모두 龍驤將軍으로, 行寧朔將軍 餘流와 麋貴는 모두 寧朔將軍으로, 行建武將軍 于西와 餘婁는 모두 建武將軍으로 삼아 모두 將軍號를 내려 주고 있다. 남송의 장군 官品에 대해서는 『송서』 百官志의 장군호를 토대로 만든 다음 표를 참고할 수 있다(坂元義種, 1968 ; 1978).

[南宋의 將軍官品]

第一品	第二品	第三品	第四品
大將軍	驃騎 將軍 車騎 將軍 衛 將軍 諸大 將軍	四征 將軍 四鎭 將軍 四安 將軍 四平 將軍 征虜 將軍 冠軍 將軍 輔國 將軍 龍驤 將軍	寧朔 將軍 五威 將軍 五武 將軍

※ 四征·四鎭·四安·四平은 征東, 征西, 征北 등 東西南北을 配함.
※ 五威·五武는 建·振·奮·揚·廣을 配함.

『양서(梁書)』 신라전

신라전이 중국 사서 동이전에 처음으로 입전(入傳)된 것은 『양서(梁書)』부터이다. 그런데 『진서(晉書)』 동이열전에는 진한(辰韓)이 중국과 교류한 사실을 전하고 있어, 일찍부터 이 지역이 중국과 교류하였던 사실을 알 수 있다. 특히 『삼국지(三國志)』 동이전과 『후한서(後漢書)』 동이열전에 나오는 진한 12국 가운데 사로(斯盧)를 언급하였고, 건원(建元) 18년(382) 전진(前秦)에 사신을 파견한 '신라국왕루한(新羅國王樓寒)'은 나물마립간(奈勿麻立干)이 분명하므로, 이미 4세기에는 신라의 존재가 중국에 알려졌음을 알 수 있다(千寬宇, 1975).

『양서』 신라전은 신라의 위치 및 진한으로부터의 발전 과정, 관등명, 물산과 신라어를 전하여 그 계통이나 특징을 살필 수 있는 주요한 자료로서 활용되고 있다. 스에마쓰 야스카즈는 『양서』 신라전이 원칙적으로는 양대(梁代, 502~557)에 신라와 통교하면서 얻어진 당대의 상황만을 기록했어야 할 것이지만 그 완성 시기가 당나라 초엽(629~636)인 까닭에 그간의 신라에 대한 지식도 추가되었을 것으로 전제하고, 진대(陳代) 11년간 4회의 사신 왕래를 통하여 『양서』 신라전의 기본 자료를 취했을 것으로 짐작했다(末松保和, 1954). 그런데 원제(元帝)가 처음 형주자사(荊州刺史)에 재임할 때(526~539)에 편찬한 『양직공도(梁職貢圖)』의 행문(行文)은 양대의 신라관을 살필 수 있는 자료로서 주목된다. 곧, "주변의 소국(旁小國) 반파(叛波) · 탁(卓) · 다라(多羅) · 전라(前羅) · 사라(斯羅) · 지미마련(止迷麻連) · 상기문(上己文) · 하침라(下枕羅) 등이 부용하였다."라고 하여, 520~530년대에 양나라는 사라(신라)를 백제 주변의 여러 소국과 함께 백제에 종속된 작은 나라로 인식하고 있었다(李弘稙, 1971). 이는 『양서』 신라전에 보이듯이 신라가 백제를 통하여 양과 통교할 수 있었던 때문이라 할 수 있으며, 나아가 『양서』에 나타난 신라의 사정도 백제를 통하여 인식된 것이라 할 수 있다(李弘稙, 1971). 만일 스에마쓰의 견해대로 『양서』 신라전이 6세기 중엽의 현실을 반영하는 것이라면, 법흥왕 · 진흥왕 때의 가야 정벌 기사인 듯한 『수서』 신라전의 "그 선대에는 백제에 부용하였는데 후에 백제가 고구려를 정복함으로 인하여 고구려인이 융역(戎役)을 감내하지 못하고 서로 귀부하여 드디어 강성하게 되었다. 이로 인하여 백제를 습격하여 가라국(迦羅國)을 부용하였다."는 내용이나, 지증왕 5년의 상복법(喪服法) 규정(『삼국사기(三國史記)』 권4, 신라본기 4, 지증마립간 5년)인 듯한 상복제, 법흥왕 8년(520)의 관등제도 이미 『양서』에 소개되었어야 한다. 그러나 『양서』 신라전에는 이러한 내용이 보이지 않으므로 관등의 규정이나 문자 등에 있어서 오히려 신라 중고기 이전의 사정을 반영한 것으로 판단된다. 그런데 기왕에는 신라 17관등제가 법흥왕 8년 율령이 반포될 즈음에 완성되었을 것이라고 추측하여 왔다(李基白, 1990 ; 李基東, 1984). 이는 〈울진봉평신라비〉(이하 〈봉평비〉)의 발견으로 기정사실화된 듯이 여겨졌다(盧泰敦, 1989). 다만 최근에 〈포항중성리신라비〉(이하 〈중성리비〉)가 발견됨으로써 법흥왕대에 관등제가 시행된 것은 분명하지만, 17관등제나 외위제의 완성은 진흥왕대에 이르러서야 가능한 것이라는 견해가 제기되어(박남수, 2013), 새로이 검토하는 견해들이 제출되는 상황이다. 문자에 있어서도 지증왕 3년 무렵의 〈포항냉수리신라비〉(이하 〈냉수리비〉)가 발견됨으로써 지증왕대에 이미 상당한 수준의 한문을 사용했음이 확인되었고(金永萬, 1990), 그보다 2년 앞선 〈중성리비〉에서도 당시 신라에서 상당한 수준의 한문을 사용했음을 알 수 있다. 그럼에도 불구하고 『양직공도』에 신라의 문자생활이나 관등제에 대한 정보는 매우 부정확한데, 이는 신라를 백제에 붙어 있는 소국으로 인식한 양나라 사관들이 자신들의 국사를 편찬하고, 이를 바탕으로 『양서』를 찬술한 때문이라 할 수 있다(이홍직, 1971). 곧 요찰(姚察)이 수(隋) 개황(開皇) 9년(589) 양대의 국사를 바탕으로 『양서』를 찬술하고자 했으나 이루지 못하고 죽자, 그의 아들 요사렴(姚思廉)이 가전(家傳)의 옛 원고를 바탕으로 『양서』를 완성하였으므로, 양나라 때의 신라관이 『양서』에 그대로 반영되었던 것이라 하겠다. 『양서』를 찬술한 요사렴은 남조(南朝) 진(陳)의 회계왕(會稽王) 주부(主簿)를 지냈으며, 수나라 때는 한왕부(漢王府) 참군(參軍)이 되었다. 진의 사관(史官)을 지낸 그의 부친 찰이 수 개황 9년(589)에 양·진 2사(二史)를 찬술하다가 이루지 못하고 죽자, 대업(大業) 연간에 사렴이 양제의 조칙을 받들어 요찰의 유업을 이으려 하였으나, 전란으로 인하여 이루지 못하였다. 사렴은 당나라 때에 진왕부 문학관학사(秦王府文學館學士), 태자세마(太子洗馬)가 되었고, 정관(貞觀) 초에 저작랑(著作郎)으로 옮겼다가 홍문관(弘文館) 학사(學士)가 되었다. 정관 3년(629) 태종의 조칙으로 가전(家傳)의 옛 원고와 사령(謝靈)·부재(傅縡)·고야왕(顧野王) 제가(諸家)의 기록을 중심으로 양·진 2사를 완성하였다(『新唐書』 권102, 列傳 27 姚思廉). 그런데 마땅히 『양서』에 실렸어야 할 가야국 병합이나 신라 관등제, 상복제 규정, 한문 사용 등의 내용이 오히려 『수서』에 나타나고 있어서, 『양서』 신라전은 신라 중고기 이전의 사정을 반영하는 것으로 생각된다. 곧 『양서』 신라전은 『양직공도』에 나타난 양대의 신라관을 보여주는 바, 최소한 요찰이 『양서』를 처음 찬술하기 시작한 수 개황 9년(진평왕 11)까지 중국에서는 신라를 그다지 잘 인식하지 못하였음을 드러낸다(박남수, 2013).

『양서』 권54,
열전48 동이 신라

新羅者, 其先本辰韓種也.

신라[1]는, 그 선조가 본래 진한의 종족이다.[2]

---

1 新羅 : '新羅'라는 국호가 확정된 것은 『삼국사기』 지증왕 4년(503)조의 "시조가 국가를 세운 이래로 나라의 이름을 정하지 못하여 혹은 斯羅, 斯盧로 칭하거나 혹은 新羅라고 일컬었습니다. 신들이 '新'은 덕업이 날로 새롭다는 것으로, '羅'는 사방을 망라한다는 것으로 여겨, 이를 국호로 삼는 것이 마땅합니다."라고 한 데서, 지증왕 때임을 알 수 있다. 이에 대하여 새로이 정해진 新羅라는 국호를 유교적인 이상적 국가관을 드러낸 것으로 보거나(文暻鉉, 1970), 지증왕을 전후한 신라 사회의 정치적 성숙도를 반영한 것으로 여기고 있다(申瀅植, 1977a). 특히 후자의 경우 신라라는 국호를 제정한 것은 신라의 급격한 정치적 팽창을 의미하는데, 414년에 세워진 〈광개토왕릉비〉나 5세기 중에 세워진 〈충주고구려비〉(이하 〈충주비〉)에서 살필 수 있듯이 일찍부터 사용해오던 국호를 유교적 정치이념으로 수식한 것이 지증왕대 국호 제정 기사라고 보고 있다. 다만 우리 학계에 국가 형성 이론이 도입되면서, 伯濟와 百濟, 狗邪와 加耶, 구려와 고구려 등과 마찬가지로 성읍국가로부터 영역국가로 발돋움한 사실을 보여주는 것으로 이해함으로써, 경주 일대를 지칭한 徐羅伐·斯盧로부터 고대국가로서의 국호인 신라로 고정되었다고 보고 있다(千寬宇, 1975). 아무튼 신라의 국호는 6세기 이후에는 거의 新羅로만 쓰여진 듯하며, 奈勿王 26년(381)에 前秦에 사신을 보낸 사실은 있으나, 國號를 제정(지증왕 4년, 503)한 이후 최초로 중국과 교섭을 가진 것은 법흥왕 8년(521) 양나라에 사신을 보낸 때이다. 이러한 배경에서 6세기 초엽 이후 辰韓 또는 新盧의 후신으로서 『梁』에 新羅傳이 立傳된 것이라 하겠다.

2 新羅者 其先本辰韓種也 : 신라의 기원에 대해서는 네 가지의 견해로 나뉜다. 곧 신라는 중국 秦의 流亡人과 연결된 辰韓의 후예라는 것, 고구려계 殘民이라는 것, 그리고 弁韓의 후예, 연나라의 유망민이라는 유형으로 나뉘어진다. 첫째는 『三國志』 東夷傳에 '古之亡人避秦役'이라 한 이후 이를 계승한 『후한서』·『梁書』·『晉書』·『南史』·『北史』 그리고 『翰苑』의 기록이며, 둘째는 『隋書』에서 毌丘儉의 침입 때 옥저로 피난했던 고구려의 殘留民이라고 한 설로, 『通典』·『文獻通考』가 이를 계승하고 있다. 셋째는 신라를 弁韓의 후신으로 간주하는 『新·舊唐書』·『册府元龜』 등의 기록으로서 전자의 두 계통과는 다른 자료를 바탕으로 하는 내용이다. 넷째는 최치원의 연나라 사람 망명설이다. 곧 연나라 사람이 涿水의 이름을 따서 거처하는 읍리의 이름을 沙涿(沙梁)·漸涿(漸梁) 등으로 일컬었는데, 이들은 사도·점도 등으로 읽는다고 하였다. 최치원이 연나라 망명인이 진한을 세웠다고 하는 설은, 위만이 연나라 망명객으로서 위만조선을 세웠다가 한나라의 공격으로 남하하여 진한을 세웠다는 의미로 새겨진다. 이에 秦役을 피해서 한반도로 유입된 '古之亡人'은 넓은 의미의 衛氏朝鮮系 유민으로 보기도 한다(李賢惠, 1984 ; 丁仲煥, 1962). 무엇보다도 한반도 경기·충청·전라도 일대에서 출토되는 유물은 거의가 철기를 배출하지 않는 청동기가 중심이 된 반면에 경상도 일대의 유물은 북방계의 영향과 철기가 큰 비중을 차지하고 있어 양 지방 간에 차이가 있기 때문이라는 것이다(이현혜, 1984). 건국신화에 있어서도 고구려와 백제는 하나의 범주에 들어가는 반면, 신라는 그 계통이 다른 것으로 보고 있다(趙芝薰, 1996). 무엇보다도 백제·신라의 왕을 비교할 때, 고구려와 백제의 왕은 주로 善射者나 强勇者임에 반해, 신라왕은 德望·智慧者임을 강조하고 있어 양국의 연관성을 부인하고 있다(申瀅植, 1984). 이러한 사실로 미루어 '옛날 秦의 역(役)을 피하여 유망한 사람'이라는 기사는, 춘추전국시대 이래 중국 유망인의 남하를 상징적으로 표현한 것이며, 秦人의 한반도 남하는 아니라고 보고 있다. 동시에 辰韓을 秦韓과 결부시킨 것은 중국인의 입장을 대변하는 것에 불과하다는 것이다. 또는 북방 유민이 남하하는 과정에서 마한의 동쪽을 지나왔을 것임은 확실하기 때문에 이를 馬韓의 부용으로 착각했을 가능성도 있다는 것이다. 『양서』의 경우, 秦人들이 秦

> 辰韓亦曰, 秦韓, 相去³萬里, 傳言秦世亡人避役來適馬韓, 馬韓亦割其東界, 居之以秦人, 故名之曰, 秦韓. 其言語名物, 有似中國人, 名國爲邦, 弓爲弧, 賊爲寇, 行酒爲行觴. 相呼皆爲徒, 不與馬韓同. 又辰韓王常用馬韓人作之, 世相係, 辰韓不得自立爲王, 明其流移之人故也. 恒爲馬韓所制.

진한(辰韓)⁴은 진한(秦韓)⁵이라고도 하는데, [양나라와] 서로 1만 리 떨어져 있다. 전하는 말로

의 役을 피하여 마한 땅에 이르러 그 동쪽에 거주함으로써 신라를 이루었다는 『삼국지』·『후한서』 등의 전승을 따르고 있다. 그런데 『수서』는 신라의 기원에 관하여 『삼국지』·『후한서』·『양서』 등과 그 사료의 계통을 달리하며, 『북사』에 보이는 신라의 기원에 관한 내용은 『양서』의 계통을 따르면서도 『수서』의 내용도 아울러 전재함으로써 두 계통의 설을 소개하고 있다. 그러나 『북사』는 신라의 관등을 비롯한 풍속·형정·물산 등에 관해서는 『수서』를 그대로 전재하고 있어, 『남사』의 내용이 『양서』를 그대로 따르는 것과 좋은 대조를 이룬다(申瀅植, 1985a). 『수서』는 위나라 장수 관구검의 침입으로 옥저 지방에 피난한 고구려 사람들이 잔류하여 신라국을 세운 것으로 풀이하고, 이로써 신라가 강성하게 되었다고 서술하고 있다. 이에 대해 『구당서』 신라전에서 신라를 '弁韓의 苗裔'라 한 것은 왕성인 金城 주위에 3,000명의 獅子隊를 배치하고 있다는 내용과 함께 『수서』의 기록에 새로이 추가한 것이다. 신라를 변한의 묘예라 한 것은 『당회요』에도 보이고 있어 10세기 무렵 중국인의 인식을 반영한다. 『당회요』의 경우 신라의 기원에 대해서는 『수서』를 따르면서도 신라인의 계통에 대하여는 "弁韓之苗裔"라 하여 『양서』·『수서』와 달리 『구당서』를 따르고 있다. 그러나 이렇다 할 풍속·제도 등의 기사는 없고 진덕왕 때부터 會昌 원년까지의 조공 사실만을 기록하고 있을 뿐이다. 한편 『通典』은 '상태'의 기술과 조공 등 '사건'에 관한 기술이 혼합된 형태로서 나타나고 있다. 그런데 신라의 先種이라 한 「진한전」에서는 辰韓의 기원을 '秦之亡人'에서 찾아 『삼국지』·『후한서』·『양서』의 계통을 따르고 있으나, 「신라전」에서는 신라의 기원을 위장 관구검의 침입으로 옥저 지방에 도망 온 고구려인들의 잔류로부터 찾고 있어 『수서』의 계통을 따르고 있다. 이와 같은 서술법은 양무제 때의 기사를 『양서』에서, 수 문제 때의 기사를 『수서』에서 취하면서, 신라의 풍속·지방제·물산·관등 등의 내용도 해당 사료의 내용을 각각의 시기에 그대로 편입시키고 있는 것에서도 나타난다. 마치 각각의 사료를 그대로 편집한 것으로 여겨지거니와, 이는 杜佑가 『양서』나 『수서』에 나타난 풍속 등에 관한 기사를 각 시기의 특징적 사실로 이해했던 데에서 비롯한 것이 아닐까 한다. 다만 『通典』은 부견 때에 신라 사신 위두가 조공한 사실을 새로이 편입하고 貞觀 22년 김춘추가 조공한 사실을 추가하고 있는 것만이 기존의 사서와 다른 점이다(박남수, 2013).

3   「去」: 남감본 「夫」, 급고각본·무영전본·백납본 「去」. 문맥상 「去」로 교감.

4   秦韓 : 韓에는 3개의 종족 곧 마한, 진한, 변한이 있다고 서술한 것은 『삼국지』 위지 동이전부터이다. 이에 대해 『후한서』 동이전 한조에는 마한, 진한, 변진으로 서술하고 있어 차이가 있다. 『후한서』의 변진을 『晉書』와 『양서』에서는 모두 변한으로 서술하고 있다. 趙一淸은 『후한서』에서 '변진'이라 일컬은 것은 '변한'의 잘못으로 보았다. 청 말기의 학자 丁謙은 삼한 가운데 마한이 가장 커서 충청·전라 2도와 경상도의 반을 차지하고, 진한과 변한은 오직 경주 일대만을 차지하였을 뿐이며, 삼한이 분립하였다고 하나 실제로 변한과 진한 2국은 마한의 지배를 받는데, 세력이나 힘에 있어서 마한에 대적할 만한 상대는 아니라고 보았다. 그 위치에 대하여 진한은 북쪽에, 변한은 남쪽에 거처하고, 중간에 진한과 변한이 섞여 거처하므로 이를 합쳐서 변진이라 일컬었다고 하였다. 이들 변진 24국 가운데 弁을 관칭한 11개국은 변한의 소속이고, 나머지는 모두 진한에 속한다고 하였다. 『三國史記』 新羅本紀 脫解尼師今條에는 "辰韓阿珍浦口"라고 하여 辰韓이 해안에 연해 있었음을 알 수 있다. 그 후 『高麗史』를 비롯하여 『世宗實錄地理志』의 "경상도는 三韓 때에 辰韓이었는데, 삼국에 이르러 신라가 되었다." 하고, 『신증동국여지승람』에서는 "경상도는 본래 辰韓의 땅이었는데 후에 신라의 소유가 되었다."고 하였으며, 『八域志』에서는 "전라도의 동쪽은 경상도인데, 경상도는 옛날 卞韓과 辰韓의 땅이다."라고 하였다. 그 뒤에 韓百謙의 『東國地理志』나 安鼎福의 『東史綱目』에서도 이를 따르게 되었다. 그런데 李丙燾는 「三韓問題의 新考察」에서 辰韓의 위치를 한반도 중심부로 비정함으로써, 학계의 새로운 쟁점이 되었다. 이병도는 韓의 명칭이 朝鮮王 準이 남쪽으로 온 이후 북쪽에서 내려온 유이민 사회 전체를 '韓' 혹은 '辰韓'이라 일컫게 되었다고 보았다. 곧, 그는 辰의 동북계인 유이민 사회가 韓王 準 이래로 '韓'이라 일컬어 '辰王'의 보호와 지배하에 있었으므로, 樂浪의 漢人들이 '辰韓'이라 일컫게 되었다고 본 것이다(李丙燾, 1976). 이에 대하여 任昌淳과 金貞培는 이병도설을 반대하고 '진한=경상도설'을 옹호하였다(任昌淳, 1959 ; 金貞培, 1968). 한편 千寬宇는 신채호의 삼한이동설을 채용하면서 辰韓을 낙동강 이동으로, 弁韓을 낙동강 이서 지방에 정착한 것으로 풀이하기도 하였다(千寬宇, 1976a). 한편 『삼국사기』에는 초기 신라·백제의 강

는 진나라 때에 유망인이 역을 피하여 마한으로 가니, 마한이 또한 동쪽 경계의 땅을 나누어

역을 벗어난 지역에서 양국 간의 전투 기사가 보이고 있어, 申采浩는 당시 한반도의 정황, 양국의 국세 및 兵勢 등에 비추어 『삼국사기』에 전하는 전투 기사에 상당한 의문점이 있음을 지적하였다(申采浩, 1983). 이러한 의문에 대하여 백제와 소백산맥 일대에서 상쟁한 주체를 신라로 보는 입장과 진한계로 보는 입장이 있었다. 전자는 申瀅植·申東河 등으로, 후자는 千寬宇·崔炳云 등으로 대표된다. 신형식은 그 전투 지역을 보은·옥천 일대로 비정하고, 이 지역의 철 생산 및 정치적·군사적 중요성으로 인하여 백제와 신라가 상쟁하였던 것으로 설명하였다(申瀅植, 1971 ; 申瀅植, 1983). 신동하는 신라의 지방통치체제 유형을 구분하면서, 2~3세기경 소백산맥 일대에서 벌어진 나·제 간의 전투를 신라로부터 기왕의 지위를 인정받은 족장들에 의하여 수행된 것이라 하였다(申東河, 1979). 또한 천관우는 脫解대로부터 阿達羅대에 이르기까지 일어난 나·제 간의 전투를 남하 중인 舊辰國=辰韓系에 의한 對百濟戰으로, 이후 2~3세기경에 나타난 전투는 남하한 진한계가 석씨 왕계를 형성한 뒤에 북상하면서 나타난 것이라 하였다(千寬宇, 1976b). 최병운은 천관우와 거의 동일한 견해를 가지고 있으나, 당시에 대백제전을 치룬 주체를 단순히 진한계라고만 하여 유보적인 태도를 취하였다(崔炳云, 1982). 그런데 이 시기 신라와 백제 간의 전투 지역이 소백산맥 일대의 중부지역에 집중되어 있어, 신라의 영역 확장 과정과 비교할 때 크나큰 지리적·시간적인 공백이 있다는 점에 의문을 표하고, 후일 신라 김씨 왕족이 남하하는 과정에서 벌어진 전투로 파악하기도 한다. 이는 영천(骨火小國)에도 미치지 못한 사로국의 국세로서 과연 의성 일대의 소문국을 정벌하여 이를 거점으로 백제와 장기간 성을 쌓고 교전할 수 있었겠는가 하는 점, 그리고 초기 나·제 간의 전투가 대부분 백제의 선공으로 비롯되며 소위 '신라'는 항상 수세의 입장에서 곤궁에 빠져 있었다는 점에 대한 의문에서 출발한다. 특히 중국 사서에 신라의 이름이 최초로 등장한 때가 동진 효무제 태원 2년(337)이며 그 개국의 시기가 晉·宋 교체기(356~402)라는 『翰苑』의 전승, 그리고 『삼국유사』 왕력 신라 흘해이사금조에 "이 왕대(310~355)에 백제병이 처음으로 내침하였다."는 기록, 『晉書』 辰韓조에 무제 태강 7년(286)까지 나타나는 辰韓의 조공 기사 등은, 나·제 간 이루어진 초기 전투 기사와 관련하여 소백산맥 일대에서 활약하고 있던 독자 세력이 존재하였음을 시사한다는 것이다. 이들은 『삼국사기』 신라본기 초기 기록에 신라 장수로 활약한 구도와 나음계의 세력으로, 이들 세력이 소위 백제라 하는 세력에 의하여 위축·남하함으로써 신라에 통합되었다는 것이다. 특히 소백산맥 일대에서 활약했던 구도계의 김씨 부족이 석씨 왕족과 통혼함으로써 일시 연맹의 형태를 띠게 되나, 이후 신라 사회에서 김씨계가 형성한 정치적 기반과 군사력에 의하여 나물마립간이 즉위함으로써 신라가 고대국가의 단서를 연다는 것이다. 이러한 과정은 경주 일원에 적석목곽분이 출현하는 과정과 흐름을 같이하며, 후일에 신라 김씨 왕실을 구성한 구도계는 소백산맥 일대의 중부 지역에서 세력을 형성하였던 진한계가 신라 사회에 이주하여 형성한 족단이었다는 것이다(박남수, 2013).

5 秦韓 : 신라의 기원에 대한 네 가지 견해, 곧 秦유망인설, 고구려잔민설, 변한후예설, 연맹명인설 가운데 秦유망인설에 따라 나타난 명칭이다. 『三國志』 東夷傳에 "古之亡人 避秦役"이라 한 이후 『후한서』·『梁書』·『晉書』·『南史』·『北史』 그리고 『翰苑』에서 이를 따르고 있다. 또한 『양서』와 『宋書』 동이전, 倭조에서는 齊나라가 建元(479~482) 중 왜국왕에게 '使持節·都督 倭·新羅·任那·加羅·秦韓·慕韓六國諸軍事'란 작호를 내린 것이나, 송나라 大明(457~464) 연간에 왜국왕이 스스로 '使持節·都督 倭·百濟·新羅·任那·加羅·秦韓·慕韓七國諸軍事·安東大將軍·倭國王'이라고 일컬은 데서 살필 수 있다. 이러한 칭호는 형식적이고 의례적인 것임에 분명한데, 이러한 칭호를 요청하도록 왜왕에게 권유하는 한편 송나라에게 왜왕을 책봉해 주도록 요청한 나라는 송-백제-왜국으로 이어지는 군사동맹체제의 결성을 꾀하고 있었던 백제였을 가능성이 큰 것으로 지적되고 있다(金恩淑, 1997). 이 작호에 보이는 慕韓을 『滿洲源流考』에서는 마한의 별칭으로 풀이하는데, 5세기 중엽 백제·신라가 고대국가를 형성한 이후에도 여전히 마한과 진한의 잔여 세력이 온전하고 있었는지, 아니면 백제와 마한, 신라와 진한, 그리고 임나와 가라의 중복 사실에 대한 왜나 송나라 측의 이해도 부족 때문인지 분명하지 않다. 다만 이 때에 辰韓을 秦韓으로 일컬었던 것은 중국인의 관점을 반영한 것이라 여겨진다. 더욱이 『梁職貢圖』 百濟國使조에는 백제의 언어와 의복이 고구려와 같다 하고, 언어는 중국을 참조한 것으로서 秦韓의 遺俗이라 하였거니와, 이 또한 辰韓을 秦의 유망민이 세운 것이라는 인식이 반영된 것이라 보아 좋을 듯하다. 이와 같이 秦韓의 명칭은 진의 유망민이라는 전승 외에 진한의 언어가 마한과 다르고 중국 진나라 사람들과 유사하다는 『삼국지』·『후한서』 이래의 전승 때문이라 할 수 있다. 이후 『양서』·『진서』·『남사』를 비롯하여 『책부원구』·『통전』은 모두 이를 따르고 있다. 다만 『양직공도』 百濟國使에서는 백제의 말이 중국을 참조하였으니 '秦韓'의 遺俗이 아니라고 한 것을 보면, 『양직공도』에서도 진한의 언어를 秦人과 비슷하다고 본 것이 아닌가 한다. 『한원』의 경우 옛날 유망민이 진나라의 전쟁을 피하여 한국에 들어왔다는 사실을 전하고, 秦韓의 명칭도 『齊書』의 왜국왕 책봉기사와 『위지』의 辰韓 별칭으로서의 秦韓을 인용하였을 뿐 대체로는 辰韓이라고 기술하였다. 『북사』의 경우 진한의 별칭 진한을 일컬으면서 진나라 때에 유망민이 전쟁을 피하여 왔는데 유망민이 秦人인 까닭에 진한이라 일컬었다는 것이다. 이에 대해 『삼국유사』는 『후한서』의 진인유망민설과 최치원의 연나라유망민설을 함께 소개하였다. 아무튼 秦韓이라는 명칭은, 신라의 모체가 되는 진한의 기원을 秦人유망민설에 구하여 나타난 것으로서 이후 중국 사서에서 辰韓의 별칭으로 일컬어졌고, 고려시대 최승로와 같은 이는 "진한(秦韓)의 옛 풍속으로 하여금 공자의 고향 노나라의 유풍을 알게 하고"(『고려사』 권3, 世家 3, 成宗 9년 12월 ; 권93, 列傳 권6, 諸臣, 최승로)라고 하였듯이 한반도의 총칭

진나라 사람들로 살게 하였으므로, 그 나라를 진한이라고 이름하였다.[6] 그들의 언어와 물건 이름은 중국 사람이 쓰는 것과 비슷하니 국가[國]를 나라[邦]라 하고, 궁(弓)을 활[弧]이라 하며, 도적(賊)을 도둑[寇]이라 하고, 술을 돌리는 것[行酒]을 잔을 돌린다[行觴] 하며, 서로를 부르기를 모두 무리[徒]라고 하여 마한과 같지 아니하다.[7] 또 진한의 왕은[8] 항상 마한 사람으로 대대로 계승하게 하고, 진한 스스로 왕에 오르지 못하였으니, 그들이 흘러들어온 사람들인 까닭이 분명하다. [따라서 진한은] 항상 마한의 통제를 받았다.[9]

으로 사용하기도 하였다.

6 居之以秦人 … 秦韓 : 『三國志』 東夷傳에 "古之亡人避秦役"이라 한 것을 『후한서』에서 "秦之亡人 避苦役"으로 고친 이후에 『晉書』·『梁書』·『南史』·『北史』와 『翰苑』에서 『후한서』의 내용을 따른 것이다. 그러나 『삼국지』와 『후한서』의 기사는 약간의 차이가 있다. 곧 『삼국지』에서는 "옛날 유망인들이 秦나라의 役을 피하여 韓國에 오자 마한이 그 동쪽 경계의 땅을 나누어 주었다. 성책이 있고, 그 언어에 있어서는 마한과 같지 아니하다. 국가(國)를 나라(邦)라 하고, 궁(弓)을 활(弧)이라 하며, 도적(賊)을 도둑(寇)이라 하고, 술을 돌리는 것(行酒)을 잔을 돌린다(行觴) 하며, 서로를 부르기를 모두 무리(徒)라고 하는 것이 秦人과 비슷하다. 비단 燕·齊의 이름과 물건만이 아니라, '樂浪'人을 阿殘이라 이름하며, 東方人들이 나(我)를 아(阿)라 하고, 樂浪人을 본래 그 殘餘人이라 일컬으므로, 이제 秦人이라 이름하는 것이다."라고 하였다. 이에 대해 『후한서』에서는 "秦나라의 유망인이 苦役을 피하여 韓國에 오자 마한이 그 동쪽 경계의 땅을 나누어 주었다. 국가(國)를 나라(邦)라 이름하고, 궁(弓)을 활(弧)이라 하며, 도적(賊)을 도둑(寇)이라 하고, 술을 돌리는 것(行酒)을 잔을 돌린다(行觴) 하며, 서로를 부르기를 무리(徒)라고 하는 것이 秦語와 비슷하다. 그러므로 달리 秦韓이라 이름한다."고 기술하였다. 劉宋의 范曄(398~445)은 『후한서』에서, 晉나라 陳壽(233~297)가 편찬한 『삼국지』의 내용을 요약 정리하면서 秦韓 관련 내용에 심각한 비약을 하였던 것이다. 곧 『삼국지』의 "옛날 유망인들이 秦나라의 役을 피하여(古之亡人避秦役)" 부분에서 그 실체가 불분명한 '古之亡人'을 '秦人'으로 확정하였는데, 이는 뒤이어 나오는 '秦役'으로 미루어 짐작한 것이라 할 수 있다. 또한 '秦役'의 성격을 '苦役'이라고 규정함으로써, 한국에 온 이들이 秦人임을 다시 한 번 확정하였던 것이다. 무엇보다 진수가 "진한의 언어가 진나라 사람들과 비슷함으로 인하여 『삼국지』가 편찬된 당시에 진한을 秦韓이라 이름하는 것이다."라고 서술한 것을, "진한의 언어가 秦語와 비슷하므로, 달리 秦韓이라 이름한다."고 함으로써, '辰韓 사람들은 유망한 진나라 사람들로서 진나라와 비슷한 말을 쓰고, 그러므로 秦韓이라 이름하게 된 것이다.'라는 논리적 서술을 기도하였던 것이다. 이러한 『후한서』의 잘못을 『진서』와 『양서』에서 그대로 따르게 되었고, 『太平寰宇記』와 『册府元龜』·『通典』 등에 그대로 전재되었던 것이다. 다만 『북사』의 경우 언어의 유사함에 대해서는 서술하지 않았으나, 진한의 종족적 계통이 秦人이라 함으로써 『후한서』의 내용을 따랐다고 할 수 있다. 이와 같은 『후한서』의 진인유망설은 『삼국유사』에 『삼국지』가 아닌 『후한서』의 설로서 소개되어, 오늘날 신라의 기원에 대한 네 가지 설, 곧 秦流亡人설, 고구려잔민설, 변한후예설, 연맹명인설 가운데, 중국 측 사서의 대종을 이루는 설로서 자리하게 된 것이다.

7 其言語名物 … 不與馬韓同 : 신라(진한) 언어의 구체적인 내용, 곧 "국가(國)를 나라(邦)라 이름하고, 궁(弓)을 활(弧)이라 하며, 도적(賊)을 도둑(寇)이라 하고, 술을 돌리는 것(行酒)을 잔을 돌린다(行觴) 하며, 서로를 부르기를 무리(徒)라고 하는 것"은 『삼국지』 진한조의 기사를 전재한 것이다. 『양서』에서 이들 진한의 언어들이 "마한과 같지 않다."고 한 것은 『삼국지』 진한조의 기사를 따른 것이고, "중국인과 비슷하다(有似中國人)."고 한 것은 『양서』의 찬술자인 唐 姚思廉의 독자적인 서술이다. 이는 『삼국지』나 『후한서』에서 "(진한의 언어가) 秦語와 비슷하다."는 서술과는 분명히 다른 표현이다. 『북사』에서는, 『양서』에서 진한의 언어가 "중국인과 비슷하다(有似中國人)."고 서술한 것을 그대로 따르고 있다.

8 辰韓王 : 『진서』와 『북사』는 『양서』를 따라 '辰韓王'으로 서술하였으나, 『삼국지』·『통전』·『태평환우기』·『한원』에는 "辰王"으로 기술하였다. 한편 『후한서』에는 辰王을 "삼한을 모두 다스리는 중국왕"으로 기술하였다.

9 辰韓王 : 세 가지 유형이 있다. 곧 '辰王' 가운데서도 『삼국지』의 계통을 따르는 것(『통전』·『태평환우기』·『한원』)과 『후한서』의 계통을 따른 것이 있는 한편으로, 이들 양 계통과는 달리 '辰韓王'으로 표기한 계통(『양서』, 『진서』, 『북사』)이 있다. 먼저 『삼국지』 동이전 한조에서는, 韓에는 마한, 진한, 변한 3종이 있는데, "진한이란 옛 진국이다(辰韓者, 古之辰國也)."라 하고, 마한에 대해 서술하면서 "진왕은 월지국을 다스린다(辰王治月支國)."고 하였다. 그리고 같은 책 동이전 변한조에서는 弁·辰韓은 모두 합하여 24국인데, "그 12국은 진왕에 속한다. 진왕은 항상 마한인으로써 삼아 대대로 서로 계승하게 한다. 진왕은 스스로 왕에 오르지 못하였다(其十二國屬辰王. 辰王常用馬韓人作之, 世世相繼爲辰王, 不得自立爲王)."고 하였다. 이로써 보건대 옛날의 진국이 『삼국지』 찬술 당시에 진한으로 변하였고, 진왕은 마한 지역에 있는 월지국을 다스리며, 진한 12국은 그에게 예속되어 있었음

> 辰韓始有六國, 稍分爲十二, 新羅則其一也. 其國在百濟東南五千餘里. 其地東濱大海, 南北與句驪·百濟接. 魏時曰, 新盧, 宋時曰, 新羅, 或曰, 斯羅. 其國小, 不能自通使聘. 普通二年, 王名募秦,[10] 始使使隨百濟奉獻方物.

진한은 처음에 6국이었다가 차츰 나뉘어져 12국이 되었는데, 신라는 그중 한 나라이다.[11] 그

을 알 수 있다. 곧 마한조에서는 진왕이 마한 지역의 월지국을 다스리는 존재처럼 서술되었으나, 진한조에서는 진왕은 진한 12국을 예속하지만 진왕 스스로 왕이 되지 못하고, 마한인으로 왕위에 오르게 함으로써 대대로 승계하게 한다는 것이다. 『삼국지』에서 진왕이 다스린다는 월지국은 『翰苑』에 인용된 『魏略』에는 '自國', 『後漢書』 등에는 '目支國', 『通志』에는 '月支國'으로 전한다. '月支'는 西域의 國名이므로, 『三國志』 韓傳 및 『通志』에서 '月支'라 한 것은, 후대 사람이 '月支'라는 이름에 익숙해져서 멋대로 고친 것이 아닌가 숙고해야 할 것으로 보인다. 대체로는 『삼국지』의 '月支'나 『翰苑』의 '自支'는 글자 형태가 비슷한 데서 오는 오류로서, '目支'가 옳은 명칭이 아닌가 여기고 있다. 아무튼 『삼국지』의 '辰王治目支國'이라는 구절에서 目支國은 馬韓 諸國 가운데서 영도적인 지위에 있었던 것으로 추정되거니와, 그 位置에 대해서 여러 가지 견해가 있다. 茶山 정약용의 「三韓總考」(『疆域考』)와 韓鎭書의 「地理考」(『海東繹史』)에서는 고조선의 準王이 남쪽으로 망명한 것과 관련이 있다고 전해지는 釜山이 아닐까 하는 견해를 피력한 바 있고, 李丙燾는 직산 지방에(1976), 千寬宇는 인천에 각각 비정하였다(1979). 그러나 목지국을 『삼국지』 마한조에서 서술하였던 만큼 아무래도 그 위치를 진한 서쪽의 마한 지역으로 보아야 할 듯하다. 다만 그 정확한 위치를 밝히기 위해서는 향후 지속적인 고고학적 성과를 기대할 수밖에 없다. 이 목지국을 다스렸다는 진왕에 대하여 천관우는 신라의 沾解王으로 보고 있다(1976a). 한편 『후한서』에도 『삼국지』와 동일한 辰王이 등장하지만, 그 성격 면에서 많은 차이가 있다. 『후한서』 한조에서는, '韓'에는 마한, 진한, 변진 3종이 있는데 모두 78국으로 옛날 辰國이라는 것이다. 진국에 대해서는 『史記』 朝鮮列傳에 '眞番旁辰國(혹은 衆國)'이라고 보이지만, 판본에 따라, 그리고 학자들의 의견에 따라 辰國, 衆國說로 구분된다. 또한 『삼국지』 동이전 한조에 인용된 『魏略』에도 '일찍이 右渠가 격파되기 전에, 朝鮮相 歷谿卿이 右渠에게 諫하였으나 [그의 말이] 받아들여지지 않자, 동쪽의 辰國으로 갔다. 그때 백성으로서 그를 따라가 그곳에 산 사람이 2,000여 戶였다'고 하여 등장한다. 이들 자료에는 모두 辰國을 과거적인 존재로서 일컬었고, 辰王이 존재한 당시에는 이미 더 이상 찾을 수 없는 실체이기 때문에 진국과 진왕은 쉽게 결부될 수 없음을 알 수 있다. 아무튼 『후한서』에서는 삼한 가운데 마한이 가장 크고, 함께 그 종족(마한)을 세워 진왕으로 삼았는데, 목지국을 도읍으로 삼아 모든 삼한의 땅을 다스렸으며, 각 나라 왕의 선대는 모두 마한인이었다고 하였다. 또한 조선왕 準이 위만에게 격파되자, 그 남은 무리 수천 명을 거느리고 바다로 들어가 마한을 공격하여 격파하고 스스로 韓王이 되었는데, 뒤에 준왕의 후손이 끊어지자 마한인이 다시 자립하여 辰王이 되었다고 하였다. 『삼국지』와 『후한서』의 공통되는 부분은 진왕이 목지국을 다스렸으며, 마한인으로써 진왕을 삼아 대대로 승계하게 하였다는 점이다. 다만 『삼국지』에서 진왕은 진한 지역을 예속하였다고 한 데 대해, 『후한서』에서는 모든 삼한 지역을 다스렸다고 한 점에서 차이가 있다. 이로써 『삼국지』의 기사를 따르게 될 경우 辰王은 目支國을 다스리며 주위를 제어하는 정도의 통치자로 해석되지만, 『후한서』를 따른다면 삼한 전체를 다스리는 왕으로서 위치 지워진다. 학계 일반으로는 『후한서』 진왕의 경우 한국사의 역사발전단계에서 통일된 하나의 나라가 다시 78개의 소국의 분열되는 형세를 쉽게 납득하기 어렵다는 점에서, 『삼국지』의 기사대로 진왕을 목지국을 다스린 지배자 정도로 이해하고, 목지국이 마한 사회뿐만 아니라 주변의 진한 지역까지 통제하였던 것으로 이해하고 있다. 이러한 까닭에 『양서』를 비롯하여 『진서』와 『북사』에서는 변진 12국은 진한에 속하며, 진한은 항상 마한인으로 왕을 삼았다고 한다든가, 마한인으로써 진한왕을 삼는데 진한이 자립하여 스스로 왕이 되지 못하였다 하고, 그것은 이들 진한인이 유망하여 옮겨 온 사람들이기 때문이라고 밝혔다. 『晉書』에서 '변진의 12국이 辰王에 속하였다.' 하여 辰王을 辰韓과 연계되는 것으로 파악함으로써, '辰王'을 모두 '辰韓'으로 바꾸어 서술함으로써 문제의 소재를 피하고자 한 것으로 보인다. 아무튼 어떠한 사서이든 간에 중국 측 기록에서는 마한이 진한을 통제하였다고 한 데에 있어서는 동일하며, 그것은 당시 한반도 내의 정치체들 상황으로 보아 당연한 추세로 인정할 수 있을 듯하다. 다만 진왕과 진한왕의 관계, 그리고 과연 진왕이 목지국에 거처하면서 진한 지역을 다스릴 수 있었을까 하는 점은 향후 검토해야 할 과제이지만, 『진서』에서 변진 12국이 진한에 예속되고, 마한인의 통제를 받았다고 한 서술이 가장 합리적일 듯하다.

10 「秦」: 남감본·무영전본 「王名募泰」, 급고각본·백납본 「王募名秦」, 중화서국 「王姓募名秦」.
11 辰韓始有六國 稍分爲十二: 辰韓 12國의 구체적인 국명은 『삼국지』 東夷傳 진한·변진조에 보인다. 『삼국지』에는 辰韓(秦韓)에

나라는 백제의 동남쪽 5,000여 리 밖에 있다. 동으로는 큰 바다와 연해 있고, 남북으로는 [고]구려·백제와 접하고 있다. 위나라 때는 신로(新盧)[12]라 불렀고, 송나라 때는 신라 또는 사라[13]라고 하였다.[14] 그 나라는 작아서 독자적으로 사신을 파견할 수 없었다. 보통 2년(521)에 모진

처음 6국이 있었으나 점차 나뉘어져 12국이 되었는데, 弁辰에도 또한 12국이 있었다고 하였다. 『삼국지』 변진조에는 이들 진한 12국과 변진 12국을 일괄 서술하였는데, 접두어의 형태로 '弁辰'이 들어간 것은 변진 12국에 속하며, 그 밖의 소국의 이름 12개가 진한 12국인 셈이다. 이들 12국에 대해서는 연구자마다 그 위치를 달리 비정하는데(李丙燾, 1976 ; 千寬宇, 1976), 이는 대부분 언어학적인 방법에 따라 地名을 考證한 것으로서, 확실한 考古學적인 논증이나 뚜렷한 논거를 갖추지 못한 것으로 지적되고 있다.

12　新盧 : 이와 같이 전하는 기록은 『양서』 신라전을 비롯하여 『남사』, 『통전』, 『태평환우기』 신라전 등이다. 이들 기록에는 한결같이 '新盧'를 위나라 때에 일컫는 이름이라 하고 있어, 신라가 위나라에서 '신로'라고 알려져 일컬어졌음을 알 수 있다. '新羅'를 '新盧'라고 일컫는 것은 '斯羅'를 '斯盧'라 한 것과 같이, 고대의 음운에 '盧'와 '羅'가 서로 통할 수 있다는 데서 비롯한 것이라 하겠다. '盧'와 '羅'는 다시 '良'과도 음이 통하여, 일본 측 기록에서는 "이때에 新良國의 왕이 공조 81척분을 바쳤다(此時 新良國主貢進御調八十一隻)."(『고사기』 권하)고 하여 신라를 '新良'이라고도 일컬었음을 알 수 있다.

13　斯羅 : 이와 같이 전하는 기록은 『삼국사기』와 『삼국유사』뿐만 아니라 중국 측의 기록, 곧 본 『양서』 신라전을 비롯하여 『양직공도』 백제조와 『남사』·『한원』, 『통전』, 『책부원구』 외신부와 『태평환우기』 신라전에 보인다. 1989년에 발견된 〈냉수리비〉에는 "斯羅의 탁부 사부지왕과 내지왕이 敎하시어(斯羅喙斯夫智王 乃智王此二王敎)"라고 하여 지증왕 4년(503) 9월 25일 당시에 '斯羅'라는 국명을 사용하였음을 알 수 있다. 특히 〈냉수리비〉는 국가가 직접 세운 율령적 성격의 비인 까닭에 이때 사용한 국명은 신라의 공식 국호였음을 알 수 있다. 智證麻立干 4년 겨울 10월에 '新羅'라는 국호를 정하기 직전까지 이를 사용하였음을 알 수 있다. 그럼에도 불구하고 최치원이 찬술한 〈雙溪寺眞鑑禪師塔碑〉(887) 비명에는 "용감하게 범의 굴을 찾고 멀리 험한 파도를 넘어, 가서는 秘印을 전해받고 돌아와 斯羅(신라)를 교화했네(猛探虎窟 遠泛鯨波 去傳秘印 來化斯羅)."라고 하여, 신라를 '斯羅'로 표현하였다. 일본 측 사료에도 '斯羅'라는 이름이 전한다. 『日本書紀』 권17, 繼體天皇 7년 11월 5일조에는 "朝庭에서 백제의 姐彌文貴 장군과 斯羅의 汶得至, 安羅의 辛已奚와 賁巴委佐, 伴跛의 旣殿奚와 竹汶至 등을 불러 놓고 恩勅을 선포하여 己汶과 滯沙를 백제국에 주었다."고 하여 백제·안라와 함께 斯羅가 등장하고, 같은 책 권19, 欽明天皇 15년(554) 12월조에는 "百濟가 下部의 杆率 汶斯干奴를 보내 표를 올려 '百濟王 臣 明과 安羅에 있는 倭臣들, 任那 여러 나라의 旱岐들은 아룁니다. 斯羅가 무도하여 천황을 두려워하지 않고 狛(고구려)과 마음을 함께 하여 바다 북쪽의 彌移居(みやけ : 官家)를 멸망시키려고 합니다.'"라고 하여 사라가 등장한다. 대체로 여기에 등장하는 '사라'를 신라로 이해하는데(최원식 외, 1994), 같은 책 권19, 欽明天皇 5년(554) 3월조의 백제가 사신을 보내 임나 재건에 대한 사정을 보고하는 기사에는 "신라는 봄에 喙淳을 취하고 이어 우리의 久禮山 수비병을 내쫓고 드디어 점유하였습니다. 安羅에 가까운 곳은 안라가 논밭을 일구어 씨를 뿌렸고, 久禮山에 가까운 곳은 斯羅가 논밭을 일구고 씨를 뿌렸는데, 각각 경작하여 서로 침탈하지 아니하였습니다(新羅春取喙淳 仍擯出我久禮山戌 而逐有之 近安羅處 安羅耕種 近久禮山處 斯羅耕種 各自耕之 不相侵奪)."라고 하여 신라와 함께 斯羅가 등장한다. 이 기사에서 대부분 '신라'라고 명기하면서도 '斯羅'의 명칭이 오직 한 군데 보이는 것은 『일본서기』 편찬자의 오류일 가능성이 높지만, 추후 자세한 검토가 필요하다. 그런데 중국 측 기록 가운데 『魏書』 권8 世宗 景明 3년(502)조와 『魏書』 永平 원년(508)조 조공 기사에 '斯羅'의 명칭이 보이는데, 이를 신라와 동일시하기도 하나(국사편찬위원회 편, 1987), 이들이 疏勒·罽賓·婆羅捺·烏萇 등등 서역의 여러 나라와 함께 등장하고, 그 협주에도 함께 나온 나라들이 '史籍 西域傳'을 제외하고는 확인하기 어렵다 하였으며, 『삼국지』 권30, 동이전 30, 왜조에 大秦國을 설명하면서 "斯羅國은 안식에 속하며 大秦과 접연하여 있다."고 한 바, 『魏書』 景明 3년(502)조와 永平 원년(508)조에 조공하였다는 斯羅는 서역의 사라국임이 분명하다. 아무튼 '斯羅'라는 명칭은 '신라'를 국호로 정하기 직전의 것으로서, '新羅'를 '新盧'라고 일컫듯이 '斯盧'라고도 하였다. '斯盧'라는 이름은 『양서』 신라전에는 나타나지 않으나, 『삼국사기』·『삼국유사』를 비롯하여 『삼국지』 동이전 변진조 弁辰 12국의 하나로서 등장한다. 『삼국지』를 편찬한 진수는 "斯盧는 곧 신라인데, 음을 옮기면서 바뀐 것이다(斯盧, 卽新羅, 乃譯音之轉)."라고 주석을 달아 놓았다. 진수의 견해를 따른다면 사로나 사라, 신라나 신로 등은 음역의 과정에서 나타난 이름이라 할 수 있다. 이에 대해 斯羅의 '斯'는 15세기의 'ㅅ'로서 현대음의 '시' 혹은 '사', 羅는 '라' 혹은 '로' 또는 '루(luo)'였을 가능성이 높은 것으로 지적되고 있다(김영만, 1990). 『삼국지』에 斯盧가 언급되어 있는 것은 3세기 중엽 신라가 '사로국'으로 일컬어졌던 사실을 반영한다고 보아 좋을 것이다.

14　魏時曰新盧, 宋時曰新羅, 或曰斯羅 : 이 구절은 『남사』 신라전에도 동일하게 수록되어 있다. 다만 『通典』 신라국조에는 "처음에는 新盧라 하고, 송나라 때에 新羅, 혹은 斯羅라고 하였다(初曰新盧, 宋時新羅, 或曰 斯羅)."고 하여, 『양서』나 『남사』 신라전처럼 新盧를 위나라 때의 이름으로 한정하지 않았다는 차이가 있다. 『太平寰宇記』 신라조에는 위나라 때의 新盧國이라 하였

던 것이 신라국이 되었는데 달리 斯羅라고 부르기도 한다고 하여, 『양서』 등의 사료와 서술방식의 차이가 있다고 하나 내용적으로 동일하게 구성되었다. 이들 중국 측 사서에서 신라의 국호를 열거한 것은 그 변화 과정을 보여주는데, 『삼국사기』나 『삼국유사』에는 徐耶伐 또는 徐羅伐, 雞林 등의 국호가 있었음을 전한다는 점에서 중국 측 사료와 차이가 있다. 곧 『삼국사기』 권34, 잡지3, 지리1, 신라조에는 박혁거세가 개국하면서 국호를 徐耶伐이라 하였는데, 달리 斯羅, 斯盧, 新羅라고 일컬었다는 것이다. 『삼국유사』 권1, 기이1, 신라시조 혁거세왕조에는 박혁거세의 개국과 함께 국호를 徐羅伐 또는 徐伐이라 하고, 달리 斯羅 또는 斯盧라고도 하며, 또한 雞林國이라고도 일컫는다고 하였다. 『삼국사기』에는 계림이란 국호가 탈해왕 9년 금성 동쪽 시림에서 닭 우는 소리가 있어 시림에 가서 김알지를 얻게 되었다는 설화에서 유래한 것이라고 하였다. 이는 신라의 국호가 어떻게 변화하였는지를 보여준다. 곧 박혁거세의 개국에 따른 세야벌(서라벌, 서벌), 그리고 탈해왕 9년 김알지를 얻은 설화로부터 계림국으로의 개명, 기림이사금 10년 신라의 국호로 되돌리는 변화가 있었다. 그 후 지증왕 4년(503) 10월 기림이사금 10년(307)에 회복한 국호 신라를 공식 국명으로 정하였다는 것이다. 그러나 〈냉수리비〉(503)에는 "斯羅의 탁부 사부지왕과 내지왕이 敎하시어(斯羅喙斯夫智王 乃智王此二王敎)"라고 하여 지증왕 4년(503) 9월 25일 당시에 '斯羅'라는 국명을 사용하였음을 알 수 있다. 따라서 기림이사금 때에 복고하였다는 '신라'는 '斯羅'일 가능성이 높다. 사실 『삼국유사』 왕력 光熙 정묘년(307)조에는 국호를 고쳤다고 하여 『삼국사기』 기림이사금 10년조의 기사와 동일하다. 다만 1512년에 간행된 규장각본(국보 306-2호)에는 "光熙丁卯年 是國号 曰斯羅 新者 德業日新 羅者網羅四方之民 云 或系智證 法興之世"라고 하여, 당시의 국호가 '斯羅'였다고 하면서도, '新羅'의 명칭으로 그 의미를 풀이하고. 이 일이 혹설에는 지증왕 때의 일이라는 설을 부기하였다. 이는 '사라'로부터 그 음이 서로 비슷한 '신라'를 취하였음을 시사하는 것으로, 지증왕 때에 국왕호와 함께 국호의 의미를 한자식으로 풀이한 데 따른 것이었음을 반영한다고 할 것이다. 서기 414년에 세워진 〈광개토왕릉비〉나 5~6세기경에 세워진 〈충주비〉에는 신라라고 기록되어 있어, 신라나 사라가 서로 통용되었음을 알 수 있다. 그런데 일연은 고려시대에 '京'을 '서벌'이라 훈독하는 것은 신라의 국호 '서벌'에서 유래한 것이라고 주석하였다. 이로 미루어 국어학계에서는 오늘날 수도를 '서울'이라 일컬은 것이 '서벌'에서 비롯한 것으로 본다. 이에 대해 韓鎭書는 그의 『海東繹史』에서 "東語 新曰斯伊 國曰羅"라 하여 새나라로 생각하였다. 梁柱東도 이에 따라 東方·東土로 간주하였다. 즉, 斯羅·新羅·斯盧·尸羅는 모두 시니의 借字로서 東方(東土)의 뜻으로 보고, 徐伐·鷄林·東京 등을 시불로 읽어 시는 東·新·曙의 뜻으로, 불은 光明國土로 보아 시니불(徐那伐) 즉, 東川原으로 풀이하였다(1957). 또한 田蒙秀는 실애벌 즉, 谷川原(山谷의 나라)으로 보았으며(1940), 安在鴻은 실(谷)·시로(城)의 뜻으로 풀이하였다(1947). 李丙燾는 徐那伐·蘇伐의 뜻을 高·上·聖의 뜻으로 풀어 백제의 蘇夫里나 고구려의 수릿골과 같은 Capital의 의미로 파악하였다(1976). 趙芝薰의 경우도 스륵불의 뜻을 上國·高國·神國 등으로 설명하고 있다(1955). 이와 비슷한 주장은 李在秀에서 계속되고 있다(1960). 그러나 末松保和는 이들 新盧·斯盧·新羅는 『晉書』 載記의 '薛羅', 『삼국사기』의 徐耶(伐)·徐那(伐), 『삼국유사』의 徐耶(伐)의 對譯으로 이해하였다(末松保和, 1954). 또한 末松保和·今西龍 등은 시불을 金國 또는 鐵國으로 풀이하였거니와(末松保和, 1948 ; 今西龍, 1970), 일찍부터 신라는 金國의 나라로 中東에 알려진 바도 있었다(金定慰, 1977). 이에 대해 文暻鉉은 신라가 곧 시니 혹은 시불의 음借 내지 訓借의 漢字 同音同訓 異字로 보았다. 즉, 그는 徐那(羅)伐·斯(新)盧·尸羅는 音借이며 新羅·鷄林·鷄貴는 訓借로 생각하였다(1983). 다시 말해서 新字는 시(시·쇠)란 原義를 갖고 있으니만치 시란 黃金·鐵·銅의 뜻이며, 황금의 고귀하고 빛난(光輝) 속성으로부터 光明·東·新·高貴·寶物의 뜻으로 바뀐 것이며, 羅字는 那·耶와 같이 地·土·村·國을 의미하는 것으로 奴·讓·那(고구려)·洛·耶(가라)와 같고, 伐은 新羅地名의 어미에 붙이는 것으로 光明·原·國을 의미하는 불(불)로 音讀한 것으로 보았다(文暻鉉, 1983). 즉, 신라는 북방의 철기문화를 가진 민족(古朝鮮系)이 남하하여 金村(시불)을 건설하였고, 그것이 점차 확대되면서 그 村名도 시불로, 그 支配族의 姓氏도 시(金·昔)로 한 연후에 유교사상의 표현인 新羅로 雅化한 것이라고 생각하였다(문경현, 1983). 근래에 들어 주보돈은 '사로' 또는 '사라'는 오늘날 경주 지역을 중심으로 하는 좁은 범위의 정치세력을 의미하는 대내적인 용도로, 신라는 사로를 포함하여 그에 예속된 다양한 정치세력을 포괄하는 넓은 의미의 뜻으로 주로 대외적인 용도로 사용했다고 풀이하였다(주보돈, 1998). 『삼국사기』와 『삼국유사』에는 박혁거세가 나라를 세우고 국호를 정하면서 徐羅伐, 徐伐, 徐耶伐이라 하였고, 일연이 지적하였듯이 고려시대에 '京'을 '서벌'이라 훈독하는 것은 신라의 국호 '서벌'에서 유래한 것이라는 점을 생각하면, 徐羅伐, 徐伐, 徐耶伐은 모두 서벌을 음사하면서 나타난 이름이며, 사라나 신라 또한 비슷한 음가로서, 지증왕 때에 이르러 유교적 의미를 풀이하면서 신라를 공식 국호로 책정한 것이라고 보아야 할 듯하다. 한편 신라의 음가로부터 비롯한 薛羅와 尸羅라는 이름이 사용되기도 하였다. 薛羅는 『晉書』 권113, 載記 13, 苻堅전에 보인다. 곧 太元 4년(379) 苻洛이 苻堅에 반기를 들어 거병하면서 '鮮卑·烏丸·高句麗·百濟及薛羅·休忍等諸國'에 사신을 보내어 징병을 하였다는 데서 고구려·백제와 함께 '薛羅'가 등장한다. 그런데 「海印寺 妙吉祥塔誌」(895)의 僧訓이 지은 「僧軍을 哭함(哭緇軍)」에는 "혼탁한 운세가 서쪽으로 와 薩羅에 이르러, 십 년 동안 억센 짐승들이 僧伽를 괴롭혔구나(濁數西來及薩羅, 十年狼豹困僧伽)." 라고 하여 '薩羅'가 보인다. 『진서』 부견전의 '薛羅'와 「海印寺 妙吉祥塔誌」의 '薩羅'는 동일한 것으로 보이는데, '薛羅'가 고구려·백제와 함께 언급되었고 「해인사 묘길상탑지」는 신라 말 혼탁한 신라의 상황을 묘사한 것으로 보아, 이들은 모두 신라를 지칭하는 것임을 알 수 있다. 조선 영조 때의 학자 申景濬(1712~1781)은 그의 유저 『旅菴遺藁』에서 『진서』 부견전의 薛羅를 신라

이라고 이름하는 [신라]왕이[15] 처음으로 백제를 따라 사신을 파견하여 방물을 바쳤다.[16]

라고 풀이하면서, "대개 신라는 처음에 서벌라고 칭하였는데 서벌 두 글자가 합하면 '薛'음과 비슷하다. 또한 지금 서울 사람들은 內官이 관장하는 御膳을 薛里라고 하는데, 薛의 음가는 '섭'으로, '涉'의 소리와 같다. 또한 '서'와 '벌' 초성 둘이 합한 것이니, '薛'의 遺語일 뿐이다(『頤齋遺藁』권25, 雜著, 華音方言字義解)."라고 하였다. 오늘날 국어학의 관점에서 보면, 서라벌을 서벌이라고 한 것은 신경준의 오류임이 분명하나, 『진서』 부견전의 신라를 신라로 이해한 것은 옳다고 여겨진다. 아무튼 신라와 신라 또는 서라벌의 음운학적 관계에 대하여는 충분한 검토가 필요하지만 양자 간의 음가가 비슷하므로 신라를 신라라고도 일컬었음을 알 수 있다. 또한 신라를 尸羅라고 일컫기도 하였는데, 이 명칭은 최치원의 「新羅迦耶山海印寺結界場記」에 나타난다. 곧 "국호 시라는 실로 바라제가 불법을 일으킨 곳이고, 산이름을 가야라고 일컬은 것은 석가모니불이 불도를 이룬 곳이다(『東文選』권64, 記, 新羅迦耶山海印寺結界場記)."라고 하여, 신라를 『尸羅』라고도 칭하였음을 알 수 있다. 이 이름은 『제왕운기』에도 등장하는데, 본래 尸羅는 범어(梵語) śīla, 즉 쉬일라의 음역으로, 身·口·意 三業의 죄악을 방지한다는 뜻을 지니며, 보통 戒 혹은 律을 가리키는데, 시라의 땅이란 신라를 가리키는 동시에, '戒行이 청정한 땅'이라는 의미로서 사용된 것이다. 따라서 최치원은 범어의 시라가 신라와 음이 서로 통하고 신라의 불교가 융성한 점을 들어 계행이 청정한 신라라는 의미로 그 음가를 빌어 신라를 尸羅라고 일컫지 않았을까 한다. 말하자면 시라는 불교용어 가운데 신라와 음가가 비슷하다는 점에서 차용한 명칭이라 할 수 있다. 한편 鷄林은 신라 전 시기에 걸쳐 두루 사용된 것으로서 탈해이사금대 김알지를 발견한 것을 기념해서 붙여졌고, 신라 왕통을 줄곧 김씨가 장악하였던 만큼 '신라'라는 국호가 정해진 이후에도 별칭으로 사용되었던 것으로 보인다.

15 募秦 : 양 武帝 普通 2년(521)은 신라 법흥왕 21년이다. 당시 신라왕을 募秦이라고 기록하고 있는 데 대하여, 『북제서』권7, 世祖武成記에는 "河淸 4년(진흥왕 25년, 565) 2월 甲寅에 新羅國王 金眞興을 使持節東夷校尉樂浪郡公新羅王으로 삼는 조칙을 내렸다."고 하여 진흥왕대에 이르러 비로소 신라 왕실에서 김씨 성을 사용하고 있음을 보여준다. 그런데 〈봉평비〉(524)에는 법흥왕을 "另卽知寐錦王"이라 칭하였고, 〈울주천전리서석 추명〉(법흥왕 26, 539)에는 "另卽知太王"이라 일컬었다. 이는 본 『양서』 신라전(중화서국 「王姓募名秦」)에서 법흥왕의 성이 募이고, 이름을 秦이라 한 것이(남감본·무영전본「王名募泰」, 급고각본·백납본「王募名秦」), 법흥왕의 이름 另卽知를 지칭한 것임을 보여준다. 한편 지금까지 신라에서 성씨의 출현은 중국과의 교섭 과정에서 나타난 것으로, 대외적으로는 자신의 格을 중국식으로 수식하고 대내적으로는 중국의 칭성 방식을 차용함으로써 피지배층에 대한 권위를 표현하고자 하였던 것으로 이해하여 왔다(申東河, 1979). 따라서 상고 신라의 성씨는 혼돈된 계보관념에 의해 후대에 소급하여 추가 윤색한 결과로서 인식된다는 것이다. 이러한 결과로 동일 인물에게 명명된 성씨가 김씨 혹은 박씨로서 각 사서 또는 동일 사서에조차 혼돈된 상태로 나타나고 있다는 것이다. 『三國史記』에서 朴提上으로 되었던 것이 『삼국유사』에는 金提上으로, 『삼국사기』에서도 昔利音(奈音)을 葛文王 朴奈音으로, 許婁葛文王 또한 朴氏 또는 金氏로 전하는 것이 그 대표적인 예라 할 수 있다(박남수, 1987). 최근에는 박 또는 김의 두 가지 성씨의 전승은 일본 씨성제도, 곧 일본 고대사회에서 우지(氏)가 씨족이라 擬制하면서도 실은 제사·거주지·관직 등을 통해서 결합된 정치적 집단을 의미하는 것에 비교하여 설명하기도 한다. 곧 '朴'提上의 전승은 파사이사금 때에 제상의 祖先 출신 지역인 栗浦 지역이 (박)아도갈문왕에 의하여 신라에 귀속되어 혈연적으로 의제 관계를 맺음으로써 제사·거주지·관직 등을 통해서 정치집단화되었던 것을 반영하며, '김'제상의 전승은 눌지왕 때에 왕제 귀환을 위해 제상이 왕경에 징발되면서 나마의 관등을 받아 김씨 왕족의 탁부 내지 사탁부에 소속되어 새로이 김씨와 의제 혈연 관계를 맺었던 사실을 반영한 것으로 추측하기도 한다(박남수, 2019). 한편 『翰苑』권30, 藩夷部 新羅國조에는 『括地志』의 "신라왕은 姓이 김씨인데 그 선조의 所出은 자세하지 않다."는 기사를 인용하고, 아울러 『隋東藩風俗記』의 "金姓이 서로 계승한 지 30여 代에 이른다."는 기사를 함께 실었다. 이에 대해 『通典』권185, 邊防 1, 東夷 上, 신라국조에는 "신라 왕의 성은 金이고 이름은 眞平이다."라 하고 이에 주석하여 『한원』과 동일하게 『수동번풍속기』의 기사를 인용하였다. 이에 대해 『동번풍속기』는 수나라 때(581~618)의 것이므로 신라 26대 진평왕대(579~632)의 정황을 기록했을 것으로 확언하고, 진평왕을 30여 대째의 김씨 왕이라고 『동번풍속기』에 전하는 사실의 의미는 무엇인가 하고 의문을 제기하기도 한다(李基東, 1979a). 한편 『동번풍속기』 기사는 소백산맥 일대에서 활약했던 仇道系가 경주 지역에 들어와 석씨 왕족과 통혼하여 연맹을 이루다가, 김씨 족단의 정치적 기반과 군사력에 의하여 나물마립간이 즉위함으로써 고대국가의 체제를 갖추었다고 보기도 한다. 특히 이러한 과정은 경주 일원에 나타나는 적석목곽분이 출현하는 과정과 흐름을 같이하므로, 지금까지 경주 토착세력으로 보아왔던 김씨계를, 소백산맥 일대의 중부 지역에서 세력을 형성하였던 辰韓系가 신라 사회에 이주하여 형성한 족단으로 파악함으로써 『수동번풍속기』의 "김 姓이 서로 계승한 지 30여 代에 이른다."는 기사에 대한 풀이를 적극적으로 시도하기도 하였다(박남수, 1987).

16 始使使隨百濟奉獻方物 : 신라가 최초로 양나라에 사신을 파견한 普通 2년(521)은 법흥왕 8년에 해당한다. 이에 대해서 『삼국사기』에도 "遣使於梁貢方物"이라고 기록되어 있으며, 이처럼 신라가 중국에 사신을 파견한 것은 나물왕 26년(381) 前秦과 통교한 이후 140년만의 일이다. 이는 『梁職貢圖』 백제사신조의 행문에도 같은 내용이 실려 있다. 『양직공도』는 양나라 元帝가 처음 荊州刺史에 재임할 때(526~539)에 편찬한 것으로서, 양나라 때의 신라관을 살필 수 있는 자료로서 주목된다. 곧 이 행문에는 "[백제] 주변의 소국[旁小國] 叛波·卓·多羅·前羅·斯羅·止迷麻連·上己文·下枕羅 등이 부용하였다."라고 하여, 520~530년

其俗呼城曰, 健牟羅, 其邑在內曰, 啄[17]評, 在外曰, 邑勒, 亦中國之言郡縣也. 國有六[18]評, 五十二邑勒. 土地肥美, 宜植五穀. 多桑麻, 作縑布. 服牛乘馬, 男女有別.

그 습속에 성을 건모라[19]라 부르며, 그 읍이 [건모라의] 안에 있는 것은 탁[20]평[21]이라 하고, 밖

대에 양나라는 斯羅(신라)를 백제 주변의 여러 소국과 함께 백제에 종속된 작은 나라로 인식하고 있었다(李弘稙, 1971). 이에 대해 末松保和는 『양서』 신라전이 원칙적으로 梁代(502~557)에 신라와 통교하면서 얻어진 當代의 상태만을 기록했어야 할 것이지만 그 완성 시기가 당나라 초엽(629~636)인 까닭에 그간의 신라에 대한 지식도 추가되었을 것으로 전제하고, 陳代 11년간 4회의 사신 왕래를 통하여 『양서』 신라전의 기본 자료를 취했을 것으로 짐작했다(末松保和, 1954). 그러나 우리 학계에서는 대체로 『양직공도』 백제사신조의 행문은 『양서』 신라전에 보이듯이 신라가 백제를 통하여 梁과 통교할 수 있었던 때문으로 보며, 나아가 『양서』에 나타난 신라의 사정도 백제를 통하여 인식된 것이라는 관점에서 사실과 다른 것으로 이해하고 있다(李弘稙, 1971). 나아가 6세기 초엽 신라의 성장과 외교적 진출은 어느 정도 백제와 대등한 단계에 이르렀던 것으로 보고 있다. 다만 『삼국사기』 백제본기에서 무령왕 12년(512) 백제가 양나라에 사신을 파견한 기록을 살필 수 있지만, 521년(무령왕 21)에는 그러한 기록을 찾아볼 수 없다는 데서, 법흥왕대에 신라가 양나라에 사신을 백제 사신에게 딸려 보냈다는 『양서』의 기록을 사실과 다른 것으로 보기도 한다(국사편찬위원회 편, 1987). 사실 末松의 견해대로 『양서』 신라전이 6세기 중엽의 현실을 반영하는 것이라면, 법흥왕·진흥왕 때의 가야 정벌 기사인 듯한 『수서』 신라전의 "그 선대에는 백제에 부용하였는데 후에 백제가 고구려를 정복함으로 인하여 고구려인이 戎役(전쟁)을 감내하지 못하고 서로 귀부하여 드디어 강성하게 되었다. 인하여 백제를 습격하여 迦羅國을 부용하였다."는 내용이나, 『삼국사기』 권4, 신라본기 4, 지증마립간 5년조의 喪服法 규정인 듯한 상복제, 법흥왕 8년(520)에 정비된 관등제도 이미 『양서』에 소개되었어야 한다. 그러나 『양서』 신라전에는 이러한 내용이 보이지 않으므로 관등의 규정이나 문자 등에 있어서 오히려 신라 중고기 이전의 사정을 반영한 것으로 판단된다. 이는 『梁職貢圖』에 나타나듯이 梁나라가 當代 신라의 사정을 파악하지 못한 데서 비롯하며, 신라를 백제에 붙어 있는 소국으로 인식한 梁나라 史官들이 자신들의 國史를 편찬하고, 이를 바탕으로 『양서』를 찬술한 때문이라 할 수 있다(李弘稙, 1971). 곧 姚察이 隋 開皇 9년(589) 梁代의 國史를 바탕으로 『양서』를 찬술하고자 했으나 이루지 못하고 죽자, 그의 아들 姚思廉이 家傳의 옛 원고를 바탕으로 『양서』를 완성하였으므로, 양나라 때의 신라관이 『양서』에 그대로 반영되었던 것이라 하겠다(박남수, 1992). 이기동은 보통 21년에 양나라로부터 책봉을 받지 못하고, 그 이후 신라가 양에 사신을 보내지 못하였던 것은, 백제가 양에 대하여 동맹국인 신라를 마치 자국에 의부하는 작은 나라라고 선전하고 한편 양나라가 이를 그대로 잘못 믿었던 데 있었던 것으로 보았다. 나아가 신라가 단 1회에 걸쳐 사신을 보냈음에도 불구하고 양나라가 신라 유학승 覺德의 귀국편에 沈湖를 사신으로 보내 불사리와 향을 보내어 관심을 표명하였는데, 이로 미루어 볼 때에 신라가 불교를 공인하게 된 배경에는 양나라와의 관계가 일정하게 작용한 것이라고 논단한 바 있다(이기동, 2014).

17 「啄」: 남감본·무영전본·백납본 「啄」, 급고각본 「喙」.
18 「啄」: 남감본·무영전본·백납본 「啄」, 급고각본 「喙」.
19 健牟羅: 『新唐書』에서는 侵牟羅로 표기했다. 健은 '크다(大)'의 뜻이며, 牟羅는 '모르·마을'의 뜻으로 '큰 마을'이라고 할 수 있다. 그러므로 侵(강제로 빼앗은) 牟羅의 뜻도 포함된 것으로 보기도 한다. 李丙燾는 原始會所로서의 都廳·公廳·茅亭 등에 대한 해설로 그 기원을 추출하고 있다(1976). 그리하여 健牟羅는 큰모르(大村·大邑)의 字音인 바, 〈광개토왕릉비〉의 牟盧·牟婁도 같은 뜻으로 생각하였다. 특히 '므을'이 집회소 또는 공동체(촌락)인 것이며 슬라브족의 Mir, 영국의 Folk-mote, 게르만족의 Mark, 東濊의 읍락 등을 같은 내용으로 보았다. 따라서 健牟羅는 촌락공동체인 동시에 촌락집회소의 의미이며, 우리말의 두레와도 흡사한 것인데, 므을은 정치적으로 변천하여 南堂과 같은 제도로 발전하였으며, 두레는 사회적으로 노동·예배·도의·유희 등으로 발전하였다고 하였다(이병도, 1976). 그러나 여기서 건모라는 그러한 원초적인 뜻보다 처음에는 큰 마을(邑落) 또는 성(촌락공동체)의 뜻이었지만, 점차 왕성(王都)의 의미로 변화된 듯하다. 따라서 신라의 모체가 된 斯盧가 원래는 작은 村 또는 城에 불과했기 때문에 건모라라 했으리라 여겨진다. 그리고 이 지역은 오늘의 경주로 보아도 무방한 듯하다.
20 啄: '啄'은 喙·涿·梁과 함께 쓰인다. 『양서』 급고각본에는 喙, 남감본, 무영전본, 백납본, 중화서국본에는 「啄」으로 되어 있다. '啄'는 『龍龕手鑑』에 따르면 '啄'의 이체자이다(中華民國 敎育部 國語推行委員會, 2004, 『異體字字典』, dict.variants.moe.edu.tw 참조). 중고기 금석문 가운데 가장 오래된 〈중성리비〉(501)와 〈냉수리비〉(503), 〈봉평비〉(524)에서 확인할 수 있다. 이들의 독음에 대한 의견은 분분하다. 『삼국유사』 진한조에는 "최치원이 이르기를 '진한은 본래 연나라 사람으로서 도피해온 자들이므

에 있는 것은 읍륵이라 하니, 이것은 중국의 군현과 같은 말이다. 나라 안에는 6개의 탁평[22]과

로 탁수의 이름을 따서 그들이 사는 고을과 동리 이름을 사탁·점탁 등으로 불렀다.'고 하였다(又崔致遠云 辰韓本燕人避之者 故取涿水之名 稱所居之邑里 云沙涿 漸涿等)."하고, 다시 주석하여 "신라 사람들의 방언에 탁자를 읽을 때 발음을 도라고 한다. 그러므로 지금도 혹 沙梁이라 쓰고, 梁을 또한 도라고 읽는다(羅人方言讀涿音爲道 今或作沙涿 梁 亦讀道)."고 하였다. 이 금석문에 나타난 글자는 대체로 최치원의 말대로 '돌로 읽었을 가능성이 높은데, '울돌목'을 '鳴梁'이라고 쓴 것에서도 알 수 있다. 양주동은, 진흥왕비에는 梁·沙梁을 喙·沙喙으로, 『일본서기』 흠명천황 2년조에는 梁을 喙으로 기술하였음을 밝히고, '梁·喙·涿' 내지 '吐·隍' 등 자의 원어는 '터(基)'이므로 '沙梁·沙喙'은 '새터'이나 옛 음은 氣音을 피하므로 '도'로 발음된 것이라고 하였다(양주동, 1965). 이에 대해 노태돈은, 喙(훼)는 새의 부리를 뜻하는 글자로서, 이는 古所夫里·古良夫里의 夫里나 신라의 徐羅伐·比子伐의 伐과 같은 것으로 '벌' 또는 '불'로 읽혔을 것이고 들(野)을 뜻한다고 보고, 훼 또는 喙·涿·梁이란 글자는 어떤 집단이 도랑이나 들을 끼고 있었던 데에서 연유하여 붙인 이름이라 볼 수 있다고 하였다(盧泰敦, 1975). 이우태는 이 글자들은 아마 '돌' 또는 '돌'이나 '벌' 또는 '불'로 읽혀졌을 것으로 보고, '돌'이나 '돌'은 도랑(小川)의 뜻이 아닐까 추측하였다. 도랑의 고어가 '돌' 또는 '돌'로 다리(橋)나 둑(堰)의 뜻도 가지고 있었으며, 한자로는 흔히 '梁'을 사용하였는데, 이 '양'이 '돌'로 읽혔음은 '울돌목'을 '鳴梁'이라고 쓴 것에서 알 수 있다고 하였다. 신라의 6부 명칭 가운데는 이러한 梁이 붙지 않는 漢祇部 등이 있으나 안압지 출토 비편에 '漢只伐部'라고 되어 있어 원래는 어떤 들(伐)의 집단이라는 뜻이었음을 알 수 있다. 이렇게 볼 때 신라의 6부는 어떤 川邊의 집단 또는 들(野)의 집단이었던 것이라 하였다(1997). 김영만은 신라 6부명에 보이는 '喙', '梁', '涿'은 우리말 고유지명을 차자 표기한 것으로서, '梁'은 훈차 표기, '喙', '涿'은 음차 표기한 것으로 보았다. 곧 '喙'는 '啄'의 同字 또는 이체자로 보아야 하며, '喙', '涿', '啄'은 모두 '*돍'을 음차 표기한 것이라고 보았다. 이는 押梁小國의 '梁'을 '督'이라 한 데서, '돍'을 '督'으로 음차 표기한 사례를 살필 수 있는 데서 확인할 수 있다 하고, 『삼국유사』에서 '梁'의 음을 '道'라고 한 것은 '돍'에서 종성을 생략한 표기로 볼 수 있다고 보았다(2007).

21 喙評 : 『양서』 신라전에 보이는 '喙評'에 대하여 기왕에는 6세기 중엽 신라 왕성의 畿內 6停을 지칭한 것으로 생각하였지만(末松保和, 1954), 〈중성리비〉에서 '喙評'이라는 용례가 확인되었다. 이로써 '部'라는 한자식 명칭이 사용되기 이전에 '부'를 대신하여 '喙'이 사용되었을 것으로 추정하는 견해가 제기되었다. 곧 6부 가운데 喙, 沙喙 외의 4부는 '部'와 동일한 의미의 '喙'을 사용하였는데, 그 후 喙이 탈락하여 잠탁부, 본피부 등으로 일컬었다는 주장이다(李文基, 2009 ; 전덕재, 2009). 또한 〈중성리비〉 단계의 6부는 6'喙評' 곧 喙, 評, 喙評으로 일컬었는데, 部名이 〈중성리비〉 단계의 喙으로부터 시작하여 524년 〈봉평비〉 이전에 6喙評으로 확산, 정착되었고, 〈봉평비〉에서 '六部'로 거듭난 것으로 풀이하기도 한다(이용현, 2010). 사실 〈중성리비〉에 보이는 '喙評'은 뒤이어 나오는 爭人들이 모두 6부 관련 지명을 칭하였다는 점에서 喙 출신임을 밝히는 것이 분명하다. 이는 '喙評'이 '喙'과 관련된 명칭임을 시사한다. '喙評'의 '評'은 『日本書紀』 繼體天皇 24년(530)조에 "背評은 地名으로 또한 能備己富里라고 이름한다."라고 하여 '富里'로 일컬었다. '富里'는 '發, 夫餘, 夫里, 伐, 不, 弗, 沸' 내지 '平, 坪', 火, 列'에 상응하는 '原, 野'를 뜻하는 '불'의 음차로서, '시불'의 '불'에 상응한다(梁柱東, 1965). 〈중성리비〉에 보이는 '喙部'의 '部'가 한자식 표현이고, 신라의 왕경을 '健牟羅' 곧 '큰마을'이라 했듯이 6부 또한 순수한 우리말로 일컬었음이 분명하다. 그것은 '터'를 뜻하는 '도', '들·벌판'을 뜻하는 '伐·評' 등이 적절해 보인다. 이에 '喙評'은 점량부를 牟喙伐, 한지부를 金評이라 일컬었듯이, 喙을 지칭한 지명이라고 할 수 있다. 사실 〈중성리비〉에 등장하는 '喙評公'은 고구려 고국천왕 12년(190) 沛者 於畀留와 함께 난을 일으켰던 左可慮의 직임 評者에 상응하는 직임이 아닐까 추측된다. 일찍이 部內部說을 주장하는 논자들 중에는 부내부 집단의 명칭을 '評'이라 하지 않았을까 추론하기도 하였다(노태돈, 1975). 이에 〈중성리비〉의 '喙評'은 6부 '喙'의 전신 명칭으로 인정되는 바, '評'은 거주 지역을 중심으로 한 지역명으로서 후일 한자어 '部'로 바뀜으로써 '喙部'가 출현한 것이라 할 수 있다. 左可慮의 직임 評者는 바로 이들 지역을 관장하는 자이며, 〈중성리비〉의 喙評公 또한 그에 상응한 직임이 아닌가 한다. 이에 『양서』 신라전의 6탁평은 국왕 출신지인 '喙評'의 명칭으로써 6부를 대표하는 이름으로 삼은 데서 비롯한 것이 아닐까 생각된다. 지금까지 나타난 6부의 명칭을 6~7세기 금석문의 표기에 따라 정리하면 다음과 같다.

다음 표에서 살필 수 있듯이 '喙部'는 본래의 이름 '喙評'에서 '評'을 한자식 표현 '部'로 전환함으로써 나타난 명칭임을 알 수 있다. 이에 〈중성리비〉의 喙部는 국왕을 정점으로 하는 행정단위체로서의 한자식 명칭인 6部의 단초를 여는 이름이며, 이러한 명칭이 〈냉수리비〉에서 喙으로만 등장하고 部가 보이지 않는 것은 沙喙 출신 지도로갈문왕이 즉위하면서 나타난 현상이 아닌가 한다. 〈봉평비〉에서 6부가 모두 '部'를 칭하였던 것은 율령의 반포로 관등제가 정비되면서 6부 또한 행정단위체로서 정비된 사정을 반영한다. 그러나 여전히 '喙' 출신 귀족들이 등장한 것은 아직 왕권이 그 출신지인 '喙'을 벗어버리지 못한 단계에서, 본피부·잠탁부의 '간지'와 마찬가지로 '喙' 출신 귀족들의 독자성 곧 '喙'의 족적 기반의 전통을 인정한 때문으로 풀이된다. 〈단양신라적성비〉(이하 〈적성비〉) 단계에서 국왕은 더 이상 출신부를 칭하지 않게 되었거니와, 이제 6부가 명실상부한 행정단위체로 기능하였음을 보여준다. 이로써 〈진흥왕순수비〉에서는 비에 따라 각각 '部'를 생략하든지 칭하든지 하는 형태로 나타나지만, '部'를 칭하던 칭하지 않던 간에 더 이상 어떠한 의미도 갖지 못했던 것이라 할 수 있다(박남수, 2010a). 그동안 우리 학계에서는 초기국가

52개 읍륵이 있다.[23] 토지는 비옥하여 오곡[24]을 심기에 적합하다. 뽕나무와 삼이 많아[25] 비단과

론에 뒤이어 이른바 '부체제'에 대한 논쟁이 있어 왔다. 이는 〈냉수리비〉와 〈봉평비〉, 그리고 최근 〈중성리비〉의 발견으로 과속화된 점이 없지 않으나, 그것이 읍락국가로부터 귀족국가로 넘어가는 4~6세기의 과도기 단계를 '부체제'로 설정함으로써 나름대로 우리 고대국가의 발전 단계를 이해하는 데 기여하였다 하더라도 용어상 일관성을 결여하였다는 점을 지적할 수 있다(주보돈, 2006). 그 뿐만 아니라 2009년 〈중성리비〉의 발견으로 신라에서 '부'의 생성이 〈중성리비〉를 건립한 501년에서 멀지 않다는 점에서 새로 검토할 단계에 와 있지 않은가 한다.

[금석문에 나타난 신라 6부명 표기 변천(박남수, 2013 재인용)]

왕경 6부	중성리비(501)	냉수리비(503)	봉평비(524)	적성비(~551)	창녕비(561)	마운령비(568)	통일기
탁부	喙評, 喙, 喙部	→ 喙	→ 喙, 喙部	→ 喙部	喙(部)	喙部	
사탁부		沙喙	→	沙喙部	沙喙(部)	沙喙部	
점량부	牟昷伐		→	岑喙部		→ 牟喙部(591, 南山新城碑 제2비)	
본피부		本彼	→	本波部	本波(部)	本波部	
한지부	金評			→ 漢只(部)			漢只伐部(681, 安鴨池 出土 調露二年銘塼)
습비부		斯彼(503)	→				習部·習府(681, 安鴨池 出土 習部銘 瓦塼) 習部(710,『일본서기』)

[22] 六喙評 : 나라 안에 있다는 6개의 喙評이란, 중국의 군현에 비견되는 외읍에 대응하는 내읍의 구획명을 지칭하므로, 健牟羅(王都·王城) 안에 있는 6개의 행정구역이라 할 수 있다. 이에 대해서 末松保和는 6喙評을 王都周邊의 6停, 곧 地方軍團의 6停[大幢·貴幢(上州停)·漢山停·牛首停·河西停·完山停]과는 별개로 王都 부근(畿內)에 따로 東畿停·南畿停·中畿停·西畿停·北畿停·莫耶停 등 畿內 6停으로 생각하였다(末松保和, 1954). 그러나 6과 52의 숫자가 하나는 王都를 지키는 군단의 수이고, 다른 하나는 당시 신라의 郡縣數라고 할 때, 오히려 6탁평이란 신라의 왕도 6부일 가능성이 크다. 사실 〈중성리비〉에서 '喙部, 喙'과 함께 '喙評'이 처음으로 등장하는데, 喙部만을 '部'로 기재한 것은 국왕 통치체제 안에서 6부를 가장 일찍 정비했기 때문이라는 견해(이문기, 2009 ; 김희만, 2009)와 喙部가 가장 우세한 부이기 때문이라는 견해(이영호, 2009)가 있다. 또한 〈중성리비〉의 '喙評公斯弥'에 대해서는 '喙評의 公斯弥'(전덕재, 2009) 또는 '喙의 評公과 斯弥'(강종훈, 2009 ; 김희만, 2009)라고 보기도 한다. 나아가 〈중성리비〉에 보이는 "牟昷伐喙斯利壹伐皮朱智 本彼喙柴干支弗乃壹伐"에 대하여,『양서』신라전 6탁평 기사를 원용하여 '牟昷伐喙', '本波(彼)喙' 등으로 석독하기도 한다. 당시에 6부 가운데 喙, 沙喙 외의 4부는 '部'와 동일한 의미의 '喙'을 사용하였는데, 그 후 '喙'이 탈락하여 잠탁부, 본피부 등으로 일컬었다는 주장이다(이문기, 2009 ; 전덕재, 2009). 또한 〈중성리비〉 단계의 6부는 6'喙評'으로서 喙, 評, 喙評의 사례로 볼 때에 部名이 〈중성리비〉 단계의 喙으로부터 시작하여 524년 〈봉평비〉 이전에 6喙評으로 확산, 정착되었고, 〈봉평비〉에서 '六部'로 거듭난 것이라고 보기도 한다(이용현, 2010). 또 한편으로 '牟昷伐喙'으로 읽을 경우 〈중성리비〉의 해당 비문 뒤의 인물들이 爭人이 될 텐데도 전혀 무관한 것처럼 나오고 있어 앞뒤 맥락에 문제가 된다고 지적하고, '牟昷伐'을 인명으로 이해하여 '喙'과 나누어 보기도 하였다(강종훈, 2009). 또한 '本波喙柴干支'의 경우 〈냉수리비〉에는 왜 '本波喙'이나 '本波喙部' 등이 나오지 않는가에 대한 해명이 필요함을 지적하기도 한다(강종훈, 2009 ; 주보돈, 2010). 나아가 牟昷伐喙과 마찬가지로 本牟子喙도 붙여볼 여지가 없을까 하는 견해가 표출되기도 하였다(주보돈, 2010). 그럼에도 불구하고 '牟旦伐喙', '本波(彼)喙'설은 〈중성리비〉 단계에서 京外 수장급들이 이름자에 즐겨 사용하던 '喙'을 부명의 일부로 오해한 데서 비롯한 것으로서, 이사금시대에 6부가 이미 성립되었다는 설을 보강하기 위해 부회한 착상에 불과하다고 보기도 한다(주보돈, 2010). 사실 노태돈은 일찍이 部內部를 '評'이라 일컫다가 병합 과정을 거쳐 나중에 남은 것이 '6喙評'이 되고, 그것이 다시 '6部'로 변모한다는 가설(노태돈, 1975)을 제시한 바 있는데, 〈중성리비〉가 발견됨으로써 그러한 논리를 부회한 것으로 여겨지고 있다. 더욱이 여러 연구자들이 두 차례 등장한다는 '牟旦伐'은 '牟旦昷'이 분명하고, 두 번째 등장한다는 '牟旦伐'이란 '至旦(旦)代喙'의 誤讀이며, 중고기 금석문에서 이름의 돌림자로 '斯利'와 함께 '沙利'가 많이 사용되었다는 점 등으로 미루어 볼 때에 〈중성리비〉 건립 당시에 이름자에 '喙'을 쓰는 것이 하나의 유행이었고, '喙評'의 '評'은 金評과 마찬가지로 탁부의 본래 거주 지역을 지칭하는 명칭으로 이해해야 한다는 견해가 있었다(박남수, 2010b). 이처럼 〈중성리비〉가 발견됨으로써 신라 6부에 대한 연구는 새로운 추동력을 얻었다고 할 수 있지만, 그 석독에 대해서는 연구자마다 견해를 달리하고 있어 의견의 일치를 보지 못한 상황이다. 다만 〈중성리비〉가 지니는 연구사적 폭발력은 기왕에 추정에 불과하던 국왕과 갈문왕의 출신부가 어떠한 과정을 거쳐 중고기 왕권을 장악해갔는가를 가름할 핵심적인 내용을 지니고 있다는 점에서 지속적인 연구가 필요하

베를 만든다. 소는 수레를 끌게 하고 말은 탄다. 남자와 여자는 분별이 있다.

> 其官名, 有子賁旱支·齊旱支·謁旱支·壹告支·奇貝旱支.

그 나라의 관명에는 자분한지[26]·제한지[27]·알한지[28]·일고지[29]·기패한지[30]가 있다.[31]

리라 본다.

23 　五十二邑勒 : 『太平御覽』 권781, 四夷部 所引에는 "그 邑으로 서울에 있는 것은 喙評이라 하고, 밖에 있는 것은 邑勒이라 하는데 또한 중국의 군현을 말한다. 나라에는 6家 탁평과 52읍의 읍륵이 있다(其邑在內曰喙評, 在外曰邑勒, 亦中國之言郡縣也. 國有六家喙評·五十二邑勒)."고 되어 있다. 『舊唐書』 東夷列傳 新羅조에는 "[신라에는] 성읍과 촌락이 있는데, 왕이 거하는 곳은 금성으로 주위가 7~8리가 되며 위병 3,000명이 있어 獅子隊를 설치하였다(有城邑村落. 王之所居曰金城, 周七八里. 衛兵三千人, 設獅子隊)."고 하여, 『五代會要』나 『册府元龜』에서는 『구당서』의 기사를 따르고 있다. 『양서』의 본 기사에서 喙評은 健牢羅(王都·王城) 안에 있는 6개의 內邑을 말하고 外邑을 邑勒이라 한다고 하면서 특히 중국의 郡縣에 비교하고 있으므로, 喙評과 邑勒은 신라의 행정구역으로 볼 수 있다. 그런데 6喙評과 52邑勒이 內·外邑으로서 대칭을 이루고 일정한 수효로 이루어졌다는 점에 대하여, 일찍이 末松保和는 6喙評을 王都周邊의 6停(地方軍事制度로서의 6停과는 다르다)으로 비정하고, 52읍륵을 신라의 군현수로 비정하였다. 특히 탁평이란 地方軍團의 6停[大幢·貴幢(上州停)·漢山停·牛首停·河西停·完山停]이 아니라 王都 부근(畿內)에 있었던 東畿停·南畿停·中畿停·西畿停·北畿停·莫耶停 등의 6정으로서, 畿內 6정이라 할 수 있다고 하였다. 또한 52邑勒은 대략 6세기 중엽의 현실을 바탕으로 尙州·良州·廣州 등 37郡과 漢城地域 및 東北海岸地方을 포함한 수치로서 파악하였다(末松保和, 1954). 그러나 『양서』의 편찬자가 수도인 건모라를 언급하고 서울에 6탁평이, 그리고 지방에 52읍륵을 언급하면서 이를 중국의 군현에 비교하였다면, 6탁평은 〈봉평비〉에서 언급한 신라 6부를 지칭한다고 보아야 하며, 이에 대응하여 52읍륵이란 지방행정단위로서의 州郡을 지칭한다고 생각된다.

24 　五穀 : 五穀은 주로 북방에서 재배되던 보리·밀·기장 등을 지칭하였다. 여기서의 5곡에는 三韓時代 이래 稻作이 이루어지고 있는 것으로 미루어 보아, 쌀이 포함되는 것으로 볼 수 있다. 『삼국사기』에 보이는 農桑을 권장하거나 제방을 축조한 기사 등은 신라 사회에 일찍부터 농업을 중시하고 稻作이 행해졌음을 보여주는 것이 아닌가 한다.

25 　多桑麻 : 뽕나무의 경우는 「신라촌락문서」에서 보듯이 沙害漸村은 1,004그루, 薩下知村은 1,280그루, 失名村은 730그루, 그리고 西原京 부근의 失名村은 1,235그루를 재배하고 있었다. 이것은 일찍부터 뽕나무를 재배하여 의복의 개발이나 調의 징수를 위한 것이었다고 풀이된다. 진한 지역의 뽕나무와 누에치기에 대해서는 『삼국지』 위지 동이전 변진조에서부터 비롯한다. 그런데 『삼국사기』 유리이사금 9년(32)조에는 국왕이 이미 6부를 정하고 이를 둘로 나누어 王女로 하여금 각각 부내의 여자를 거느리고 붕당을 만들어, 가을 7월 16일부터 매일 아침 일찍이 大部의 뜰에 모여 麻로써 길쌈을 하였다는 嘉俳의 기원에 대한 이야기가 전한다. 이는 신라에서는 일찍부터 공동작업으로 마포를 만드는 길쌈놀이가 행해졌음을 의미한다. 『양서』 신라전에서 麻의 생산을 일컬은 것은 신라에서의 모시 등을 생산하는 것에 대한 관심이었으리라 여겨진다. 사실 신라는 고대국가로 성장한 이후에 중국과의 외교 관계에서 궁중수공업장에서 생산한 비단류와 삼베를 조공하였다. 이로 미루어 각 시기별 직물 생산의 변화과정을 살필 수 있거니와, 5·6세기 무렵의 絹·帛·細布류, 7세기 무렵의 金總布·錦·金帛·綾·雜彩류를 비롯하여 20升布·30승포·40승포, 8세기 무렵 朝霞紬·魚牙紬와 모직물로서의 花氈·色毛氈, 羊毛를 주성분으로 하여 직조[濕織]한 문양있는 페르시아산 직물로서 평상에 까는 자리[坐具]인 五色氍毹, 9세기 무렵의 大花魚牙錦·小花어아금·朝霞錦·30승紵衫段·40승白氀布·綺新羅組 등을 살필 수 있다. 이는 신라의 의류 발전상에서 桑麻의 생산으로부터 이에 따른 비단과 삼베를 직조하고, 이러한 기술을 바탕으로 모직물에 이르기까지 수공업 기술을 발전시켜 나갔던 사실을 보여준다(박남수, 1996).

26 　子賁旱支 : 『양서』의 신라 관등명 가운데 '旱支'는 〈적성비〉 단계까지 '干支'로서 나타난다. 또한 '子賁旱支'는 『일본서기』 권9, 仲哀天皇 9년조의 '助富利智干'으로서 '京長'의 뜻인 伊罰干·角干·舒發翰·舒弗邯에 상응한다고 보고 있다(양주동, 1965). 子賁旱支는 신라의 最高官等인 伊伐湌을 말하는데, 文獻이나 金石文에 각각 다르게 표기되어 있어 통일성을 찾을 수 없다. 우선 『隋書』·『北史』·『册府元龜』·『通典』 등에는 伊罰干으로 표기되어 있으며, 『翰苑』에는 伊伐干으로 되어 있다. 『南史』에는 子賁旱支로, 『三國史記』에는 伊伐湌 또는 角干·酒多로 표기되고 있다. 그 외에도 舒發翰·舒弗邯 또는 角粲·一伐干 등의 명칭도 보인다. 원래 舒發(弗)翰(邯)은 徐伐·徐羅伐의 公(官·等)으로서 部族長의 뜻이다. 나아가 신라가 官位(階·等)와 官職이 분화되기 전에는 伊伐湌(子賁旱支)이 곧 관직의 의미를 갖고 있었다. 한편, 趙榮濟는 伊伐湌 등이 관직이 아니라 관위라고 하였다(趙榮濟, 1983). 그러나 伊伐湌이란 명칭은 昔氏王代에 많이 나타나며 박씨 왕대에는 伊湌을, 김씨 왕대에는 舒弗翰을 많이 사용하였다.

其冠曰, 遺子禮, 襦曰, 尉解, 袴曰, 柯半, 靴曰, 洗. 其拜及行與高驪相類. 無文字, 刻木爲信. 語言待百濟而後通焉.

"伊湌雄宣卒 以大宣爲伊湌 兼知內外兵馬事"(『三國史記』「新羅本紀」逸聖尼師今 18年 2月)에서 볼 때 伊湌(또는 伊伐湌)이 관직이라는 의미가 강하게 나타나고 있다. 따라서 "伊湌幢元爲中侍"(『三國史記』「新羅本紀」孝昭王 5年 1月)의 경우를 비교할 때 大宣의 경우는 분명히 관등이었다고 판단된다(국사편찬위원회 편, 1987). 末松保和도 또한 子賁旱支를 제1위 角干·徐弗邯·徐發瀚에 해당한다고 보았다(1954).

27 齊旱支 : 新羅 官等의 제3위인 迊湌의 별칭이다. 이러한 명칭은 『梁書』와 『南史』 뿐이며, 그 외에는 迎干(『隋書』·『通典』), 迊干(眞興王巡狩碑) 또는 蘇判이라 칭한다(국사편찬위원회 편, 1987). 양주동은, 齊旱支는 '城長'의 뜻인 '잣한'으로서 '迊干·迊判'에 대응하는 것으로 보고 있다(1965).

28 謁旱支 : 新羅 官等의 제6위인 阿湌 곧 아간지의 별칭이다(曾野壽彦, 1955 ; 武田幸男, 1977). 이러한 명칭은 『梁書』·『南史』뿐이며 그 외에는 阿尺干(『隋書』·『通典』), 阿干·阿粲 등이라 칭한다. 이 阿粲은 眞骨과 非眞骨(6頭品)의 구획이 되는 관등으로서 重阿湌制度로 그 한계성을 극복하고 있다(邊太燮, 1956). 즉, 6두품은 최고상한선이 阿湌이며, 侍中·兵部令 등도 최하한의 관등이 바로 아찬인 경우가 많다. 물론 侍中·兵部令은 진골만이 될 수 있는 관직이지만, 반드시 大阿湌 이상으로 한정시킨 것은 아니기 때문이다. 이러한 융통성은 湌이란 공통분모가 級湌까지 되어 있는 데서 알 수 있으나, 服色에 있어서 6位(阿湌)~9位(級湌)까지는 緋色이라는 데 주목할 수 있다.

29 壹吉支 : 신라 관등의 제7위인 一吉湌, 곧 일간지의 별칭이다(曾野壽彦, 1955 ; 武田幸男, 1977). 그 외 乙吉干(『隋書』·『通典』)·一吉干 등이라 칭하고 있으며, 『南史』는 壹吉支라 하고 있다. 告는 吉의 잘못으로 추측된다.

30 奇貝旱支 : 신라 관등의 제9위인 級湌, 곧 거벌간지의 별칭이다(曾野壽彦, 1955 ; 武田幸男, 1977). 그 외 及伏干(『隋書』)·級伐干(『通典』)·及尺干(〈진흥왕순수비〉)으로 되어 있다. 級湌 이상은 최상의 伊伐湌까지 湌字(干·汗 등의 뜻)를 쓰고 있으며, 진골출신들이 주로 처음으로 받은 관등이어서 진골이 받는 최초 관등일 가능성이 크다고 생각된다(申瀅植, 1984).

31 신라의 관등제 : 6세기 전반의 금석문 자료가 발견되지 않았을 때에는 『양서』와 『남사』 신라전의 5~6개 관등(법흥왕 8, 521)으로부터 『수서』의 17관등(진평왕 16, 594)으로 발전한 것으로 보거나(曾野壽彦, 1955), 『양서』의 단계로부터 6세기 말~7세기 전반 무렵 고구려·백제의 관등제에 대응하여 12, 13관등제를 정비하였다가 진덕여왕 때에 당나라의 正從 9품 위계제를 수용함으로써 17관등제가 성립된 것으로 보아왔다(宮崎市定, 1959). 일본 학계의 대세를 이루던 이들 주장은 6세기 전반 금석문의 발견으로 잘못임이 판명되었다(武田幸男, 1977). 세부 관등의 성립 문제에 있어서도 경위 제15관등 大烏 이하의 관등이 신라 통일 이후 사회 조직의 확충과 함께 신설되었다는 주장(井上秀雄, 1974)은 〈영천청제비 병진명〉(536)에서 '大烏第·小烏第'가 확인됨으로써 무너졌다. 또한 진흥왕대에 大奈麻~吉士가, 진평왕대에 大烏~造位가 추가되었다는 견해는(三池賢一, 1970) 〈울진천전리서석 추명〉(이하 〈천전리서석 추명〉)(539)과 〈영천청제비 병진명〉의 발견으로 수정이 불가피하게 되었다. 특히 〈적성비〉의 발견으로, 그동안 분분했던 신라 17관등제와 외위제가 늦어도 551년까지는 성립되었음이 밝혀졌다(李基東, 1978). 그후 〈봉평비〉와 〈냉수리비〉가 발견되면서 법흥왕대에 경외 관등제가 갖추어졌다는 주장이 설득력을 얻게 되었다. 곧 변태섭은 나물마립간 때에 수 개의 고위 관등이 성립하기 시작하여 분화하고 다시 하위 관등이 생김으로써 법흥왕대에 17관등제가 성립된 것으로 이해하였고(변태섭, 1956), 이기백도 520년에 반포한 율령 가운데 17관등제가 포함되었을 것으로 보았다(이기백, 1990). 이에 학계 일반으로 17관등제의 성립을 법흥왕의 율령 반포로 보아 왔다(李基東, 1978 ; 노태돈, 1989 ; 선석열, 1990 ; 윤선태, 1993 ; 하일식, 2006 ; 전미희, 2000 ; 이기동, 2003). 한편으로 외위제에 대해서는, 법흥왕대에 17관등제가 완성되고 532~550년 또는 524~561년 무렵에 외위제가 완비되었다는 견해가 있었다. 주보돈은 京外 官等制의 성립 시기를 법흥왕 7년 율령 반포 시로 보았다가(주보돈, 1986 ; 주보돈, 1989), 〈봉평비〉·〈창녕비〉의 외위 관련 기사를 바탕으로, 신라가 가야 일부 세력을 병합한 532년 이후 550년에 이르는 사이에 干群 外位의 분화로 11관등의 외위제가 완성된 것으로 이해하였다(주보돈, 1990). 한편 외위제 성립 시기를, 권덕영은 지증왕, 법흥왕대 체제 정비의 일환으로(권덕영, 1985), 하일식은 536년 이전~550년 무렵으로(하일식, 2006) 각각 이해하였다. 이에 노중국은 524~561년 무렵에 상위급 외위가 정비됨으로써 외위제가 완성된 것으로 보았으나(노중국, 1997), 다시 이를 수정하여 503~521년 사이에 경위 17관등과 외위 11관등이 완성된 것으로 보았다(노중국, 2010). 서의식은 외위를 지방관으로 나간 진골들에게 僚佐의 설치와 운용을 허용한 형태에서 나타난 것으로서 법흥왕 25년(538) 외관의 '携家之任' 조치 때에 성립된 것으로 보았다(서의식, 1999). 이러한 견해 차이에도 불구하고 〈냉수리비〉와 〈봉평비〉의 발견으로 왕경 여타 4부의 수장급이 '간지'를 칭하였음을 확인할 수 있어, 喙·沙喙의 관등이 왕경 여타 4부에 확대·관철되어 감으로써 신라의 관등제가 체계화되었음을 알 수 있게 되었다(武田幸男, 1990). 더욱이 〈중성리비〉가 발

그 나라에서는 관을 유자례라고 하며, 저고리[襦]를 위해(尉解), 바지[袴]를 가반(柯半), 신

견되고 〈봉평비〉의 '五干支'가 확인됨으로써 신라의 관등제는 점차적으로 이루어진 것으로 확인되고 있다. 사실 『양서』 신라전의 신라 관등 "子賁旱支·齊旱支·謁旱支·壹告支·奇貝旱支"는 〈봉평비〉의 관등과 분명한 차이가 있다. 『양서』의 신라 관등명 가운데 '旱支'는 〈적성비〉 단계까지 '干支'로서 나타난다. 또한 '子賁旱支'는 『일본서기』 권9, 仲哀天皇 9년조의 '助富利智干'으로서 '京長'의 뜻인 伊罰干·角干·舒發翰·舒弗邯에 상응하며, 齊旱支는 '城長'의 뜻인 '잣한'으로서 '迊干·迊判'에 대응하는 것으로 보고 있다(양주동, 1965). '謁旱支·壹告支·奇貝旱支'는 각각 '아간지·일간지·거벌간지'로 보아 좋을 듯하다(曾野壽彦, 1955 ; 武田幸男, 1977). 그렇다면 『양서』 신라전의 신라 관등 기사는 〈봉평비〉에 보이는 대나마 이하의 관등을 궐하고 〈봉평비〉에 보이지 않는 子賁旱支와 齊旱支를 기술한 것이 된다. 이에 『양서』 신라전 관등 기사는 梁 普通 2년(521) 법흥왕 때의 정보와는 상당한 차이가 있음을 알 수 있다. 그런데도 『양서』의 5관등이나 같은 내용의 『남사』의 6관등에 대한 기록을 신라가 양에 사신을 보낸 보통 2년(법흥왕 8년, 521)의 상황을 전한 것으로 풀이하면서, 신라 17관등제가 이로부터 비롯하여 진평왕대에 성립하였다고 보거나(曾野壽彦, 1955), 법흥왕 율령 반포 시에 경위 17관등이 완성된 것으로 이해하기도 한다(노중국, 1997·2010). 그러나 〈봉평비〉에는 『양서』 신라전의 子賁旱支와 齊旱支에 상응하는 관등이 전혀 보이지 않는다. 하일식은 『양서』 신라전의 기록이 521년 당대의 정보를 전하는 것으로 이해하고, 그 한계성으로 인하여 관등명을 모두 전하는 것은 아니라고 지적한 바 있다(하일식, 2000). 한편 『양서』 최후의 성립이 唐 初(629~636)의 일이기에 그 이전의 신라에 대한 지식이 개입되지 않았다고 단언할 수 없음을 지적하기도 한다(末松保和, 1954 ; 李基東, 1984). 그러나 子賁旱支와 齊旱支 등의 관등은 〈천전리서석 추명〉(539)의 波珎干支와 〈적성비〉(~551)의 伊干△에서 비로소 확인된다. 따라서 『양서』의 신라 관등은 진흥왕 10년(549) 양나라가 신라 입학승 覺德과 함께 사신을 보낼 무렵에 취득한 정보를 간략히 서술한 것으로 여겨지기도 한다. 아무튼 武田幸男은 〈봉평비〉의 干支를 꽤 상위의 경위 상당으로서 인정하면서도, 경위체계의 전개가 부마다 달랐고, 적어도 〈봉평비〉 단계에서 喙·沙喙部의 관등체계가 다른 부로 확대·관철되어 갔으며, 본피·잠탁부 2부에서는 아직 경위체계가 관철되지 않은 것으로 보았다(武田幸男, 1990). 이러한 武田幸男의 가설은 〈중성리비〉가 발견되면서 새롭게 부각되는 듯하다. 박남수는 신라 상고 말, 중고기 금석문을 비교 검토하면서, 喙·沙喙이 신라 정치사회를 주도하여 관등체계를 중심으로 왕경 여타 4부의 관등체계와 단일화함으로써, 법흥왕 7년 율령을 반포하면서 경위 13~14관등, 외위 5관등으로 정비하고, 다시 〈천전리서석 추명〉으로부터 〈적성비〉·〈창녕비〉에 이르는 단계에 경위 17관등과 외위 11관등을 완비한 것으로 보았다. 〈중성리비〉에서는 喙部·沙喙이 [(국왕(갈문왕)]-阿干支-壹干支-沙干支-居伐干支-奈麻'의 관등체계인 데 대해, 왕경 여타 4부는 '干支-壹伐', 그리고 村의 경우 '干支-壹金知' 체계인데, 이는 6부의 세력이 균등하였던 때의 '간지-일벌' 체계가, 喙이 사로국의 국왕 출신부로 등장하면서 사탁부와 함께 '국왕-阿干支-壹干支-沙干支-居伐干支' 체계로 분화하여 여타 왕경 4부의 '간지-일벌' 체계와 공존하였고, 그 후 喙·沙喙은 새로이 지방세력자를 수용함으로써 '奈麻'의 관등을 첨설하여 〈중성리비〉·〈냉수리비〉와 같은 관등체계를 갖추었다는 것이다. 그 후 〈봉평비〉 단계에서는 干支群(五干支·干支·太阿干支·阿干支·一吉干支·居伐干支)과 奈麻群(大奈麻·奈麻), 帝智(之)群([邪足智 : (大)舍帝智?]-小舍帝智-吉之智-[(大)烏帝智]-小烏帝智)으로 나뉘었다가, 〈천전리서석 추명〉 무렵부터 〈적성비〉·〈창녕비〉 단계에 이르는 시기에 다시 干支群 가운데 상위의 '干支'가 '大一伐干-一伐干-一尺干-(迊干)-波珎干'으로 분화·첨설되었다. 이는 〈봉평비〉에서 촌주급 下干支 휘하의 외위를 '一伐-一尺-波旦'으로 구분한 데서 그 원형을 볼 수 있으며, 기왕의 下干(支)에 上干을 더하고 '嶽干-述干-高干-貴干-選干' 등의 상위급 촌주층이 첨설된 것과 흐름을 같이한다는 것이다. 그 후 관등 명칭의 변동이 있었으나 그 기본적인 체제는 진흥왕대의 그것을 유지하였는데, 이는 신라 골품제의 형성 과정과 흐름을 같이하는 것으로 보았다. 이에 탁·사탁은 저들의 신분적 질서에 바탕하여 6부와 지방세력을 아우르는 골품제와 관등제를 정비하였거니와, 골품제의 근간이 되는 '진골-6두품-5두품-4두품'의 신분 구분은 이미 마립간기에 정립되었고, 그것이 진골과 6~1두품으로 확대·정비됨으로써 법흥왕의 율령에 반영되었다는 것이다. 그 후 진흥왕대에 眞宗의 개념을 창출함으로써 6부 진골 귀족과 신분적 구별을 꾀하였고, 중고기를 통하여 김씨 왕족 내부에서 혼인 등으로 聖骨의 개념을 형성하였을 것으로 추측하였다(박남수, 2010a).

32 其拜及行與高驪相類 : 고구려와 비슷하다고 하였는데, 고구려의 절하는 방법과 걷는 풍속에 대하여는 대체로 『삼국지』와 『후한서』가 동일하다. 다만 『삼국지』 고구려전에는 "跪拜申一脚, 與夫餘異, 行步皆走"라 하고, 『후한서』 고구려전에는 "跪拜曳一脚, 與夫餘異, 行步皆走"라 하여, '다리 하나를 편다'와 '다리 하나를 끈다'는 표현이 다를 뿐이다. 다만 양 사서에서는 "무릎을 꿇고 절할 때에는 한쪽 다리를 펴니[끄니] 부여와 같지 않으며, 길을 걸을 적에는 모두 달음박질하듯 빨리 간다."고 하면서, 부여의 풍속과 다르다고 하였다. 이에 대하여 『위서』는 『후한서』를, 『양사』, 『남사』에서는 『삼국지』를 따르고 있으나 '부여와 다르다'는 내용만 없을 뿐이다. 그런데 『수서』 고구려전에는 "풍속은 쪼그려 앉기를 좋아하며, 청결한 것을 즐긴다. 종종걸음 치는 것을 공경으로 여기고, 절을 할 때는 한쪽 발을 끈다. 서 있을 적에는 反拱을 하고, 걸을 적에는 팔을 흔든다."라고 하여 『삼국지』, 『후한서』 계열의 사서와 내용을 달리한다. 이에 대하여 『신당서』 신라전에는 "사람을 만나면 반드시 꿇어 앉아 손을 땅에 짚고 공손히 절한다."라고 하여 기왕의 사서에서 고구려의 절하는 습속과 차이가 있다. 이러한 차이가 본래 고구려와 달라서인지, 아니면 통일신

[靴]을 선(洗)이라 한다. 그들의 절하는 방법과 걷는 모양은 고[구]려와 서로 비슷하다.[32] 문자가 없으므로 나무에 새겨 신표로 삼는다. 의사는 백제의 통역이 있어야 소통할 수 있다.[33]

라에 들어와서 습속이 변해서인지는 분명하지 않다.

33 語言待百濟而後通焉 : 이 기사는, 元帝가 처음 荊州刺史에 재임할 때(526~539)에 편찬한 『梁職貢圖』 行文의 기사와 거의 동일하다. 곧, 『양직공도』에는 "주변의 소국[旁小國] 叛波·卓·多羅·前羅·斯羅·止迷麻連·上己文·下枕羅 등이 백제에 부용하였다."라고 하여, 520~530년대에 양나라는 斯羅(신라)를 백제 주변의 여러 小國과 함께 백제에 종속된 작은 나라로 인식하고 있었다(李弘稙, 1971). 이는 신라가 백제를 통하여 梁과 통교하였기 때문에 백제를 통한 신라 인식이 『양서』에 나타난 것이라 할 수 있다(李弘稙, 1971). 그러나 신라는 지증왕 1년(501)과 3년(503)에 각각 건립한 〈중성리비〉와 〈냉수리비〉에서 볼 수 있듯이 지증왕대에 이미 상당한 수준의 한문을 상용했음을 알 수 있다.

『남사(南史)』 신라전

『남사(南史)』 신라전은 중국 정사 가운데 신라에 대해 처음으로 입전(立傳)한 『양서(梁書)』 신라전의 기록을 그대로 전재(轉載)하고 있어 내용 면에서 볼 때 새로운 것은 보이지 않는다. 다만 신라의 출자에 대해서는 생략하고, 대신 "기선사상북사(其先事詳北史)"라 하여 『북사(北史)』의 내용을 참조하게 하였다. 이는 『남사』와 『북사』를 저술한 이연수(李延壽)가 동일 열전에서 같은 내용의 기록을 중복시키지 않으려 한 의도 때문인 것으로 보인다(高柄翊, 1970). 특히 『남사』에서 6탁평 52읍륵, 6개 관등, 문자의 부재 등을 서술한 데 대하여, 『북사』에서 군현및 17관등, 문자와 갑병이 중국과 같다는 등의 대조적인 서술은, 이연수가 기존의 사서에 많이 의거하고 역사 서술의 사실성에 충실하려 한 데 그 이유가 있다고 보인다. 그 외에 『양서』 신라전과 다른 점은 관명(官名) 가운데 『양서』에는 보이지 않는 '일한지(壹旱支)'를 더 써넣은 것뿐이다.

『남사』 권79, 열전69 동이 신라

新羅, 其先事詳北史, 在百濟東南五十[1]餘里. 其地東濱大海, 南北與句麗·百濟接.

신라의 선조에 관한 사적은 『북사』에 상세히 기록되어 있다. 신라는 백제의 동남쪽 5,000여 리 밖에 있다. 국토의 동쪽은 큰 바다와 연해 있고, 남과 북은 고[구]려·백제와 접하고 있다.

魏時曰, 新盧. 宋時曰, 新羅, 或曰, 斯羅. 其國小, 不能自通使聘. 梁普通二年, 王姓募名泰, 始使[2]隨百濟奉獻方物.

위나라 때는 신로라 불렀고, 송나라 때는 신라 혹은 사라라 하였다.[3] 그 나라는 작아서 독자적으로 사신을 파견할 수 없었다. 보통 2년(521)에 성은 모이고, 이름은 태인 [신라]왕이 처음으로 사신을 파견하였는데, 백제를 따라와 방물을 바쳤다.

其俗呼城曰, 健牟羅, 其邑在內曰, 啄評, 在外曰, 邑勒, 亦中國之言郡縣也. 國有六啄評·

---

1 「十」: 남감본·무영전본·급고각본 「十」, 백납본 「千」.
2 「始使」: 중화서국 「始使使」.
3 魏時曰 … 斯羅: 新盧·新羅·斯羅 이외에도 徐伐·徐羅(那)伐·斯盧·尸羅·鷄林·鷄貴 등으로 다양하며, 이들은 각각 다른 의미를 갖고 있다. '新羅'라는 국호가 확정된 것은 『삼국사기』 지증왕 4년(503)조의 "시조가 국가를 세운 이래로 나라의 이름을 정하지 못하여 혹은 斯羅, 斯盧로 칭하거나 혹은 新羅라고 일컬었습니다. 신들이 '新'은 덕업이 날로 새롭다는 것으로, '羅'는 사방을 망라한다는 것으로 여겨, 이를 국호로 삼는 것이 마땅합니다."라고 한 데서 지증왕 때임을 알 수 있다. 이에 대하여 새로 정해진 신라라는 국호를 유교적인 이상적 국가관을 드러낸 것으로 보는데, 우리 학계에 국가형성이론이 도입되면서 伯濟와 百濟, 狗耶와 加耶, 구려와 고구려 등과 마찬가지로 성읍국가로부터 영역국가로 발돋움한 사실을 보여주는 것으로 이해함으로써, 경주 일대를 지칭한 徐羅伐·斯盧로부터 고대국가로서의 국호인 新羅로 고정된 것으로 보기도 한다(千寬宇, 1975). 6세기 이후에는 거의 新羅로만 쓰인 듯하며, 奈勿王 26년(381)에 前秦에 入朝한 사실은 있으나, 국호 제정(지증왕 4년, 503) 이후 최초로 중국과 교섭을 가진 것은 법흥왕 8년(521)의 對梁入朝이다. 그러므로 6세기 초엽 이후 辰韓 또는 新盧의 후신으로서 新羅가 중국 문헌에 기록되었다고 할 것이다.

> 五十二邑勒. 土地肥美, 宜植五穀, 多桑麻, 作縑布, 服牛乘馬, 男女有別.

그 습속에 왕성을 건모라⁴라 부르며 그 읍이 [건모라의] 안에 있는 것은 탁평이라 하고, 지방에 있는 것은 읍륵이라 하니,⁵ 이것은 중국의 군현과 같은 말이다. 나라 안에는 6군데의 탁평과 52군데의 읍륵이 있다. 토지는 비옥하여 오곡을 심기에 적합하다. 뽕나무와 삼이 많아 비단과 베를 생산한다. 소는 수레를 끌게 하고 말은 탄다. 남녀 간의 구별이 엄격하다.

> 其官名有子賁旱支·壹旱支·齊旱支·謁旱支·壹吉支·奇貝旱支.

그 관명에는 자분한지⁶·일한지⁷·제한지⁸·알한지⁹·일길지¹⁰·기패한지¹¹가 있다.

> 其冠曰, 遺子禮, 襦曰, 尉解, 袴曰, 柯半, 靴曰, 洗. 其拜及行與高麗相類. 無文字, 刻木爲信. 語言待百濟而後通焉.

---

4 健牟羅 : 『양서』 참조.

5 啄 : 『양서』 참조.

6 子賁旱支 : 『양서』 참조.

7 壹旱支 : 기왕에는 〈포항냉수리신라비〉(이하 〈냉수리비〉)의 '壹干支'에 상응하는 것으로 보아 후일 京位 제2관등 伊湌으로 비정했다(선석열, 1990 ; 주보돈, 1990 ; 김희만, 1990 ; 하일식, 2006 ; 전덕재, 2000). 특히 문경현은 伊湌의 관위가 의심되며 일길간지가 아닌가 의문을 표한 바 있는데(문경현, 1990), 伊湌은 〈적성비〉에 '伊干△', 〈창녕신라진흥왕척경비〉(이하 〈창녕비〉)에 '一尺干'으로 등장한다. 또한 금석문상에서 '壹干支'는 오직 〈냉수리비〉에만 보이고, 신라 최고위급이 참여한 〈냉수리비〉와 〈울진봉평신라비〉(이하 〈봉평비〉)에는 干支를 제외한 가장 상위 관등으로서 각각 '阿干支'와 '大阿干支'만 나타나는 한편으로 〈봉평비〉와 〈울진천전리서석 원명〉(이하 〈천전리서석 원명〉)에는 '一吉干支'가 등장하고 있다. 따라서 〈냉수리비〉의 '壹干支'는 〈봉평비〉의 '一吉干支'에 상응하는 후일 경위 제7관등 一吉湌으로 보아야 할 것이다(노중국, 1992 ; 이기동, 2003). 한편 『남사』 신라전의 '壹旱支'를 壹吉干支의 잘못으로 볼 수 없는 것으로 이해하기도 하나(노태돈, 2010), 『양사』와 『남사』 신라 관등은 진흥왕 10년(549) 양나라가 신라 입학승 覺德과 함께 사신을 보낼 무렵에 취득한 자료를 바탕으로 소략하게 기술된 것으로서, 同名異稱인 '壹告[吉]支(一吉干支)'와 '壹旱支'를 별개의 관등으로 오해하여 병기된 것으로 여긴다. 사실 신라 중고기 금석문 특히 최고의 비문인 〈포항중성리신라비〉(이하 〈중성리비〉)·〈냉수리비〉에서는 喙(部)·沙喙의 경우에만 후일 6두품 계열의 '阿干支-壹干支-沙干支-居伐干支' 등의 관등과 후일 5두품 계열의 奈麻를 확인할 수 있을 뿐이다. 그 후 대사로부터 조위에 이르는 관등은 〈봉평비〉의 小舍帝智와 吉士智, 〈천전리서석 원명〉(525)의 大舍帝智, 〈창녕비〉의 大舍 등을 확인할 수 있어, 〈중성리비〉·〈냉수리비〉 단계에서는 아간지~奈麻까지의 관등만 설치되지 않았을까 추측된다(박남수, 2013).

8 齊旱支 : 『양서』 참조.

9 謁旱支 : 『양서 참조.

10 壹吉支 : 『양서』 참조.

11 奇貝旱支 : 『양서』 참조.

그 나라에서는 관을 유자례라 하며, 저고리[襦]를 위해, 바지[袴]를 가반, 신[靴]을 선이라 한다. 그 절하는 방법과 걷는 모양은 고[구]려와 비슷하다.¹² 문자가 없으므로 나무에 금을 새겨 신표로 삼는다. 의사는 백제의 통역이 있어야 소통할 수 있다.¹³

---

12 『양서』 참조.

13 『양서』 참조.

『북사(北史)』 신라전

『북사(北史)』 신라전의 구성은 대체로 전반부의 신라 출자에 대한 기록과 후반부의 관명(官名)·갑병(甲兵)·풍속(風俗)·의복(衣服)·물산(物産) 등 신라의 생활 습속에 대한 상세한 상태 서술, 그리고 수와 신라 진평왕대의 관계 기사로 나누어 볼 수 있다. 이것은 『양서(梁書)』와 『수서(隋書)』 신라전의 기록을 전재(轉載)한 것으로, 자구(字句)에 약간의 차이만 있을 뿐이다. 우선 전반부의 신라 출자에 대해서 『양서』 신라전의 '고지진망인(古之秦亡人)'설을 그대로 수록하고 『수서』 신라전의 기록은 일설로 소개하였다. 후반부의 신라 사회에 대한 설명은 『양서』와 『수서』의 두 계통이 있다. 전자의 기록을 답습한 것은 『북사』·『남사』·『한원』 등이며, 후자의 기록을 계승한 것은 『통전』·『문헌통고』 등이다. 『양서』 계통은 신라 출자를 '고지진망인(古之秦亡人)'으로 기술하고 있으며, 『수서』 계통은 신라 선조를 관구검 침입 때 피란했던 고구려 잔류민으로 기술하고 있다. 『신당서』·『구당서』는 또 다른 계통의 자료에 따른 것으로 보인다. 『북사』의 경우 신라의 상태에 대한 기록은 『수서』 신라전의 기록을 단지 앞뒤의 기록 순서만 바꿨다(고병익, 1970; 국사편찬위원회, 1987).

『북사』 권94,
열전82 신라

> 新羅者, 其先本辰韓種也. 地在高麗東南, 居漢時樂浪地. 辰韓亦曰, 秦韓. 相傳言秦世亡人避役來適, 馬韓割其東界居之, 以秦人, 故名之曰, 秦韓.

신라[1]는 그 선조가 본래 진한(辰韓)의 일종이었다.[2] 땅은 고구려 동남쪽에 있는데,[3] 한나라 때 낙랑[4]이 있던 땅이었다.[5] 진한은 또한 진한(秦韓)이라고도 한다.[6] 대대로 이어 전해오는 말에

---

1 新羅 : 신라라는 국호가 확정된 것은 『삼국사기』 지증왕 4년(503)조의 "시조가 국가를 세운 이래로 나라의 이름을 정하지 못하여 혹은 斯羅, 斯盧로 칭하거나 혹은 신라라고 일컬었습니다. 신들이 '新'은 덕업이 날로 새롭다는 것으로, '羅'는 사방을 망라한다는 것으로 여겨, 이를 국호로 삼는 것이 마땅합니다."라고 한 데서, 지증왕 때임을 알 수 있다. 하지만 414년에 세워진 〈광개토왕릉비〉나 5세기 초와 중엽에 세워진 〈울진봉평신라비〉(이하 〈봉평비〉)와 〈충주고구려비〉에도 신라라는 국호가 전해진다. 신라는 伯濟와 百濟, 狗邪와 加耶, 구려와 고구려 등과 마찬가지로 성읍국가에서 영역국가로 성장하였는데, 경주 일대를 지칭한 서라벌·사로 등에서 고대국가인 신라로 발전하였다. 이로 볼 때 6세기 초 이후 신라는 진한의 후신으로서 중국 문헌에 기록되었다고 할 수 있다. 그런데 중국 사서에 신라의 이름이 최초로 등장한 때가 東晋 효무제 太元 2년(337)이며 나물왕 6년(381)에 신라라는 국명으로 前秦에 入朝하기도 하였다. 그리고 신라는 국호 제정 이후 중국과 교섭을 가진 것은 법흥왕 8년(521)의 對梁 入朝이다.

2 新羅者 其先本辰韓 : 『양서』 신라전에도 그대로 나온다. 신라는 그 선조가 진한이었다. 진한의 출자는 秦유망인설, 고구려殘民설, 弁韓후예설, 燕유망민설이 있다. 진한은 기원 전후부터 4세기 무렵까지 대체로 지금의 낙동강 동쪽 경상도 지역에 있었던 정치집단으로, 『삼국지』 동이전에는 12개의 소국이 보이며 규모가 큰 것은 4,000~5,000家, 작은 것은 600~700가 정도였다고 한다. 진한을 『삼국지』에서는 辰國의 후신이라고 하였는데, 『후한서』에는 진국이 진한뿐만 아니라 삼한 전체의 전신이라고 하였다. 그리고 『삼국지』에는 진한의 노인들이 말하기를 자신들은 망명인으로 秦나라의 고역을 피해 한으로 왔는데, 마한이 그들의 동쪽 땅을 나누어주었다고 한다. 이러한 진한은 3세기 후반부터 4세기 중반 사이에 사로국에 통합되어 삼국의 하나인 신라로 발전하였다(주보돈, 2002).

3 地在高麗東南 : 『수서』에도 "在高麗東南"이라 하여 신라의 위치를 『북사』와 같이 고구려를 기준으로 삼고 있다. 『양서』와 『남사』에서는 "(其國)在百濟東南五千餘里"라 하여 백제를 기준으로 삼았다.

4 樂浪 : 낙랑군은 한 무제가 고조선의 옛 땅에 설치한 한사군 중의 하나로. 당시의 강역은 위만조선의 옛 땅을 중심으로 지금의 평안남도 일대와 황해도 북단이다. 속현 11현 중 조선은 낙랑의 首縣으로 郡治가 있던 곳으로, 지금의 평양이다. 낙랑군은 기원전 82년(始元 5) 큰 변화를 겪는데, 이 해에 한이 긴축정책을 써 진번·임둔 가운데 절반을 폐기하고, 나머지 반을 낙랑과 현도에 합함으로써 옛 진번군의 7현과 옛 임둔군의 7현까지 통치하게 된 것이다. 8년 新을 세운 왕망의 명호개혁정책에 의하여 낙랑군은 일시 낙조군이라 개칭되었다가, 다시 낙랑군으로 환원되었다. 하지만 이때 낙랑의 土人인 王調가 낙랑태수 劉憲을 죽이고 大將軍樂浪太守라 자칭한 반란이 있었다. 이 반란으로 옛 진번 7현에 설치되었던 남부도위와 옛 임둔 7현에 설치되었던 동부도위가 폐지되고, 그곳의 거수들을 모두 현후로 봉하였다. 이로써 낙랑군의 세력은 전보다 축소되었고 이후 공손탁, 위, 서진의 지배하에 들어갔으며 고구려와 선비족인 慕容氏 사이에서 각축전을 벌였다. 313년(미천왕 14) 낙랑군은 설치된 지 약 420년 만에 고구려에게 망하였다. 평양 서남쪽 토성리 주변의 2,000여 기에 달하는 고분군은 낙랑군 시기의 무덤으로 추정된다(윤용구,

진(秦)나라 때 망인(亡人)들이 역(役)을 피하여 와서 이르니 마한이 그 동쪽 경계를 나누어 그들을 살게 하였는데,[7] 진(秦)나라 사람이기 때문에 그것을 이름하여 진한(秦韓)이라 하였다고 한다.

> 其言語名物, 有似中國人. 名國爲邦, 弓爲弧, 賊爲寇, 行酒爲行觴, 相呼皆爲徒, 不與馬韓同. 又辰韓王常用馬韓人作之, 世世相傳, 辰韓不得自立王, 明其流移之人故也. 恒爲馬韓所制.

언어와 사물의 이름과 형상[名物]은 중국 사람과 비슷하였다. 나라[國]를 부르기를 방(邦)이라 하고, 활[弓]을 고(弧)라 하였으며, 도둑[賊]을 구(寇)라 하였고, 연회석에서 술잔을 돌리는 것[行酒]을 행상(行觴)이라고 하였으며 서로 부르는 것[相呼]을 모두 도(徒)라고 하였는데, 마한과는 같지 않았다.[8] 진한의 왕은 항상 마한 사람으로 그것을 삼아 대대로 이어져 전해졌는

2004).

5 居漢時樂浪地 : 『수서』 신라전에 그대로 나온다. 한대에 신라가 낙랑 지역이었다는 서술은 韓과의 교섭을 반영하는 것이다. 韓은 이미 建武 연간(25~55) 초기부터 漢과 교섭하였고, 章帝(76~88)·和帝(89~105) 이후에도 후한과 사절이 왕래했음을 알 수 있다(『후한서』 권85, 동이열전 75, 序, "建武之初 復來朝貢 時遼東太守祭肜 威譽北方 聲行海表 於是濊貊倭韓萬里朝獻 故章和已後 使聘流通").

6 辰韓亦曰秦韓 : 『양서』 신라전에도 "辰韓亦曰秦韓"라고 하였다. 본 내용은 신라의 출자를 秦의 流亡人과 연결된 秦의 후예라는 것이다. 이것은 『삼국지』 동이전에서 "古之亡人 避秦役"이라고 한 이후 『후한서』·『양서』·『진서』·『남사』·『북사』·『한원』이 계승하였다. 그리고 秦韓의 명칭은 진의 유망민이라는 전승 외에 진한의 언어가 마한과 다르고 중국 秦人과 유사하다는 『삼국지』·『후한서』 이래의 전승 때문이라 할 수 있다. 이후 『양서』·『진서』·『남사』를 비롯하여 『책부원구』·『통전』은 모두 이를 따르고 있다. 이 외 신라의 출자에 대해 중국 고구려계 殘留民, 弁韓의 후예, 연나라의 유망민이라는 설도 있다. 첫째는 『수서』에서 毌丘儉의 침입 때 沃沮로 피란했던 고구려의 殘留民이라는 설로, 『통전』·『문헌통고』가 이를 따랐다. 둘째는 신라를 변한의 후신으로 간주하는 『신·구당서』·『책부원구』 등의 기록이다. 셋째는 燕의 망명인이 진한을 세웠다는 최치원의 설로, 위만이 연의 망명객으로서 위만조선을 세웠다가 漢의 공격으로 조선 유민이 남하하여 진한을 세웠다는 의미로 여긴다.

7 相傳言秦世亡人避役來適 … 故名之曰秦韓 : 『양서』 신라전에는 "傳言秦世亡人避役來適馬韓 馬韓亦割其東界居之 以秦人 故名之曰秦韓"으로 나온다. 우선 본문의 "秦世亡人避役來適"을 『삼국지』 동이전에는 "古之亡人避秦役"이라 하였고, 『후한서』에서는 "秦之亡人 避苦役"이라 하였다. 이 중 『후한서』의 내용을 『진서』·『양서』·『남사』·『북사』와 『한원』·『태평환우기』·『책부원구』·『통전』 등이 그대로 따랐다. 『후한서』에는 『삼국지』의 "옛날 유망인들이 秦의 役을 피하여(古之亡人避秦役)" 부분에서 그 실체가 불분명한 '古之亡人'을 '秦人'으로 보았는데, 이는 뒤이어 나오는 '秦役'으로 미루어 짐작한 것이다. 그리고 '秦役'의 성격을 '苦役'이라고 규정함으로써, 한에 온 이들이 秦人이라고 하였다. 무엇보다도 『삼국지』 편찬 당시에 "진한의 언어가 秦人과 비슷하기 때문에 진한을 秦韓이라 이름하는 것이다."라고 서술한 것을, "진한의 언어가 秦語와 비슷하므로 달리 秦韓이라 이름한다."고 하였다. 즉 "辰韓 사람들은 유망한 진나라 사람들로서 진나라와 비슷한 말을 쓰고, 그러므로 秦韓이라 이름하게 된 것이다."고 하였다. 다만 『북사』의 경우 언어의 유사함에 대해서는 서술하지 않았으나, 진한의 종족적 계통이 秦人이라 함으로써 『후한서』의 내용을 따랐다. 한편 본문의 내용은 춘추전국시대 이래 중국 유망인의 남하를 상징적으로 표현한 것이며, 秦人의 한반도 남하는 아니었다. 동시에 辰韓을 秦人과 결부시킨 것은 중국인의 입장을 대변하는 것에 불과하다. 그리고 북방 유민이 남하하는 과정에서 마한의 동쪽을 지나왔을 것임은 확실하다. 때문에 이를 마한의 부용으로 착각했을 가능성도 크다.

8 其言語名物 有似中國人 … 不與馬韓同 : 『양서』 신라전에도 그대로 나온다. 신라(진한) 언어의 구체적인 내용 곧 "국가[國]를 나라[邦]라 이름하고, 弓을 활[弧]이라 하며, 도적[賊]을 도둑[寇]이라 하고, 술을 돌리는 것[行酒]을 잔을 돌린다[行觴] 하며, 서

데, 진한이 스스로 왕을 세울 수 없었던 것은 그들이 흘러들어온 사람이 분명했기 때문이다. 항상 마한의 지배를 받았다.[9]

> 辰韓之始, 有六國, 稍分爲十二, 新羅則其一也. 或稱魏將毌[10]丘儉討高麗破之, 奔沃沮, 其後復歸故國, 有留者, 遂爲新羅, 亦曰, 斯盧.

진한의 처음에는 6국이 있었는데, 점점 나누어져 12국이 되었으며[11] 신라는 곧 그중 하나이다.[12] 혹은 위(魏)[13] 장수 관구검(毌丘儉)[14]이 고구려를 쳐서 격파하니, 옥저[15]로 달아났다가[16] 그

로를 부르기를 무리[徒]라고 하는 것"은 『삼국지』의 기사를 전재한 것이다. 『진서』에서 이들 진한의 언어들이 "마한과 같지 않다."고 한 것은 『삼국지』의 기사를 따른 것이고, "중국인과 비슷하다(有似中國人)."고 한 것은 『양서』의 기록을 따른 것으로, 『양서』의 찬술자인 唐 姚思廉의 독자적인 서술이다. 이는 『삼국지』나 『후한서』에서 "(진한의 언어가) 秦語와 비슷하다."는 서술과는 다른 표현이다.

9 又辰韓王常用馬韓人作之 … 恒爲馬韓所制 : 『양서』 신라전에도 그대로 나온다. 『삼국지』의 辰王이 『진서』에서는 辰韓으로 바뀌었고 『양서』와 『북사』에는 진한왕으로 나온다. 그리고 『통전』・『태평환우기』・『한원』은 『삼국지』를 따르며, 『후한서』에는 辰王을 "삼한을 모두 다스리는 辰國王"으로 기술하였다. 이와 같이 진한왕 관련 기사는 세 가지 유형이 있는데, '辰王' 중에도 『삼국지』의 계통을 따르는 것(『통전』・『태평환우기』・『한원』)과 『후한서』의 계통을 따른 것, 이들 양 계통과는 달리 '辰韓王'으로 표기한 계통(『양서』, 『진서』, 『북사』)이 있다. 『삼국지』와 『후한서』의 공통되는 부분은 진왕이 목지국을 다스렸으며, 마한인으로서 진왕을 삼아 대대로 승계하게 하였다는 점이다. 다만 『삼국지』에서 진왕은 진한 지역을 예속하였다고 한 데 대해, 『후한서』에서는 모든 삼한 지역을 다스렸다고 한 점에서 차이가 있다. 이로써 『삼국지』의 기사를 따르게 될 경우 진왕은 目支國을 다스리며 주위를 제어하는 정도의 통치자로 해석되지만, 『후한서』를 따른다면 삼한 전체를 다스리는 왕으로서 볼 수 있게 된다. 학계에서는 일반적으로 『후한서』 진왕의 경우 한국사의 역사발전단계에서 통일된 하나의 나라가 다시 78개의 소국의 분열되는 형세를 쉽게 납득하기 어렵다는 점에서, 『삼국지』의 기사대로 진왕을 목지국을 다스린 지배자 정도로 보고, 목지국이 마한 사회뿐만 아니라 주변의 진한 지역까지 통제하였던 것으로 이해하고 있다. 이런 까닭에 『진서』를 비롯하여 『양서』와 『북사』에서는 변진 12국은 진한에 속하며, 진한은 항상 마한인으로 왕을 삼았다고 한다던가, 마한인으로서 진한왕을 삼는데 진한이 자립하여 스스로 왕이 되지 못하였다 하고, 그것은 이들 진한인이 유망하여 옮겨 온 사람들이기 때문이라고 하였다.

10 「毌」: 남감본・급고각본 「毋」, 무영전본・백납본 「毌」. 毌丘儉의 성씨 '毌丘'의 앞 글자를 사서에 따라 '母'로도 쓰고 '毌'로도 쓰지만 성씨 '毌丘'를 고려하여 '毌'로 읽고 毌丘儉으로 쓴다.

11 初有六國 後稍分爲十二 : 『양서』 신라전에는 "辰韓始有六國 稍分爲十二"으로 나온다. 『太平御覽』 四夷部 所引에는 '國' 다음에 '後'자가 있다. 『삼국지』 진한전의 "始有六國 稍分爲十二國"을 옮긴 것이다. 진한이 처음에 6국이었다가 12국으로 나오는 것은 고조선 유민들이 남하해 諸國이 형성된 이후의 시점으로 보기도 한다(이부오, 2012). 처음의 6국에 대해서는 알 수 없으나, 12국과 관련해서는 『삼국지』 변진전에 "弁・辰韓合二十四國"이라고 하였다. 이 중 진한 12국은 ① 己柢國(안동 또는 풍기 基木鎭), ② 不斯國(창녕 또는 안동), ③ 勤耆國(영일군 또는 청도), ④ 難彌離彌凍國(의성군 단밀면 또는 창녕군 영산), ⑤ 冉奚國(울산시 염포 또는 대구), ⑥ 軍彌國(사천군 곤양 또는 칠곡군 인동), ⑦ 如湛國(군위 또는 의성군 탑리), ⑧ 戶路國(상주군 함창면 또는 영천), ⑨ 州鮮國(경산군 자인 또는 경산 압독국), ⑩ 馬延國(밀양), ⑪ 斯盧國(경주 일대), ⑫ 優由國(청도 또는 울진)이다(이병도, 1976 ; 천관우, 1976a).

12 新羅則其一也 : 『양서』 신라전에도 그대로 나온다. 본 기록은 사로국에서 신라로의 성장을 말한다. 사로국은 신라의 모체가 된 소국으로 斯羅・尸羅・新盧 등으로 불리기도 했으며, 6촌으로 구성되어 있었다. 『삼국사기』에 따르면 조선 유민이 山谷 사이에 나뉘어 살아 6촌을 이루었다고 하였는데, 6촌은 及梁・沙梁・本彼・牟梁・漢祇・習比이다. 『삼국유사』에는 "辰韓之地 固有六村"하였다면서 6촌장을 '六部之祖'라고 하였다. 처음 소국으로 출발한 사로국은 정복과 복속의 과정을 통하여 4세기 중엽에는 낙동강 동쪽의 경상북도 일대를 지배하는 연맹왕국으로 발전하였다. 그 과정에서 국호를 바꾸기도 했으며, 지증왕 4년(503)에 덕업이 날로 새로워지고 사방을 망라한다는 의미에서 '신라'라는 국호를 사용하였다.

뒤에 다시 고국(故國)으로 돌아갔고 남아 있던 자들이 마침내 신라가 되었다고 하며[17] 또한 사로(斯盧)라고도 한다.[18]

13　魏 : 위는 220년(黃初 원년) 후한 황실로부터 제위를 물려받으면서 265년(泰始 원년) 司馬炎에게 선양하기까지 5대 황제 46년간에 걸친 왕조로, 후한이 멸망한 후 삼국 중 하나로 가장 강대하였다. 천부적인 전략과 재능을 가진 조조는 삼국시대의 군웅들 가운데 두각을 드러냈고 후한의 헌제를 옹립하여 주도권을 확보하였다. 숙적인 원소와의 회전에서 승리를 거둠으로써 중원 일대를 평정하여 최강 세력으로 발돋움했다. 조조 사후 그의 아들 조비가 후한의 마지막 황제인 헌제로부터 선양을 받아 한나라를 멸하고 위나라를 세웠다. 그러나 조씨 세력은 촉한 제갈량과의 대결에서 성장한 사마의에게 정권을 내주었고, 그의 손자인 사마염에 이르러 제위마저 내주고 말아 46년의 역사로 그 끝을 맺는다. 중국 대륙이 삼국으로 분할되었다고는 하지만, 실제로는 위나라의 영토가 당시 중국 영토의 3분의 2를 차지하였고, 병력과 인구 면에서도 압도적 우세를 보였다.

14　田丘儉 : 魏의 武將이다. 字는 仲恭이며, 河東 聞喜 출신으로 明帝의 신임을 얻어 幽州刺史가 되었다. 237년 요동 지방으로 진출하여 烏丸族을 물리친 그는 公孫氏를 평정하기 위해 나섰으나, 公孫淵에게 패하고 말았다. 그러나 이듬해인 238년 재출정에 나서 司馬懿와 함께 공손연을 격퇴하는 데 성공했다. 244년 고구려의 수도 丸都城을 함락시켰다. 이듬해 현도태수 王頎에게 명령하여 고구려를 다시 공략하게 했으며, 왕기의 군대는 지금의 함흥평야를 지나 간도에까지 진격했다. 관구검은 환도 땅에 紀功碑를 세웠다. 20세기 초 이 비석의 조각이 집안의 板石嶺에서 발견되었다. 그 뒤 남방의 吳와 대치전에 들어갔다. 255년 明帝가 죽은 뒤 제위를 둘러싸고 사마씨와 일대 격전이 벌어졌으며 그는 揚州자사 文欽과 함께 병사를 일으켰지만 결국 실패하여 살해 당하였다.

15　沃沮 : 함흥을 중심으로 함경남도 북부에서 함경북도 남부의 해안지대에 거주하던 집단은 동옥저라 불렀고, 두만강 하류와 間島 지방에 살았던 집단은 북옥저라고 하였다. 일반적으로 옥저는 동옥저를 지칭한다. 옥저는 동해안에 있었던 초기국가로, 臨屯國의 영내에 있다가 위만조선의 세력권하에 들어갔다. 그 후 한 무제의 침입 이후 임둔군이 설치되었다가 폐지되어 현도군에 병합되었으나, 고구려 태조왕 4년(40)에 고구려에 복속되어 고구려인 大加 밑에 각 읍락의 長이 사자가 되어 공납을 바치는 간접지배를 받았다. 이처럼 옥저는 고조선·한군현·고구려 등 주변 세력의 지배를 번갈아 받았다. 그리고 244년 위와의 전쟁에 패한 고구려 동천왕의 뒤를 쫓아 옥저로 진격해온 위군에 의해 다수의 읍락이 유린되었다. 이로 인해 읍락을 단위로 한 공동체의 해체가 빠르게 진행되면서 옥저에 대한 고구려의 지방 편제가 보다 손쉬워져 고구려의 직접 지배가 가능해지면서 역사적 실체로서의 옥저는 소멸되었다.

16　或稱魏將田丘儉討高麗破之 奔沃沮 : 『수서』 신라전에 "魏將田丘儉討高麗破之 奔沃沮"로 나온다. 관구검의 고구려 침입 기사는 『삼국사기』, 『삼국지』 위서 齊王芳紀, 『資治通鑑』 등에는 246년 한 차례 침공으로 되어 있으나, 『삼국지』 위서 관구검전과 『삼국지』 동이전 및 『북사』 고려전에는 244년과 245년 두 차례 침공한 것으로 되어 있다. 관구검이 출정한 동기는 242년 동천왕이 서안평을 공격한 때문이었다. 244년 烏丸 부대가 포함된 군대를 이끌고 고구려의 수도 환도성을 함락시켰다. 이듬해 그는 현도태수 王頎에게 명령하여 고구려를 다시 공략하게 했으며, 왕기의 군대는 지금의 함흥평야를 지나 間島까지 진격했다. 관구검 침입 때 낙랑군과 대방군의 군대까지 동원되어 동옥저와 동예 등 고구려의 세력권 전체가 큰 위기를 맞이하였다. 특히 동천왕은 국도인 환도성을 함락당하고 멀리 남옥저까지 피신하였지만, 계속적인 위군의 공세로 말미암아 심각한 위기에 봉착하게 되었다. 이때 고구려 동부 출신인 유유가 밀우와 같이 위군의 진영에 가서 항복을 청하는 척하면서 위의 지휘관을 살해하고 함께 죽었다. 이로써 고구려는 위군에 대해 일대 반격을 가하였고 위군을 패주시켰다. 관구검군을 격퇴시킨 뒤 동천왕은 유유에게 대사자를 추증하였고, 그의 아들 다우도 대사자가 되었다.

17　或稱魏將田丘儉討高麗破之 … 遂爲新羅 : 『수서』 신라전에 "魏將田丘儉討高麗 破之 奔沃沮 其後復歸故國 留者遂爲新羅焉"이라고 하였다. 신라의 출자를 관구검의 침략 때에 옥저로 피난했던 자들이 남아서 세웠다고 한 것으로, 『수서』·『통전』·『문헌통고』 등에도 보인다. 이것은 신라의 기원을 북방 특히 고구려와의 연계성을 강조한 것으로, 『양서』와 『북사』 등이 "古之亡人避秦役"의 후예로 본 것과는 다른 것이다. 신라가 성장하는 과정에서 동해안으로부터의 문화 유입과 문물 교류는 『삼국사기』 남해차차웅 16년(19)의 "北溟人耕田 得濊王印獻之"에서 알 수 있으며, 북방의 영향이 있었다고 할 수 있다. 하지만 신라와 고구려의 사회적 차이를 고려할 때 고구려 유민이 신라의 조상이라고 하기는 어렵다.

18　斯盧 : 『양서』 신라전에 "魏時曰新盧 宋時曰新羅 或曰斯羅"라고 하였고, 『남사』 신라전에는 "魏時曰新盧 宋時曰新羅 或曰斯羅"로, 『수서』 신라전에는 "或稱斯盧"라고 하였다. 신라의 국호가 사로로 전하는 기록은 『삼국사기』를 비롯하여 중국 측 기록인 『삼국지』 동이전에 등장한다. 『삼국지』에 사로로 언급되어 있는 것은 3세기 중엽 신라가 사로국으로 일컬어졌던 사실을 반영하는 것이다. 『삼국지』를 편찬한 진수는 "斯盧는 곧 신라인데, 음을 옮기면서 바뀐 것이다(斯盧即新羅 乃譯音之轉)."라고 주석을 달았다. 『양서』 신라전에 보이는 사라의 '斯'는 15세기의 'ᄉ'로서 현대음의 '시' 혹은 '사', 羅는 '라' 혹은 '로' 또는 '루(luo)'였

> 其人雜[19]有華夏·高麗·百濟之屬, 兼有沃沮·不耐·韓·獩之地. 其王本百濟人, 自海逃入新羅, 遂王其國. 初附庸于百濟, 百濟征高麗, 不堪戎役, 後相率歸之. 遂致强盛. 因襲百濟, 附庸於迦羅國焉.

그 나라 사람은 중국·고구려·백제의 족속이 뒤섞여 있으며,[20] 아울러 옥저·불내(不耐)[21]·한(韓)[22]·예(濊)[23]의 땅을 차지하였다.[24] 그 나라 왕은 본래 백제 사람이었는데, 바다로부터 신라로 도망해 들어와 마침내 그 나라의 왕이 되었다.[25] 처음에는 백제에 부용(附庸)하였는데,[26] 백

을 가능성이 높은 것으로 지적되고 있다(김영만, 1990). '新羅'를 '新盧'라고 일컬었듯이 '斯羅'는 '斯盧'로도 불렀다. 즉 '羅'와 '盧'는 서로 통한다고 할 수 있다. '盧'와 '羅'는 다시 '良'과도 음이 통하는데, "이때에 新良國의 왕이 공조 81척분을 바쳤다(此時新良國主貢進御調八十一隻)."(『고사기』 권하)고 하여 신라를 '新良'이라고도 일컬었음을 알 수 있다. 한편 『삼국사기』에 따르면 혁거세거서간대에 서라벌로 국호를 정했다가 탈해이사금 9년(65) 계림으로 고쳤으며 기림이사금 10년(307)에 다시 신라로 복구하고 지증마립간 4년(503)에 신라로 확정하였다고 되어 있다. 『삼국사기』 지리지에는 "國號曰徐耶伐 或云斯羅 或云斯盧 或云新羅"라 하여 국호의 이칭이 총괄 정리되어 있으며, 尸羅·鷄貴로도 불렀다. 이와 같이 서라벌·사로 등과 신라는 모두 동일어의 상이한 표기로 생각될 수 있지만, 전자는 경주 일대의 작은 세력집단이었던 때의 경주 세력을, 후자는 상당한 광역을 차지한 큰 세력 국가를 표시하기 위한 것으로 생각된다. 이러한 예는 伯濟와 百濟, 狗耶와 加耶의 관계와 비슷한 경우라 할 것이다.

19 「雜」: 남감본·급고각본·무영전본·백납본 「雜」. 중화서국 「雜」.
20 其人雜有華夏·高麗·百濟之屬 : 『수서』 신라전에는 "故其人雜有華夏高麗百濟之屬"이라고 하였다.
21 不耐 : 『한서』 지리지 낙랑군조에는 '不而'라 하였고, 『삼국지』 예전과 관구검전에는 '불내'라 하였다. 불내는 不而縣으로 『한서』 지리지 낙랑군 불이현조에 "東部都尉治"라 하였고, 『삼국지』 동옥조전에는 "分置東部都尉 治不耐城 別主領東七縣"이라 하였다. 이로 보아 불이가 불내이며 그곳이 곧 동부도위의 치소임을 알 수 있다. 불내의 위치는 비열홀 즉, 안변·통천 일대이다. 후한 光武帝 建武 6년(30)에 한은 동부도위를 혁파하고 거수로서 현후를 삼으니, 불내는 한의 후국이 되었으나 얼마 있지 않아 고구려에 복속되었다. 불내는 화려와 함께 신라에 침입하기도 하였고, 247년에는 그 長이 魏로부터 '不耐濊王'이라는 칭호도 받지만 국가로 성장하지는 못하였다. 『삼국사기』에 언급된 濊王印, 경상북도 영일군 북단에서 발견된 '晉率善穢佰長'의 銅印은 불내예왕과 같은 예의 군장에게 중국이 내린 印綬의 실례이다.
22 韓 : 지금의 한민족은 濊·貊·韓을 중심으로 형성되었다고 이해되고 있다. 북쪽은 예와 맥으로, 남쪽은 한으로 지칭하였다. 따라서 『북사』의 한은 한강 이남에 있던 삼한을 말한다. 한은 『삼국지』에는 마한·진한·변한으로, 『후한서』에는 마한·진한·변진으로 기록하고 있다. 『후한서』의 변진은 변한의 잘못이며, 『진서』와 『양서』에서도 『삼국지』와 마찬가지로 변한으로 기록하였다. 본문의 한은 삼한 전체를 뜻하는 것이 아니라, 신라가 차지한 한으로 진한을 뜻한다.
23 東濊 : 동예 지역은 처음 위만조선에 복속되어 있다가 기원전 108년 위만조선이 멸망하자 동예의 북부 지역인 원산·안변 일대가 漢의 臨屯郡 지배 아래 들어갔다. 이후 기원전 82년 임둔군이 폐하였고, 기원전 75년에는 玄菟郡이 요동으로 물러나게 됨에 따라 옥저와 동예 지역 7개 현은 낙랑군 동부도위의 지배 아래 들어갔다. 이후 30년에 동부도위를 폐하자 동예는 낙랑군에 귀속되었다. 2세기 후반 이후에 동예는 고구려에 복속되었으며, 245년 毌丘儉이 고구려를 침공할 때 樂浪太守 劉茂, 帶方太守 弓遵 등이 동예를 공략하였다. 이때 동예의 주요 읍락들이 魏軍에 투항하였다. 고구려가 위군에 의해 수도가 함락되는 피해를 당하고 세력이 위축되자, 동예는 낙랑군의 영향 아래 귀속되었다. 그 뒤 晉나라의 쇠퇴와 함께 고구려가 낙랑군을 병합함에 따라 동예는 다시 고구려의 지배 아래 들어갔다.
24 兼有沃沮不耐韓濊之地 : 『수서』 신라전에도 그대로 나온다.
25 其王本百濟人 … 遂王其國 : 『수서』 신라전에 그대로 나온다. 백제인이 신라의 왕이 되었다는 기록은 고구려의 殘民이 신라인의 시조가 되었다는 내용과 유사하다.
26 初附庸于百濟 : 『삼국지』와 『후한서』· 『진서』 등에 보이는 마한왕을 임금으로 삼고 스스로 자립할 수 없었다는 기사에 근거한 것으로 보인다.

제가 고구려를 정벌하여 [고구려 사람들이] 군역을 견디지 못하고, 뒤에 연이어 신라에 몸을 의탁하였다.[27] [신라는] 마침내 강성함을 이루었다. 그리하여 백제를 습격하였으며[28] 가라국(迦羅國)[29]을 부용[종속]하였다.[30]

> 傳世三十, 至眞平, 以隋開皇十四年, 遣使貢方物. 文帝拜眞平上開府·樂浪郡公·新羅王.

[왕위가] 대대로 30세(世)가 전해져 진평왕(眞平王)[31]에 이르렀다.[32] 수나라 개황(開皇)[33] 14년

---

27 百濟征高麗 … 後相率歸之:『수서』신라전에는 '麗' 다음에 '高麗'의 2字가 더 있다. 신라는 전란의 화를 피하여 귀부한 고구려 유이민을 적극적으로 수용하였다고 한다.『북사』와『수서』에는 백제가 고구려를 정벌함으로써 고구려 유이민 수용이라고 한 반면,『한원』신라조에는 수가 고구려를 정벌한 때라고 하였다.『북사』와『수서』에서 말하는 백제의 고구려 정벌이란 바로 한강 유역에 대한 백제의 공격을 말하며 이때 많은 고구려인이 전역을 견디지 못하고 신라에 귀부하였던 것이다. 그러나『삼국사기』등에는 고구려인의 내투 사실이 보이지 않는다. 이것은 군사력으로 한강 유역을 차지한 신라가 인민과 강역을 획득한 사실을 반영하는 것으로 보아야 할 것이다. 한편『한원』의 기사 내용 역시『삼국사기』에는 유이민을 증명할 기록이 보이지 않지만, 당시 고구려는 말갈병을 거느리고 요서 지방을 침입하는 등 수와 갈등이 있었고 신라는 수와 교류가 빈번하여 사신과 구법승들이 수에 파견되는 상황이었다. 게다가 고구려 영양왕 23년(612) 춘정월 임오 기사를 보면 조세의 번중함과 잇따른 흉년 및 전쟁, 요역 등으로 일반 백성들의 유망이 예상되는 시기였다. 따라서 당시 고구려의 유망민들이 신라 지역에 귀부하였을 가능성이 매우 높지 않았을까 한다(박남수, 2004).

28 遂致強盛 因襲百濟: 진흥왕 초기의 대외관계는 법흥왕대에 이어 친백제 노선이었고 진흥왕 2년(541)에 성왕은 신라에 화호를 요청하였다. 그리고 진흥왕 12년(551)에 백제 성왕은 한강 유역을 되찾기 위해 진흥왕과 함께 고구려를 공격했다. 그때 고구려는 정치적으로 혼란한 상황이었다. 때문에 신라와 백제는 고구려군을 격파하여, 신라는 한강 상류 지역 10군을, 제는 한강 하류 지역 6군을 점령했다. 그러나 진흥왕은 재위 15년(554) 군사를 돌려 백제가 차지한 한강 하류 지역을 빼앗고, 그곳에 新州(경기 광주)를 설치했다. 신라에 배신당한 백제는 보복을 위하여 대군을 동원했다. 554년 백제 왕자 餘昌이 이끄는 군사가 먼저 관산성을 공격하고 성왕은 뒤를 따랐다. 당시 관산성은 신라와 한강 하류 지역을 연결하는 군사적 요충지였다. 처음에는 대가야군과 연합한 백제가 우세했으나, 신라의 신주군주 김무력의 비장인 고간 도도가 성왕을 급습하여 죽이자, 싸움은 신라의 승리로 끝났다. 이 싸움에서 백제는 좌평 4명과 병졸 2만 9,600명을 잃는 대패를 당했다. 120년 동안 계속된 나제동맹은 깨지고, 백제는 멸망 때까지 신라와 적대관계에 있게 되었다. 이로써 신라는 한강 유역에 대한 안정적인 지배권을 확보했고, 가야의 나머지 세력을 병합할 수 있는 발판을 마련했다. 또한 신라는 한강 유역의 인적·물적 자원을 활용하고, 중국을 통해 직접 선진 문물을 받아들이게 되어 비약적인 발전이 가능하게 되었다.

29 迦羅國: 본문의 迦羅國은 加耶(加洛)를 뜻한다. 가야는 중국 문헌에는 加羅 또는 加邏로 표기되어 있으며, 한국·일본 측 기록에는 加羅·加良·加耶·伽倻·狗邪·駕洛 등으로 다양하게 표기되어 있다. 중국 정사 중에는『남제서』가 유일하게 가야와 관련된 傳을 기록하였다. 여기에 따르면 국왕 荷知가 479년 남제와 교섭하여 책봉을 받았다는 사실과 가라가 삼한의 한 종족임을 기록하였다. 加羅는 삼한의 하나인 변진으로,『삼국지』와『후한서』등의 기록에는 삼한에 가라가 들어있지 않다. 하지만 뒤에 변진 지역에서 가라가 등장하여 변진 지역과 가라가 차지한 지역이 대체로 같게 되었다. 때문에 가라는 삼한의 하나인 변진이라고 할 수 있다.『삼국지』「동이전」변진 조에 3세기 중엽 낙동강 중·하류 지역의 변한 12국이 있었다고 한다. 그리고『삼국유사』에 인용된『가락국기』에서는 본가야를 비롯한 대가야·고령가야·성산가야·소가야 등 6가야의 이름이 보이며,『삼국유사』에 인용된『본조사략』에서는 본가야 대신 非火加耶의 이름이 보인다. 변한 12국이나 가야 6국은 대체로 4세기 초를 경계로 하여 변한에서 가야로 그 명칭이 바뀐 것으로 보인다. 철기문화를 바탕으로 성장하고 발전한 가야는 남쪽의 金官加耶(김해)와 북쪽의 대가야(고령)로 대별된다. 이들은 일찍부터 왜에 진출했지만, 정치적 구심체가 없어 중앙집권적인 고대국가로 성장하지 못하였다. 금관가야는 법흥왕 19년(532)에, 대가야는 진흥왕 23년(562)에 신라에 각각 투항하였다. 본문의 가야국을 부용했다는 기사는 금관가야와 대가야의 투항이 아닐까 한다. 신라에 투항한 가야는 신라의 정치와 문화에 크게 기여하였다. 그중 김유신계의 정치적 역할과 于勒의 예가 대표적이다.

30 初附庸于百濟 … 附庸於迦羅國焉:『수서』신라전에 "其先附庸於百濟 後因百濟征高麗 高麗人不堪戎役 相率歸之 遂致強盛 因襲百濟 附庸於迦羅國"으로 나온다.

(594, 신라 진평왕 16)에 사신을 보내 방물을 바쳤다. 문제(文帝)³⁴는 진평왕을 상개부(上開府)·낙랑군공(樂浪郡公)·신라왕(新羅王)에 배수(拜授)하였다.³⁵

---

31 金眞平 : 신라 제26대 진평왕으로 재위는 579년부터 632년까지였다. 성은 김씨이고, 이름은 白淨이다. 아버지는 진흥왕의 태자인 동륜이며, 어머니는 입종갈문왕의 딸인 만호부인이다. 왕비는 복승갈문왕의 딸인 마야부인이다. 왕은 태어나면서부터 얼굴이 기이하고 몸이 장대했으며, 의지가 깊고 식견이 명철했다고 한다. 작은 아버지인 진지왕이 화백회의에 의해 폐위되자 즉위하였다. 진평왕은 진지왕에게 넘어갔던 왕위를 다시 동륜계로 되찾아 성골로서의 지위를 확립하였다. 이어서 진지계의 반발을 회유하기 위해 진지왕의 아들인 龍春(龍樹)을 內省 私臣으로 임명하여 왕권의 전제화를 꾀하였다. 또한 진평왕은 전제화를 위한 수단으로 제도적 정비를 단행하였는데, 대표적인 것이 위화부·선부·조부·예부·영객부 등 중앙관청의 설치이다. 이와 같이 진평왕은 관료제적인 체제 정비를 단행한 후, 내성을 두어 강력한 왕권을 수호하였다. 진평왕 5년(584)에는 建福이라고 개원하였다. 특히 진평왕대에는 고구려·백제의 빈번한 침입을 받았다. 동왕 24년(602)에는 백제가 아모성(전라북도 운봉)으로 공격해 왔고, 동왕 25년(603)에는 고구려가 북한산성(아차산성)으로 침입해 왔다. 이에 진평왕은 양국의 침입을 방어하는 한편, 동왕 30년(608)에 수나라의 군사와 고구려를 정벌하기 위해 圓光에게 乞師表를 짓게 하여, 동왕 33년(611)에 그를 수나라에 보냈다. 그 결과 다음 해에 수 양제의 고구려 정벌이 있게 되었다. 이후에도 백제는 동왕 33년(611)에 신라의 椵岑城을 함락시키고, 동왕 38년(616)에는 모산성(전라북도 운봉)을 공격하였다. 그리고 동왕 46년(624) 백제의 速含城(지금의 경상남도 함양)을 비롯한 5성 공격에 대한 신라의 방어는 실패하고 말았다. 이와 같이 신라는 여러 차례 백제의 공격을 받아 곤경에 처했던 것으로 보인다. 이 무렵 신라는 수나라에 이어서 동왕 40년(618)에 중국의 통일왕조로 등장한 당나라와 동왕 43년(621)부터 조공을 통한 외교관계를 수립하고, 거의 매년 당에 외교사절을 파견하였다. 이후 12년간 8차례의 遣唐使를 보내 적극적으로 당에 접근하여 羅唐親善의 길을 열었다. 신라가 당과 수립한 외교관계는 고구려에 대한 당의 외교적 견제에 이용될 수 있었다. 즉, 고구려와 백제의 침입으로 곤경에 처한 신라는 동왕 47년(625) 당에 사신을 파견해 고구려의 빈번한 침입으로 인해 당에 대한 외교 통로가 막히게 되었음을 호소하였다. 이에 당 고조는 우선 동왕 48년(626)에 사신 朱子奢를 신라와 고구려에 보내 양국이 화합하라는 외교적 중재에 나서기도 하였다. 그 결과, 고구려는 신라에 대한 공격을 일시적으로 중지하기도 하였다. 진평왕은 재위 54년 만에 죽었고, 漢只에 묻혔다.

32 傳世三十 至眞平 : 『수서』 신라전에는 "傳祚至金眞平 開皇十四年 遣使貢方物"으로 되어 있다. 『한원』에는 "金姓相承 三十餘葉", 『통전』 신라전에서는 "其王姓金名眞平"이라 하였다.

33 開皇 : 개황은 隋 文帝의 연호로, 개황 연간은 581년부터 600년까지이다.

34 文帝 : 수를 건국한 楊堅의 시호로 묘호는 高祖이다. 재위 기간은 581년부터 604년까지이다. 弘農郡 華陰縣(陝西省 渭南縣) 출신이며, 후한의 학자이자 정치가 楊震의 자손으로 西魏 12大將軍의 한 사람인 隋國公 楊忠의 아들이다. 서위를 이은 북주에서 아버지의 공으로 높은 지위에 올랐는데, 그의 딸이 북주 선제의 비가 되자 외척으로 정치적 실권을 장악했다. 581년 정제로부터 선양을 받아 수를 세우고, 장안을 수도로 정해 대흥성이라 했다. 개황율령을 제정해 제도를 정비하고, 과거제를 실시해 귀족세력을 억제하는 등 중앙집권제를 강화했다. 589년 남조 진을 평정해 통일했고 돌궐을 압박하고, 고구려를 침공하기도 했다. 황태자 勇을 폐하고 둘째아들 廣을 세워 太子로 세웠다가 병사했다(정재훈, 2001).

35 以隋開皇十四年 … 文帝拜眞平上開府樂浪郡公新羅王 : 『수서』 신라전에 "開皇十四年 遣使貢方物 高祖拜眞平爲上開府樂浪郡公新羅王"이라고 하였다. 『책부원구』 권963, 外臣部 8, 封冊 1와 『태평어람』 권781, 四夷部 2, 東夷 2, 新羅에도 보인다. 『삼국사기』 진평왕 16년(594)에는 "隋帝詔 拜王爲上開府樂浪郡公新羅王"으로 조공 기사가 보이지 않는데, 『구당서』에도 "隋文帝時授上開府樂浪郡公新羅王"으로 나온다. 조공은 책봉과 표리를 이루는 것으로(김한규, 2000), 『예기』 경해편에서 "조근의 예는 군신관계의 대의를 밝히기 위한 것"이라며 "조근의 예를 폐기하면 군신의 지위를 잃게 된다."고 하였다. 본래 『주례』의 '빈례'는 주왕(천자)와 제후들 간의 관계에 적용되는 것이었으나, 통일제국인 한대부터 황제와 외국 군주들 관계에도 준용되기 시작하였으며 당대에 확립되고 송대를 거쳐 명대에 완비되었다(김성규, 2003). 책봉은 강대한 제국이 인접 국가를 지배하는 정치 형태가 아니라 문명권의 동질성과 내부적인 결속을 이루는 제도였다. 무력의 강약에 의해 이루어지고 강자가 약자를 지배하는 관계라기보다는 문화적인 관계였다. 문명권마다 하나만 존재하는 천자가 문명권의 여러 국왕을 책봉해야 하며, 책봉 절차를 거쳐야 국왕의 지위가 공인되는 것이었다(조동일, 1999).

신라의 공적 대중 교섭인 조공은 3국 중 가장 부진하였다. 수가 성립되기 전까지 3국의 대중 교섭 회수는 고구려가 157회, 백제가 26회, 신라가 15회였다. 그러나 6세기 중엽 3국의 국력이 균형을 이루게 됨에 따라, 외교적인 진출도 경쟁 관계에 들어서게 된다. 넓은 의미의 조공에는 주로 황제가 바뀌거나 왕이 바뀌었을 때 중국으로부터의 정치적 승인을 꾀하는 좁은 의미의 조공을 위시하여 進貢·謝恩·人質·進賀·請兵 등이 있었다. 입조 때에 가져가는 방물로는 금·두발·인삼 등이, 회사품으로는 책·비단 등이 중심이었다. 삼국이 수에 보낸 입조사는 신라가 12회, 고구려는 21회, 백제는 12회였다. 특히 신라의 사신 파견 횟수가 급증

> 其官有十七等. 一曰, 伊罰[36]干, 貴如相國. 次伊尺干, 次迎干, 次破彌干, 次大阿尺干, 次阿尺干, 次乙吉干, 次沙咄干, 次及伏干, 次大奈摩干, 次奈摩, 次大舍, 次小舍, 次吉士, 次大烏, 次小烏, 次造位.

그 나라의 관직은 17등급이 있다.[37] 1등급은 이벌간(伊罰干)으로,[38] 귀하기가 상국(相國)[39]과 같다. 다음은 이척간(伊尺干),[40] 다음은 영간(迎干),[41] 다음은 파미간(破彌干),[42] 다음은 대아척간

하고 있는 것은 신라 사회의 급진적 팽창을 의미하는 것이다. 이와 같이 조공 관계가 성립되면 중국으로부터 책봉을 받았는데, 고구려는 요동군공, 백제는 대방군공, 신라는 낙랑군공 등의 칭호를 받았다.

36 「罰」: 남감본·급고각본·백납본「罰」, 무영전본「爵」.

37 其官有十七等 : 신라가 왕경인을 대상으로 한 관등인 京位를 말한다. 이와 같은 신라의 17관등은『삼국사기』와 중국 정사 등에 나오는데,『양서』에는 5등급,『남사』에는 6등급으로 기록되어 있다. 17관등은 ① 伊伐湌(角干·舒發翰·舒弗邯), ② 伊湌, ③ 迊湌, ④ 波珍湌, ⑤ 大阿湌, ⑥ 阿湌, ⑦ 一吉湌, ⑧ 沙湌, ⑨ 級湌, ⑩ 大奈麻, ⑪ 奈麻, ⑫ 大舍, ⑬ 小舍, ⑭ 吉士, ⑮ 大烏, ⑯ 小烏, ⑰ 造位가 그것이다. 이상의 17관등은 크게 湌(干)-奈麻-舍-知(烏)계로 나누어진다. 17관등제의 성립 시기에 대해『삼국사기』유리이사금 9년(32)조에 6부의 이름을 개정하고 성을 하사함과 동시에 17관등을 설치한 것으로 되어 있다. 하지만 소국 수장들이 가졌던 관제를 토대로 마립간 단계에 이르러 그들을 누층적으로 편제하는 과정에서 17관등제의 기본 골격이 갖추어졌고 법흥왕대에 율령이 반포되는 등 체제를 전반적으로 정비하는 과정에서 17관등제는 정비되었다고 할 수 있다. 17관등제는 골품제와도 연결되어 있다. 진골 출신만이 받을 수 있는 대아찬에서 이벌찬까지의 군, 6두품 출신만 받을 수 있는 급찬에서 아찬까지의 군, 6두품 출신은 물론 5두품 출신자도 받을 수 있는 대나마에서 나마까지의 관등, 4두품 출신자들도 가질 수 있는 대사에서 선저지까지의 관등이 그것이다.

골품제와 밀접한 관련을 가진 관등제는 관직제에도 일정한 규제력을 가지고 있었다. 중앙 관직의 경우 집사부 시중·병부령·조부령·京城周作典令·四天王寺成典令·창부령·승부령 등 일반 庶政을 담당하는 관직과 내성의 장관인 사신은 모두 대아찬 이상의 관등 소지자가 맡을 수 있는 관직이었다. 무관의 경우 6정과 9서당의 장군은『삼국사기』직관지 무관조에 "位自眞骨上堂至上臣爲之"라든가 "位自眞骨級湌至角干爲之"라는 기록에서 알 수 있듯이, 진골 출신자만이 가질 수 있는 관직이었다. 지방관의 경우 주의 장관인 도독은 비록 급찬에서 이찬까지의 관등을 가진 자가 맡을 수 있는 관직이지만, 실제로는 진골 출신으로서 급찬 이상의 관등을 가진 자만이 맡을 수 있었던 것으로 보인다. 17관등제는 服制와 冠制와도 일정한 관련을 가지고 있다. 관등은 관리들의 위계 高下를 나타내 주는 것이므로 관등의 고하에 따라 관복의 색이 달랐는데, 이를 4색공복제라 한다. 대아찬에서 이벌찬까지의 관등 소지자는 紫服을 입었고, 급찬에서 아찬까지의 관등 소지자는 緋服을, 나마에서 대나마까지의 관등 소지자는 靑服을, 대사 이하의 관등 소지자는 黃服을 입었다. 다음으로 관등과 관제와의 관계를 보면『삼국사기』색복조에 이찬과 잡찬은 銀冠을, 파진찬·대아찬·衿荷는 緋冠을, 上堂·대나마·赤位大舍는 組纓을 하도록 되어 있었다. 왕의 관제에 대해서는 문헌사료에 언급이 없으나, 경주의 고분에서 금관이 출토되고 있다. 그리고 重位制로 각 신분 간에 정치적 완화를 꾀하였다. 이상과 관련해서는 이기동, 1984 ; 노중국, 1997 ; 김희만, 2003 ; 주보돈, 2009 ; 김기흥, 2000 참고.

38 伊罰干 :『통전』에는 '干'이 '于'로 나온다. 신라 관등의 제1위로『삼국사기』에는 伊伐湌, 伊罰干, 干伐湌, 角干, 粲, 舒發翰, 舒弗邯이라고 한다.『양서』와『남사』에는 子賁旱支, 〈창녕비〉에는 一伐干,『수서』에는 伊罰干,『한원』에는 伊代(伐)干으로 나온다.『일본서기』에는 助富利智干으로도 표기되었다. 이벌간은 중앙집권적 국가체제가 갖추어지면서 종래 사로국의 수장으로서 干이 왕의 위치로 격상하게 되자 간의 휘하에 두었던 一伐, 一尺, 彼日, 阿尺 중 일벌에 '간'을 첨가하여 이루어진 것으로 보인다.

39 相國 : 상국은 國相을 말한다. 이벌간의 존귀함이 상국, 국상과 같다는 뜻으로, 이벌간이 곧 국상이라는 말은 아니다. 삼국 초에는 大輔 또는 左·右輔가 있었다. 신라에서는 탈해가 남해왕 때 대보가 되었고, 호공이 탈해왕 때 역시 대보가 되었다. 이러한 초기의 명칭은 법흥왕 때 상대등·병부령의 성립으로 소멸되었다.

40 伊尺干 :『통전』에는 '干'이 '于'로 나온다. 신라 관등의 제2위로『삼국사기』에는 伊湌, 伊湌이라고도 한다.『남사』에는 壹旱支, 〈단양신라적성비〉(이하 〈적성비〉)에는 伊干支, 〈창녕비〉와 〈북한산비〉에는 一尺干, 〈마운령비〉에는 伊干,『수서』에는 伊尺干,『한원』에는 伊尸干으로 나온다. 이척간은 중앙집권적 국가체제가 갖추어지면서 종래 사로국의 수장으로서 干이 왕의 위치로 격상하

(大阿尺干),[43] 다음은 아척간(阿尺干),[44] 다음은 을길간(乙吉干),[45] 다음은 사돌간(沙咄干),[46] 다음은 급복간(及伏干),[47] 다음은 대나마간(大奈摩干),[48] 다음은 나마(奈摩),[49] 다음은 대사(大舍),[50]

게 되자 간의 휘하에 두어졌던 일척에 '간'을 붙여 격상시킨 데서 성립된 것이다.

[41] 迎干 : 『통전』에는 '干'이 '于'로 나온다. 신라 관등의 제3위로 『삼국사기』에는 迊飡, 迊判, 蘇判이라고도 한다. 『양서』와 『남사』에 齊鼓支로 나오며, 〈창녕비〉·〈마운령비〉·〈황초령비〉에 迊干으로, 『수서』에는 迎干, 『한원』에는 迊干으로 나온다. 잡간은 다른 干群 관등과는 달리 이칭에 干(翰·邯·飡)이 붙지 않고 判이 붙어 있는 것이 특징이다(김희만, 2015).

[42] 破彌干 : 『통전』에는 '干'이 '于'로 나온다. 그리고 『太平御覽』 권781, 四夷部 所引에는 '次迎干破彌干'으로 나온다. 파미간은 신라 관등의 제4위인 波珍飡을 말한다. 『삼국사기』에는 파진찬, 海干, 破彌干이라고도 한다. 〈울진천전리서석 추명〉(이하 〈천전리서석 추명〉)에 彼珍干支, 〈적성비〉에 彼珎干支, 『수서』에는 破彌干이라고 한다. 『한원』에는 波珍干이라고 하였다. 『수서』와 『통전』에는 破彌干이라고도 기록되어 있는데, 아마도 彌는 珊의 잘못된 표기로 생각된다. 한편 해간이라고도 부른 것은 처음에는 海官 즉, 수군 사령관의 직능을 수행한 것과 관련지어 생각해 볼 수 있다. 파진간은 『삼국유사』 석탈해조의 海尺을 격상시킨 것에서 성립된 것으로, 해척은 바다와 연관된 임무를 가졌던 것으로 볼 수 있다.

[43] 大阿尺干 : 『통전』에는 '干'이 '于'로 나온다. 대아척간은 신라 관등으로, 제5위이다. 『삼국사기』에는 大阿飡으로 나오며, 大阿干·大阿尺干 등으로도 불린다. 〈봉평비〉와 〈적성비〉에 大阿干支, 〈마운령비〉와 〈황초령비〉에 大阿干, 『수서』에 大阿尺干, 『한원』에 大阿干으로 나온다. 대아척간은 그 명칭으로 미루어 볼 때 阿干에서 분화되어 성립한 것으로 보인다. 이것은 진골과 6두품을 구분하는 관등으로, 대아찬 이상의 관등은 진골만이 될 수 있다. 服色에 있어서도 紫色을 입으며, 대체로 장관인 슈이나 장군 등도 대아찬 이상이 임명되는 것이 원칙이다. 다만 아찬의 관등으로서도 상대등·시중이 된 인물이 있기도 하지만, 그들도 진골 출신이었다.

[44] 阿尺干 : 『통전』에는 '干'이 '于'로 나온다. 신라 관등의 제6위로 『삼국사기』에는 阿飡, 阿尺干, 阿粲이라고도 한다. 重阿飡부터 四重阿飡까지 있다. 〈포항중성리신라비〉(이하 〈중성리비〉)와 〈포항냉수리신라비〉(이하 〈냉수리비〉)에 阿干支, 『남사』와 『양서』에 謁鼓支, 〈봉평비〉와 〈적성비〉에 阿干支, 〈무술오작비〉에 阿尺干, 『수서』에 阿尺干, 『한원』에 何干으로 나온다. 아간은 사로국의 수장으로서 干 아래 두어졌던 阿尺을 격상시킨 것이다. 아간은 6두품 출신자가 받을 수 있는 최고의 관등이었다. 때문에 6두품 출신자들은 진골 출신자들만이 가질 수 있는 대아찬에 승진하지 못하였다. 이러한 한계성을 극복하기 위해 신라는 중아찬에서 삼중아찬까지의 重位制를 두었다(권덕영, 1991 ; 김희만, 2013).

[45] 乙吉干 : 『통전』에는 '干'이 '于'로 나온다. 을길간은 신라 관등의 제7위인 一吉飡의 별칭이다. 『삼국사기』에는 일길찬, 乙吉干이라도 하였다. 〈냉수리비〉에는 壹干支, 『양서』에는 壹告支, 『남사』에는 壹吉支, 〈봉평비〉와 〈울진천전리서석 원명〉(이하 〈천전리서석 원명〉)에는 一吉干支, 〈창녕비〉에는 一吉干, 『수서』와 『한원』에는 을길간으로 나온다. 을길간은 통일기에 외위가 경위에 흡수될 때 외위의 최고위인 嶽干과 대응하는 것이었다. 따라서 지방세력이 경위를 받을 때 일길간이 최고의 관등이었다고 할 수 있다.

[46] 沙咄干 : 『太平御覽』에는 '沙'가 '涉'로 나오며 『통전』에는 '干'이 '于'로 나온다. 사졸간은 신라 관등의 제8위인 沙飡의 별칭이다. 『삼국사기』에는 사찬, 薩飡, 沙咄干으로 나온다. 〈중성리비〉, 〈천전리서석 원명〉과 〈천전리서석 추명〉에는 沙干支, 〈창녕비〉에는 沙尺干으로 되어 있고, 〈마운령비〉와 〈황초령비〉에는 沙干으로 되어 있다. 『수서』와 『한원』에는 사졸간으로 나온다. 이것은 신라 하대에 삼중사찬까지 중위제가 실시되었다(김희만, 2013).

[47] 及伏干 : 『통전』에는 '干'이 '于'로 나온다. 급복간은 신라 관등의 제9위인 級飡의 별칭이다. 『삼국사기』에는 級伐飡, 급찬, 及伐于으로 나온다. 〈냉수리비〉와 〈봉평비〉, 〈천전리서석 추명〉에 居伐干支, 『양서』와 『남사』에 奇貝鼓支라고 나온다. 〈적성비〉에는 及干支, 〈창녕비〉에 及尺干, 〈마운령비〉·〈황초령비〉·〈북한산비〉에는 及干으로 나온다. 『수서』에는 及伏干, 『한원』에는 級代干(級伐干)으로 나온다. 급찬 이상은 최상의 이벌찬까지 '飡'(干·汗 등의 뜻)자를 쓰고 있으며, 진골 출신들이 주로 처음으로 받은 관등이 아닐까 한다. 급찬은 緋衣를 입을 수 있는 한계선에 있으면서 진골 신분인 경우에는 牙笏을 가질 수 있다. 따라서 급찬은 진골 신분과 관련지어 이해해 볼 수 있다. 다만 5·4두품은 급찬의 위(位)에 오를 수 없다. 즉, 급찬은 6두품 계열의 追贈 官階로 사용되었고 진골 출신의 無子나 初仕時에 부여된 관등일 가능성이 크다. '찬'자를 쓰는 관등의 최하위의 명칭으로, 6두품과 5두품을 구분하는 기준이 되었다.

[48] 大奈摩干 : 『통전』에는 '干'이 '于'로 나온다. 신라 관등의 제10위로, 『삼국사기』에는 大奈麻, 大奈末로 나온다. 〈봉평비〉에 대나마, 〈창녕비〉와 〈마운령비〉에 대나말, 〈황초령비〉에 (대)나말, 〈북한산비〉에 대나(말), 『수서』에 大奈摩干, 『한원』에 대나말로, 『太平御覽』에는 '太奈摩干'으로 되어 있다. 대나마는 나마에서 분화되었다. 대나마는 5두품 출신자의 상한 관등으로 重大奈麻부터 九重大奈麻까지 중위제가 실시되었다. 『삼국사기』 직관지에서 대나마 다음에 "自重奈麻至九重奈麻"라 하고 있는데, 이것은 大자가 빠진 것으로 보아야 한다(권덕영, 1991 ; 김희만, 2013).

다음은 소사(小舍),⁵¹ 다음은 길사(吉士),⁵² 다음은 대오(大烏),⁵³ 다음은 소오(小烏),⁵⁴ 다음은 조위(造位)⁵⁵이다.

外有郡縣. 其文字·甲兵, 同於中國. 選人壯健者悉入軍. 烽·戍·邏, 俱, 有屯管⁵⁶部伍.

49 奈摩 : 신라 관등의 제11위로, 『삼국사기』에는 奈麻, 奈末로 나온다. 〈중성리비〉·〈냉수리비〉·〈봉평비〉·〈천전리서석 원명〉·〈천전리서석 추명〉에는 나마로 나오며 〈창녕비〉·〈마운령비〉·〈황초령비〉·〈북한산비〉에는 나말로 나온다. 『수서』에는 奈摩로 나오며 『한서』에는 나마로 나온다. 나마는 重奈麻부터 七重奈麻까지 분화되어 重位를 형성하고 있다. 그런데 〈봉평비〉에는 나마 관등을 가진 자가 국왕이 참여하는 귀족회의의 구성원으로 참여하고 있고 또 지방에 파견된 軍主의 관등도 나마였다. 따라서 귀족회의 구성원의 관등 하한은 나마로 볼 수도 있다(권덕영, 1991 ; 김희만, 2013).

50 大舍 : 신라 관등의 제12위로, 『삼국사기』에는 대사, 韓舍로 나온다. 〈천전리서석 원명〉에 大舍帝智, 〈영천청제비〉에 大舍第, 〈창녕비〉·〈마운령비〉·〈황초령비〉·〈남산신성비〉에 대사. 『수서』에 대사, 『한원』에 대사로 나온다. 이 대사는 소사에서 분화하여 성립된 것이다. 그리고 이 대사는 5두품 출신자들이 받을 수 있는 관등의 상한선이었다. 대사와 小舍는 舍類로서, 신라 관등의 제12·13위이며, 대사는 4두품의 상한선이다. 옥사 규정을 살펴보면 4두품과 평민은 거의 같이 長廣이 15尺을 넘지 못하고 있어 신라 말에 오면 4두품은 평민과 구별하지 못하였다고 여겨진다. 그리고 대사와 소사라는 관직명도 보인다.

51 小舍 : 신라 관등의 제13위로 『삼국사기』에는 舍知, 소사로 나온다. 〈봉평비〉에 小舍帝智, 〈영천청제비〉에 小舍第, 〈마운령비〉·〈황초령비〉·〈남산신성비〉에는 소사, 『수서』와 『한원』에도 소사로 나온다. 이 사지는 대사, 나마, 대나마와 더불어 'mar'계 관등으로 파악하기도 한다. 그러나 관등명에 붙는 존칭어미를 볼 때 나마와 대나마에는 존칭어가 붙지 않은 데 반해, 대사와 사지는 '帝智'·'第'가 붙어 있다. 따라서 나마계 관등과 사지계 관등의 성립 과정이나 성격을 구분해 보아야 할 것이다. 소사는 대사와 마찬가지로 관직명에도 보인다. 그리고 집사부·병부의 대사(弟監·郎中)는 소사를 하한선으로 하고 있다.

52 吉士 : 신라 관등의 제14위로 『삼국사기』에는 길사, 稽知, 吉次로 나온다. 〈봉평비〉에는 吉之智, 〈마운령비〉와 〈황초령비〉에 吉之, 『수서』와 『한원』에는 吉士로 나온다. 이 길사는 『주서』 백제전에 보이는 백제의 왕의 칭호인 鞬吉支의 吉支와 통하며 『고사기』 중권에 보이는 阿知吉師의 길사와 같은 것으로 여겨진다. 신라 제14관등인 길사 이하는 공통 어미를 가지고 있다. 즉 길사는 계지, 大烏는 大烏知, 小烏는 小烏知, 그리고 造位는 先沮知라고 한다. 이는 그 그룹이 갖고 있는 신분적 공통성을 반영한 것으로, 집사부·병부의 史가 갖는 관직상의 하한선으로, 사는 조위부터였으니 주로 4두품 계열에게 준 관등일 가능성이 높다.

53 大烏 : 『太平御覽』에는 '烏'가 '焉'으로 나온다. 신라 관등의 제15위로 『삼국사기』에는 大烏, 大烏知로 나온다. 〈영천청제비〉 병진명에 大烏第, 〈적성비〉에 大烏之, 『수서』와 『한원』에 大烏로 나온다. 이 대오는 小烏에서 분화, 격상된 것으로 생각된다. 신라 제14관등인 吉士 이하는 공동 어미를 가지고 있다. 즉 길토는 稽知, 대오는 대오지, 小烏는 小烏知, 그리고 造位는 先沮知라고 한다. 이는 그 그룹이 가진 신분적 공통성을 반영한 것으로, 집사부·병부의 史가 갖는 관직상의 하한선으로, 사는 조위부터였으니 주로 4두품 계열에게 준 관등일 가능성이 높다.

54 小烏 : 『太平御覽』에는 '烏'가 '焉'으로 나온다. 신라 관등의 제16위로 『삼국사기』에는 소오, 小烏知로 나온다. 〈봉평비〉에 小烏帝智, 〈영천청제비〉에 소오, 『수서』와 『한원』에 소오로 나온다. 신라 제14관등인 吉士 이하는 공통 어미를 가지고 있다. 즉 길사는 稽知, 大烏는 大烏知, 소오는 소오지, 그리고 造位는 先沮知라고 한다. 이는 그 그룹이 갖고 있는 신분적 공통성을 반영한 것으로, 집사부·병부의 史가 갖는 관직상의 하한선으로, 사는 조위부터였으니 주로 4두품 계열에게 준 관등일 가능성이 높다.

55 造位 : 『太平御覽』에는 '造'가 '達'로 나온다. 신라 관등의 제17위로 『삼국사기』에는 造位, 先沮知로 나온다. 〈봉평비〉에 邪足智, 『수서』와 『한원』에 조위로 나온다. 〈봉평비〉의 사족지는 음운상으로 선저지와 같은 것으로 생각된다. 〈봉평비〉에 사족지, 선저지가 나옴으로써 신라의 17관등제는 법흥왕 11년(524)에 우선 정비된 것으로 보인다. 신라 제 14관등인 吉士 이하는 공통 어미를 가지고 있다. 즉 길사는 稽知, 大烏는 大烏知, 小烏는 小烏知, 그리고 조위는 선저지라고 한다. 이는 그 그룹이 가진 신분적 공통성을 반영한 것으로, 집사부·병부의 史가 갖는 관직상의 하한선으로, 사는 조위부터였으니 주로 4두품 계열에게 준 관등일 가능성이 높다.

56 「管」: 남감본·급고각본·무영전본·백납본 「管」, 중화서국, 국사편찬위원회 「營」.

57 外有郡縣 : 『수서』 신라전에도 그대로 나오며, 신라의 지방제도인 주·군·현제를 말한다. 『삼국사기』 신라본기에는 지증왕 6년(505) "왕이 친히 국내의 州郡縣의 제도를 정하고, 실직주를 두어 이사부로 군주를 삼으니, 군주란 이름이 여기에서 시작되었다."고 하여, 주현제가 지증왕대에 완성된 것이라 하였다. 하지만 당시의 지방제도에서 縣은 아직 설치되지 않았고 주와 군만 있

지방에는 군(郡)과 현(縣)이 있다.[57] 그 나라의 문자와 갑병(甲兵)은 중국과 같았다.[58] 건장한 남자를 뽑아 모두 군대에 편입시켜, 봉수(烽燧)·변술(邊戍)·순라(巡邏)로 삼았으며, 둔영(屯營)에는 대열[部伍]이 갖추어져 있었다.[59]

> 風俗·刑政·衣服畧與高麗·百濟同. 每月旦相賀, 王設宴會, 班賚群官. 其日, 拜日月神主. 八月十五日, 設樂, 令官人射, 賞以馬·布. 其有大事, 則聚官詳議定之.

풍속·형정[60]·의복은 대체로 고구려·백제와 같았다.[61] 매달 초하룻날에는 서로 하례(賀禮)하

었다. 때문에 당시의 지방제도를 州郡制라고 부르며, 법흥왕·진흥왕 시대에 이르러 성립한 것으로 여겨진다. 그러나 〈남산신성비〉에 나타난 州(軍主)·郡(太守=幢主)·村(道使=村主)의 계층적인 관계를 고려하면(이종욱, 1974) 아직까지 중국적인 군현제가 실시된 것은 아니다(주보돈, 1979). 따라서 신라에서 제도적으로 주군현제가 완성된 것은 통일 이후라 생각된다. 주는 신라시대 지방행정구역 중 제일 상급의 단위로, 지증왕 6년(505)에 처음 설치되었다. 이후 대외전쟁을 통해 신라의 영토가 확장되면서 주가 증설되었는데, 통일 이전에는 대체로 5개 주가 있었다. 고구려와 백제를 통합한 후에는 각각의 영토에 3주씩 9주를 배치하여 중국을 모방한 신라의 천하관이 확립되었음을 보여준다. 군은 신라시대 지방행정구역상 주의 하부 단위이며 그 아래에 다수의 성과 촌(통일 이후에는 현)을 통속시키고 있었던 중간 행정단위로 주와 함께 지증왕 6년(505)에 처음 두어졌으며, 이곳에는 幢主(통일기에는 太守로 바뀜)가 지방관으로 파견되었다. 성(촌)은 신라 중고기에 제일 말단 지방행정단위이며 그 아래에는 같은 명칭의 자연촌이나 혹은 군사요충지로서의 성이 다수 영속되어 있었다. 때문에 전자를 행정성촌, 후자를 자연성촌이라 구별하여 부르기도 한다. 행정성촌은 통일기에는 군현제의 도입으로 현으로 개편되었으며, 도사가 파견되었다. 도사란 지방관명은 고구려나 백제에도 존재한 것으로 미루어 그로부터 영향을 받아 성립한 것으로 생각된다.

58 其文字甲兵 同於中國:『수서』신라전에도 그대로 나온다.

59 選人壯健者 … 俱有屯管部伍:『수서』신라전과 『통전』에는 '俱有屯管部伍'의 管이 營으로 나온다. 이 기사는 신라의 군역과 관련지어 이해하고 있으며 신라의 군역은 壯健者 가운데 선발하여 편성하였음을 알 수 있다(박남수, 2004). 신라 중고기의 군사조직은 6정이다. 6정 이전에 존재했던 정은 최전방 요충지에 설치된 軍管區의 중심으로서 군주 1명에 의해 통수된 것이었으며, 10정은 이러한 정의 계통을 이어받아 한 단계 격을 낮춤과 동시에 기병부대로서 특화시킨 것이라 할 수 있다. 이에 반해서 6정은 그 각각이 2~4명의 복수 장군들을 공동의 지휘관으로 삼고 그 휘하에 복잡한 군관조직을 갖춘 것으로서 이전 및 이후의 정 조직과는 성격이 달랐다. 즉 6정은 7세기경에 대규모 전쟁을 수행하기 위하여 편성한 임시적인 군단이었다. 이는『삼국사기』직관지에 나오는 6정의 군관조직과『삼국사기』신라본기에 나오는 무열왕과 문무왕 때의 구체적 행군조직 내용이 비슷한 것을 통해서도 뒷받침된다. 군관조직의 내용은 2~4명의 장군을 정점으로 하여 大監·弟監·監舍知·少監·火尺·幢主·監 등 복잡한 형태를 가지고 있었다. 여기에는 화척·당주 등과 같이 기존 군관조직의 흔적이 남아 있는 군관도 포함되어 있으나, 전체적으로 볼 때 위계적인 관료제의 모습을 뚜렷이 보여주고 있는 監 계통의 군관조직이 주를 이루고 있다. 이는 신라의 전국을 6개의 광역권으로 나누고 각 광역권별로 장정을 동원하는 상급의 군관조직 체계였다. 말하자면 6정은 신라 전국으로부터 동원된 민을 군사조직화한 군사적 총동원체제라고 할 수 있다. 이러한 6정의 군사조직이 통일전쟁에서 실제로 활용되었던 구체적인 예로는 무열왕 때에 백제부흥군을 총공격할 때와 문무왕 때 2차례에 걸쳐 고구려를 총공격할 때 편성된 행군조직에 나타나 있다. 그런데 통일전쟁 과정이라는 특수 상황에서 성립된 6정의 군관조직은 통일 이후 재편되었다. 통일 후 이를 확대 재편성한 것이 9서당이었다(이문기, 1997).

60 刑政: 형정은 형벌에 관한 사실 또는 형법의 집행을 말한다. 신라의 형벌제도와 관련해서는 구체적으로 알 수 없으나,『삼국사기』에 흩어져 있는 형옥 관련 기사들을 통해 알 수 있다. 중국의 율령이 수용되기 전에도 신라에는 원시적인 법규가 있었다. 신라의 율령 성립 시기와 관련해서는 나물마립간시대, 중고기, 중대로 정리된다(홍승우, 2004). 신라의 律은 刑과 罪로 구분할 수 있는데, 형에는 ① 족형(族刑), ② 거열(車裂), ③ 사지해(四支解), ④ 기시(棄市), ⑤ 육시(戮尸), ⑥ 참(斬)과 교(絞), ⑦ 유형(流刑)과 도형(徒刑), ⑧ 장(杖)과 태(笞) 등이 있고, 죄에는 ① 오역(五逆), ② 요언혹중(妖言惑衆), ③ 사병이직(詐病離職), ④ 배공영사(背公營私), ⑤ 지역사불고언(知逆事不告言), ⑥ 기방시정(欺謗時政) 구사방어조로(構辭榜於朝路), ⑦ 적전불진(敵前不進) 등이 있다. 령에는 관위령(官位令), 관직령(職員令) 등 13종류가 있으며, 官位·職員·祠·戶·學·選擧·軍防·衣服·儀制·樂·公

는데, 왕은 연회를 베풀어 뭇 관원을 차례로 대접하였다. 그날에 일신(日神)과 월신(月神)에게 제사지냈다.[62] 8월 15일에는 풍악을 베풀고 관인에게 활을 쏘게 하고 말과 베로 상을 주었다.[63] 그 나라에 큰 일이 있으면 관원들을 모아 자세히 의논하여 그것을 결정하였다.[64]

> 服色尙畫素. 婦人辮髮繞頸, 以雜綵及珠爲飾. 婚嫁禮, 唯酒食而已, 輕重隨貧富. 新婦之夕, 女先拜舅姑, 次卽拜大兄·夫. 死有棺斂, 葬送起墳陵. 王及父母妻子喪, 居服一年. 田甚良沃, 水陸兼種. 其五穀·果蓏·鳥獸·物産, 畧與華同.

式·田·賦役 등을 추정할 수 있다(전봉덕, 1956).

61 風俗刑政衣服 略與高麗百濟同 : 『수서』 신라전에도 그대로 나온다. 고구려와 백제와 풍속, 형벌, 의복 등이 대략 같다고 하였지만, 『북사』와 『수서』에 보이는 고구려와 백제의 풍속·형정·의복은 다른 내용이 포함되어 있다(박남수, 2004). 고구려의 경우는 "服大袖衫·大口袴·素皮帶·黃革履 婦人裙襦加襈 … 其刑法 叛及謀逆者 縛之柱 爇而斬之 籍沒其家 盜則償十倍 若貧不能償者樂及公私債負 皆聽評其子女爲奴婢以償之 用刑旣峻 罕有犯者風 … 俗潔淨喜 尙宏止 以趨走爲敬 拜則曳一脚 立多反拱 行必揷 手 性多詭伏 言辭鄙穢 不簡親疏 父子同川而浴, 共室而寢 … 俗尙淫 不以爲愧 俗多游女 夫無常人 夜則男女群聚而戱 無有貴賤之節 …"이라 하였고, 백제의 경우는 "… 其飮食衣服 與高麗略同. 若朝拜祭祀 其冠兩廂加翅 戎事則不 拜謁之禮 以兩手據地爲禮 婦人不加粉黛 女辮髮垂後 已出嫁 則分爲兩道 盤於頭上 衣似袍而袖微大 … 俗重騎射 … 其刑罰 反叛退軍及殺人者 斬 盜者 流 其贓兩倍徵之 婦犯姦 沒入夫家爲婢"라고 하였다.

62 每月旦相賀 … 拜日月神主 : 『수서』 신라전에는 "每正月旦相慶 王設宴會 班賚群官 其日拜日月神"이라 하여 매년 정월 초하룻날로 되어 있다. 『구당서』 신라전에는 "重元日 相慶賀 燕饗 每其日拜日月神", 『신당서』 신라전에는 "元日相慶 是日拜日月神"이라고 하였다. 『구오대사』에는 "新羅 其國俗 重九日 相慶賀 每以是月拜日月之神"으로 나오는데, 중구일은 重元日의 잘못이 아닐까 한다. 새해 아침이 되면 서로 절하는데, 임금은 연회를 열어 관리들을 차례로 대접하고, 그날 일월신에 대한 제사를 지냈다고 하였다. 이것은 하정례로, 『삼국사기』에는 "眞德王五年 春正月朔 王御朝元殿 受百官正賀 賀正之禮始於此"라 하여 진덕왕 5년(651)에 신정하례를 처음 받은 것으로 되어 있다. 신라의 하정례는 임금이 군신들에게 하례를 받은 후 잔치를 베풀었다. 이러한 신라의 하정례는 하지만 왕이 연회를 베풀었다면 군신의 賀禮를 받았을 것이니 아마도 상당히 일찍부터 그러한 관행이 있었으리라 여겨진다. 다만 진덕왕 5년(651)의 신정하례는 중국식의 법제로서 공식화된 것으로 생각된다. 그리고 이때 일월신에 대한 제사도 이루어졌다(채미하, 2013a).

63 八月十五日 … 賞以馬布 : 『수서』 신라전에는 "至八月十五日設樂 令官人射 賞以馬布", 『구당서』 신라전에는 "又重八月十五日 設樂飮宴 賚群臣 射其庭", 『신당서』 신라전에는 "八月望日 大宴賚官吏 射"라고 하였다. 『예기』에 따르면, 천자·제후·경대부의 활쏘기는 대사, 빈사, 연사 3종류가 있다고 한다. 첫째 대사는 천자·제후·경·대부가 제사를 드릴 적에 士를 선택하여 시행하였는데, 천자는 사궁에서, 제후는 대학에서, 경대부는 교에서 실시하였다. 사는 거느린 신하가 없기 때문에 대사례가 없었다. 둘째는 빈사로 천자는 治朝에서, 제후는 朝에서, 혹은 회맹일 때는 九卿에서, 경대부와 사는 교에서 실시하였다. 셋째는 연사로 천자·제후는 路寢에서, 경대부와 사는 교에서 실시하였다. 『예기』 射義에는 燕饗飮酒禮 거행 중에도 활쏘기를 하였지만, 당의 경우에는 행하지 않았다. 신라에서 8월 15일에 이루어진 활쏘기는 연회가 베풀어질 때 행해진 것으로, 당과는 구별된다고 할 수 있다. 한편 8월 15일은 활쏘기 이외에 『삼국사기』 유리이사금 9년(32)의 기사를 보면 8월 15일에 績麻 大會가 열렸음을 알 수 있으며, 『삼국사기』 제사지에는 五廟 祭祀 중 하나로 8월 15일이 포함되어 있다(채미하, 2013a).

64 其有大事 則聚官詳議定之 : 『수서』 신라전에는 "其有大事 則聚群官議而定之"로 나온다. 이것은 진골귀족회의인 和白을 의미하는데, 『신당서』 신라전에는 "事必與衆議 號和白 一人異則罷"라고 하였다. 화백이란 용어는 신라 중대에 나타난 한자화된 보통명사로, 신라의 독자적인 회의체를 지칭하는 명칭(이기백, 1993)이다. 의결 규칙은 '一人'에 대한 해석에 따라 '1인의 專斷이라고 보는 견해'(池內宏, 1960)와 '만장일치제의 의결방식으로 보는 견해'(이병도, 1976)로 나누지만, 대체로 만장일치제로 보고 있다. 이러한 화백회의의 기원은 원시부족회의소에서 출발한 6부족장회의이며 그 성격은 群官에 대한 해석에 따라 군신회의(이병도, 1976), 귀족회의(이기백, 1974), 왕실 각 가계의 씨족집단회의(이기동, 1984) 등으로 보고 있다. 그리고 화백회의의 장소는 『삼국유사』 진덕왕조에 보이는 4靈地[(東)靑松山·(南)亐知山·(西)皮田·(北)金剛山]였다.

옷 색깔은 흰빛을 숭상하였다.[65] 부인은 변발(辮髮)하여 머리 위로 감아올리고[66] 잡채(雜綵) [갖가지 비단] 및 구슬로 장식하였다.[67] 혼가례(婚嫁禮)에는 오직 술과 음식뿐인데, 잘 차리고 못 차리는 것은 빈부에 따랐다.[68] 신혼날 저녁에 신부는 먼저 시부모에게 절을 올리고 다음에 바로 대형(大兄)과 남편에게 절하였다.[69] 사람이 죽으면 염습(殮襲)하여 관(棺)에 넣고, 시체를 땅에 묻고는 봉분을 세웠다.[70] 왕 및 부모와 처자의 상(喪)에는 1년간 복(服)을 입었다.[71] 전

---

65 服色尙畫素 : 『수서』 신라전에는 '畫'자가 없는데, '畫'는 衍字인 듯하다. 『삼국지』를 보면 부여에서는 '在國衣尙白'이라고 한다.

66 婦人辮髮繞頸 : 『수서』 신라전에는 '頸'은 '頭'로 되어 있는데, 『수서』 신라전이 옳다. 『구오대사』에는 "婦人以髮繞頭"로 나온다.

67 以雜綵及珠爲飾 : 『수서』 신라전에도 그대로 나오며, 『구오대사』에는 "用綵及珠爲飾"으로 나온다.

68 婚嫁禮 : 『수서』 신라전에는 "婚嫁之禮"로 나온다. 고구려의 경우 서옥제(김선주, 2002)와 취수혼(김수태, 2005) 등의 혼인풍속이 있었고, 백제의 경우 『주서』 등을 보면 "婚娶之禮 略同華俗"이라고 하였다. 신라 역시 혼례와 관련된 예속이 있었고, 서옥제의 형태도 있었다고 한다(김선주, 2010). 이와 같은 신라의 전통적인 혼례 모습은 점차 중국의 영향을 받았을 것이다. 이와 관련해서 신문왕 3년(683) 왕이 김흠운의 딸을 왕비로 맞이하는[納妃] 모습이 관심을 끈다. 신문왕은 우선 이찬 문영과 파진찬 삼광을 보내어 기일을 정하고(卜日), 대아찬 지상을 보내 夫人에게 납채케 하였다(납채). 그리고 이찬 문영과 개원을 보내 夫人으로 책봉하였고(책후), 그날 군신들과 그들의 아내 등 여자 60명과 함께 부인을 맞이하였다(命使奉迎). 다음으로 夫人이 왕궁의 북문에 이르러 수레에서 내려 대궐로 들어갔다. 이와 같은 신문왕의 혼인 절차에서 복일(卜日)-납채(納采)-책후(冊后)-명사봉영(命使奉迎)의 모습이 나타나는데, 이것은 「개원례」에서 황제가 황후를 맞는 의례(皇帝納后)의 절차에도 보인다. 이로 볼 때 신문왕은 중국식의 혼인제도에 따라 혼인하였음을 알 수 있다. 신문왕의 혼인은 이후 신라 왕의 혼인에 영향을 주었을 것이다. 성덕왕 3년(704)에는 승부령 김원태의 딸을, 동왕 19년(720)에는 순원의 딸을, 효성왕 3년(739)에는 이찬 순원의 딸 혜명을, 경문왕 3년(863)에는 영화부인의 동생을, 효공왕 3년(899)에는 이찬 우겸의 딸을 납비하였다(채미하, 2006 ; 채미하, 2014).

69 新婦之夕 女先拜舅姑 次即拜大兄夫 : 『수서』 신라전에 "新婚之夕"이라고 되어 있으며 '大兄'의 2字가 없다.

70 死有棺斂 葬送起墳陵 : 『북사』의 "葬送起墳陵"을 『수서』 신라전에는 "葬起墳陵"이라고 하였다. 관렴은 사람이 죽으면 염습하여 관에 넣는다는 뜻이다. 『의례』 士喪禮를 보면 襲은 사망 당일 머리와 얼굴을 가려 귀를 흰 면으로 막아 옷을 입혀 전신을 수의로 싸는 것을 말하며, 小斂은 사망 다음 날 19겹의 옷을 입히고 이불로 가려 시체를 방에서 堂으로 옮기는 것이고, 大斂은 사망 3일째 30겹의 옷을 입히는 것이다. 대렴 이후 시신을 입관한 관은 당 안 서쪽에 파놓은 구덩이에 옮겨 일정한 시기 동안 안치해 두는데, 이것이 殯이며 빈하는 장소는 殯宮, 빈하는 기간은 殯期이다. 이로 볼 때 관렴은 습-소렴-대렴-빈을 말한다. 그리고 '葬送起墳陵'의 장송은 '시신을 매장할 곳으로 보내다.'라는 뜻으로, 시신을 매장하는 곳은 墳陵, 무덤이다. 이로 볼 때 염-소렴-대렴-빈을 한 이후 장례 절차에 따라 무덤 축조가 이루어졌음을 알 수 있다. 한편 관렴이라는 용어를 통해 신라에서도 빈이 행해진 것으로 보아도 좋지 않을까 한다. 이와 관련해서 지증왕 5년(504) 상복법을 제정하고 시행하였으며 동왕 6년(505)에 담당 관청에 명하여 얼음을 저장하게 한 것이 관심을 끈다. 고대 중국에서 얼음의 사용은 제사용 술을 차갑게 하기 위한 기능과 빈에서 사용하는 기능이 있었다고 한다. 이 점을 염두에 둔다면 지증왕 6년(505)의 얼음 사용은 신라에서도 빈이 행해지기 시작했음을 말해준다. 이것은 지증왕이 유학사상을 수용한 이후 신라는 점차 유교이념에 입각한 정치운영을 표방하였고 유교식 상제, 특히 상복제와 빈도 받아들인 것으로 볼 수 있다. 신라의 빈과 관련해서는 경애왕을 西堂에 殯한 후 남산 해목령에 장사지냈다는 기사가 보인다(채미하, 2012a ; 채미하, 2012b).

71 居服一年 : 『수서』 신라전에는 '居'가 '持'로 되어 있다. 신라에서는 부모 및 처자의 상에는 1년간 상복을 입었다. 상복제의 6가지 기준은 親親, 尊尊, 명명, 出入, 長幼, 그리고 從服이다. 이 중 가장 중요한 것은 친친과 존존이었다. 친친은 혈연과 정감을 통하여 가족과 종족의 인륜 관계를 유지하는 '合'을 중시하는 관념이며 존존은 상하존비의 차등에 따른 것으로 '分'을 중시하는 관념이다. 이로 볼 때 상복제는 死者에 대한 친소원근 관계뿐만 아니라 사회적 신분에 따라 등급의 차이를 표시하는 것이었다. 중국 최초의 율령인 泰始律令의 喪葬令에는 신분에 따른 복상이 규정되어 있으며 당 「개원례」와 고려 및 조선의 흉례 항목에는 五服制度, 服制가 있다. 「개원례」의 오복제도는 혈친의 친소를 5계층으로 구분한 것으로, 斬衰三年, 齊衰三年(齊衰杖周·齊衰不杖周), 大功九月殤(長殤九月·中殤七月), 小功五月殤, 緦麻三月殤을 지칭한다. 이것은 고려와 조선의 오복제도와 복제에서도 원용하고 있다. 그리고 오복 사이에는 신분 관계에 따라 降服·正服·義服 등이 있다. 이처럼 죽은 자와의 친소 관계와 사회적 규제에 따라 달라지는 상복제와 관련해서 고구려에서는 부모상과 남편상에는 3년복을, 형제상에는 3개월(1개월)의 상복을 입었다. 백제는 고구려와 상복제가 같은데, 부모 및 남편이 죽으면 3년 동안 治服(居服, 持服)하고(상복을 입고) 나머지 친척들은 葬이

(田)이 매우 비옥하여 논곡식과 밭곡식을 모두 심을 수 있었다.[72] 그 나라의 오곡,[73] 과일과 채소, 새와 짐승, 물산(物産)은 대체로 중국과 같았다.[74]

> 大業以來, 歲遣朝貢. 新羅地多山險, 雖[75]與百濟構隙, 百濟亦不能圖之也.

대업(大業) 연간(605~616, 신라 진평왕 27~38)[76] 이후로 해마다 조공을 보냈다.[77] 신라땅은 산세가 험준한 곳이 많아, 비록 백제와 사이가 나쁠지라도 백제 역시 그들을 도모할 수가 없었다.[78]

끝나면 상복을 벗는다[除]고 한다. 이것은 중국의 영향으로 이해하고 있다. 신라에서는 지증왕 5년(504)에 상복법이 반행되었고 『북사』와 『수서』에는 왕과 부모 및 처자의 상에는 1년간 복을 입는다고 하였다. 지증왕이 유학사상을 수용한 이후 신라는 점차 유교이념에 입각한 정치운영을 표방하였고 유교식 상제, 특히 상복제를 받아들인 것으로 볼 수 있다(채미하, 2012a ; 채미하, 2012b).

72 田甚良沃 水陸兼種 : 『수서』에도 나온다. 수륙겸종은 농지를 수전과 한전으로 모두 이용할 수 있다는 뜻으로 풀이된다(양기석, 1986). 이것은 당시 밭농사가 크게 우세한 중에서도 논농사가 점차 확대 보급되고 있는 추세를 반영하고 있다(김기흥, 1996). 또한 수륙겸종은 마른 땅에다 벼를 재배하다가 비가 내리면 水稻처럼 경작하는 방법, 즉 乾耕直播法으로 벼농사를 짓는 모습을 표현한 것이라고 한다(전덕재, 2006).

73 五穀 : 『삼국지』에는 "五穀及稻"라고 하였고, 『후한서』에는 "宜五穀", 『진서』에는 "地宜五穀"이라고 하였고 『양서』·『남사』에는 "宜植五穀"이라고 하였다. 오곡의 구체적인 종류는 문헌에 따라 차이가 있지만, 대체로 稷[조 또는 피], 黍[기장], 麥[보리], 菽[콩]와 麻[삼] 또는 稻[벼]를 말한다(조재영, 1998). 이 중 稻는 기원전 6세기 이전의 책인 『주례』와 『管子』에는 오곡에 들어있는데, 『삼국지』에서는 들어있지 않다. 따라서 『후한서』와 『진서』의 오곡 기사는 稻의 기록을 빠뜨린 것으로 볼 수 있다. 하지만 고고학 자료의 경우, 일찍이 김해패총에서 탄화된 쌀이 발견되고 있고 무문토기에서도 벼농사의 흔적이 많이 발견된다. 그리고 『삼국사기』 혁거세거서간 17년(기원전 47)의 "王巡撫六部 妃閼英從焉 勸督農桑 以盡地利"라는 표현과 빈번한 수리 관계 기록[일성이사금 11년(144) 2월, 흘해이사금 21년(330), 눌지마립간 13년(429), 법흥왕 18년(531) 3월, 원성왕 6년(790) 1월, 헌덕왕 2년(810) 2월, 헌안왕 3년(859) 4월]에서 벼농사가 이루어졌음을 알 수 있다. 이로 볼 때 쌀은 『삼국지』 단계에서 오곡에 포함되지 않았지만, 『진서』 단계에서 오곡에 포함되었다고 할 수 있을 것이다. 따라서 쌀을 포함한 오곡이라고 할 수 있다.

74 其五穀果菜鳥獸物産 略與華同 : 『수서』 신라전에도 그대로 나온다.

75 「雖」: 남감본·급고각본·무영전본 「雖」, 백납본 「雖」.

76 大業 : 대업은 수나라 양제의 연호로, 대업 연간은 605년부터 616년까지이다.

77 大業以來 歲遣朝貢 : 『수서』 신라전에도 그대로 나온다. 『삼국사기』에는 진평왕 16년(594)에 "隋帝詔 拜王爲上開府樂浪郡公新羅王" 하였다고 나오는데, 진평왕이 수 황제에게 낙랑군공 신라왕으로 책봉되었음을 알 수 있다. 그렇다면 594년 이전에 신라는 수에 조공하였을 것이다. 고구려는 평원왕 23년(581)에, 백제는 위덕왕 28년(581)에 수에 조공하였다. 이로 보아 신라도 그 전에 접촉하였을 것으로 보인다. 다만 진평왕 11년(589)에 원광이 구법사로 陳에 들어가고 있어, 신라는 진과 수에 중립적 자세를 취한 듯하다. 그러나 진평왕 16년 책봉 이후로는 적극적으로 수에 접근하여 진평왕 18년(596)에는 曇育(求法使)이, 동왕 22년(600)에는 원광이 조빙사를 따라 귀국하는 등 일반 사절보다 구법승을 빈번히 파견하였다. 한편 대업 이후에는 조공사를 파견하여 양국의 친선을 도모하였고, 동왕 30년(608)에는 원광에게 걸사표를 쓰게 하기도 하였다. 그리고 고구려가 수와 군사적 긴장 관계를 계속하는 동안, 왜의 견수사는 주로 신라를 통해 갔다. 하지만 수가 신라왕을 책봉한 것은 고구려나 백제보다 10년 이상 늦은 것으로, 수의 입장에서 신라는 그 비중이 낮았음을 알 수 있다(여호규, 2006). 이후 신라는 당과의 조공책봉 관계를 통해서 고구려, 백제와의 외교전에서 우위를 차지하였다(권덕영, 2006).

78 新羅地多山險 … 百濟亦不能圖之也 : 『수서』 신라전에는 문장 끝의 '也'만 보이지 않는다.

『수서(隋書)』 신라전

『수서(隋書)』신라전의 구성은 대체로 전반부의 신라 출자(出自)에 대한 기록과 후반부의 관명(官名)·갑병(甲兵)·풍속(風俗)·의복(衣服)·물산(物産) 등 신라의 생활 습속에 대한 상세한 내용 서술, 그리고 수(隋)와 신라 진평왕대의 관계 기사로 나누어 볼 수 있다. 『수서』 신라전의 대부분이 신라의 상황에 대한 서술에 그치고 있는 것은 수와 신라와의 교섭이 별로 없었기 때문으로 보인다. 그러나 『양서(梁書)』 신라전 이후 신라에 대해서 두 번째로 입전(立傳)하고 있어 신라사 연구에 귀중한 자료로 평가되고 있다.

한편, 『수서』 동이전에 실린 고구려전·백제전의 경우, 전반부는 각국의 상황에 관한 기록이며, 후반부는 수와의 관계가 서술되어 있는데, 그것도 봉왕(封王)의 조서(詔書)가 대부분이다. 고구려전은 수와 고구려의 관계로 보아서 더 근원적이고 자세한 기술을 기대할 수 있을 것이나, 그렇지 못하다. 고구려·백제가 아직 나·당 연합군에게 멸망되기 이전에 편찬된 사서이기 때문에, 비록 양국 간의 전쟁이 있었다고 하나, 그 내부적인 상황을 상세히 기록할 자료는 적었던 것으로 보인다. 수는 단명한 통일제국이기는 하나, 아시아에서 최대의 중화제국으로 자처하여 외국열전을 동이·서융·남만·북적으로 도식적이고 중화주의적으로 편성했고, 이는 『신·구당서』에 계승되었다고 평가되고 있다(고병익, 1970 ; 국사편찬위원회, 1987).

『수서』 권81,
열전46 동이 신라

新羅國, 在高麗東南, 居漢時樂浪之地, 或稱斯羅. 魏將毌丘儉討高麗, 破之, 奔沃沮. 其後 復歸故國, 留者遂爲新羅焉. 故其人雜有華夏·高麗·百濟之屬, 兼有沃沮·不耐·韓·獩之 地. 其王本百濟人, 自海逃入新羅, 遂王其國. 傳祚至金眞平.

신라국[1]은 고[구]려 동남쪽에 있는데,[2] 한나라 때 낙랑[3]이 있던 땅이었다.[4] 혹은[5] 사라[6]라고 칭하였다. 위나라[7] 장수 관구검[8]이 고구려를 쳐서 격파하니, 옥저[9]로 달아났다가[10] 그 뒤에 다시 고국으로 돌아갔고 남아 있던 자들이 마침내 신라가 되었다고 하며[11] 또 사로라고도 한다.[12] 그

---

1 新羅國 : 『북사』 신라전 참조.
2 在高麗東南 : 『북사』에도 "[地]在高麗東南"이라 하여 신라의 위치를 고구려를 기준으로 삼고 있다. 『양서』와 『남사』에서는 '(其 國)在百濟東南五千餘里'라 하여 백제를 기준으로 삼았다.
3 낙랑 : 『북사』 신라전 참조.
4 居漢時樂浪之地 : 『북사』 신라전에는 "居漢時樂浪地"라 하여 '之'만 빠진 채 그대로 나온다. 이와 관련한 보다 자세한 해설은 『북사』 신라전 참조.
5 或稱斯羅 魏將毌丘儉討高麗破之 : 이 부분은 『북사』의 내용과 대비해 보면 "或稱斯羅 魏將毌丘儉討高麗破之"라는 『수서』의 기사가 "辰韓亦曰秦韓 … 或稱魏將"이라는 내용으로 변형되고 있다. 이는 『수서』의 내용을 『북사』를 편찬하면서 새로이 편입한 기사와 혼동하여 생긴 것이며, 이후의 다른 사항은 자구 변동만 있을 뿐 이처럼 많은 부분을 차용한 것은 이 부분에 한정되어 나타나고 있다.
6 斯羅 : 新羅의 다른 표기 방식으로, 新盧·斯羅·徐那·徐那伐·徐耶·徐耶伐·徐羅·徐羅伐·徐伐 등으로 불렀는데, 모두 마을 [읍里]을 뜻하는 斯盧로 해석된다.
7 『북사』 신라전 참조.
8 『북사』 신라전 참조.
9 『북사』 신라전 참조.
10 魏將毌丘儉討高麗破之 奔沃沮 : 『북사』 신라전에는 "或稱魏將毌丘儉討高麗破之 奔沃沮"로 나온다. 이와 관련한 보다 자세한 해설은 『북사』 신라전 참조.
11 魏將毌丘儉討高麗 … 留者遂爲新羅焉 : 『북사』 신라전에는 "或稱魏將毌丘儉討高麗破之 奔沃沮 其後復歸故國 有留者 遂爲新 羅"라고 하였다. '或稱'과 '有'자가 추가되어 있다. 자세한 내용은 『북사』 신라전 참조.
12 斯盧 : 『북사』 신라전 참조.

나라 사람은 중국·고구려·백제의 족속이 뒤섞여 있으며,[13] 아울러 옥저·불내[14]·한[15]·예[16]의 땅을 차지하였다.[17] 그 나라 왕은 본래 백제 사람이었는데, 바다로부터 신라로 도망해 들어와 마침내 그 나라의 왕이 되었다.[18] 왕위가 김진평[19]에 이르렀다.

> 開皇十四年, 遣使貢方物. 高祖拜眞平爲上開府·樂浪郡公·新羅王. 其先附庸於百濟, 後因百濟征高麗, 高麗[20]人不堪戎役, 相率歸之, 遂致强[21]盛, 因襲百濟附庸於迦羅[22]國.

개황[23] 14년(594, 신라 진평왕 14)에 사신을 파견하여 방물을 바치니,[24] 고조[25]는 진평왕을 상개부·낙랑군공·신라왕에 배수하였다.[26] 그의 선대는 백제에 부용(附庸)하였는데,[27] 뒤에 백제가 고구려를 정벌하여 고구려 사람들이 군역(軍役)을 견디지 못하고, 서로 이어서 신라에 귀화하였다.[28] [신라는] 마침내 강성해졌다. 그리하여 백제를 습격하였으며[29] 가라국[30]을 부용[종

---

13 故其人雜有華夏高麗百濟之屬 : 『북사』 신라전에는 "其人辯有華夏·高麗·百濟之屬"이라고 하였다. '雜'과 '辯'의 차이가 있으나, '雜'이 타당해 보인다.

14 不耐 : 『북사』 신라전 참조.

15 韓 : 『북사』 신라전 참조.

16 濊 : 『북사』 신라전 참조.

17 兼有沃沮不耐韓獩之地 : 『북사』 신라전에도 그대로 나온다.

18 其王本百濟人 … 遂王其國 : 『북사』 신라전에 그대로 나온다. 백제인이 신라의 왕이 되었다는 기록은 고구려의 殘民이 신라인의 시조가 되었다는 내용과 유사하다.

19 金眞平 : 『북사』 신라전에는 眞平으로만 기재되어 있을 뿐이며, 『통전』 신라전에는 "其王姓金名眞平"이라고 표기되어 있다. 신라 제26대 왕 진평왕을 말한다. 자세한 내용은 『북사』 신라전 참조.

20 「高麗」: 남감본·무영전본·백납본 「高麗」, 급고각본 「缺」.

21 「强」: 남감본·무영전본 「强」, 급고각본·백납본 「强」.

22 「迦羅」: 남감본 「迦□」, 급고각본·무영전본·백납본 「迦羅」. 문맥상 「迦羅」로 교감.

23 開皇 : 『북사』 신라전 참조.

24 傳祚至金眞平 … 遣使貢方物 : 『북사』 신라전에는 "傳世三十 至眞平 以隋開皇十四年 遣使貢方物"이라 나오고, 『한원』에는 "金姓相承 三十餘葉", 『통전』 신라전에는 "其王姓金名眞平"이라 하였다.

25 高祖 : 『북사』 신라전 참조.

26 開皇十四年 … 高祖拜眞平爲上開府樂浪郡公新羅王 : 『북사』 신라전에는 "以隋開皇十四年 遣使貢方物 文帝拜眞平上開府樂浪郡公新羅王"이라고 하였다. 이와 관련한 보다 자세한 해설은 『북사』 신라전 참조.

27 其先附庸於百濟 : 『북사』 신라전에는 "初附庸于百濟"로 나오는데, 본 내용은 『삼국지』와 『후한서』, 『진서』 등에 보이는 마한왕을 임금으로 삼고 스스로 자립할 수 없었다는 기사에 근거한 것으로 보인다.

28 後因百濟征高麗 … 相率歸之 : 『북사』 신라전에는 "百濟征高麗 不堪戎役 後相率歸之"라 하여 '麗' 다음에 '高麗人'의 3字가 빠진 대신 '後因과 '後'자가 더 있다. 이와 관련한 보다 자세한 해설은 『북사』 신라전 참조.

29 遂致强盛 因襲百濟 : 『북사』 신라전에도 그대로 나온다. 이와 관련한 보다 자세한 해설은 『북사』 신라전 참조.

30 迦羅國 : 『남제서』 가라국전에 보이는 加羅國의 다른 표기이다. 따라서 迦羅國은 加耶(加洛)를 뜻한다. 이와 관련한 보다 자세한 해설은 『북사』 신라전 참조.

속]하였다.[31]

> 其官有十七等. 其一曰, 伊罰干, 貴如相國, 次伊尺干, 次迎干, 次破彌干, 次大阿尺干, 次阿尺干, 次乙吉干, 次沙咄干, 次及伏干, 次大奈摩干, 次奈摩, 次大舍, 次小舍, 次吉土,[32] 次大烏, 次小烏, 次造位. 外有郡縣.

그 나라의 관직[官]은 17등급[等]이 있다.[33] 1등급은 이벌간으로,[34] 귀하기가 상국[35]과 같다. 다음은 이척간,[36] 다음은 영간,[37] 다음은 파미간,[38] 다음은 대아척간,[39] 다음은 아척간,[40] 다음은 을길간,[41] 다음은 사돌간,[42] 다음은 급복간,[43] 다음은 대내마간,[44] 다음은 내마,[45] 다음은 대사,[46] 다음은 소사,[47] 다음은 길사,[48] 다음은 대오,[49] 다음은 소오,[50] 다음은 조위[51]이다. 지방에는 군과 현이 있다.[52]

---

31 其先附庸於百濟 … 附庸於迦羅國者:『북사』신라전에는 "初附庸于百濟 百濟征高麗 不堪戎役 後相率歸之 遂致强盛 因襲百濟 附庸於迦羅國焉"으로 약간의 어구가 변형되어 나온다.

32 「土」: 남감본·급고각본·무영전본·백납본 「士」.

33 其官有十七等:『북사』신라전 참조.

34 伊罰干:『북사』신라전 참조.

35 相國:『북사』신라전 참조.

36 伊尺干:『북사』신라전 참조.

37 迎干:『북사』신라전 참조.

38 破彌干:『북사』신라전 참조.

39 大阿尺干:『북사』신라전 참조.

40 阿尺干:『북사』신라전 참조.

41 乙吉干:『북사』신라전 참조.

42 沙咄干:『북사』신라전 참조.

43 及伏干:『북사』신라전 참조.

44 大奈摩干:『북사』신라전 참조.

45 奈摩:『북사』신라전 참조.

46 大舍:『북사』신라전 참조.

47 小舍:『북사』신라전 참조.

48 吉士:『북사』신라전 참조.

49 大烏:『북사』신라전 참조.

50 小烏:『북사』신라전 참조.

51 造位:『북사』신라전 참조.

52 外有郡縣:『북사』신라전에도 그대로 나오며, 신라의 지방제도인 주군현제를 말한다. 이와 관련한 보다 자세한 해설은『북사』신라전 참조.

> 其文字·甲兵同於中國. 選人壯健者悉入軍. 烽·戍·邏俱有屯管部伍. 風俗·刑政·衣服,
> 略與高麗·百濟同.

그 나라의 문자와 갑병은 중국과 같았다.[53] 건장한 남자를 뽑아 모두 군대에 편입시켜, 봉[봉수(烽燧)]·수[변수(邊戍)]·라[순라(巡邏)]로 삼았으며, 둔[둔영(屯營)]에는 대열[부오(部伍)]이 갖추어져 있었다.[54] 풍속·형정[55]·의복은 대체로 고[구]려·백제와 같았다.[56]

> 每正月旦相賀, 王設宴會, 班賚羣官. 其日拜日月神. 至八月十五日, 設樂, 令官人射, 賞以
> 馬布. 其有大事, 則聚羣官詳議而定之. 服色尙素. 婦人辮髮繞頭, 以雜綵及珠爲飾. 婚嫁之
> 禮, 唯酒食而已, 輕重隨貧富. 新婚之夕, 女先拜舅姑, 次卽拜夫, 死有棺斂, 葬起墳陵. 王及
> 父母妻子喪, 持服一年. 田甚良沃, 水陸兼種. 其五穀·果菜·鳥獸物産, 略與華同.

매년 정월 초하룻날에는 서로 하례(賀禮)하는데, 왕은 연회를 베풀어 뭇 관원을 차례로 대접하였다. 그날에 일신(日神)과 월신(月神)에게 제사지냈다.[57] 8월 15일에는 풍악을 연주하게 하고 관인(官人)에게 활을 쏘게 하고 말과 베로 상을 주었다.[58] 그 나라에 큰일이 있으면 뭇 관원(官員)들을 모아 자세히 의논하여 그것을 결정하였다.[59] 옷 색깔은 흰빛을 숭상하였다.[60] 부인은 변발(辮髮)하여 머리 위로 감아올리고[61] 잡채(雜綵)[갖가지의 비단] 및 구슬로 장식하였

---

53 其文字甲兵 同於中國 : 『북사』 신라전에도 그대로 나온다.

54 選人壯健者 … 俱有屯營部伍 : 『통전』에도 "俱有屯營部伍"에서 '營'으로 나오는데, 『북사』 신라전에는 "選人壯健 悉入軍 烽戍邏 俱有屯管部伍"라고 하여 '管'으로 나온다. 그런데 「點校本」에는 '營'으로 나오는 것으로 보아 판본의 차이로 볼 수 있다. 이와 관련한 보다 자세한 해설은 『북사』 신라전 참조.

55 刑政 : 『북사』 신라전 참조.

56 風俗刑政衣服 略與高麗百濟同 : 『북사』 신라전에도 그대로 나온다. 이와 관련한 보다 자세한 해설은 『북사』 신라전 참조.

57 每正月旦相賀 … 其日拜日月神 : 『북사』 신라전에는 "每月旦相賀 王設宴會 班賚羣官 其日 拜日月神主"라 하여 매월 초하룻날로 되어 있다. 『수서』의 '每正月'이 『북사』의 '每月' 보다 구체적이며 타당하다고 본다. 『구당서』 신라전에는 "重元日 相慶賀燕饗 每其拜日月神", 『신당서』 신라전에는 "元日相慶 是拜日月神"이라고 하였다. 『구오대사』에는 "新羅 其國俗 重九日 相慶賀 每以是月拜日月之神"으로 나오는데, 重九日은 重元日의 잘못이 아닐까 한다. 이와 관련한 보다 자세한 해설은 『북사』 신라전 참조.

58 至八月十五日設樂 … 賞以馬布 : 『북사』 신라전에는 "八月十五日 設樂 令官人射 賞以馬布", 『구당서』 신라전에는 "又重八月十五日 設樂飮宴 賚群臣 射其庭", 『신당서』 신라전에는 "八月望日 大宴賚官吏 射"라고 하였다. 이와 관련한 보다 자세한 해설은 『북사』 신라전 참조.

59 其有大事 則聚群官詳議而定之 : 『북사』 신라전에는 "其有大事 則聚官詳議定之"로 나오는데, 이는 '群官詳議而定之'와 字句 차이밖에 없다. 이와 관련한 보다 자세한 해설은 『북사』 신라전 참조.

60 服色尙素 : 『북사』 신라전에는 '畫'자가 있는데, '畫'는 衍字인 듯하다. 『삼국지』를 보면 부여에서는 "在國衣尙白"이라고 한다.

다.⁶² 혼가지례(婚嫁之禮)에는 술과 음식뿐이었지만, 잘 차리고 못 차리는 것은 빈부에 따라 달랐다.⁶³ 신혼날 저녁에 신부는 먼저 시부모에게 절을 올리고 다음에 남편에게 절하였다.⁶⁴ 사람이 죽으면 염습(殮襲)을 하여 관(棺)에 넣고, 시체를 땅에 묻고는 봉분을 세웠다.⁶⁵ 왕 및 부모와 처자의 상(喪)에는 1년간 복(服)을 입었다.⁶⁶ 땅(田)이 매우 비옥하여 논농사와 밭곡식을 모두 심을 수 있었다.⁶⁷ 그 나라의 오곡(五穀),⁶⁸ 과일과 채소, 새와 짐승, 물산(物産)은 대체로 중국과 같았다.⁶⁹

> 大業以來, 歲遣朝貢. 新羅地多山險, 雖與百濟構隙, 百濟亦不能圖之.

대업 연간(신라 진평왕 27~38)⁷⁰ 이후로 해마다 조공을 보냈다.⁷¹ 신라 땅은 산세가 험준한 곳이 많아, 비록 백제와 사이가 나쁘더라도, 백제 또한 그들[신라]을 어떻게 도모할 수가 없었다.⁷²

---

61 婦人辮髮繞頭 : 『북사』 신라전에는 '頭'가 '頸'으로 되어 있는데, 『수서』 신라전의 '頭'가 옳다. 『구오대사』에는 "婦人以髮繞頭"로 나온다.

62 以雜綵及珠爲飾 : 『북사』 신라전에도 그대로 나오며, 『구오대사』에는 "用綵及珠爲飾"으로 나온다.

63 婚嫁之禮 : 『북사』 신라전에는 "婚嫁禮"로 나온다. 이와 관련한 보다 자세한 해설은 『북사』 신라전 참조.

64 新婚之夕 … 次即拜夫 : 『북사』 신라전에는 "新婦之夕"이라고 되어 있으며, '大兄'의 2자가 더 있다.

65 死有棺斂 葬送起墳陵 : 『북사』의 "葬送起墳陵"을 『수서』 신라전에는 "葬起墳陵"이라고 하였다. 이와 관련한 보다 자세한 해설은 『북사』 신라전 참조.

66 持服一年 : 『북사』 신라전에는 '持'자가 '居'자로 되어 있다. 이와 관련한 보다 자세한 해설은 『북사』 신라전 참조.

67 田甚良沃 水陸兼種 : 『북사』에도 그대로 나온다. 이와 관련한 보다 자세한 해설은 『북사』 신라전 참조.

68 五穀 : 『북사』 신라전 참조.

69 其五穀果菜鳥獸物産 略與華同 : 『북사』 신라전에도 그대로 나온다.

70 大業 : 수나라 양제의 연호로, 대업 연간은 605년부터 616년까지이다.

71 大業以來 歲遣朝貢 : 『북사』 신라전에도 그대로 나온다. 이와 관련한 보다 자세한 해설은 『북사』 신라전 참조.

72 新羅地多山險 … 百濟亦不能圖之 : 『북사』 신라전에는 문장 끝에 '也'가 추가되어 있다.

『구당서(舊唐書)』 신라전

『구당서』 신라전은 신라 사회에 대해 전사(前史)들과는 달리 본격적으로 기록하고 있기 때문에 그 내용도 매우 충실하고 양도 풍부하다. 즉 『구당서』 신라전은 그 첫머리에 신라의 출자·위치·생활상 등에 대한 설명적인 기술을 하고 있는데, 『양서』 및 『수서』 신라전과는 다른 계통의 자료나 견문에 의한 저술인 듯하다. 왜냐하면, 신라의 기원이나 옛 모습은 외면하고 단지 '변한지묘(弁韓之苗)'를 강조하고 있기 때문이다. 『구당서』 신라전은 비교적 자세히 신라에 대해 설명하고 있어 당시의 사회상을 살피는 데 있어 절대적 가치를 지닌다고 할 것이다(高柄翊, 1970; 申瀅植, 1985a).

『구당서』 권199,
열전149상 동이 신라국

新羅國, 本弁韓之苗裔也. 其國在漢時樂浪之地, 東及南方俱限大海, 西接百濟, 北鄰高麗. 東西千里, 南北二千里.

신라국은 본래 변한(弁韓)의 묘예(苗裔)이다.[1] 그 나라는 한(漢)대의 낙랑(樂浪)[2]땅에 있으니, 동쪽과 남쪽은 모두 큰 바다에 연하여 있고, 서쪽은 백제(百濟)와 접하였으며, 북쪽은 고려(高麗)[3]와 인접하였다. 동서로 1,000리, 남북으로 2,000리이다.[4]

有城邑村落. 王之所居曰金城, 周七八里. 衛兵三千人, 設獅子隊. 文武官凡有十七等. 其王金眞平, 隋文帝時授上開府·樂浪郡公·新羅王. 武德四年, 遣使朝貢. 高祖親勞問之, 遣通直散騎侍郞庾文素往使焉, 賜以璽書及畫屛風·錦綵三百段, 自此朝貢不絶. 其風俗·刑法·衣服, 與高麗·百濟略同, 而朝服尙白. 好祭山神. 其食器用柳杯, 亦以銅及瓦. 國人多金·朴兩姓, 異姓不爲婚. 重元日, 相慶賀燕饗, 每以其日拜日月神. 又重八月十五日, 設樂飮宴, 賚羣臣, 射其庭. 婦人髮繞頭, 以綵及珠爲飾, 髮甚長美.

1 新羅國 本弁韓之苗裔也 : 苗裔는 여러 대를 걸친 먼 후대의 자손을 의미한다. 신라의 출자에 대해서 『舊唐書』·『新唐書』에는 弁韓의 후예로 되어 있다. 아마 『梁書』·『隋書』계와는 다른 자료에 의거한 듯한데, 신라에 대해 비교적 상세히 기록한 『舊唐書』가 "弁韓之苗裔"라 한 사실은 어째서 그렇게 된 것인지를 잘 알 수가 없다. 어쩌면 『三國志』 韓傳의 "弁韓與辰韓雜居"의 경우에서 보듯이 弁韓·辰韓을 雜居하는 형태 즉, 미분화된 상태로 이해했는지도 모른다. 즉 『삼국지』 한전의 "弁韓·辰韓者 古之辰國也"로 보아 帶方之南의 辰國에서 출자된 것으로 간주한 듯하다. 이 사실을 통하여 고구려와 백제를 '扶餘之別種'으로 같이 취급한 이유를 이해할 수 있다. 『册府元龜』에서 "本辰韓種也"라고 한 뒤, 일설에는 "本弁韓之苗裔"라 하고 있음도 이상과 같은 사실에서 이해할 수가 있다. 이와 관련한 보다 자세한 해설은 『북사』 신라전 참조.
2 樂浪 : 『북사』 신라전 참조.
3 高麗(기원전 37~668) : 고려는 지금의 만주와 한반도 북부를 약 700여 년 동안 지배했던 고구려를 가리킨다. 長壽王 때 이후 국호를 고려로도 불렀으나, 대체로 高句麗로 알려져 있다. 그 외에도 高離, 句麗 등의 명칭으로 기록되기도 했다.
4 東西千里 南北二千里 : 리는 대략 600미터에 해당한다. 이에 대한 『新唐書』의 표현은 "橫千里 縱三千里"로 되어 있어 兩書의 내용이 약간 다르다.

성읍(城邑)과 촌락(村落)이 있다. 왕이 사는 곳은 금성(金城)으로, 둘레가 7, 8리이다.[5] 병(衛兵)은 3,000명으로,[6] 사자대(獅子隊)[7]를 설치하였다. 문무관(文武官)은 모두 17등급이 있다.[8] 그 나라의 왕 김진평(金眞平)[9]은 수 문제(文帝)[10] 때에 상개부 낙랑군공(上開府樂浪郡公) 신라왕(新羅王)을 제수받았다.[11] 무덕(武德) 4년(621, 신라 진평왕 43)에 사신을 보내어 조공을 바

---

[5] 王之所居曰金城 周七八里 : 金城의 위치에 대하여 ① 현재의 경주시 남산 서북쪽의 蘿井 부근 일대로 추정하는 설(李鍾旭, 1980), ② 분황사 북쪽의 알천 유역으로 보는 설(藤島亥治郞, 1930), ③ 조선시대의 경주 읍성지로 보는 설(金秉模, 1984) ④ 미추왕릉 동쪽의 무너진 토성지로 보는 설(경주시사편찬위원회 편, 1971), ⑤ 금성의 본래 의미를 '검(城)', 즉 '임금성(王城)'으로 보아 현재의 월성을 가리킨다는 설(金廷鶴, 1982 ; 尹武炳·金鍾徹, 1972 ; 朴方龍, 1985) 등이 있다.
『梁書』에는 王城을 '健牟羅'라 하였다. 健牟羅를『新唐書』는 '侵牟羅'로 표기하고 있다. 健은 크다(大)의 뜻이며, 牟羅는 모르·마을의 뜻으로 '큰 마을'이라고 할 수 있다. 그러므로 侵(강제로 빼앗은) 牟羅의 뜻도 포함된 듯하다. 李丙燾는 原始集會所로서의 都廳·公廳·茅亭 등에 대한 해설로 그 기원을 추출하고 있다(李丙燾, 1976). 그리하여 健牟羅는 큰모라(大村·大邑)의 字音인 바, 〈廣開土王碑〉의 牟盧·牟婁도 같은 뜻으로 생각하였다. 특히 '무을'이 집회소 또는 공동체(촌락)이며 슬라브족의 Mir, 영국의 Folk-mote, 게르만족의 Mark, 동예의 읍락 등을 같은 형태로 보았다. 따라서 健牟羅는 촌락공동체인 동시에 촌락 집회소의 의미이며, 우리말의 두레와도 흡사한데, 무을은 정치적으로 변천하여 南堂과 같은 제도로 발전하였으며, 두레는 노동·예배·도의·유희 등 사회적으로 발전하였다고 하였다(李丙燾, 1976).
그런데 여기서 健牟羅는 그러한 초기적인 뜻보다 처음에는 큰 마을(邑落) 또는 城(村落共同體)의 뜻이었지만, 점차 王城(王都)의 의미로 변화한 듯하다. 따라서 신라의 모체가 된 斯盧가 원래는 작은 村 또는 城에 불과했기 때문에 健牟羅라 했으리라 여겨진다. 그리고 이 지역은 오늘의 경주로 봐도 무방한 듯하다. 왕성과 건모라 양자를 末松保和는 같은 의미로 파악하였으며(末松保和, 1964),『삼국사기』잡지 地理1에서는 王都라 되어 있다. 이때의 신라 왕도는 오늘의 경주 일원으로 생각되거니와 여기서는 7~8리 정도로 작게 표현되었다. 그러나『삼국사기』에는 길이가 3,075步, 너비가 3,018步이며 35里(洞數)·6部가 있었다고 하였다(李丙燾, 1977).
唐代의 신라 왕경이라고 생각할 때 당의 왕경에 비교하여 아주 빈약하게 격하된 느낌이다.『삼국사기』잡지 地理志에는 "赫居世二十一年 築宮城 號金城 婆娑王二十二年 於金城東南築城 號月城 或號在城 周一千二十三步 新月城北有滿月城 周一千八百三十八步 又新月城東有明活城 周一千九百六步 又新月城南有南山城 周二千八百四步 始祖以來處金城 至後世多處兩月城"이라 하여 王城(金城, 3,075步) 주변으로 동남에는 月城, 북에는 滿月城, 동쪽에는 明活城, 남쪽에는 南山城이 있어 4성의 주위를 합치면 7,571步나 되어 內城(王京 3,075步)과 합치면 1만 646步나 되니, 이들 여러 城에 걸치는 王都는 거대한 도시였다. 따라서『三國遺事』紀異의 17만 8,936戶, 1,360坊, 55里(洞)의 표현은 좀 과장되기는 하였지만 번성기의 경주 형세인 것만은 확실하다. 이것은 현재의 경주시와 安東 및 陽南·陽北面 지역을 제외한 月城郡 지역에 해당하는 1,000km² 정도가 될 것이다(李鍾旭, 1982 ; 황보은숙, 2009).

[6] 衛兵三千人 : 衛兵三千人이 구체적으로 무엇을 지칭하는지는 불확실한데,『新唐書』신라전에도 "왕은 金城에서 사는데, 둘레가 8里이며, 衛兵이 3,000인이다."라고 하였다. 대개 王宮 및 王城守備軍에는 侍衛府(180명)·大幢(107명)·9誓幢(1,186명)·漢山停(통일 후에는 南山停, 骨乃斤停으로 200명 정도)·漢山州誓(20명) 등 1,700명 정도의 군인이 있었다. 侍衛府는 將軍(6)·大監(6)·頭隊(6)·項(36)·卒(117)로 구성되었으며, 大幢은 將軍(4)·大官大監(5)·隊大監(3)·弟監(5)·監舍知(1)·少監(15)·少監(6)·火尺(15)·火尺(6)·軍師幢主(1)·大匠尺幢主(1)·少騎幢主(6)·黑衣長槍末步幢主(30)·軍師監(2)·大匠大監(1)·步騎監(6) 등으로 구성되어 있다(李文基, 1986 ; 1997).

[7] 獅子隊 : 왕도를 수비하는 군사조직인 獅子隊는 다른 기록에서 전혀 찾아볼 수 없는 것으로 그 실체가 뚜렷하지 않다. 명칭의 유사성에 착안하여『삼국사기』에 나오는 '獅子衿幢主'라는 군사조직에 비정하는 견해도 있지만(井上秀雄, 1974), 사자대라는 칭호는 용맹한 무사를 모집해서 편성했던 까닭에 생긴 이름으로(李基白, 1957), 이는 곧 왕도를 수비하던 국왕이 소집한 용맹한 무사로 구성된 시위부의 별칭으로 보기도 한다(李文基, 1986). 한편 최근 경호와 경비 업무는 서로 다르다는 점을 강조하면서 시위부와 사자대는 관계가 없는 서로 다른 군사조직으로 보는 주장도 있다(徐永敎, 2009).

[8] 文武官凡有十七等 : 신라의 관등은 17官階로 되어 있다.『梁書』에는 5등급,『南史』에는 6등급으로 기록되어 있으나, 나머지 史書에는 전부 17등급으로 되어 있다. (1) 伊伐湌(角干·舒發翰·舒弗邯), (2) 伊湌, (3) 迊湌, (4) 波珍湌, (5) 大阿湌, (6) 阿湌, (7) 一吉湌, (8) 沙湌, (9) 級湌, (10) 大奈麻, (11) 奈麻, (12) 大舍, (13) 小舍, (14) 吉士, (15) 大烏, (16) 小烏, (17) 造位 등으로 계층은 확인할 수 있으나, 그 속에는 몇 개의 그룹이 있었다.

쳤다. 고조(高祖)는 친히 노고를 치하하고, 통직산기시랑(通直散騎侍郞)[12] 유문소(庾文素)를 사

[新羅의 官階·服色 및 進出]

	官階	服色	系列	官階進出表			
				眞骨	6頭品	5頭品	4頭品
1	伊伐湌	紫衣	湌類	■			
2	伊湌			■			
3	迊湌			■			
4	波珍湌			■			
5	大阿湌			■			
6	阿湌	緋衣		■	■		
7	一吉湌			■	■		
8	沙湌			■	■		
9	級湌			■	■		
10	大奈麻	靑衣	奈麻類	■	■	■	
11	奈麻			■	■	■	
12	大舍	黃衣	舍類	■	■	■	■
13	小舍			■	■	■	■
14	吉士(稽知)		知類	■	■	■	■
15	大烏(大烏知)			■	■	■	■
16	小烏(小烏知)			■	■	■	■
17	造位(先沮知)			■	■	■	■

위 표에서 볼 수 있듯이 17관등이 있어서 크게 4계열(湌·奈麻·舍·知類)이 있으며, 服色도 다르게 구분되어 네 가지로 되어 있었다. 따라서 계열과 복색 간에는 어떤 연관이 있는 듯하다. 그리고 官階 진출에 있어서 상한선만 있고 하한선이 없기 때문에(金哲埈, 1956) 각 신분 간에 불만이 있기 마련이다. 여기서 고려된 것이 重位制로서 각 신분 간에 있어서의 정치적 완화를 꾀했다(邊太燮, 1956).

그러나 軍主·仕臣 및 將軍의 하한선이 級湌이었으며, 6두품 계통의 인물에게 追贈된 관등 역시 級湌이어서 진골 출신자들이 최초로 받는 관등이 級湌일 가능성이 있다(申瀅植, 1984). 왜냐하면 級湌 이상만 牙笏을 지닐 수 있으며, 金仁問이 23세에 波珍湌이 되었다는 사실은 그가 17위 造位로부터 관직을 시작하였다고 할 수 없기 때문이다. 또한 엄격한 신분사회에 있어서 각 신분층이 동일하게 최하위로부터 출발하였다는 가설은 당시 여러 가지 제약이 있던 신라로서는 납득할 수가 없는 것이다. 그러나 현재 학계의 통설은 각 신분 간에 있어서 하한선이 없이 똑같이 출발한다는 것으로 집약될 수 있다.

또한 이러한 官階制度의 성립 연대에 있어서 曾野壽彦은 568년에 대부분 성립되었다고 하였고(曾野壽彦, 1955), 三池賢一은 진평왕대로 추정하였다(三池賢一, 1970). 그러나 1978년 〈단양신라적성비〉의 발견으로 伊干·彼珍干·大阿干·阿干·及干·大舍·大烏 등이 확인되어 신라 관등의 성립 연대가 眞興王 12년(551) 이전으로 소급되었다(李基東, 1978). 그리하여 신라 관등의 성립이 法興王 7년(520)에 반포된 律令 속에 포함된 듯하다는 시사를 받게 된다(李基白, 1967). 또한 이 시기에 骨品制(특히 頭品制) 성립과 연결시킨 木村誠의 견해를 부연하여 6세기 초엽에 신라의 17관등제가 마련된 것으로 생각할 수 있다(木村誠, 1976a). 왜냐하면 17관등제는 골품제를 떠나서는 생각할 수 없기 때문이다.

9 金眞平(재위 579~632) : 신라 제26대 왕이다. 아버지는 眞興王의 태자인 銅輪이며, 어머니는 立宗葛文王의 딸인 萬呼夫人이다. 왕비는 福勝葛文王의 딸인 摩耶夫人이다. 왕은 태어나면서부터 얼굴이 기이하고 몸이 장대했으며, 의지가 깊고 식견이 명철했다고 한다. 작은 아버지인 眞智王이 화백회의에 의해 폐위되자 즉위하였다. 진평왕은 眞智王에게 넘어갔던 왕위를 다시 銅輪系로 되찾아 聖骨로서의 지위를 확립한 것으로 인식되고 있으며(李基東, 1972 ; 이정숙, 1994 ; 김병곤, 2009), 善德·眞德 두 여왕이 왕위를 계승케 하였다(丁仲煥, 1969). 이어 그는 眞智系의 반발을 회유코자 진지왕의 아들인 龍春(龍樹, 武烈王의 父)을 內省의 私臣으로 임명하여 왕권의 전제화를 꾀한 바 있다(申瀅植, 1984 ; 이정숙, 2002). 또한 진평왕은 전제화를 위한 수단으로 제도적 정비를 단행하였는데, 그 대표적인 것이 位和府·船府·調府·禮部·領客府 등 중앙관청의 설치이다. 이 밖에도 623년 정월 兵部에 大監 2인을 두었으며, 624년 정월 侍衛府에 大監 6인, 賞賜署와 大道署에 大正 1인을 각각 설치하였다. 584년에 建福이라고 개원하였다.

신으로 보내어 새서(璽書)¹³ 및 그림 병풍 비단 300단(段)을 하사하였다.¹⁴ 이로부터 조공이 끊이지 않았다.¹⁵ 풍속·형법·의복은 고[구]려·백제와 대략 같으나, 조복(朝服)은 흰색을 숭상한다.¹⁶ 산신에게 제사하기를 좋아한다.¹⁷ 식기는 버드나무그릇을 쓰는데, 구리그릇과 질그릇

이 무렵 신라는 수나라에 이어서 618년에 중국의 통일왕조로 등장한 당나라와 621년부터 朝貢을 통한 외교관계를 수립하고, 거의 매년 당나라에 외교사절을 파견하였다. 특히 진평왕 43년(621)에 入朝한 후에는 12년간 8회의 遣唐使를 보내 적극적으로 당에 접근하여 羅唐親善의 길을 열어 놓았다. 신라가 당나라와 수립한 외교관계는 고구려에 대한 당나라의 외교적 견제에 이용될 수 있었다. 즉, 고구려와 백제의 침입으로 곤경에 처한 신라는 625년 당나라에 사신을 파견해 고구려의 빈번한 침입으로 인해 당나라에 대한 외교통로가 막히게 되었음을 호소하였다. 이에 당나라 高祖는 우선 626년에 사신 朱子奢를 신라와 고구려에 보내 양국이 화합하라는 외교적 중재에 나서기도 하였다. 그 결과, 고구려는 신라에 대한 공격을 일시적으로 중지하기도 하였다. 또한 龍春·舒玄(金庾信의 父)·金庾信 등의 도움으로 전열을 가다듬고 국력을 길러 통일을 가능케 하였다. 재위 54년 만에 죽었고, 漢只에 장사지냈다(전미희, 1993 ; 김덕원, 2007b ; 김병곤, 2009 ; 이정숙, 2012).

10 隋文帝 : 『북사』 신라전 참조.
11 其王金眞平 隋文帝時授上開府·樂浪郡公·新羅王: 『隋書』 권81 신라전, 『通典』 권185 邊防 新羅條에 동일한 사실이 수록되어 있다. 上開府는 後周代에 독자적인 관청과 관원을 둘 수 있도록 한 開府 위에 증치한 관작으로, 隋代에는 종1품이었다. 樂浪郡公은 진흥왕대 北齊로부터 처음 받는데, 『北齊書』 권7 武成 河淸 4년 2월조에 수록되어 있다. 이와 관련한 보다 자세한 해설은 『隋書』 신라전 참조.
12 通直散騎侍郞 : 종5품 상의 문산관이다. 『三國史記』에는 정4품의 문산관인 通直散騎常侍라 하였다.
13 璽書 : 황제의 璽印을 사용한 문서를 말하는 것으로, 璽印을 사용한 문서의 지칭이다. 당대 새서는 冊書, 慰勞制書, 논사칙서, 鐵券, 조위문서, 제존문서 등이 있다. 당 玄宗 天寶 初에는 璽書를 寶書로 고쳤다.
14 武德四年 … 綿綵三百段 : 『三國史記』 新羅本紀에도 "眞平王 四十三年 秋七月 王遣使大唐朝貢方物 高祖親勞問之 遣通直散騎常侍庾文素來聘 賜以璽書及畵屛風·錦綵三百段"이라고 하여 『舊唐書』의 내용과 같다. 段은 직물의 양을 재는 단위로, 반 필을 1단이라 하였다. 폭이 2尺 2寸이고, 길이가 4丈이 1필이므로(『漢書』 권24, 食貨志 下) 1필은 2단이 되는 셈이다. 300단은 곧 150필이다. 이와 관련한 보다 자세한 해설은 『신당서』 신라전 참조.
15 自此朝貢不絶 : 眞平王 43년(621)에 처음으로 入唐使를 보낸 이후 진평왕은 8회, 善德王은 10회의 遣唐使를 보냈다. 그리하여 敬順王代까지 300여 년 동안 150여 회의 朝貢使가 파견되었다. 통일 이후에는 조공사에 正·副使 制度가 성립되었으며(申瀅植, 1984), 통일 직후에는 淵淨土와 같은 고위층의 고구려 귀화인도 발탁하였다(권덕영, 1997).
16 朝服尙白 : 조복의 색이 白色이라는 것은 평민의 日常服을 뜻하는 것으로 여겨진다. 다만 평민에게 조복이라는 표현은 있을 수 없으니, '朝服尙白'이라는 표현은 중국 측의 문헌에 따른 무비판적인 轉載라 생각된다. 또한 이러한 기록은 『三國志』 이래 우리 민족이 백색 옷을 숭상했다는 사실의 전달이라고 보인다. 신라시대 官人들의 朝服(官服)은 네 가지였다. 즉 『三國史記』 色服志에 의하면, "自太大角干至大阿湌紫衣 阿湌至級湌緋衣 並牙笏 大奈麻·奈麻靑衣 大舍至先沮知黃衣"라 하여 紫·緋·靑·黃 4色의 服色이 있었는데, 그 기준은 신분이 아닌 官等이었다. 그리하여 眞骨은 4개, 6두품은 3개, 5두품은 2개의 복색을 가질 수 있었다. 다시 말하면 진골이라고 모두 紫色의 옷을 입을 수는 없으며, 大阿湌 이상이어야 가능하다는 것이다. 따라서 진골만이 大阿湌 이상이 될 수 있으니, 紫衣를 입으면 곧 眞骨이지만, 眞骨이라고 해서 무조건 紫衣를 입을 수는 없었다(申瀅植, 1985a ; 고부자, 2007).
17 好祠山神 : 신라의 山神에 대한 제사는 초기국가 이래의 산악숭배사상과 밀접한 연관을 갖고 있으니, 脫解와 吐含山의 경우나 3山(大祀)의 예와 같이 신라는 일찍부터 산을 숭배하였다. 산악숭배에 대한 대표적인 사례는 『三國史記』 金庾信列傳에 나타나 있다. 즉, "眞平王 建福二十八年辛未 公年十七歲 見高句麗百濟靺鞨 侵軼國疆 慷慨有平寇賊之志 獨行入中嶽石崛 齊戒告天盟誓曰 敵國無道 爲豺虎以擾我封場 略無寧歲 僕是一介微臣 不量材力 志淸禍亂 惟天降監 假手於我 居四日 忽有一老人 被褐而來"라 하여 敵國打倒를 위한 기원을 山神(老人)에게 빌고 있다. 이러한 산악숭배는 국가의 발전 과정에 따라 國公의 祭禮로 발전하였다. 특히 산과 관계되는 제사로는 大祀·中祀·小祀가 있으니, 이들은 모두 산악을 숭배하는 것이다.
大祀는 3山으로 奈歷·骨火·穴禮를 뜻하는데, 그것은 신라의 모체인 동시에 신라의 호국신이었다. 이 3산이 있는 곳은 대구·영천·경산·청도 일대로서 신라의 국방상 要塞地였다(申瀅植, 1984). 中祀는 五嶽·四鎭·四海·四瀆 등을 말하는데, 그 대표적인 것은 5嶽이다. 5악이란 吐含山(동)·地理山(남)·鷄龍山(서)·太伯山(북)·父岳(中)이며, 이들 5名山은 신라의 境界를 대표하는 동시에 신라에 편입된 국가를 상징하였다. 즉 吐含山은 脫解(昔), 地理山(智異山)은 加耶, 鷄龍山은 백제, 太伯山은 고구려를 의

도 있다. 국인(國人)은 김(金)·박(朴) 두 성씨가 많으며, 다른 성씨와는 혼인하지 않는다.[18] 원일(元日)을 중히 여겨서 서로 [이날을] 축하하고 연회를 베푸는데, 해마다 이날에는 일월신(日月神)에게 절을 한다. 또 8월 15일을 중히 여겨서 풍악을 울리고 연회를 베풀며, 군신을 모아 궁정에서 활쏘기를 한다.[19] 부인들은 머리를 틀어 올려서 비단 및 구슬로 치장하는데, 머리털이 매우 길고 아름답다.

> 高祖旣聞海東三國舊結怨隙, 遞相攻伐, 以其俱爲藩附, 務在和睦, 乃問其使爲怨所由, 對曰:「先是百濟往伐高麗, 詣新羅請救, 新羅發兵大破百濟國, 因此爲怨, 每相攻伐. 新羅得百濟王, 殺之, 怨由此始.」七年, 遣使冊拜金眞平爲柱國, 封樂浪郡王·新羅王.

당 고조(高祖)는 이미 해동의 세 나라가 오래전부터 원한이 맺혀 서로 번갈아가며 공격을 한다는 사실을 들었다. 그들은 같은 번국(藩國)으로서 힘쓸 것은 서로 화목하게 지내는 것이라 하여, 이에 그 사신에게 원한을 맺게 된 까닭을 물으니, [사신은] "지난날 백제가 고[구]려를 치러 갈 적에 신라에게 구원을 청하였는데, 신라는 군사를 동원하여 백제국을 쳐부수었습니다.[20] 이로 인하여 원수가 되어 늘 서로 공벌(攻伐)을 하게 되었으며, [그 후] 신라가 백제의 왕

미하면서 신라의 강력한 전제왕권을 뒷받침한 것으로 풀이된다(李基白, 1972). 小祀는 霜岳·雪岳 등 24개의 名山에 제사하는 것으로 전국의 산악을 대상으로 한다(申瀅植, 1981).

[18] 國人多金·朴兩姓 異姓不爲婚 : 國人의 姓은 물론 王姓도 金·朴氏가 압도적이다. 『삼국사기』를 비롯한 대부분의 문헌이 治者(支配者) 위주로 기록되었기 때문에 자연히 김씨 위주로 되어 있다. 박씨의 경우는 朴祐(聖德王 13년 入唐使)·朴亮之·朴季業(宿衛學生) 등 일부의 박씨가 보일 뿐 거의가 김씨이다. 따라서 신라는 김씨 왕조라 해도 틀린 말은 아니다.
'異姓不爲婚'의 문제는 일반 국민의 경우나 귀족의 예는 기록이 없어 알 수가 없다. 그러나 왕의 경우에는 奈勿王·實聖王·訥祗王·炤知王 등이 上古 말에 同姓婚을 보이고 있으며, 中古代에는 거의가 박씨의 妃를 택하고 있었다. 통일 후(中代 이후)에는 新金氏를 위시하여 金氏 王妃가 압도적이었으나 가끔 異姓의 妃도 나타나고 있다. 따라서 '異姓不爲婚'이라는 것은 통일 이후의 왕비 성을 보고 왕과 김씨 위주였음에 연유한 것으로 생각된다.

[19] 八月望日 大宴賚官吏 射 : 『三國史記』 祭祀志에 의하면 一年之祭에 8월 15일도 포함되어 있으니, 8월 15일은 큰 명절 중 하나였다. 『三國史記』 儒理尼師今 9년의 기사에 의하면, "王旣定六部 中分爲二 使王女二人 各率部內女子 分朋造黨 自秋七月旣望 每日早集大部之庭 績麻 乙夜而罷 至八月十五日 考其功之多少 負者置酒食 以謝勝者 於是 歌舞百戲 皆作謂之嘉俳 是時 負家一女子起舞 嘆曰會蘇會蘇 其音哀雅 後人因其聲而作歌 名會蘇曲"이라 하여 8월 보름날에 績麻大會가 열리고 있음을 알 수 있다. 그러나 그때 활쏘기가 열렸다는 기록은 없으며, 『삼국사기』의 '(興德王) 九年 秋九月 王幸西兄山下大閱 御武平門觀射'에서도 8월 15일에는 활쏘기가 없었다. 이와 관련한 보다 자세한 해설은 『隋書』 新羅傳 참조.

[20] 先是百濟往伐高麗 … 新羅發兵大破百濟國 : 5세기 중엽의 羅濟同盟으로 양국은 군사적 협조 내지는 對高句麗 共守體制가 어느 정도 유지되었다. 그러나 이러한 나제동맹을 단순히 고구려의 남하에 대한 濟·羅의 共守同盟이라고만 볼 것이 아니라, 고구려의 군사적 간섭을 벗어나려는 정치적 운동이었다고도 생각할 수 있다(申瀅植, 1971). 동기나 목적이 어떠했든 간에 1세기 동안 양국 간에는 어느 정도 평화가 유지되었으며, 『三國史記』 新羅本紀의 "眞興王 九年 春二月 高句麗與穢人 攻百濟獨山城 百濟請救 王遣將軍朱玲 領勁卒三千擊之 殺獲甚衆"과 같이 군사적 협조가 있었다. 그러나 法興王·眞興王代에 급격한 국력의 신장과 정치적 안정은 백제의 도움을 필요로 하지 않게 하였다. 그리하여 진흥왕 10년 이후 신라는 백제의 요구를 묵살함은 물론 백제의 東邊을 침범하기 시작하였다(노중국, 2020).

을 잡아다 죽였으므로[21] 원한은 이로 말미암아 비롯되었습니다."라고 대답하였다. 무덕(武德) 7년(624, 신라 진평왕 46)에 사신을 보내어 김진평에게 주국(柱國)[22]을 제수하고, 낙랑군왕(樂浪郡王) 신라왕에 책봉하였다.

> 貞觀五年, 遣使獻女樂二人, 皆鬒髮美色. 太宗謂侍臣曰:「朕聞聲色之娛, 不如好德. 且山川阻遠, 懷土可知. 近日林邑獻白鸚鵡, 尙解思鄕, 訴請還國. 鳥猶如此, 況人情乎. 但[23]愍其遠來, 必思親戚, 宜付使者, 聽遣還家.」是歲, 眞平卒, 無子, 立其女善德爲王, 宗室大臣乙祭總知國政. 詔贈眞平左光祿大夫, 賻物二百段. 九年, 遣使持節冊命善德柱國, 封樂浪郡王·新羅王. 十七年, 遣使上言:「高麗·百濟, 累相攻襲, 亡失數十城, 兩國連兵, 意在滅臣社稷. 謹遣陪臣, 歸命大國, 乞偏師救助.」太宗遣相里玄獎齎璽書賜高麗曰:「新羅委命國家, 不闕朝獻. 爾與百濟, 宜卽戢兵. 若更攻之, 明年當出師擊爾國矣.」太宗將親伐高麗, 詔新羅纂集士馬, 應接大軍. 新羅遣大臣領兵五萬人, 入高麗南界, 攻水口城, 降之.

정관 5년(631, 신라 진평왕 53)에 사신을 보내어 여악공(女樂工) 두 사람을 바쳤는데, 모두 머리가 새까만 미인이었다. 태종[24]이 시신(侍臣)에게 "짐이 들으니 성색(聲色)을 즐기는 것은 덕을 좋아함만 같지 못하다고 한다. 그리고 산천으로 가로막혀 있으니, 고향을 그리워할 것도 알 수 있다. 얼마 전에 임읍(林邑)[25]에서 바친 흰 앵무새도 오히려 고향을 그리워할 줄 알아 제

---

21 新羅得百濟王 殺之 : 이것은 眞興王 15년(554)에 백제의 聖王이 피살된 사건을 말한다. 이 사실에 대한 『三國史記』 新羅本紀 진흥왕 15년조의 표현은 다음과 같다. "修築明活城 百濟王明襛與加良 來攻管山城 軍主角干于德·伊湌耽知等 逆戰失利 新州軍主金武力 以州兵赴之 及交戰 裨將三年山郡高于都刀 急擊殺百濟王 於是 諸軍乘勝大克之 斬佐平四人·士卒二萬九千六百人 匹馬無反者" 이에 의하면 于德의 敗戰 직후 金武力(金庾信의 祖父)의 裨將 都刀의 도움으로 聖王을 살해한 것으로 되어 있다. 이 사건은 양국 관계를 급격히 냉각시켜 善德王 11년(642)의 大耶城 비극으로 연결되었다. 管山城전투는 백제로서는 국가적 불행이었지만, 신라로서는 새로운 도약의 계기가 되었으며, 金庾信 가문으로서는 정치적 전환기를 맞게 되었다. 즉, 加耶 왕족으로 신라에 투항한 이래 이들 가문은 眞骨로 편입되었지만, 정치적 제약으로 큰 어려움에 직면해 있었다. 따라서 김무력은 진흥왕을 도와 북방 경영에 적극 참여함으로써 정치적 진출의 발판을 이룩하였다. 金武力은 新州軍主가 된 후, 군사적 업적을 쌓는 한편 진흥왕의 친위세력 형성에 일익을 담당케 되었다(申瀅植, 1984). 관산성전투에서의 승리로 가야계(金武力系)는 신흥가문의 지위를 확보할 수 있었고, 이는 아들 舒玄과 손자 庾信에게 이어져 庾信系의 성립에 결정적인 기회를 맞게 하였다. 물론 백제와 신라의 관계는 적대 관계로 악화되어 양국 간의 긴장이 고조되기 시작하였다.

22 柱國 : 관칭으로 柱國大將軍의 준말이다. 종2품으로 정2품인 上柱國과 함께 수직사관으로 일종의 명예직이다(『구당서』 직관지).

23 「但」: 무영전본 「朕」, 백납본 「但」.

24 唐太宗(599~649, 재위 626~649) : 高祖 李淵의 둘째아들로, 당나라 2대 황제이며 이름은 李世民이다. 수나라 말기 아버지 이연을 따라 太原에서 기병해 長安을 점령했다. 武德 元年(618) 尙書令에 임명되고 秦王에 봉해졌고, 武德 9년(626) 玄武門의 변을 일으켜 즉위했다. 貞觀 4년(630) 동돌궐을 평정하자 서북 유목민들이 '天可汗'이라 칭했다. 房玄齡·魏徵 등을 재상으로 임명하고, 선정을 베풀어 사회가 안정되고 경제가 발전했는데, 이를 이른바 '貞觀之治'라 한다. 죽은 뒤 昭陵에 매장되었고, 시호는 文皇帝이다.

25 林邑 : 참(Cham)족이 세웠다고 전해지는 나라로서 언제 세웠는지 알 수 없으나, 2세기 말 구달이 세웠다는 기록이 있다. 임읍의

나라로 보내줄 것을 하소연하였다. 새도 오히려 그러하거늘, 하물며 인정에 있어서랴! 짐은 그들이 멀리 떠나 와서 반드시 친척을 그리워할 것을 불쌍히 여긴다. 마땅히 사자(使者)의 편에 보내어 제 집으로 돌려보내도록 하라." 하였다.[26] 이 해에 진평이 죽었는데, 아들이 없어서 그의 딸 선덕(善德)을 세워 왕으로 삼고,[27] 종실로서 대신인 을제(乙祭)가 국정을 총괄하여 맡아 보았다.[28] 조서를 내려 진평에게 좌광록대부(左光祿大夫)[29]를 추증하고, 부물(賻物) 200단을 내려 주었다. 정관 9년(635, 신라 선덕여왕 4)에 사신을 보내어 부절(符節)[30]을 가지고 가서 선덕을 주국(柱國)에 책봉하고 낙랑군왕(樂浪郡王) 신라왕(新羅王)에 봉하였다.[31] 정관 17년 (643, 신라 선덕여왕 12)에 사신을 보내어 "고려[32]와 백제가 여러 차례 번갈아 공습을 하여 수

수도는 지금의 베트남 중부 지방이라고 한다. 그 주민은 말레이-폴리네시아어계로 특히 항해술이 뛰어났다고 하며, 베트남인들과는 대조적으로 인도문화를 수용하여 인도식 국가를 건설하고 인도의 종교를 신봉했다고 한다. 중국의 기록자들은 758년 이후 임읍이라는 이름의 사용을 중지하였고, 875년부터 占城(192~1697)이라는 이름을 사용하였다고 한다(유인선, 2002).

26 貞觀五年 … 聽遣還家 : 이에 대한 『三國史記』 新羅本紀의 표현을 보면 "眞平王 五十三年 秋七月 遣使大唐獻美女二人 魏徵以爲 不宜受 上喜曰 彼林邑獻鸚鵡 猶言苦寒 思歸其國 況二女遠別親戚乎 付使者歸之"라 하여 뜻은 같으나 내용이 약간 다르다. 『舊唐書』의 "女樂二人"이 『三國史記』에는 "美女二人"으로 되어 있으며, 『삼국사기』에는 많은 내용을 생략하고 있다. "聲色之娛 不如好德"과 같이 유교적 가치관을 강조한 『구당서』와는 달리 『삼국사기』는 뜻만 같게 하고 있다. 귀국시키는 내용도 『구당서』에서는 "宜付使者 聽遣還家"라 하였지만 『삼국사기』에서는 '付使者歸之'로 간략히 하고 있다.

27 眞平卒 無子 立其女善德爲王 : 진평왕은 叔父(眞智王)로부터 왕위를 되찾아 銅輪 직계 가문을 확립하였다. 진평왕은 동륜의 아들로서 眞智王 다음으로 왕이 된 후 두 딸만을 두었다. 왕위는 큰딸인 善德이 계승하였으며, 次女인 天明은 龍春(眞智王의 子)에게 출가시켜 진지왕계의 반발을 무마하려고 하였다(申瀅植, 1984 ; 이정숙, 2012). 『북사』 신라전 참조.

28 宗室大臣乙祭總知國政 : 『三國史記』에는 "以大臣乙祭摠持國政"으로 되어 있다. 우리측 문헌에 의하면 上宰(金周元, 『三國遺事』)·宰相(閼川, 『三國史記』) 등의 명칭 이외에 上大等·侍中·兵部令만이 大臣이라 칭할 수 있다. 大輔, 左·右輔의 소멸과 더불어 相國(國相, 고구려), 佐平(백제), 上大等·兵部令(신라)이 등장하였으며(申瀅植, 1984), 더구나 中侍가 진덕여왕 5년(651)에 설치되었기 때문에(李基白, 1974) 善德女王 元年의 乙祭는 上大等이 되었다고 생각된다(李基白, 1974). 이 상대등은 法興王 18년(531)에 처음으로 설치된 貴族會議(和白)의 의장이며, 國事를 총괄하는 宰臣이었다. 왕권이 미약할 때는 그 정치적 지위를 높여 왕을 견제할 수 있었고, 귀족을 총괄하기도 하였다. 진평왕 때는 弩里夫·首乙夫 등이 그 직에 있었고, 선덕여왕대에는 乙祭·水品·毗曇 등이 그 직을 맡았다. 上代 마지막 上大等은 閼川이다. 이와 관련한 보다 자세한 해설은 『신당서』 신라전 참조.

29 左光祿大夫 : 당나라 초기의 종1품 文散官이다.

30 符節 : 대나무나 돌 혹은 옥으로 만든 일종의 信標인데, 그 위에 글자가 새겨져 있다. 그것을 양분하여 각각 하나씩 가지고 있다가 필요할 때 합하여 진위를 확인하였다. 부절은 주로 외국에 가는 사신 혹은 군대 출병 시 장군 등이 지참하여 왕명을 수행하였다.

31 遣使持節冊命善德柱國 … 新羅王 : 『三國史記』 新羅本紀 善德女王 4年條에 의하면 "唐遣使持節 冊命王爲柱國樂浪郡公 新羅王"이라 되어 있고, 『책부원구』 권964 외신부 책봉조에는 '郡公'이라 하였다. 『舊唐書』 신라전에는 선덕왕이 정2품인 '郡公' 보다 높은 종1품의 '郡王'의 작호를 받았다. 册封이란 『册府元龜』 外臣部에 따르면, 중국은 전통적인 中華思想에 입각하여 邊方(4夷)에 대한 羈縻策 내지는 欽風慕華手段으로서 入朝하는 왕에게 또는 책봉받은 왕의 사망 시에 일정한 王號 또는 封爵을 내려주는 것을 뜻한다. 이것은 넓은 의미의 고전적 중국질서(Chinese World Order)에 포함되는 것으로서 형식적인 주종 관계를 의미한다. 이 경우 入朝國의 주권이나 국가적 독립의 상실은 아니었으며, 중국의 冊封은 어디까지나 형식적이고 의례적이었다. 신라의 경우도 그러한 중국으로부터의 승인이라는 정치적 접근을 통해 당시 문명세계에 참여하는 명분을 찾을 수 있었으며, 양측의 善隣을 통하여 약소 국가의 왕권 유지 수단으로서 이용할 수 있었다. 신라가 唐으로부터 받은 冊號는 진평왕이 받은 '樂浪郡公·新羅王' 이후 대개 비슷한 명칭에다 加爵을 받고 있었다. 다만 文武王 이후 '鷄林州大都督'이나 孝昭王 이후 '輔國大將軍行左豹韜尉大將軍' 및 '開府儀同三司' 등이 일반적으로 신라왕들이 중국(唐)으로부터 받은 冊號이다.

32 高麗 : 지금의 만주와 한반도 북부를 약 700여 년 동안 지배했던 고구려를 가리킨다. 『魏書』 이후 중국의 북조, 수·당 계열의 사서에서는 모두 '高麗'라고 표기했다. 이에 대해서는 高夷, 高句麗, 高離, 句麗 등의 다른 명칭으로 기록되기도 했는데, 번역문에

십 성을 잃었는데, 두 나라 군대가 연합하여 신의 사직을 없애려 합니다. 삼가 배신(陪臣)을 보내어 대국(大國)³³에 보고를 하오니, 약간의 군사로나마 구원해 주시기 바랍니다."라고 상언(上言)하였다.³⁴ 태종은 상리현장(相里玄奬)³⁵을 보내어 고구려에, "신라는 나의 명령에 따르는 나라로서³⁶ 조헌(朝獻)³⁷을 빼놓지 않았소.³⁸ 그대 나라와 백제는 함께 마땅히 무기를 거두어들

서는 모두 고구려로 표기한다.

33 大國 : 당나라를 가리킨다.

34 十七年 遣使上言 … 乞偏師救助 : 『三國史記』新羅本紀에는 "(善德王) 十二年 秋九月 遣使大唐上言 高句麗·百濟 侵凌臣國 累遭攻襲數十城 兩國連兵 期之必取 將以今玆九月大擧 下國社稷 必不獲全 謹遣陪臣 歸命大國 願乞偏師 以存救援"이라고 되어 있고, 『三國史記』「高句麗紀」에는 "(寶臧王) 二年 秋九月 新羅遣使於唐言 百濟攻取我四十餘城 復與高句麗連兵 謀絶入朝之路 乞兵救援"이라 하였으며, 『三國史記』百濟本紀에는 "(義慈王) 三年 冬十一月 王與高句麗和親 謀欲取新羅党項城 以塞入朝之路 遂發兵攻之 羅王德曼遣使請救於唐 王聞之罷兵"이라고 하였다. 이와 관련한 보다 자세한 해설은 『舊唐書』高句麗傳과 百濟傳 참조.

35 相里玄奬 : 相里는 姓이고 이름은 玄奬이다. 『舊唐書』百濟傳에 의하면 벼슬이 "司農丞相里玄奬"라 하여 司農丞이었음을 알 수 있다. 司農丞은 九寺의 하나인 司農寺에 속한 從6品上階의 벼슬이다. 司農寺는 卿(從3品上) 1人, 少卿(從4品上) 2人, 丞 6人, 主簿(從7品上) 2人 등으로 구성되고, 사농승의 職務는 주로 나라의 倉儲·委積의 일을 관장하는 것으로 되어 있다. 그는 643년 9월에 당 태종의 친서를 가지고 본국을 떠나 다음 해인 644년 정월에 고구려의 平壤에 도착하여 태종의 친서를 전하고 신라 공격을 중지할 것을 요청하였다. 그러나 淵蓋蘇文이 신라에게 빼앗긴 땅 500리를 거론함에 따라 소기의 성과를 거두지 못하였다. 玄奬은 644년 2월 乙巳朔에 귀환하여 태종에게 결과를 보고하였다. 그 외의 자세한 행적은 알 수 없다.

36 新羅委命國家 : 『舊唐書』의 "新羅委命國家"라는 표현은 『三國史記』新羅本紀 善德王 13년조에도 그대로 답습되어 있으나, 고구려본기 寶臧王 3년조에는 "新羅委質國家"라 하여 다른 의미를 나타내고 있다. 전자의 경우는 '新羅가 國家(唐)에 命令(生命·依託)'한 것으로 문맥상 거슬리니 나타나니 굳이 국가라고 한 표현이 그것이다. 그러나 그 뜻 자체가 틀렸다는 것은 아니다. 후자의 경우는 '신라가 국가(唐)에 質子를 맡겨'라고 하여 宿衛를 파견한 것으로 되어 있다.
唐代의 宿衛는 "夫四夷稱臣納子爲質"(『册府元龜』外臣部 納質條)에 입각한 外人宿衛로 생각하기 쉬우나, 신라에서 처음으로 宿衛制가 발생된 것은 진덕여왕 2년(648)이니, 선덕왕 13년(644)에는 質子(宿衛)가 나타날 수 없었다(申瀅植, 1981 ; 卞麟錫, 1966). 그러나 이미 『新唐書』魏徵列傳에서 볼 수 있듯이 '蠻夷君長들이 衣冠을 갖추며 칼을 차고 宿衛하는 제도'가 일찍부터 존재한 것을 미루어 볼 때 선덕왕 13년의 기사는 두 가지 의미를 함께 내포한 듯하다.

37 朝獻 : 고대 중국과 그 주변 국가 간에는 朝貢이라는 외교관계가 성립되어 있었다. 中華思想의 대외 표시인 朝貢은 주변 국가들에게 있어서 정치·문화·사회 개발을 위한 공적 채널이 될 수 있었다. 朝는 天子를 배알하는 것이며, 그때 方物을 進貢하는 것으로서 외교와 무역이 동시에 이루어졌다(金庠基, 1948 ; 李春植, 1969). 이와 같이 조공 관계가 성립되면 중국으로부터 책봉을 받게 되는데, 고구려는 遼東郡公, 백제는 帶方郡公, 신라는 樂浪郡公 등의 칭호를 받게 된다(申瀅植, 1981). 넓은 의미의 조공에는 주로 황제가 바뀌거나 왕이 바뀌었을 때 중국으로부터의 정치적 승인을 꾀하는 좁은 의미의 조공을 위시하여 進貢·謝恩·人質·進賀·請兵 등이 있었다.
朝貢은 전통적인 中華思想 내지 王道思想의 대외 형식 표현으로서 그 속에서 이루어지는 進貢과 回賜라는 物의 교역과 우리 측으로서는 경제·문화적인 보상으로 설명되어 왔다(金庠基, 1948). 이에 대해 全海宗은 정치적 입장에서 宗主·從屬國 간의 관계로서 삼국의 정치·문화적 독창성의 저해 수단으로 보았다(全海宗, 1966). 특히 Fairbank의 『The Chinese World Order』에서 볼 때 조공은 중국적 세계 속으로의 편입을 뜻하는 것이 된다. 따라서 조공이 동아시아 세계 형성에 기여한다는 高明士의 지적도 나오게 되는 것이다(高明士, 1983). 高明士는 중국적인 세계질서는 곧 당시의 天下질서로서 結合原理(政)·統治原理(刑)·親疏原理(禮)·德化原理(德)로 간주하였다(高明士, 1983).
그러나 우리 측으로서 볼 때는 어디까지나 상보적인 입장으로서(徐榮洙, 1981) 우리 측의 주권이 무시된 것은 아니었으며, 형식적인 의례수단에 불과한 것이었다. 따라서 우리 측의 책봉 요구를 거절한 예도 없으며, 그러한 중국의 정치적 승인이 실질적인 구속력을 지닌 것은 결코 아니었다. 나·당 간의 조공은 신라의 盛唐文物 수용이라는 면은 부인할 수 없지만, 외교적 독자성과 국가적 주체성이 결코 손상된 일은 없었다. 『수서』 신라전 참조.

38 新羅委命國家 不闕朝獻 : 『三國史記』新羅本紀 善德王 13년(貞觀 18년)의 기록에는 "新羅委命國家 朝貢不闕"이라 되어 있고, 『舊唐書』에는 "新羅委命國家 不闕朝獻"이라 하여 약간의 차이가 있다. 또 『三國史記』「高句麗本紀」寶臧王 3年條에는

여야 할 것이오. 만약 다시 공격을 한다면 내년에 군사를 내어 그대 나라를 칠 것이오."라는 새서(璽書)를 내렸다. 태종은 친히 고구려를 치려고 신라에 조서(詔書)를 내려, 군사와 말을 모집하여 대군에 응접(應接)하라고 하였다. 신라는 대신을 파견하여 군사 5만 명을 고구려의 남쪽 경계로 들어가 수구성(水口城)을 쳐서 항복 받았다.[39]

> 二十一年, 善德卒, 贈光祿大夫, 餘官封並如故. 因立其妹眞德爲王, 加授柱國, 封樂浪郡王. 二十二年, 眞德遣其弟國相·伊贊子[40]金春秋及其子文正[41]來朝. 詔授春秋爲特進, 文王爲左武衛將軍. 春秋請詣國學觀釋奠及講論, 太宗因賜以所制溫湯及晉祠碑幷新撰晉書. 將歸國, 令三品已上宴餞之, 優禮甚稱.

[정관] 21년(647, 신라 진덕여왕 1)에 선덕여왕이 죽었다.[42] 광록대부(光祿大夫)[43]를 추증하고,

---

"新羅委質國家 朝貢不乏"이라고 되어 있으나 뜻은 전부 같다.

39 新羅遣大臣 … 攻水口城 降之 : 이 기록은 唐의 요구에 따라 신라가 大兵을 이끌고 고구려 南界(水口城)를 점령하였다는 것이다. 해당 기록을 『삼국사기』에서 찾아보면 아래와 같다.
① (善德王) 十三年 秋九月 王命庾信爲大將軍 領兵伐百濟 大克之 取城七
② (善德王) 十四年 夏五月 太宗親征高句麗 王發兵三萬以助之 百濟乘虛 襲取國西七城
③ (寶藏王) 四年 遼東·白巖城陷
④ (義慈王) 四年 秋九月 新羅將軍庾信領兵侵取七城
이상에서 볼 때 신라는 당의 고구려 침략 시에 援兵 5萬(『舊唐書』) 또는 3萬(『三國史記』)으로 당을 돕는다는 구실하에 출병하여 고구려의 남부를 점령하였다. 이러한 신라의 전략에 대해서 淵蓋蘇文이 "往者 隋室相侵 新羅乘釁 奪高句麗五百里之地(『三國史記』善德王 13년조)"라고 불만을 토로한 것으로 보아, 신라가 麗隋戰 때 외형적으로는 중립을 지킨다고 하였지만, 실제로는 고구려 영토를 잠식한 바 있었음을 알 수 있다. 신라는 麗唐戰에서도 공공연히 고구려 남부를 탈취하였으니, 이것은 신라의 국력이 고구려와 맞설 수 있다는 자신감의 표시였다.
水口城에 대한 국내 측 자료는 없다. 『삼국사기』 신라본기 善德女王 14년조에도 國西의 7성이라고 할 뿐 구체적 언급이 없다. 그러나 이곳이 고구려·신라 사이의 군사·교통상 요충지일 것은 틀림이 없다. 때문에 文武王 11년 신라군의 북상 시에 일시 머물렀던 水谷城(平山 또는 新溪 일대)일 가능성이 크다. 이곳은 濟·麗 간의 전술적 요지로서, 近仇首王 원년(375), 阿莘王 3년(394), 武寧王 원년(501)에도 양국 간에 치열한 전투가 있었다.

40 「子」: 무영전본「子」. 백납본「干」.

41 「正」: 무영전본·백납본「正」.

42 二十一年 善德卒 : 신라의 제27대 善德女王으로 眞平王의 長女이다. 선덕여왕은 재위 16년(632~647) 동안 父王인 진평왕을 계승하여 동륜계 왕권 확립에 크게 기여하였다. 즉위하던 해인 632년에 대신 乙祭에게 국정을 총괄하게 하고, 백성들을 賑恤했으며, 633년에는 州·郡의 조세를 1년간 면제해주는 등 일련의 시책으로 민심을 수습하였다. 그리고 634년에 芬皇寺, 635년에는 靈廟寺를 세웠다. 634년에 仁平이라는 독자적인 연호를 사용하였다. 재위 14년인 635년 당나라로부터 柱國樂浪公新羅王으로 책봉받았다.
선덕여왕은 龍春(樹, 金春秋의 夫)·春秋·舒玄(金庾信의 父)·庾信 등의 도움으로 정치와 군사 면에 큰 업적을 남겼다. 특히 백제와 고구려와의 전쟁을 통해 국력을 신장시켰으며, 10회에 걸친 親唐外交를 통해 親唐親善의 계기를 마련하였다(申瀅植, 1984). 무엇보다 왕 9년(640)의 國學 입학 요청은 3국이 같은 해에 이루어졌으나, 그 후 신라가 거의 독점하면서 宿衛學生 출현의 기틀을 이룩하였다(申瀅植, 1987). 647년 1월에는 上大等 毗曇과 廉宗 등 진골 귀족들이 여왕이 정치를 잘못한다는 구실로 반란을 일으켰다. 그러나 金春秋와 金庾信이 이를 진압했으며, 여왕은 毗曇의 난에 충격을 받고 재위 16년 만에 사망한 듯하다. 諡號를 선덕이라 하고, 狼山에 장사지냈다(김덕원, 2005 ; 박순교, 2006 ; 이정숙, 2012 ; 朱甫暾, 2018).

나머지의 관작은 이전에 봉하여 준대로 하였다. 이어서 그의 여동생 진덕(眞德)을 세워 왕으로 삼고,[44] 주국(柱國)을 가수(加授)하고 낙랑군왕(樂浪郡王)에 봉하였다.[45] [정관] 22년(648, 신라 진덕여왕 2)에 진덕이 그의 아우 국상(國相) 이벌간(伊贊干) 김춘추(金春秋)[46] 및 그의 아들 문왕(文王)[47]을 보내와 조근(朝覲)하였다. 조서를 내려 춘추에게는 특진관(特進官)[48]을 제수

---

43 光祿大夫 : 광록대부는 당나라의 文散官이다. 前漢시대 光祿勳의 屬官에 顧問과 議論을 담당한 中大夫가 있었는데 太初元年(기원전 104) 光祿大夫로 개칭하였다. 西晉시대에는 左光祿大夫와 右光祿大夫가 설치되었는데 모두 加官이었으며, 이후 여러 중국 왕조에서도 모두 설치되었다. 수대에는 좌광록대부, 우광록대부, 금자광록대부, 은청광록대부가 있었고 모두 散官이었다. 貞觀 11년(637)에 광록대부를 종2품, 금자광록대부를 정3품, 은청광록대부를 종3품으로 정했으며, 문산관의 제3등과 제4등, 제5등으로 삼았다.

44 因立其妹眞德爲王 : 신라 제28대 왕인 眞德女王(재위 647~654)으로 이름은 勝曼이다. 眞平王의 친아우인 國飯葛文王의 딸이며, 어머니는 月明夫人 朴氏이다. 銅輪 직계의 마지막 왕이다. 진덕여왕을 마지막으로 하여 聖骨은 단절되었고, 銅輪 직계의 왕통도 끊기게 되었다. 毗曇亂 직후 선덕여왕이 사망하자, 정치적 실권을 장악한 金春秋·金庾信의 연합세력은 일단 진덕여왕을 즉위시켜 구세력의 반발을 무마시켰다. 이러한 진덕여왕의 즉위는 기존 왕족으로부터의 불만을 해소시키는 방편인 동시에 진덕여왕의 정책 추진을 통해서 신흥세력의 정치 기반을 닦으려는 수단이었다. 따라서 선덕여왕 2년의 宿衛外交와 왕 5년의 賀正之禮 및 執事部 설치는 무열왕권의 등장을 위한 정책시험의 뜻이 있다(申瀅植, 1984 ; 박순교, 1997).

또한 金春秋가 당나라에서 외교활동을 벌인 결과, 신라는 지금까지 신라 문제에 대해 소극적이던 당 太宗으로부터 군사적 지원을 받는 데 성공하였다. 그리고 김춘추 일파의 주도 아래 당나라의 정치제도와 문화를 모방한 대규모 정치개혁이 단행되었다. 이렇듯 진덕여왕은 왕권 안정을 위한 집사부 설치, 율령체제를 운영하는 左理方府의 신설, 각 행정 관부의 체계화 등 개혁을 통해 왕권 중심의 중앙집권적 귀족관료체제를 지향했다(김덕원, 2005 ; 한준수, 2010 ; 朱甫暾, 2018).

진덕여왕은 654년 재위한 지 8년 만에 죽었다. 1982년 중국 시안 근교 당나라 태종(太宗, 재위 626~649)의 무덤인 昭陵 주변에서 十四國君長石像 중 하나였던 진덕여왕 석상으로 추정되는 석상 하반신 일부가 출토되었다. 14국군장석상은 태종 시기에 국가와의 침탈 전쟁, 영토 확장, 외교관계에서 이룩해 놓은 업적을 찬양하기 위해 突厥·吐蕃·龜玆·高昌·신라 등 14국 외국 수장들의 형상을 담은 석상을 만들어 소릉 아래 세운 것이다. 바로 여기에 신라 진덕여왕상이 포함되어 있었다. 2002년 西省考古硏究所와 昭陵博物館 발굴조사팀은 석상이 발견된 부근에서 '新羅 … 郡', '德' 등의 명문이 새겨진 진덕여왕석상 座臺 殘片을 발견하여 1982년에 발굴한 석상을 진덕여왕상의 하반신 일부로 추정하고 있다(拜根興, 2006 ; 朴現圭, 2007).

45 加授柱國 封樂浪郡王 : 『冊府元龜』 外臣部 封冊條에 의하면 중국은 주변 제국에 대한 羈縻政策의 일환으로 四方의 夷狄 國王에게 冊封을 하였다. 즉, 고대 중국적 세계질서의 대외적 표징으로서 책봉이 있었다(金翰奎, 1982). 그러나 중국의 冊封體制가 주변 군소 국가의 대외정책에 구속력을 갖지는 않았으며(唐代史硏究會編, 1979), 또한 그 속에서 우리나라의 독자성 내지 자주성은 유지될 수 있었다(盧重國, 1981). 『冊府元龜』 外臣部 封冊條에 의하면 신라는 "眞興王爲使持節領東夷校尉樂浪郡公新羅王"이라 하여 진흥왕이 신라왕의 冊號를 받은 이래, 眞平王·善德女王·眞德女王도 각각 비슷한 이름을 받고 있었다. 다만 두 여왕만은 "柱國封樂浪郡王"이라고 되어 있다. 통일 이후 신라의 왕들은 대개는 '開府儀同三司'를 공통 직위로 하면서 '寧海軍使'의 칭호를 받고 있다.

46 其弟國相·伊贊干金春秋 : 伊贊은 신라 제2위의 관등인 伊湌의 별칭으로서 伊尺干·一尺干·伊罰干·伊贊干·伊干·夷粲·壹旱支 등의 異稱을 갖고 있다. 金春秋는 太宗武烈王의 이름이다. 祖父는 眞智王이며, 父는 龍春이었다. 진지왕은 진흥왕의 차남으로 원칙적으로는 왕이 될 수 없는 입장이었다. 그러나 진흥왕의 장남인 동륜이 일찍 죽음으로서 차남인 그가 왕이 되었다. 진지왕 재위 4년 만에 '政亂荒淫'이란 명목하에 축출되었다.

한편 金春秋는 김유신의 누이인 문희와 정략적인 측면에서 혼인함으로써, 왕위에서 폐위된 진지왕계와 신라에 항복해 새로이 진골귀족에 편입된 금관가야계 간의 정치적·군사적 결합을 이루었다. 이러한 신흥세력의 등장에 반발하는 毗曇의 亂이 善德女王 16년(647)에 일어났다. 이 정변의 와중에서 선덕여왕이 죽자, 신귀족은 구귀족과 일시적으로 제휴하여 眞德女王을 즉위시키고, 구귀족세력의 대표인 알천을 上大等에 임명하였다. 毗曇의 반란 진압과 진덕여왕의 옹립 과정에서 김춘추·김유신계는 정치적 실권을 완전히 장악할 수 있었다. 그렇기 때문에 진덕여왕대에는 김춘추에 의한 새로운 방향으로의 외교활동과 내정개혁이 이루어지게 되었다. 김춘추는 친당외교와 내정개혁을 통해 신장된 신귀족세력의 힘을 기반으로 상대등 알천을 배제시키면서 왕위에 올랐다(박순교, 2006 ; 김덕원, 2007a ; 2007b ; 朱甫暾, 2018).

47 文王(?~665) : 文正(『舊唐書』 「汲古閣本」)·文汪(『東國通鑑』)으로도 되어 있다. 그러나 『舊唐書』 本紀에 '文王'으로 되어 있

하고, 문왕에게는 좌무위장군(左武衛將軍)을 제수하였다.[49] 김춘추가 국학(國學)[50]에 나아가 석존(釋奠) 및 강론하는 의식을 구경하겠다고 청하므로, 태종은 이로 말미암아 친히 지은『온탕(溫湯)』[51]·『진사비(晉祠碑)』[52] 및 신찬한『진서(晉書)』[53]를 내렸다. [그들이] 본국으로 돌아갈 무렵에는 3품 이상의 관원을 시켜 전별식(餞別式)을 베풀어 주었으니 예우가 극진하였다.

永徽元年, 眞德大破百濟之衆, 遣其弟法敏以聞. 眞德乃織錦作五言太平頌以獻之, 其詞曰:「大唐開洪業, 巍巍皇猷昌. 止戈戎衣定, 修文繼百王. 統天崇雨施, 理物體含章. 深仁偕日月, 撫運邁陶唐. 幡旗旣赫赫, 鉦鼓何鍠鍠. 外夷違命者, 翦覆被天殃. 淳風凝幽顯, 遐邇競呈祥. 四時和玉燭, 十曜巡萬方. 維岳降宰輔, 維帝任忠良. 五三成一德, 昭我唐家光.」帝嘉之, 拜法敏爲太府卿.

고,『三國史記』文武王 5년 2月條의 "伊湌文王卒 以王子禮葬之 唐皇帝遣使來弔"라는 데에서 알 수 있는 바와 같이 文王이 옳다. '金文汪'으로도 표기되어 있다. 태종무열왕의 셋째아들이며, 문무왕의 동생이다. 태종무열왕 2년(655)에 伊湌이 되었으며, 658년에는 중시에 임명되었다. 661년에는 迊湌으로 있으면서 大幢將軍 品日을 도와 백제부흥군과 泗沘城 부근에서 싸웠으나 패전하였다.

특히 文王은 친당외교에 일익을 담당하였는데, 초대 宿衛로 入唐하였다. 즉 648년(진덕여왕 2)에 입당하여 左武衛將軍에 제수되었다. 宿衛란 唐 주변 군소 국가의 왕자들이 唐廷에 侍留하는 일종의 의장대(儀仗隊)로서, 국제적인 質子의 뜻을 지닌 것이다(卞麟錫, 1966 ; Lien-Shen Yang, 1960). 그러나 신라의 대당교섭에 나타나는 숙위는 이러한 인질적 존재가 아니라, 신라의 대당교섭의 總和로 생각할 수 있다. 즉, 그것은 전통적인 조공에다 인질이라는 獻進을 결합한 후, 禮儀之邦이 흡수해야 할 문화적 의미(國學 입학)까지 포함된 종합적 교섭자라고 할 수 있다(申瀅植, 1981 ; 1984). 동시에 이러한 숙위외교의 추진에 당시의 실권자인 김춘추의 정략이 포함되어 있음을 간과해서는 안 될 것이다.

48 春秋爲特進 : 金春秋가 받은 특진은 당의 정2품의 文散官이며, 前漢 말기에 시작되어 列侯에게 주는 특수 지위였다. 諸侯王에게도 제수되기도 했다가 그 이후에 정식의 加官 관호가 되었다. 수대에 최초로 정2품 散官이 되었다가 大業 3년(607)에 폐지되었다. 그 이후 당대부터는 송대 전기까지는 정2품 文散官이었다. 김춘추가 당 태종으로부터 특진의 관작을 받은 사실은 중국의 여러 사서 외에 1931년에 경주 西岳書院에서 발견된 金仁問墓碑의 殘片에서도 확인된다(藤田亮策, 1932).

49 文王爲左武衛將軍 : 文王이 받은 左武衛將軍은 당나라 중앙관제의 하나인 左武衛에 속한 종3품의 무관직인데, 武衛는 대궐을 호위하는 부대의 하나이다. 당에서는 左右武衛를 두고 대장군 각 1인, 장군 각 2인을 두었다. 金仁問·金三光이 받은 장군직도 동일 수준의 것이지만, 어디까지나 명예직으로 보아야 할 것이다. 그러나 이것이 신라 정부에 대한 외교상의 예우라 해도 그 정치적 수준을 높인 점에 대해서는 주목할 필요가 있다.

50 國學 : 천자 제후 귀족의 자제 및 나라 안의 준재를 교육하기 위해 설치한 중국의 최고 교육기관으로 고대부터 설치·운영되었다. 수대 이후에는 國子監이라 하였다. 여기서의 국학은 곧 국자감과 같은 뜻으로 사용하였다. 신라에서도 당의 제도를 본받아 신문왕 2년에 국학을 설치하여 운영하였다(차미희, 2000 ; 한준수, 2014 ; 주보돈, 2018).

51 溫湯碑 : 당 태종이 麗山 온천에 가서 세운 비명이다.『新唐書』권1 高祖本紀에 당 高祖가 무덕 6년(623) 2월 庚戌에 溫湯에 갔다가 壬子에 麗山에서 사냥하고, 甲寅에 溫湯에 돌아왔다는 기록이 있는데, 溫湯碑는 아마 그 사실에 대한 비명인 듯하다.

52 晉祠碑 : 당 태종이 晉祠에 대해 지은 비명이다. 晉祠는 중국 山西省 太原市 서남쪽 懸甕山 기슭의 晉水가 발원하는 곳에 있는 사당인데, 晉의 시조 唐叔虞를 제사지내던 곳이다. 당 고조가 군대를 일으키고 이 사당에 제사했으며 태종이 정관 2년(628)에 그곳에 가서 비를 세우고 晉祠의 銘을 지었다.

53 晉書 : 당 태종이 방현령·이연수 등이 칙명을 받들어 편찬한 책이다. 西晉 4대 54년과 東晉 11대 120년간의 일을 기록한 사서인데, 晉에서 六朝 사이에 편찬된 수십 종의 晉史 중에서 특히 저명한 18家의 晉史를 모으고 장영서의『晉書』를 위주로 삼아 태종 때에 다시 편찬하였다. 그러므로 '새로 편찬한 晉書'라 하였다. 그중에서 宣武紀와 陸機·王羲之 2인의 열전 史論은 태종이 직접 찬한 것이다.

영휘(永徽) 원년(650, 신라 진덕여왕 4)에 진덕여왕이 백제의 무리를 대파한 뒤[54] 그의 아우 법민(法敏)을 보내어 [당나라에] 보고하였다. 이때 진덕여왕이 5언(言)의 태평송(太平訟)[55]을 지어 비단에 짜서 올렸는데, 그 내용은 다음과 같다.

> 대당(大唐)이 큰 왕업(王業)을 연 것은 외외(巍巍)하신 황제의 훌륭한 지모(智謀). 간벌(干戈)를 멈추어 세상은 큰 평정을 이루고 문치(文治)를 일으켜 백왕(百王)을 계승하였어라. 천하를 거느림에는 은혜를 높이 숭상하고 만물을 다스림에는 공을 내세우지 않네. 깊은 인덕(仁德)은 일월(日月)과 짝할 만하고 대운(大運)을 타고 일어남은 도당(陶唐)의 세(世)를 초월하였네. 번기(幡旗)가 혁혁(赫赫)하던 그날 정고는 어이 그리 황황하였던가. 외이(外夷)로 명(命)을 어긴 자는 천앙(天殃)을 입어 복멸(覆滅)하였네. 순박한 풍속이 유명(幽明)에 같이 엉기니 원근(遠近)에서 앞다투어 정양(呈祥)을 하네. 사시(四時)의 절기(節氣)는 옥촉(玉燭)[56]처럼 순조롭고 칠요(七曜)[57]의 빛이 만방(萬方)에 고루 돈다. 오직 제후라야 재보(宰輔)를 천거하고 오직 황제만이 충량(忠良)을 등용하는 법. 오제삼황(五帝三皇)[58]의 덕을 하나로 하여 우리 당나라 밝게 빛내리.[59]

고종(高宗)[60]은 이를 가상히 여겨, 법민에게 태위경(太府卿)을 제수하였다.[61]

---

54 永徽元年 眞德大破百濟之衆 : 永徽 元年(650), 眞德女王 4년의 "眞德大破百濟之衆"이라고 한 것은 실은 『삼국사기』 신라본기 "眞德女王 3년 秋八月 百濟將軍殷相 率衆來 攻陷石吐等七城 … 於是 庾信等進擊 大敗之殺虜將士一百人 斬軍卒八千九百八十級 獲戰馬一萬匹 至若兵仗 不可勝數"를 뜻한다. 이 전투는 초기에 백제 장군 殷相의 군사가 크게 이겼으나, 후기에는 金庾信이 간첩전을 이용하여 백제군 1만 여 명을 살해하고 戰馬도 1만 필을 노획하는 대전과를 올렸다.

55 五言太平訟: 眞德女王이 당 高宗에게 그 성덕을 칭송하기 위해 보낸 글인데, 실제 작자는 미상이다. 『삼국유사』에서는 太平歌라 하였고, 『東文選』 권4에는 五言古詩로 분류하여 「織錦獻唐高宗」이라는 제목으로 실려 있다. 태평송은 陽韻과 唐韻을 써서 칭송하는 이의 밝은 기운을 표현하였으며, 이 둘을 합운하여 쓴 것이다.

56 玉燭 : 옥으로 만든 초라는 말인데, 여기서는 그것이 매끈하게 빛나는 모습을 가리킨다. 『爾雅』 釋天篇에 "春爲青陽 夏爲朱明 秋爲白藏 冬爲玄英 四氣和謂之玉燭"이라는 구절이 있다.

57 七曜: 日·月·火·水·木·金·土의 五星을 가리킨다.

58 五帝三皇 : 중국 고대의 전설상의 황제를 지칭한다. 五帝는 少昊·顓頊·帝嚳·堯·舜 또는 伏羲·神農·皇帝·少昊·顓頊 등 여러 설이 있다. 三皇은 伏犧氏, 神農氏, 黃帝 또는 燧人氏이다.

59 眞德乃織錦作五言太平頌 … 昭我唐家光 : 太平頌은 문헌마다 차이를 보이고 있다. 그러나 그 뜻은 차이가 없으며, 『삼국사기』의 내용은 『太平御覽』의 것을 옮긴 것 같으나 비교적 정확하였다. 다음은 각 문헌과 달리 나타난 표현을 附記한 것이다.
大(『新唐書』에는 巨)唐開洪業 巍巍皇猷昌 止戈戎衣(『三國遺事』에는 威)定 修文繼(『三國遺事』에는 契)百王 統天崇雨施 理物體含章 深仁偕(『三國史記』에는 諧)日月 撫運邁陶唐(『三國史記』에는 時康, 『三國遺事』에는 虞唐) 幡旗旣(『太平御覽』과 『三國史記』에는 何)赫赫 鉦(『三國遺事』에는 錚)鼓何鍠鍠 外夷違命者翦覆被天殃 淳風凝(『三國史記』에는 疑)幽顯 遐邇競(『太平御覽』에는 競)呈祥 四時和玉燭 七曜巡萬方 維岳降宰輔 維(『太平御覽』에는 없음)帝任忠良 五三成一德 昭我唐家光(『三國史記』에는 皇)

60 唐高宗(628~683 ; 재위 649~683) : 唐朝 제3대 황제이고, 이름은 李治, 자는 爲善이다. 太宗의 아홉째아들로 長孫皇后의

三年, 眞德卒, 爲擧哀. 詔以春秋嗣, 立爲新羅王·加授開府儀同三司·封樂浪郡王. 六年, 百濟與高麗·靺鞨率兵侵其北界, 攻陷三十餘城, 春秋遣使上表求救. 顯慶五年, 命左武衛大將軍蘇定方爲熊津道大總管, 統水陸十萬. 仍令春秋爲嵎夷道行軍總管, 與定方討平百濟, 俘其王扶餘義慈, 獻于闕下. 自是新羅漸有高麗·百濟之地, 其界益大, 西至于海.

영휘(永徽) 3년(652, 신라 진덕여왕 6)에 진덕여왕이 죽자,[62] [고종이] 거애(擧哀)하였다. 조서를 내려 김춘추(金春秋)로 뒤를 이어 신라왕을 삼아서 개부의동삼사(開府儀同三司)[63]를 더하여 제수하고, 낙랑군왕(樂浪郡王)에 봉하였다.[64] 영휘 6년(655, 신라 무열왕 2)에 백제가 고[구]려·말갈[65]과 더불어 군사를 이끌고 신라의 북쪽 경계를 침공하여 30여 성을 함락시켰다.[66] 김

소생이다. 貞觀 5년(631) 晉王에 봉해졌고, 정관 17년(643) 태자가 되었고, 정관 23년(648) 즉위해 永徽로 開元했다. 永徽 2년(651) 새로운 律(永徽律)을 반포하고, 永徽 4년(653) 「律疏」를 재정했다. 영휘 6년(655) 王皇后를 폐하고 武后를 세웠으며, 顯慶 5년(660) 병이 심해 武后에게 정치를 위임했다. 재위 중에 西突厥을 평정하고 고구려를 멸망시키는 등 대외적인 확대를 보여주었다. 乾陵(지금 섬서성 건릉 서북)에 장사지냈으며, 시호는 天皇大帝이다.

61 拜法敏爲太府卿 : 法敏은 金春秋의 장남으로 뒤에 문무왕이 된 인물이다. 眞德王 4년(650)에 入唐朝貢하여 太平頌을 바치고, 唐帝로부터 太府卿의 벼슬을 받고 귀국하였다. 태부경은 당나라 9寺 중의 하나인 太府寺의 장관이다. 太府卿은 종3품으로 정원은 1명이었는데, 太府寺에는 卿 이외에 少卿 2명, 丞 4명 主簿와 錄事 각각 2명 등의 관원이 있었다. 太府卿은 재화·저장·무역의 일을 관장하고 京都의 西市와 左右藏을 총괄하여 맡아 보았다.

62 三年 眞德卒 : 『舊唐書』에는 眞德女王의 卒年이 永徽 3년(652)으로 되어 있으나, 실제 사망 연도는 영휘 5년(654) 3월이었다.

63 開府儀同三司 : 北魏시대에 설치한 무관의 직명이다. 孝文帝 太和 17년(493)에 第1品下로 정했다가 23년에 종1품으로 바뀌었다. 北齊에서도 그것을 이었으나 지위는 내려갔고 제수가 남발되었다. 수대에는 左右衛, 武衛, 武侯, 領軍府 등에 1명씩 설치되었는데, 斥候의 임무를 맡았다. 일반적으로 開府라는 약칭으로 쓰이는데, 이것은 대신들의 加號로서 그 의미는 三司와 동일하게 대우를 받고 관부를 개설할 수 있다는 것이다. 당대에는 종1품의 문산관이었다. 신라에서는 眞德王이 처음으로 이 벼슬을 받았다.

64 詔以春秋嗣 立爲新羅王 … 封樂浪郡王 : 신라 제29대 태종 무열왕(603~661, 재위 654~661)이다. 이름은 春秋이고, 眞智王의 손자로 伊飡 龍春 또는 龍樹의 아들이다. 어머니는 天明夫人으로 眞平王의 딸이다. 비는 文明夫人이고(金庾信의 누이동생), 法敏·仁問·文王·老旦·智鏡·愷元 등의 적자와 皆知文·車得令·馬得 등의 서자를 두었다. 『三國史記』 新羅本紀에 의하면, "眞德薨 群臣請閼川伊飡攝政 閼川固讓曰 臣老矣 無德行可稱 今之德望崇重 莫若春秋公 實可謂濟世英傑矣 遂奉爲王 春秋三讓 不得已而就位"라 하여 화백의 추대로 즉위하였다. 당시 나이가 52세였다. 무열왕은 즉위하던 해에 우선 아버지 龍春을 文興大王으로, 어머니 天明夫人을 文貞太后로 추증하여 왕권의 정통성을 확립하였다. 그는 文王·仁問 두 아들을 宿衛로 파견하였고, 金庾信을 上大等에 임명하였으며, 왕 원년에는 理方府令 良首 등에게 명하여 律令을 고치게 하는 등 율령정치를 강화하였다. 655년(태종 무열왕 2)에 元子인 法敏을 태자에 책봉함으로써 왕권의 안정을 꾀하였다.
태종 무열왕은 친당외교를 통해 당나라를 후원세력으로 삼고 내정에서는 측근세력의 정치적 포석을 통해 왕권을 안정시킨 다음, 고구려·백제에 대한 전쟁을 수행하였다. 663년 7월에는 金庾信이 황산벌전투에서 階伯이 이끄는 5,000명의 백제군을 격파하고 당군과 연합해 백제의 수도인 泗沘城을 함락시켰다. 이어서 熊津城으로 피난했던 의자왕과 왕자 扶餘隆의 항복을 받음으로써 마침내 백제를 멸망시킬 수 있었다. 이는 신라의 숙원이던 백제를 병합함으로써 반도 통일의 계기를 만들었다는 점에서 의미를 가진다(이상훈, 2012). 재위한 지 8년 만에 죽으니 나이 59세였다. 영경사 북쪽에 장사를 지냈다. 시호는 武烈이며, 廟號는 太宗이다. 그의 장남 法敏은 文武王이 되었고, 차남인 仁問은 宿衛생활 후 軍主를 역임하였으며, 3남인 文王도 숙위 후 侍中을 역임하였다. 그 외에도 智鏡이 侍中을, 愷元 역시 侍中 및 上大等을 역임하고 있어 왕자들의 독점적인 계승을 엿보게 한다(李基白, 1974 ; 박순교, 2006 ; 윤진석, 2011 ; 주보돈, 2018).

65 靺鞨 : 수·당 시대 지금의 만주와 한반도 북부에 살았던 퉁구스계 주민의 통칭이었다. 周代에 肅愼, 漢代에 挹婁, 勿吉 등의 명

춘추가 사신을 보내어 표문(表文)을 올려 구원을 청하였다.[67] 현경 5년(660, 신라 무열왕 7)에 좌무위대장군(左武威大將軍)[68] 소정방(蘇定方)[69]을 웅진도대총관(熊津道大總管)에 임명하여 수군과 육군 10만 명을 거느려 출군시켰다.[70] 이어서 김춘추를 우이도행군총관(嵎夷道行軍總管)[71]에 임명하여 소정방과 함께 백제를 토평(討平)하게 하니,[72] 그 나라의 왕 부여의자(扶餘義

칭으로 불리다가『北史』에 이르러서야 비로소 중국 정사에 말갈로 기록되어 있고, 『金史』에는 금나라의 선조가 말갈 출신이며, 말갈의 본래 호칭이 물길이라 하였다. J. Klaproth는 물길의 고음이 'Muki'라고 하여, 말갈(Maxo)과 관계가 있음을 시사하였다. 당대에 이들을 총칭해 말갈이라고 기록했다.『舊唐書』신라전에 "百濟與高麗·靺鞨率兵侵其北界"라 하여 백제가 동원한 말갈은 만주 일대에 산재하던 말갈이라기보다는 한반도 내에 산재하던 말갈일 가능성이 높다고 생각된다. 일찍이『삼국사기』·『삼국유사』를 비롯한 우리 측 사서에는 중국 정사보다 앞서 말갈이 기록되고 있다. 한반도 내에 활동한 말갈의 종족 계통에 대해서는 크게 두 견해로 나뉜다. 하나는 종족 계통과 관련해 시대적·지역적 활동의 불합리성을 들어 위말갈, 예계 말갈, 고구려시대 피지배주민의 범칭 등으로 보는 견해이다. 다른 하나는 수·당 이전의 말갈이나 한반도에 남하하였던 말갈 모두가 중국 정사에 나오는 말갈과 계통이 같다고 보는 견해이다. 이와 같이 말갈은 삼국의 형성 및 그 전개과정에 중요한 구실을 하고 있다(권오중, 1980 ; 문안식, 2003 ; 조이옥, 2010 ; 김락기, 2013).

66　攻陷三十餘城 : 무열왕 2년에 고구려·백제·말갈이 탈취한 30여 성은 竹嶺과 鷄立嶺 이북의 신라 땅을 가리키는 듯하다.『신당서』권220 고려전에 신라가 당에 사신을 보내 호소하기를 永徽 6년(655)에 고구려와 말갈 등이 신라의 36성을 탈취했다고 하고,『삼국사기』신라본기에는 33성을,『資治通鑑』권199와『冊府元龜』권986 외신부 征討條 및 권995 交侵條에는 33성이라 하였다.

67　百濟與高麗 … 春秋遣使上表求救 :『三國史記』太宗武烈王 2년조,『新唐書』권220 신라전,『資治通鑑』권199,『冊府元龜』권986 외신부 征討條 및 권995 交侵條 등에 동일한 내용이 수록되어 있다.『삼국사기』태종 무열왕 2년조의 기록에 의하면 "高句麗與百濟靺鞨 連兵 侵軼我北境 取三十三城 王遣使入唐求援"하니, 唐에서는 "唐遣營州都督程名振·左右衛中郞將蘇定方 發兵擊高句麗"하고 있다. 이로써 武烈王이 나·당 간의 군사동맹을 실천에 옮기기 시작하였음을 알 수 있다.

68　左武威大將軍 : 당나라 중앙군제의 하나인 左武威를 총괄하는 정3품의 무관직이다.

69　蘇定方(592~667) : 당나라 장군으로 기주 武邑縣(지금의 河北省 武邑縣) 사람이다. 성은 蘇씨이고 이름은 烈이며, 字는 定方이다. 어려서 아버지를 따라 수나라 말 농민군을 진압했으며 후에 竇建德에게 항복해 竇建德을 따라 성읍을 공략해 공을 세웠다. 貞觀 초에 匡道府折衝都尉에 임명되었다. 貞觀 4년(630)에 李靖을 따라 동돌궐 頡利可汗을 격파해 左武候中郞將에 제수되고, 顯慶 4년(659)에 鐵勒의 思結部 수령 都曼 등이 반란을 일으키자 재차 군대를 이끌고 西征해 都曼에게 투항하게 해 당의 파미르 이서 지역 통치를 유지하는 데 공을 세웠다. 이 공으로 左武威大將軍에 임명되었다. 이듬해 神丘道大總管이 되어 군대를 이끌고 동정해 백제왕을 사로잡았다. 乾封 2년(667)에 죽었는데, 左驍衛大將軍 幽州都督에 추증되었고, 시호는 '莊'이었다(『舊唐書』卷83 및『新唐書』권111 열전, 蘇定方傳 참조).

70　水陸十萬 :『資治通鑑』권200 顯慶 5년 3월조에도 "水陸十萬"이라 하였으나, 그 외 중국 측의 다른 기록에는 군대의 규모에 대한 기록이 없다. 그러나『삼국사기』권28 백제본기와 권42 金庾信列傳 및『삼국유사』권1 紀異篇 태종춘추공조에는 蘇定方이 거느리고 온 군사의 수를 13만 명으로 기록하고 있으며, 태종무열공조의 세주에는 "鄕記云 軍十二萬二千七百十一人 船一千九百隻而唐史不詳言之"라 하였다.

71　嵎夷道行軍總管 : 嵎夷道 방면을 원정하는 군대의 총사령관이라는 뜻을 가지고 있는 임시 관직이다. 嵎夷는『書經』堯典篇과『尙書』및『後漢書』권85 동이전 서문 등에 나오는 것으로 동쪽 끝의 땅을 칭하여 말한 것인데, 여기서는 한반도를 말한다. 總管은 군사를 지휘·감독하는 관직으로, 주로 北周 및 隋·唐代에 사용되었다.『三國史記』권37 잡지 지리4에 수록된 熊津都督府의 13縣 중에 嵎夷縣이 있다.

72　顯慶五年 … 與定方討平百濟 : 顯慶 5년(660, 武烈王 7)의 百濟 정벌에 대한 기록은『삼국사기』에 비교적 구체적인 설명이 있으며, 중국 문헌에는 간략히 기술되어 있다.『구당서』에는 당 측의 토벌장으로 蘇定方만이 기술되어 있으나,『삼국사기』에는 宿衛하던 金仁問(副大摠管)·劉伯英(左驍衛將軍) 등 副將의 명칭이 등장하는 동시에 출동한 군인의 수도 13만 명이라고 하여 뚜렷한 수치를 밝히고 있다. 또한『삼국사기』는 출정 기간에 대한 구체적 자료를 제시하고 있으니, 이에 의하면 당군이 본국을 떠난 시기는 3월이며, 신라 金庾信의 本隊는 5월 26일에 출정을 하였다. 6월 21일에 太子 法敏이 唐軍을 德物島(덕적도)에서 맞이하였으며, 7월 10일에 백제 정벌의 최종 일자를 확정하였다. 그러나 7월 9일 黃山之原에서 階伯의 완강한 저항에 부딪혀 차질이 생겼으니, 唐軍은 伎伐浦에 도착했지만 신라군은 3일간의 착오가 있었다. 그리하여 연합군은 7월 13일에야 王子 隆 및 大佐平

慈)[73]를 사로잡아다 궐하(闕下)에 바쳤다. 이로부터 신라가 점차로 고[구]려·백제의 땅을 차지하게 되니, 그 땅은 더욱 넓어져 서쪽으로는 바다에까지 이르렀다.

> 龍朔元年, 春秋卒, 詔其子太府卿法敏嗣位, 爲開府儀同三司·上柱國·樂浪郡王羅主.[74] 三年, 詔以其國爲雞林州都督府, 授法敏爲雞林州都督. 法敏以開耀元年卒, 其子政明嗣位. 垂拱二年, 政明遣使來朝, 因上表請唐禮一部幷雜文章, 則天令所司寫吉凶要禮於文館詞林採其詞涉規誡者, 勒成五十卷以賜之.

용삭 원년(661, 신라 문무왕 1)에 김춘추(金春秋)가 죽으니, 조서를 내려 그의 아들 태부경 법민(法敏)으로 뒤를 잇게 하여,[75] 개부의동삼사 상주국 낙랑군왕 신라왕(開府儀同三司上柱國樂浪郡王新羅王)으로 삼았다. 용삭 3년(663, 신라 문무왕 3)에 조서를 내려 그 나라를 계림주도

千福 등 고관의 항복을 받았다. 7월 18일에는 도망갔던 義慈王이 太子 孝·熊津方領과 함께 투항하였다. 8월 2일에는 왕이 蘇定方 및 諸將들에게 주연을 베풀었으며, 9월 3일에는 소정방이 義慈王과 대소 신료 93명 및 포로 1,200명을 대동하고 귀국하였다. 자세한 내용은 『구당서』 백제전 참조.

73 王扶餘義慈(재위 641~660) : 백제 제31대 의자왕이다. 武王의 맏아들로 태어나 무왕 33년(632) 태자로 책봉되었고, 641년 무왕이 죽자 즉위하였다. 최근 발견된 「彌勒寺舍利奉安記銘文」에서는 무왕 40년(639) 당시의 백제 왕후가 沙宅씨임이 확인되었다(신종원 외, 2011). 재위 기간 초기에 개혁정치를 펼쳐 국정을 쇄신하고 고구려와 연합하여 신라를 공격해서 영토를 확장하였고, 유교를 통해 집권력을 강화하고자 하였다. 의자왕은 이와 같이 대내외적인 개혁을 통해 자신의 친정체제를 구축하고 신라와의 전쟁에 우위를 점함으로써 자신의 입지를 확고히 하였다. 그러나 말년에 나·당 연합군의 침공을 막아내지 못해 멸망함으로써 백제의 마지막 왕이 된 비운의 군주이다(노중국, 2003 ; 이도학, 2004 ; 남정호, 2010). 최근에 증손녀인 扶餘太妃 묘지명이 발견되어, 의자왕의 후손들이 중국에서 백제 유민의 명맥을 이어갔음을 알 수 있다(김영관, 2013).

74 「羅主」: 무영전본·백납본「新羅主」.

75 龍朔元年 春秋卒 … 法敏嗣位 : 法敏은 文武王(재위 661~681)이 즉위하기 전의 이름이다. 태종 무열왕의 원자이고, 어머니는 金庾信의 누이인 文明王后이다. 妃는 慈儀王后로 波珍湌 善品의 딸이다. 부왕 태종 무열왕 때 파진찬으로서 兵部令을 역임했으며 얼마 뒤 태자로 책봉되었다. 661년 태종 무열왕이 삼국을 미처 통일하지 못하고 죽자 법민이 왕위를 계승해 삼국 통일의 과업을 완수하였다(서영교, 2006 ; 이상훈, 2012).
文武王은 삼국 통일을 완수하는 과정에서도 국가체제의 정비를 위해 적지 않은 노력을 기울였다. 우선 문무왕은 671년과 672년에 兵部·倉部·禮部·司正府 같은 중앙 관부의 말단행정 담당자인 史의 인원수를 증가시켜 업무 처리를 원활하게 하였다. 지방통치를 위해서는 통일 후인 678년에 北原小京, 680년에 金官小京을 각각 두었다. 삼국 통일 후 신라 군사조직의 기간은 신라민과 피정복민으로 구성된 중앙의 9誓幢과 지방의 9주에 설치된 10정이었다. 9서당은 대체로 신문왕대에 완성되지만, 9서당 중에서 白衿誓幢은 문무왕이 백제 지역을 온전히 점령한 다음 해인 672년에 백제민으로써 조직한 것이다. 또 같은 해에 長槍幢을 두었는데 이것은 693년(효소왕 2)에 緋衿誓幢이 되었다. 이 밖에 672년에 기병을 위주로 하는 지방군제의 하나인 5州誓가 설치되기도 하였다(李文基, 2004). 특히 그는 통일전쟁에 큰 공을 세운 하층 관리와 백성 및 濟麗殘民을 우대하여 爲民政策을 추진하였다(申瀅植, 1984).
문무왕의 대표적인 업적은 위민정책 외에도 율령정치의 추구에 있다. 즉 7년에 右理方府를 두었고, 13년에는 外司正을 설치하였으며, 18년에는 理方府(左·右)에 卿을 증설하였다. 왕은 재위 21년간 7명의 侍中을 교체하였고, 14官府와 31官員을 始置·增設하고 있어 관료제 정비에 남다른 노력을 경주하였다(申瀅植, 1984). 이와 같은 문무왕의 체제 정비작업은 "以銅鑄百司及州郡印 領之(『삼국사기』 문무왕 15년조)"라는 기록에도 잘 나타난다. 시호는 文武이며, 장지는 경상북도 경주시 甘浦 앞바다의 大王巖이다(金壽泰, 1996 ; 최재석, 1999 ; 조법종, 1999 ; 李文基, 2004 ; 나은주, 2015).

독부(鷄林州都督府)로 삼고, 법민에게 계림주도독(鷄林州都督)을 제수하였다.[76] 김법민이 개휘(開耀) 원년(681, 신라 신문왕 1)에 죽으니, 그의 아들 정명(政明)이 왕위를 이어 받았다.[77] 수공(垂拱) 2년(686, 신라 신문왕 6)에 정명이 사신을 보내와 조근하며, 표문을 올려 『당례(唐禮)』 1부와 기타 문장(文章)을 보내줄 것을 청하였다.[78] 측천(則天)[79]은 해당 관사에 명하여 『길흉요례(吉凶要禮)』[80]와 『문관사림(文館詞林)』[81] 가운데 규계(規戒)가 될 만한 것을 골라 쓰게 하여, 모두 50여 권의 책을 만들어 내려 주었다.

---

[76] 三年 詔以其國爲雞林州都督府 授法敏爲雞林州都督 : 雞林州都督은 곧 신라땅을 다스리는 대도독이라는 뜻이다. 도독은 중국의 위대 이래 각주의 군사 및 민사를 통할하던 관직인데, 총관이라고도 한다. 당대에는 이웃 나라를 정벌한 후 그곳에 도독부를 설치하고 기미주의 형태로 통치하였다. 도독부는 통치 지역의 크기에 따라 대·중·하 도독부로 구분하여 통치하였다. 문무왕을 계림주대도독으로 삼았다는 기사는 『삼국사기』 신라본기, 『新唐書』 권220 신라전, 『唐會要』 권95 신라전, 『冊府元龜』 권964 외신부 封冊條 등에도 실려 있다.
신라의 반당운동이 노골화되자, 당은 백제의 故土에 둔 5도독부와 같이 신라를 당의 직할지로 간주하려는 의도하에 계림주독도부를 설치하였다. 즉 龍朔 3년(663, 文武王 3년)에 기미정책의 일환으로 신라를 雞林州都督府로 삼고 왕을 雞林大都督으로 임명한 것은 唐의 영토적 야심의 표시이다. 신라는 표면적으로는 唐에 사대의 예를 표하면서도 내면적으로는 노골적인 반당정책을 추진하였다(金壽泰, 1999 ; 이성봉, 2004).

[77] 法敏以開耀元年卒 其子政明嗣位 : 『삼국사기』 신라본기 권8 신문왕조 ; 『唐會要』 권95 신라전 ; 『冊府元龜』 권964 외신부 封冊 및 『資治通鑑』 권202 開耀 원년 10월 丁亥條 등에 동일한 내용이 수록되어 있다. 政明은 신문왕이 즉위하기 전의 이름이다(재위 681~692). 문무왕의 장자이며, 문무왕 4년(664)에 태자로 책봉되었다. 어머니는 慈儀王后이고 왕비는 김씨로 蘇判 欽突의 딸이다. 왕이 태자일 때 비로 맞아들였으나 아들을 못 낳은 데다 아버지의 반란에 연좌되어 왕궁에서 쫓겨났다. 신문왕 3년(683)에 다시 一吉飡 金欽運의 딸을 왕비로 삼았다. 그는 즉위 직후 金欽突·興元·眞功·軍官 등 전제왕권에 반발하는 귀족을 제거함으로써 武烈系 전제왕권을 구축하였다(李基白, 1993). 특히 安勝의 族人인 大文의 모반사건을 적발하여 반무열왕계 세력을 완전히 제거하였다. 神文王(681~692)은 재위 12년간에 武烈王系의 왕통을 확립하였으며, 당과의 대립이 계속된 긴장 속에서 통일전쟁의 어려움을 수습하고 國學을 설치하여 새로운 정책 전환을 꾀하였다(한준수, 2014 ; 주보돈, 2018).
중앙 및 지방제도의 체계적 정비를 통해 전제왕권 중심의 통치질서를 완비한 신문왕은 687년에 직계조상인 太祖大王·眞智大王·文興大王·太宗大王·文武大王으로 이어지는 5廟制를 완비하여 始祖관념과 무열왕통의 법통성을 확립하였다(邊太燮, 1964 ; 채미하, 2004). 692년에는 당나라로부터 무열왕의 廟號인 太宗이 당나라의 태종에 저촉된다는 외교적 간섭이 있었으나, 무열왕의 업적에 따른 불가피한 조처라 논함으로써 문제를 해결하기도 하였다. 능은 경상북도 경주시 내동면 낭산의 동남에 있다(김희만, 1992 ; 김수태, 1996 ; 박해현, 1996 ; 최홍조, 1999 ; 한준수, 2005 ; 정선녀, 2013).

[78] 垂拱 2年 … 因上表請唐禮一部幷雜文章 : 『삼국사기』 신라본기에도 동일한 기사가 실려 있다. 垂拱 2년(神文王 6년)의 기록 중 『舊唐書』와 『三國史記』가 다른 부분은 '因上表請唐禮一部幷雜文章'이 '奏請禮記幷文章'으로 되어 있는 것뿐이다. 신라가 이해에 『禮記』와 문장을 요청한 것은 동왕 2년 6월에 설치한 국학의 운영과 관련이 있었던 것으로 보인다(濱田耕策, 1980a). 한편 이때 입당한 견당사는 『禮記』와 문장에 관한 책뿐만 아니라 당에 머물고 있던 圓測法師를 귀국시켜줄 것을 요청하였으나, 성사되지 않았다(권덕영, 1997).

[79] 則天(624~705, 재위 690~705) : 武后 혹은 則天武后로 불린다. 幷州 文水縣(지금 山西省 文水 동쪽) 사람이다. 14세 때에 태종의 才人이 되었다가 태종이 죽자 感業寺에 들어가 비구니가 되었다. 永徽初 高宗이 다시 궁으로 불러 昭義로 삼았다. 永徽 6년(655) 皇后가 되고 顯慶 5년(660) 고종의 병이 중하자 국정을 처리했다. 上元 원년(674) 天后라 칭했다. 고종이 죽고 中宗이 즉위하자 皇太后가 되어 臨朝稱制했다. 중종을 폐위하고 睿宗을 세운 후 국정을 혼자 처리했다. 天授 원년(690) 국호를 周라 하고 聖神皇帝라 칭했다. 말년에 병이 중하게 되자 張柬之 등이 정변을 일으켜 중종을 복위시켰다. 사후 고종과 乾陵에 합장되었으며, 시호는 則天大聖皇后이다. 『全唐文』에 99편의 글과 『全唐詩』에 46수의 시가 전한다.

[80] 吉凶要禮 : 五禮 가운데 양국의 사정이나 풍속이 다른 까닭에 바로 적용하기 어려운 軍禮, 賓禮, 嘉禮를 제외하고 吉禮와 凶禮 가운데 긴요한 부분만을 가려내어 편찬한 책이다(濱田耕策, 1984 ; 채미하, 2006).

[81] 文館詞林 : 당 高宗 10년(658)에 허종경과 유백영 등이 칙명을 받고 편찬한 1,000권으로 된 거질의 시문 총서인데, 현재 23권의 잔질이 일본에 남아 전해지고 있다(黃渭周, 1991).

> 天授三年, 政明卒, 則天爲之擧哀, 遣使弔祭, 册立其子理洪爲新羅王. 仍令襲父輔國大將
> 軍, 行豹韜衛大將軍·雞林州都督. 理洪[82]以長安二年卒, 則天爲之擧哀, 輟朝二日, 遣立其
> 弟興光爲新羅王. 仍襲兄將軍·都督之號. 興光本名與太宗同, 先天中則天改焉.

천수(天授) 3년(692, 신라 효소왕 1)에 신문왕이 죽으니, 측천은 거애를 하는 한편, 사신을 보내어 조제(弔祭)하고, 그의 아들 이홍(理洪)을 세워 신라왕으로 삼았다.[83] 그리고 아버지의 [작위인] 보국대장군(輔國大將軍)[84] 행표도위대장군(行豹韜尉大將軍)[85] 계림주도독(鷄林州都督)을 승습케 하였다.[86] 이홍(理洪)이 장안 2년(702, 신라 성덕왕 1)에 죽으니,[87] 측천무후가 거애하

---

82 「理洪」: 무영전본 「理洪」, 백납본 「理洪」, 인명 「理洪」으로 교감.

83 其子理洪爲新羅王 : 理洪은 신문왕의 맏아들로 692년에 神文王을 이어 왕위에 올라 孝昭王이 되었다(재위 692~702). 아버지는 神文王이고, 어머니는 金欽運의 딸 神穆王后 金氏이다. 신문왕 11년(691)에 태자로 책봉되었다. 692년 즉위 후, 左右理方府의 '理'자가 왕의 이름과 같으므로 避諱하여 左右議方府로 관부의 명칭을 고치기도 하였다. 또한 大阿湌 元宣을 執事部 中侍에 임명하여 국정을 위임하였다. 같은 해에는 고승 道證이 당나라에서 귀국하여 天文圖를 왕에게 바쳤다. 천문도는 고구려에 전래된 陳卓의 星圖와 같은 것으로서 왕실 권위의 상징으로 이용되었다.
또한 이 무렵에 의학교육기관인 醫學을 설립하여 의학박사를 두고 『本草經』·『針經』·『脈經』 등의 중국 의학서를 교수하게 하였다(이현숙, 2002). 695년에 西市典과 南市典을 두었다. 이것은 지증왕대에 설치된 東市典과 더불어 王京의 3대 시전으로서 물화의 유통을 쉽게 하였다. 이 해에 자월(子月, 음력 11월)을 정월로 정했다가 700년에 다시 寅月(음력 1월)을 정월로 바꾸었다. 698년에 일본국의 사신을 접견했으며, 699년에는 당나라에 사신을 파견해 조공함으로써 양국과의 우호적인 외교관계도 유지하였다. 700년에 伊湌 慶永(또는 慶玄)의 반란에 연좌되어 698년에 중시로 임명되었던 順元이 파면되었다. 반란의 구체적인 원인은 알 수 없다. 702년 7월에 죽으매 望德寺 동쪽에 장사지냈다. 능은 경주 狼山 동남쪽에 있다(김수태, 1991 ; 신종원, 1994 ; 박해현, 1996 ; 조범환, 2010a).

84 輔國大將軍 : 후한 獻帝 때 처음으로 설치한 관직으로, 당나라에서는 정2품의 무산관이다.

85 行豹韜尉大將軍 : 豹韜尉는 왕과 궁궐을 호위하던 禁衛軍의 하나로 隋代에 屯衛라 하던 것을 당나라 龍朔 연간에 威衛로 개칭하고, 光宅 연간에 豹韜衛라 하였다가 神龍 연간에 다시 威衛라 하였다. 豹韜尉는 左·右豹韜衛로 나누어져 있는데, 각각 정3품의 대장군 1명이 부대를 관장하였다. '行'은 관품이 높고 관직이 낮을 경우에 붙이는 말이다.

86 天授三年 … 雞林州都督 : 天授 3년(692)에 神文王이 죽고 태자인 理洪이 孝昭王으로 즉위하였다. 신라에서 관례에 따라 告哀使(『삼국사기』에는 그러한 기록이 없다)를 파견하자, 중국 측에서는 弔祭·册封使를 보내어 새 왕을 父王의 관작과 같이 輔國大將軍行豹韜衛大將軍雞林州大都督에 임명하였다. 참고로 唐으로부터 받은 신라왕의 官爵을 살펴보면 다음과 같다.

[唐의 册封 官爵]

王名	舊唐書	册府元龜	三國史記
眞平王	柱國 樂浪郡王 新羅王	上開府 樂浪郡公 新羅王	柱國 樂浪郡公 新羅王
善德王	柱國 樂浪郡王 新羅王	柱國 樂浪郡公 新羅王	柱國 樂浪郡公 新羅王
眞德王	柱國 樂浪郡王	柱國 樂浪郡王	柱國 樂浪郡王
武烈王	開府儀同三司 樂浪郡王	開府儀同三司 樂浪郡王	開府儀同三司 新羅王
文武王	開府儀同三司 上柱國 樂浪郡王	雞林州大都督	開府儀同三司 上柱國 樂浪郡王 新羅王
孝昭王	輔國大將軍 行豹韜衛大將軍 雞林州都督	輔國大將軍 行豹韜衛大將軍 雞林州都督	新羅王 輔國大將軍 行左豹韜尉大將軍 雞林州都督

고 이틀 동안 철조(輟朝)하였다. 사신을 보내어 그의 아우 홍광(興光)[88]을 신라왕으로 삼고, 형의 장군·도독(將軍·都督)의 호를 이어받게 하였다.[89] 홍광은 본명이 당 태종과 같아서 선천(先天) 연간(712, 신라 성덕왕 11)에 측천무후가 고쳐준 이름이다.[90]

王名	舊唐書	冊府元龜	三國史記
聖德王	開府儀同三司 寧海軍使	開府儀同三司 寧海軍使	驃騎將軍 特進行左威衛大將軍 使持節大都督 雞林州諸軍事 雞林州刺史 上柱國 樂浪郡公 新羅王
宣德王	檢校太尉都督 雞林州刺史 寧海軍使 新羅王	簡較太師都督 雞林州刺史 寧海軍使	檢校太尉 雞林州刺史 寧海軍使 新羅王
昭聖王	開府儀同三司 檢校太尉 新羅王	開府簡較太尉 雞林州大都督等 新羅國王	開府儀同三司 檢校太尉 新羅王
憲德王	開府儀同三司 檢校太尉 持節大都督 雞林州諸軍 事兼持節充寧海軍使 上柱國 新羅國王		開府儀同三司 檢校太尉持節 大都督 雞林州諸軍事兼持節 充寧海軍事 上柱國 新羅王

위 표에서 보듯이 唐帝는 신라의 왕에게 일정한 관작을 주었다. 이러한 관작이 명예직이라 해도 그에 상응하는 지위가 있으니, 그 의미를 살펴볼 필요가 있다. 왕은 太師·太傅와 같이 職事官으로서 정1품직과는 달리 어디까지나 작위였다. 開府儀同三司는 종1품의 文散官이며, 郡王이나 郡公도 종1품의 관작이다. 柱國은 종2품의 勳官이며, 대개가 1~2품의 벼슬을 받았다(『舊唐書』 職官志).

[87] 理洪以長安二年卒 : 『資治通鑑』 권207 長安 3년(703) 4월조에는 "新羅王金理洪卒 遣使立其弟崇基爲王"이라 하였다. 장안 3년은 효소왕이 죽은 해를 말하는 것이 아니라 당나라에서 신라에 사신을 보내 성덕왕을 책봉할 때를 말하는 것이다.

[88] 興光(재위 702~737) : 신라 제33대 성덕왕이 즉위하기 전의 이름이다. 이름이 본래 隆基였으나 뒤에 興光으로 고쳤다. 신문왕의 둘째아들이며, 효소왕의 同母弟이다. 효소왕이 아들이 없이 죽자, 화백회의에서 그를 왕으로 추대하였다. 왕비는 성덕왕 3년(704)에 乘府令이던 蘇判 金元太의 딸 成貞王后(또는 嚴貞王后)를 맞아들였다. 그러나 성덕왕 15년에 왕궁에서 내보내고, 伊湌 金順元의 딸 炤德王后를 계비로 맞이하였다. 聖德王(702~737)은 재위 36년간 무열계 왕권을 전성기에 올려놓았다.

성덕왕은 왕위를 계승한 이후 무엇보다 민생의 안정과 축성사업에 힘을 쏟았다. 관료들의 자질이나 복무자세 여하에 달려 있음을 인식한 그는 百官箴을 지어 관료들이 지켜야 할 도리를 타일렀고, 직접 민정 시찰에 나서 州·郡을 자주 순행하였다. 또한 왕은 기회 있을 때마다 죄인에 대한 사면 조치를 단행하였다. 그는 자영농민을 보호하기 위한 근본 대책으로 丁田을 지급하였고, 또한 전국의 요충지에 성을 쌓아 만약의 사태에 대비하였다. 이를 위해 732년 제1급 중앙관부로 京城周作典을 설치하고 도성의 방비태세를 강화하였다.

대외관계에서는 당과의 관계 개선에 주력하였다. 특히 성덕왕은 당으로부터 735년 패강 이남의 영토에 대한 신라의 영유권을 정식으로 승인하는 외교적 성과를 이끌어낼 수 있었다(조이옥, 1990 ; 조이옥, 2001). 당과의 관계가 개선되어감에 따라 성덕왕은 일본에 대한 강경한 자세를 늦추지 않았다(박남수, 2012). 또한 성덕왕은 유교적 예제의 정비도 고취하였다. 717년 당에서 귀국한 金守忠이 공자 이하 10철과 72제자의 도상을 가져오자 왕은 이를 국학에 안치토록 조치하였다. 또한 718년에는 漏刻典을 설치하였고, 721년에는 내성 기구 속에 所內學生을 두어 장차 문한 계통에서 종사할 요원 양성에 박차를 가하였다.

성덕왕은 호국불교 이념에도 매우 적극적이었다. 그가 典光大王이란 불교식 왕명을 가진 중대 유일의 군주였던 것만 보더라도 그의 불교에 대한 관심이 매우 컸음을 알 수 있다. 성덕왕이 즉위한 이후 증조부인 태종 무열왕을 추복하고 겸하여 재앙을 물리치고 국가의 안태를 기원할 목적으로 봉덕사 건립에 착수, 7일 동안 인왕도량을 베풀었으며 대대적인 사면령을 내렸다. 시호는 聖德이며, 移車寺 남쪽에 장사 지냈다. 왕릉은 현재 경주시 조양동에 있다(이호영, 1974 ; 이기동, 1998 ; 이기봉, 2011 ; 조범환, 2011b ; 한준수, 2012).

[89] 仍襲兄將軍·都督之號 : 『三國史記』 신라본기, 『唐會要』 권95 신라전, 『冊府元龜』 권964 외신부 冊封條, 『資治通鑑』 권207 長安 3년 윤4월조에 동일한 기사가 수록되어 있다.

[90] 興光本名與太宗同, 先天中則天改焉 : 『삼국사기』 권8 신라본기 성덕왕 11년 3월조에 의하면, 712년에 당나라 사신 盧元敏이 신라에 와서 성덕왕의 이름을 고칠 것을 요구했다고 한다. 이러한 사실은 『唐會要』 권95 신라전에도 간략히 소개되어 있다. 따라서 『구당서』에 전하는 위 내용은 잘못이다.

> 開元十六年, 遣使來獻方物, 又上表請令人就中國學問經敎, 上許之. 二十一年, 渤海靺鞨越海入寇登州. 時興光族人金思蘭先因入朝留京師, 拜爲太僕員外卿, 至是遣國發兵以討靺鞨. 仍加授興光爲開府儀同三司・寧海軍使. 二十五年, 興光卒, 詔贈太子保. 仍遣左贊善大夫邢璹攝鴻臚少卿, 往新羅弔祭, 幷册立其子承慶襲父開府儀同三司新羅王. 璹將進發, 上製詩序, 太子以下及百僚咸賦詩以送之. 上謂璹曰:「新羅號爲君子之國, 頗知書記, 有類中華. 以卿學術, 善與講論, 故選使充此. 到彼宜闡揚經典, 使知大國儒敎之盛.」又聞其人多善奕碁. 因令善碁人率府兵曹楊季鷹爲璹之副. 璹等至彼, 大爲蕃人所敬. 其國碁者皆在季鷹之下, 於是厚賂璹等金寶及藥物等.

개원(開元) 16년(728, 신라 성덕왕 27)에 사신을 보내와 방물을 바치고, 또 표문을 올려 [신라]인에게 중국의 학문과 경교를 배우게 해달라고 요청하니, 현종(玄宗)[91]은 윤허하였다.[92] 개원 21년(733, 신라 성덕왕 32)에 발해말갈[93]이 바다를 건너 등주(登州)로 침입하였다.[94] 이때

---

91 唐玄宗 : 당조의 제6대 황제이다. 이름은 隆基이다. 睿宗의 셋째아들로 楚王에 봉해졌다가 臨淄王으로 개봉되었다. 景雲 初 太平公主와 함께 韋后와 그 일당을 소탕하고 예종을 복위시켰으며, 태자로서 조정에 참여했다. 先天 원년(712) 즉위한 이듬해에 이태평공주와 그 일당을 소탕했다. 開元 연간 姚崇・宋璟・張九齡 등을 재상으로 삼아 諫爭을 받아들이고 상벌을 명확히 하는 등 선정을 베풀었다. 개원 연간 이후 楊貴妃를 총애하고 李林甫와 楊國忠을 재상으로 등용해 정치가 문란해졌다. 안사의 난이 일어나자 天寶 15년(756) 6월 蜀으로 도망갔으며, 7월 태자 李亨이 靈武에서 즉위한 후 太上皇으로 칭했다. 至德 2년(757) 말 蜀에서 長安으로 돌아와 興慶宮에서 유폐되었다가 죽었다. 泰陵에 장사지냈으며 시호는 至道大聖大明孝皇帝이다.

92 開元十六年 遣使來獻方物 … 上許之 : 開元 16년(728, 聖德王 27)의 "遣使來獻方物 又上表請令人就中國學問經敎 上許之"는 『三國史記』 聖德王 27년조의 "遣王弟金嗣宗入唐獻方物 兼表請子弟入國學許之 授嗣宗果毅 仍留宿衛"를 뜻한다. 金嗣宗은 제6대 宿衛로서 宿衛學生을 대동하고 입당해서 國學 입학을 요청하여 허락을 받고 있다. 숙위학생은 일반 조공사나 숙위의 안내를 받고 입당하는 것이 통례인데, 이때는 金嗣宗이 유학생 입학을 알선하고 있다(申瀅植, 1984). 숙위학생은 당의 국학에 입학하여 10년간 수업을 하는데 그때의 비용은 양국 공동 부담이었다. 官・私費留學生을 구별하는 견해도 있으나(金世潤, 1982), 비용 조달이 어려운 당시 상황에서 볼 때 거의가 관비유학생이었을 것이다.
"新羅自事唐以後 常遣王子宿衛 又遣學生入太學習業 十年限滿還國 又遣他學生入學者多至百餘人 買書銀貨 則本國支給 而書糧 唐自鴻臚寺供給 學生多來者 相踵 長慶初 金雲卿 始登賓貢科 所謂賓貢科者 每自別試 附名榜尾 自雲卿後至唐末 登科者五十八人 梁唐之際 亦至三十二人 其表表知名者 有崔利貞 金叔貞 朴季業 金允夫 金立之 朴亮之 李同 崔霙 金茂先 楊穎 崔渙 崔匡裕 崔致遠 崔愼之 金紹游 朴仁範 金渥 崔承祐 金文蔚等"(『東史綱目』眞德女王 乙酉 3年條)
위 기록에서 볼 때 숙위학생으로 賓貢 합격자가 퍽 많음을 알 수 있다. 이 중 金・崔・朴氏가 많음이 52명의 명단에서 확인되었으며(金世潤, 1982), 이들이 주로 6두품이었음도 알 수 있었다(申瀅植, 1984). 숙위학생들은 10년의 수학 연한이 되면 본국의 사절이 가져온 명단에 따라 그들의 귀국선으로 돌아오게 된다. 그러나 대부분의 학생들이 귀국을 거부하여 양국 간의 정치 문제화되는 경우가 많았다. 또한 이들 유학생이 唐廷에서 관직생활을 하는 경우도 있었다. 또한 渡唐유학생들의 문한기관 활용은 문인의 보호는 물론 羅末의 학문과 사상을 보존함으로써 麗初의 왕권강화에 정신적 기반을 제공하였으니, 訓要十條나 과거제도와 같은 고려 초의 사상이나 왕도정치 구현의 길잡이가 되었던 것이다(李基東, 1984).

93 渤海靺鞨 : 고구려 멸망 후 고구려 유민과 속말말갈이 연합하여 698년에 동모산 부근에 세운 발해를 지칭한 말이다. 발해는 698~926년 약 220여 년간 만주와 한반도 북부 지역을 무대로 번영했던 나라이다. 발해를 건국한 대조영의 주체에 관하여 『구당서』 권199 발해말갈전에서는 고구려의 별종이라 하였고, 『신당서』 권219 발해전에서는 속말말갈인으로서 고구려에 복속된 종족이라 하여 차이를 보이고 있다. 한편 『신당서』 권219 발해전에 의하면, 713년에 당이 발해의 大祚榮을 발해군왕으로 책봉

홍광의 친척 김사란(金思蘭)이 입조(入朝)하여 경사(京師)[95]에 와 머물러 있으면서 태업원외경(太僕員外卿)의 벼슬을 하고 있었는데,[96] 본국으로 돌려보내어 군사를 동원하여 말갈을 토벌케 하고,[97] 이어서 홍광에게 개부의동삼사영해군사(開府儀同三司寧海軍使)를 가수(加授)하였다. [개원] 25년(737, 신라 효성왕 1)에 홍광이 죽으니, 조서를 내려 태자태보(太子太保)를 추증하고,[98] 이어서 좌찬선대부(左贊善大夫) 형숙(邢璹)[99]을 홍려소경(鴻臚少卿에) 섭직(攝職)시켜[100] 신라로 보내어 조제(弔祭)하게 하였다. 아울러 그의 아들 승경(承慶)[101]을 책립(冊立)하여 아버

한 이후에는 말갈의 칭호를 버리고 오로지 발해로만 칭했다고 하였다. 그러나 713년 이후에도 중국에서는 발해로 專稱하지 않고 여전히 발해말갈, 말갈발해 등으로 칭하는 경우가 있다(조이옥, 2010).

94 入寇登州 : 등주는 현재의 山東省 龍口市 지역인데, 요동, 한반도, 일본과 통하는 항구이다. 발해가 당의 등주를 공격한 이유는 무왕 대무예의 흑수말갈 토벌에 대한 불만을 품고 당으로 망명한 그의 아우 대문예의 압송 요청에도 불구하고 당이 그를 돌려보내 주지 않기 때문이다. 대무예는 732년 장문휴로 하여금 당의 등주를 공격하여 등주자사 위준을 살해하였다.

95 京師 : 수도, 곧 도성을 뜻하는 말이다. 원문에서는 당의 수도인 장안을 지칭한 것이다.

96 時興光族人金思蘭 … 拜爲太僕員外卿 : 金思蘭은 제8대 숙위로 성덕왕 32년(733)에 파견되었는데, 사람됨이 공손하고 예의가 있었기 때문에 唐帝가 그를 그곳에 머물게 하여 숙위하게 했다. 732년 발해가 등주를 공격하자 숙위인 金思蘭은 신라의 지원을 요청하기 위하여 신라로 파견된 당의 사신 何行成의 副使가 되어 성덕왕 32년에 귀국하였다(申瀅植, 1981). 張九齡이 작성한 「勅新羅王金興光書」(『전당문』 권285)에 의하면, 그는 성덕왕 34년에 謝恩使로서 재차 입당하여 浿江 지역에 신라군 주둔을 요청하는 표문을 올려 당의 허락을 받았음을 알 수 있다(이영호, 2010).

97 二十一年 … 至是遣歸國發兵以討靺鞨 : 말갈은 곧 발해를 지칭한다. "渤海靺鞨越海入寇登州 時興光族人金思蘭先因入朝留京師 拜爲太僕員外卿 至是歸國發兵以討靺鞨"이라는 내용은 『三國史記』 聖德王 32년조의 "唐玄宗 以渤海靺鞨越海入寇登州 遣大僕員外卿金思蘭歸國 仍加授王爲開府儀同三司寧海軍使 發兵擊靺鞨南鄙"를 뜻한다. 여기서 주목하고자 하는 것은 "金思蘭本王族 先因入朝 恭而有禮 因留宿衛 及是委以出疆之任(『三國史記』 新羅本紀 聖德王 32년조)"이라는 내용이다(申瀅植, 1981 ; 조이옥, 1990 ; 조이옥, 2000).

98 詔贈太子太保 : 漢나라 이후 太子太傅, 太子太師와 함께 東宮三師로 일컬어졌다. 원래는 태자를 보좌하고 인도하는 임무를 맡았으나 수·당 이후에는 단순히 벼슬을 추증하는 수단으로 변질되어 태자와는 아무런 관계가 없게 되었다. 정원은 1명이고 관품은 종1품이다. 당으로부터의 책봉은 왕의 교체시나 사망 후 追贈의 경우가 일반적이며, 단지 외적 퇴치나 특수한 공훈 등 특별한 경우에 加授하는 예가 있다. 예를 들면 聖德王은 32년(733)에 渤海靺鞨의 침입을 격퇴하여 당으로부터 '開府儀同三司寧海軍使'의 職을 더 받고 있다.

99 左贊善大夫 邢璹 : 左贊善大夫는 당나라 東宮職의 하나로 詹事府에 소속되어 태자를 시종하고 보좌하는 임무를 맡았다. 정원은 5명이고 관품은 정5품이었다. 邢璹은 당 현종대의 관료이다. 일찍이 사문관 조교 시절에 魏의 王弼이 저술한 『周易略例』를 보충·설명한 『周易正義略例疏』 3권을 찬술하였고(『宋史』 권202, 藝文志), 숙종이 동궁으로 있을 때는 太子侍讀을 역임하였다(『新唐書』 권6, 숙종 즉위년 ; 『玉海』 권128 官制 당 太子侍讀). 그리고 신라에 사신으로 파견될 당시 邢璹의 관직이 좌찬선대부 攝鴻臚少卿이었다. 그의 아들 邢縡가 왕홍의 모반사건에 연루됨으로써 그의 집안은 몰락하고 말았다(『舊唐書』 卷105, 列傳 왕홍).

100 攝鴻臚少卿 : '攝'은 관제 용어로 대리 또는 겸직을 의미하는데, 하급관리가 고급 관리의 역할을 하는 경우에 붙는다. 鴻臚少卿은 당나라의 9寺 가운데 하나인 鴻臚寺의 차관직으로, 정원은 2명이고 관품은 종4품상이다. 빈객의 대접과 조례, 길흉조제의 의례를 관장하는 임무를 맡았다.

101 承慶 : 聖德王의 차남인 孝成王(재위 737~742)의 이름이다. 원래 장남 重慶이 성덕왕 14년에 태자로 봉해졌으나 일찍 죽어 왕 23년에 차남인 承慶이 태자로 봉함을 받았다. 성덕왕이 재위 36년 만에 죽자 즉위하였다. 어머니는 성덕왕의 繼妃인 炤德王后이고, 비는 효성왕 3년(739)에 맞아들인 伊湌 金順元의 딸 惠明이다. 효성왕은 즉위하면서 司正府의 丞과 左右議方府의 승을 모두 佐로 바꿨다. 이것은 '丞'자가 왕의 이름에 저촉되기 때문이다.
즉위하던 해(737) 3월에 이찬 貞宗을 상대등에 임명하고, 阿湌 義忠을 執事部의 中侍에 임명하여 행정을 담당하게 하였다. 739년 의충이 죽자 이찬 信忠을 중시에 임명하고, 王弟인 憲英의 관등을 波珍湌으로 하여 태자로 삼았다. 또한 전 왕인 성덕왕

지의 [작위인] 개부의동삼사 신라왕(開府儀同三司 新羅王)을 승습케 하였다. [형]숙이 길을 떠날 적에 현종이 송별시를 지어 그 서문을 쓰고, 태자 이하 모든 관원들로 하여금 시를 지어 전송하게 하였다. 현종이 [형]숙에게, "신라는 군자(君子)의 나라로 불리며, 자못 학문을 알아서 중화(中華)와 유사한 데가 있소.[102] 경(卿)의 학술이 강론에 능하기 때문에 이번 사신으로 선발하여 보내는 것이오. 그 나라에 가서 경전을 천양(闡揚)하여 대국의 유교가 성대함을 알게 하오." 하였다. 또 나라 사람들 중에 바둑을 잘 두는 사람이 많다는 말을 듣고, 바둑에 능한 솔부병조(率府兵曹)[103] 양계응(楊季鷹)[104]을 형숙의 부사로 삼아 보냈다. [형]숙 등은 그 나라에 이르러 번인(蕃人)으로부터 대단한 존경을 받았다. 그 나라의 바둑 수준은 계응보다 낮았다. 그리하여 [형]숙 등에게 금보(金寶) 및 약물(藥物) 등의 푸짐한 선물을 주어 보냈다.

> 天寶二年, 承慶卒, 詔遣贊善大夫魏曜往弔祭之. 册立其弟憲英爲新羅王, 幷襲其兄官爵. 大曆二年, 憲英卒, 國人立其子乾運爲王. 仍遣其大臣金隱居奉表入朝, 貢方物, 請加册命. 三年, 上遣倉部郎中·兼御史中丞·賜紫金魚袋歸崇敬持節齎册書往弔册之. 以乾運爲開府儀同三司·新羅王. 仍册乾運母爲太妃. 七年, 遣使金標石來賀正, 授衛尉員外少卿, 放還. 八年, 遣使來朝, 幷獻金·銀·牛黃·魚牙紬[105]·朝霞紬等. 九年至十二年, 比歲遣使來朝, 或一歲再至.

천보(天寶) 2년(743, 신라 경덕왕 2)에 승경(承慶)이 죽으니,[106] 조서를 내려 찬선대부(贊善大夫) 위요(魏曜)[107]를 보내어 조제하게 하였다. 그의 아우 헌영(憲英)[108]을 책립하여 신라왕으로

때에 정상화된 당나라와의 외교관계를 한층 강화하는 한편, 외교적 통로를 이용해 중국의 선진문물을 수입하였다. 특히, 738년에 당나라 사신 邢璹이 신라에 올 때 당나라 玄宗이 그에게 '신라는 君子의 나라'라고 일러준 것을 보아, 당시 신라의 문화 수준을 가늠할 수 있다. 740년에는 파진찬 永宗의 모반사건이 있었으나 모두 평정되었다. 재위 6년째 되던 742년 5월에 승하하자, 시호를 孝成이라 하였다. 法流寺 남쪽에서 화장해 유골을 동해에 뿌렸다(김수태, 1992a ; 박해현, 1993 ; 조범환, 2011a).

102 新羅號爲君子之國 … 有類中華 : 중국은 전통적으로 동방을 인의지방으로 여기고 그곳에 군자국이 있다고 생각하였다. 『淮南子』에서 "東方有 君子國"이라 하였고 『後漢書』 동이전에서 "東方有君子不死之國"이라 한 것이 그것이다. 그리고 군자국 사람들은 서로 양보하고 다투지 않으며, 천성이 유순하여 도리로 다스리기 쉽다고 했다. 당대의 사람들 역시 그러한 의식을 가지고 신라를 군자국으로 지목하였다(李基東, 1998 ; 권덕영, 2011).

103 率府兵曹 : 率府는 당나라 10솔부의 하나로, 동궁의 의위와 경비 등의 임무를 관장하였다. 兵曹參軍은 각 솔부에 배속된 무관으로, 정원은 1명이고 관품은 종8품이었다.

104 楊季鷹 : 당나라 사신 형숙의 부사로 신라에 왔던 인물이다. 率府兵曹참군으로 바둑의 고수였다는 사실 외에 알려진 바가 없다.

105 「納」 : 무영전본·백납본 「紬」.

106 天寶二年 承慶卒 : 天寶 2년(743)에 孝成王이 薨去한 것으로 되어 있으나 실제는 천보 원년(742, 효성왕 6)에 흉거하였다.

107 魏曜 : 자세한 이력은 알 수 없다. 다만 『太平廣記』 신라조에 그가 신라로 가는 사절에 임명되었을 때 나이가 많아 사행길을 매우 두려워했다는 이야기가 전한다 『太平廣記』 권480 蠻夷(2) 新羅].

삼고, 아울러 형의 관작을 승습케 하였다. 대력(大曆) 2년(767, 신라 혜공왕 3)에 헌영이 죽으니,[109] 국인(國人)들이 그의 아들 건운(乾運)을 세워 왕으로 삼았다.[110] 이어서 대신 김은거(金隱居)를 보내어 표문을 받들고 입조하여[111] 방물을 바치면서 책명(冊命)을 청하였다. [대력] 3년(768, 신라 혜공왕 4)에 대종(大宗)[112]은 창부낭중(倉部郎中)[113]·겸어사중승(兼御史中丞)[114]·사

---

[108] 憲英 : 신라 제35대 왕인 景德王이 즉위하기 전의 이름이다(재위 742~765). 신라 제33대 聖德王의 셋째아들이며, 어머니는 炤德王后이고, 孝成王의 同母弟이다. 효성왕이 아들이 없었기 때문에 태자로 책봉되었다가 왕위를 계승하였다. 왕비는 伊湌 金順貞의 딸이다. 경덕왕 2년(743) 다시 舒弗邯 金義忠의 딸을 왕비로 맞이하였다. 경덕왕은 왕권의 재강화를 위한 일련의 관제 정비와 개혁 조치를 취하였다. 경덕왕의 개혁적 제도 정비는 귀족세력을 제어하면서 전제왕권체제를 강화하려는 일종의 漢化政策으로 이해할 수 있다. 그러나 이러한 한화정책 추진은 745년 귀족세력을 대표하는 상대등에 임명된 金思仁에 의해 비판을 받게 되었다. 이처럼 전제왕권을 유지하려는 경덕왕의 노력은 전제왕권을 정착시킨 성덕왕의 위업을 기리기 위해 거대한 성덕대왕신종을 조성하기 시작한 데에서도 잘 나타난다(李基白, 1974).

경덕왕은 당나라와의 우호적인 관계를 유지한 반면, 일본과의 관계는 원만하지 못하였던 것 같다. 즉위하던 해와 753년에 일본의 사신이 이르렀으나 오만하고 무례하므로 왕이 접견하지 않고 돌려보냈다고 전한다(김선숙, 2007 ; 김지은, 2007). 757년 내외 관리의 월봉을 혁파하고 다시 녹읍을 부활시켰다(전덕재, 1992 ; 조이옥, 1993). 말년의 경덕왕 정권은 왕권의 재강화에 실패한 전제왕권과 귀족세력의 정치적 타협 위에서 존립할 수 있었던 것이다. 牟祇寺 서쪽 언덕에 장사 지냈다고 하는데, 왕릉은 경주시 내남면 부지리에 있다(李基白, 1974 ; 이호영, 1974 ; 김수태, 1996 ; 박해현, 1997a ; 신정훈, 2000 ; 조이옥, 2001 ; 김선숙, 2007).

[109] 大曆二年 憲英卒 : 大曆 2년(767, 惠恭王 3)에 景德王이 사망하였다고 한 것은 永泰 元年(765)의 誤記이다.

[110] 立其子乾運爲王 : 乾運은 신라 제36대 혜공왕이 즉위하기 전의 이름이다(재위 765~780). 경덕왕의 嫡子로서 경덕왕 19년(760)에 태자로 책봉되었다. 어머니는 舒弗邯 義忠의 딸인 滿月夫人 김씨이다. 비는 이찬 維誠의 딸인 新寶后가 元妃이고, 이찬 金璋의 딸인 昌昌夫人이 次妃이다. 즉위했던 때의 나이가 8세였으므로 왕태후가 섭정하였다(김수태, 2011). 혜공왕대에는 執事部 中侍(또는 侍中)를 중심으로 강력한 전제왕권체제를 구축했던 신라 중대사회의 모순이 본격적으로 노정되었다. 즉, 전제왕권의 견제하에 있던 귀족세력들이 정치 일선에 등장해 정권 쟁탈전을 전개함으로써 정치적으로 불안정하였다. 따라서 혜공왕의 재위 16년 동안에는 많은 정치적 반란사건이 있었다(이영호, 1990).

혜공왕은 재위 16년 동안 11회의 朝貢·賀正·謝恩 사절을 당나라에 파견하였다. 이 중에서 8회는 혜공왕 9년(773)에서 12년(776)에 이르는 4년 동안에 이루어졌다. 그러나 이와 같은 혜공왕 일파의 외교적인 노력은 777년 상대등 김양상의 상소에 의해 신랄한 비판을 받게 되었다. 혜공왕 일파에 대한 김양상의 정치적 경고는 친혜공왕파를 자극하게 되어, 780년에 김양상 일파를 제거하려는 이찬 金志貞의 반란이 있었다. 그러나 오히려 김양상과 이찬 敬信에 의해 진압되고 말았다. 이 반란의 와중에서 혜공왕과 왕비는 살해되었다(박해현, 1997 ; 申政勳, 2001 ; 서영교, 2005 ; 김선숙, 2007 ; 이영호, 2014).

[111] 遣其大臣金隱居奉表入朝 : 大臣 金隱居의 奉表入朝는 伊湌인 金隱居가 혜공왕 3년에 입당한 사실을 말한다. 김은거가 입당하여 혜공왕의 책봉을 청한 사실은 『唐會要』 권95 신라전 ; 『冊府元龜』 권965 외신부 冊封條와 권972 朝貢條 ; 『資治通鑑』 권224 大曆 2년조에 실려 있다.

金隱居는 혜공왕 3년(767)에 견당사로 당에 다녀온 후 동왕 4년에 侍中이 되었다가 6년에 퇴임하였으며, 11년에는 謀叛으로 피살되었다. 그는 親惠恭 인물로 혜공왕의 冊封을 받고 귀국하여 실권을 장악하였으며, 이에 반대하던 大恭(一吉湌)과 금융의 반란을 진압하였다. 그러나 金良相이 왕 10년에 上大等이 되면서 정권이 金良相·金敬信 일파에게로 넘어가게 되니, 이에 金隱居는 왕 11년(775)에 반란을 일으킨다. 이 반란은 친혜대적(친혜공왕적) 반란이며 반김양상적인 도전이었다. 그 후 廉相·正門의 반란이 진압되면서 권력은 김양상 일파가 장악하게 된다(김수태, 1996 ; 박해현, 1997b).

[112] 唐大宗(727~779, 재위 762~779) : 당조의 제8대 황제. 이름은 豫이다. 肅宗의 맏아들로 처음 이름은 俶이었다. 15세에 廣平王으로 봉해졌다. 756년 숙종이 즉위하자 天下兵馬元帥가 되어 郭子儀와 함께 兩京(長安·洛陽)을 수복했고 안사의 난을 평정했다. 寶應 원년(762)에 다시 史朝義의 반란을 진압함으로써 반란을 종식지었으나 藩鎭 節度使들의 할거로 혼란을 겪었다. 779년에 죽어 元陵에 묻혔고, 시호는 文孝武皇帝이다.

[113] 倉部郎中 : 당나라 戶部 소속으로 전국의 창고와 조세 수납을 담당하던 倉部의 장관직이다. 정원은 1명이고 관품은 종5품상이었다.

[114] 御史中丞 : 나라의 典章과 관리의 감찰을 담당하였던 당나라 御史臺의 차관직으로 정원은 2명이고 관품은 정4품이다.

자금어대(賜紫金魚袋) 귀숭경(歸崇敬)[115]에게 부절(符節)[116]과 책서(冊書)[117]를 주어 가서 조제(弔祭)하게 하였다. 건운을 [책봉하여] 개부의동삼사 신라왕(開府儀同三司新羅王)으로 삼고, 건운의 어머니는 태비로 책봉하였다.[118] 대력 7년(772, 신라 혜공왕 8)에 사신 김표석(金標石)을 보내와 하정(賀正)하니,[119] 위원외소경(衛尉員外少卿)을 제수하여 돌려보냈다.[120] 대력 8년(773, 신라 혜공왕 9)에 사신을 보내와 조근하고, 아울러 금·은·우황(牛黃)·어아주(魚牙紬)·조하주(朝霞紬) 등을 바쳤다.[121] 대력 9년(774, 신라 혜공왕 10)에서 12년(777, 신라 혜공왕 13)까지

---

[115] 歸崇敬(?~799) : 歸崇敬은 蘇州 吳郡 출신으로 字는 正禮이다. 어려서부터 경학에 뛰어나 명경과에 급제하여 사문 조교로 발탁되었다. 그 후에 그는 博通墳典科에 다시 급제하여 좌습유, 기거랑, 찬선대부 겸 사관수찬, 집현전교리와 같은 문한직과 同州와 潤州長史의 외직을 역임한 후 倉府郎中兼御史中丞이 되어 신라에 책봉사로 왔다. 『新唐書』 권220 신라전에 의하면, 歸崇敬이 신라에 사신으로 올 때 감찰어사 육정과 부사 顧愔이 동행하였는데, 顧愔이 바로 『新羅國記』의 저자이다. 歸崇敬 일행은 768년(혜공왕 4) 2월 중순경에 당을 떠나 여름쯤에 신라에 도착하였다고 한다(權悳永, 1997).
『舊唐書』 권149과 『新唐書』 권164 열전 歸崇敬傳에 의하면, 당에서 신라에 파견된 다른 사신들은 구슬과 비단을 사사로이 무역하여 이익을 도모하였으나 歸崇敬은 오직 사신의 임무에만 충실하여 신라인의 존경을 받았으며, 신라에 다녀간 후 그의 청렴한 덕이 세상에 알려져 국자사업 겸 한림학사에 제수되었다고 한다. 문집 20권을 남겼다. 歸崇敬이 신라에 와서 혜공왕과 王母를 책봉한 사실은 『新唐書』 권220 신라전, 『唐會要』 권95 신라전, 『冊府元龜』 권654 奉使部 廉愼條와 권965 외신부 封冊條 등에도 실려 있다.

[116] 符節 : 符는 符信, 節은 節符이다. 세 가지로 나누는데, 첫째, 조정에서 명령을 전달하거나 군대를 징발할 때 사용하는 물건으로 금·동·옥·목으로 만드는데, 두 개로 나누어 조정과 절을 지닌 자가 각각 하나씩 가지고 있다가 두 개를 합쳐 맞추면 효력을 발생한다. 둘째, 사자가 지닌 일종의 통행증도 부절이라고 한다. 대나무를 두 개로 쪼개 사자와 경사에서 하나씩 갖고 이를 합쳐 보아 진위 여부를 확인해 신빙성을 입증했다. 이 제도는 선진시대에 시작해 역대 왕조에서 사용되었다. 셋째, 조정과 외국의 왕래를 보증하는 증빙서류이다. 양방이 이를 신표로 삼아 부절의 오른쪽 절반은 조정에 남기고 왼쪽의 반은 외관에게 주었다. 조정에 일이 생기면 사자를 보내 반부를 지니고 가서 외관이 꺼낸 반부를 맞춰본 후 진위를 판별했다.

[117] 冊書 : 王言 가운데 첫 번째에 차지할 만큼 상징적 의미가 강하였다. 후비를 세우거나 親王과 皇子 그리고 대장공주를 封하거나 三師·三公·三省의 장관을 배수할 때 사용한다.

[118] 三年 上遣倉部郎中 … 仍冊乾運母爲太妃 : 大曆 3년(768, 혜공왕 4) 歸崇敬의 冊封使로의 파견은 『三國史記』 新羅本紀 혜공왕 4년조의 "唐代宗遣倉部郎中歸崇敬 兼御史中丞 持節賚冊書 冊王爲開府儀同三司新羅王 兼册王母金氏爲大妃"와 같은 내용이다. 이것으로 冊封이 왕뿐 아니라 王母에게까지 확대되었음을 알 수 있다.

[119] 遣使金標石來賀正 : 『三國史記』, 『唐會要』 권95 신라전, 『冊府元龜』 권972 외신부 朝貢條에도 동일한 내용이 수록되어 있다. 그런데 『삼국사기』에는 金標石의 입당을 이해 정월조에 수록하고 있는 반면, 『책부원구』에서는 金標石의 입당을 이 해 5월조에 수록하여 차이를 보이고 있다. 이는 金標石이 본국을 출발한 시기와 당에 입조한 시기와의 차이일 것이다.

[120] 七年 遣使金標石來賀正 授衛尉少卿 放還 : 이 기사는 『삼국사기』와 동일하다. 金標石이 당으로부터 받은 衛尉員少卿은 정원 이외에 임명한 위원소경으로, 당의 9寺 가운데 하나인 위위시의 차관직이며 관품은 종4품이다. 金標石의 기타 행적은 알 수 없다. 賀正使는 聖德王 13년에 비로소 나타나는 新年賀禮使로서 혜공왕대까지 22회의 기록이 있다. 그러나 賀正使의 파견 중 14회가 성덕왕대에 집중되어 나타나고 혜공왕대 이후에는 보이지 않으니, 이는 특별한 의미가 있는 것이다(申瀅植, 1981). 賀正使는 일반 朝貢使와는 달리 1~2월 즉, 새해 벽두에 보내는 사절로서 성덕왕의 적극적인 친당정책의 일환으로 나타난 것으로 생각된다. 또한 賀正使는 조공제도에 포함되기 때문이다. 기록은 거의 없지만 賀正使가 唐帝로부터 관직을 받고 있음도 사실이다.

[121] 獻金·銀·牛黃 … 朝霞紬等 : 신라의 朝貢使가 入唐할 때 가지고 간 方物은 金·銀·牛黃·魚牙紬·朝霞紬 등으로 기록되어 있다. 신라 측의 방물은 시기별로 바뀌고 있는데, 7세기에는 金·果下馬·鐵甲·彫斧·金總布·美女 등이 주로 나타나고 있으며, 8세기에는 金·銀·銅·針·牛黃·布木·人蔘·美髮·朝霞紬·魚牙紬·海豹皮·鏤鷹鈴 등이 보내졌다. 8세기 말 이후에는 불상·불경과 금은의 도금을 입힌 장식물·세공품·비단류 등 신라의 제품이 주로 方物의 대상물이었다(申瀅植, 1981 ; 金庠基, 1948). 『隋書』 新羅傳 참조.

는 해마다 사신을 보내와 조근하였는데, 혹은 한 해에 두 번도 왔다.[122]

建中四年, 乾運卒, 無子, 國人立其上相金良相爲王.

건중(建中) 4년(783, 신라 선덕왕 4)에 건운(乾運)이 죽었다.[123] 아들이 없으므로[124] 국인들이 그 나라의 상상(上相)[125] 김양상(金良相)을 세워 왕으로 삼았다.[126]

---

122 九年至十二年 比歲遣使來朝 或一歲再至 : 惠恭王 10년(774, 大曆 9)에서 12년까지의 집중적인 조공사 입당 사실과 부합된다. 이러한 빈번한 入唐使의 출현은 연례적인 朝貢使가 갖고 있는 의례적인 성격이 아니었으며 무역을 위한 것도 아니었다. 이는 당시 신라 국내의 정권 변동과 관계가 있는 것이다(李基白, 1974). 즉 새로 집권하는 金良相 일파에 대하여 기존의 惠恭王 일파가 정권을 회복하기 위하여 취한 親唐策으로 생각된다. 혜공왕 시대의 朝貢使 파견이 왕 10~12년 사이에 집중적으로 나타났다는 기록은 결국 中代에서 下代로의 정치적 변동을 반영해 주는 것이다. 이러한 혜공왕의 왕권회복운동에도 불구하고 왕 10년(774)에 金良相이 上大等에 취임하니, 이는 단순한 재상 취임이 아니라 중대사회를 지탱해 온 혜공왕 정권이 무너짐을 의미한다. 그 후 친혜공왕파인 金隱居가 반란을 일으키고, 廉相·正門의 모반이 잇달아 일어나게 된다. 이러한 일련의 侍中職에 있던 고위층의 반란은 김양상 일파에 대한 정치적 도전이었으나, 모두 실패하고 말았다. 下代의 시작을 혜공왕대로 보는 주장은 바로 이 사건의 의미를 강조하기 때문이다(李基白, 1974 ; 서영교, 2005 ; 이영호, 2014).

123 建中四年 乾運卒 : 建中 4년(783)에 惠恭王이 사망한 것으로 되어 있으나, 실제로 혜공왕이 죽은 해는 建中 元年(780)이다. 이것은 김양상이 당과 소원한 관계여서 혜공왕의 죽음을 제때에 알리지 않았기 때문에 나타난 착오라고 여겨진다(李基白, 1974).

124 乾運卒 無子 : "乾運卒 無子"로 되어 있으나, 실제로 乾運(惠恭王)은 피살되었다. 『三國史記』 新羅本紀 惠恭王 16년조에 의하면, "王幼少卽位 及壯淫于聲色 巡遊不度 綱紀紊亂 災異屢見 人心不側 社稷杌陧 伊飡金志貞叛 聚衆圍犯宮闕 夏四月 上大等 金良相與伊飡敬信擧兵 誅志貞等 王與后妃爲亂兵所害 良相等 諡王爲惠恭王"이라 하여 혜공왕이 金志貞亂 진압군(金良相·金敬信一派)에 의해 피살되었음을 기술하고 있다.
金志貞 반란은 혜공왕 10년에 上大等에 취임하면서 정권을 장악한 金良相 일파에 반대해서 일어난 金隱居·廉相·正門의 반란의 연장으로서, 反金良相·親惠恭王의 성격을 지닌 난으로 생각된다(李基白, 1974 ; 박해현, 1997b). 김양상 일파는 그들의 집권에 대한 마지막 도전자인 金志貞을 살해하고 동시에 혜공왕까지 제거하여 정권을 장악하였다. 그리하여 金良相은 宣德王으로 즉위하게 되며, 그의 사망 이후에는 그 일파 중 金周元·金敬信이 대결하여 김경신이 승리하고 있다(신정훈, 2004 ; 권영오, 2011).

125 上相 : 上相이라는 공식적인 관직은 없다. 중국 문헌이나 국내 문헌(『三國史記』·『三國遺事』)에는 宰相·大臣·相臣 등 여러 가지 명칭이 나타나고 있으니, 우선 중국 문헌에 나타나는 용례를 찾아보면 大臣(宰相·相臣)은 주로 上大等으로서 侍中 또는 兵部令을 겸직한 인물에게 준 명칭이다. 그러므로 宰相職은 따로 설치된 공식 관직이 아니었으며, 어디까지나 당시 실권자를 의미하였다(申瀅植, 1985a).
한편 국내 문헌을 살펴보면 재상 대부분이 上大等임을 알 수 있다. 다만 金陽·金周元의 경우처럼 侍中도 있으나, 兵部令을 겸했을 때에야 재상이 될 수 있었다. 물론 上大等이라고 전부 재상이 되는 것은 아니고 주로 병권을 쥔 당대의 최고 실력자를 지칭하기 때문에 金周元은 上宰, 金敬信(상대등)은 二宰가 된 것이다. 따라서 侍中·兵部令·上大等 중에서 재상이 될 수 있었고, 겸직하였을 때에야 그 稱이 가능하였다(권영오, 2011 ; 김창겸, 2013 ; 이영호, 2014 ; 이문기, 2015).

126 國人立其上相金良相爲王 : 金良相(宣德王)의 즉위 과정을 前王(惠恭王)이 후사 없이 죽었기 때문에 和白의 추대로 즉위하였다고 설명하고 있다. 良相은 신라 제37대 선덕왕으로 즉위하기 전의 이름이다. 奈勿王의 10대손이다. 할아버지는 角干 元訓이며, 아버지는 孝芳(또는 孝方) 海湌으로 開聖大王에 추봉되었다. 어머니는 四炤夫人(또는 四召夫人) 김씨로 聖德王의 딸이며 貞懿太后로 추봉되었다. 妃는 具足夫人으로 각간 良品(또는 狼品·義恭)의 딸이다.
경덕왕 23년(764) 1월에 阿飡 양상이 侍中에 임명되었다. 양상의 활동은 혜공왕대에 접어들어 두드러졌다. 혜공왕 7년(771)에 완성된 聖德大王神鐘의 銘文에 따르면, 그는 大角干 金邕과 함께 檢校使肅政臺令兼修城府令檢校感恩寺使角으로서 성덕대왕신종 제작의 책임을 맡았다. 혜공왕 11년(774)에 伊飡으로서 상대등에 임명되었고 혜공왕 13년(776)에는 한화된 관제의 복고작업을 주관하였다. 혜공왕 16년(780) 2월 이찬 金志貞이 반란을 일으켜 궁궐을 범하자, 상대등이었던 양상은 4월에 金敬信과 함께 병사를 일으켜 김지정을 죽이고 혜공왕과 왕비를 죽인 뒤 왕위에 올랐다. 즉위 5년(784)에 讓位를 결심했으나 뜻을

> 貞元元年, 授良相檢校太尉·都督雞林州刺史·寧海軍使·新羅王. 仍令戶部郎中蓋塤持節
> 册命. 其年, 良相卒, 立上相敬信爲王, 令襲其官爵. 敬信卽從兄弟也. 十四年, 敬信卒, 其子
> 先敬信亡, 國人立敬信嫡孫俊邕爲王. 十六年, 授俊邕開府儀同三司·檢校太尉·新羅王.
> 令司封郎中·兼御史中丞韋丹持節册命. 丹至鄆州, 聞俊邕卒, 其子重興無,[127] 詔丹還. 永貞
> 元年, 詔遣兵部郎中元季方持節册重興爲王.

정원(貞元) 원년(785, 신라 원성왕 1)에 양상(良相)에게 검교태위 도독계림주자사 영해군사 신라왕(檢校太尉·都督雞林州刺史·寧海軍使·新羅王)을 제수하였다.[128] 이어서 호부낭중(戶部郎中) 개원(蓋塤)에게 부절과 책명을 주어 보냈다. 그해에 양상이 죽으니, 상상(上相) 경신(敬信)[129]을 세워 왕으로 삼고[130] 그 관작을 승습케 하였다. 경신은 곧 [전왕과] 종형제(從兄弟) 사이이

이루지 못하고, 병석에서 내린 조서에서도 항상 선양하기를 바랐다고 한 것은 이를 뒷받침한다. 선덕왕(780~785)은 재위 6년 간 뚜렷한 업적은 없으나, 그가 실제로 武烈王系의 왕통임은 그의 東海散骨遺言이나 聖德王의 外孫인 점에서 뚜렷하다(申瀅植, 1977a). 무열왕권의 줄기찬 북방 경영은 선덕왕의 정책에도 그대로 계속되고 있었다(김수태, 1985 ; 권영오, 2011 ; 김창겸, 2018).

127 「無」: 무영전본·백납본 「無」.

128 貞元元年 … 新羅王 : 金良相(宣德王)에 대한 册號인 "檢校太尉都督 雞林州刺史 寧海軍使 新羅王"에 대해서 『册府元龜』에는 "簡較太師 都督 鷄林州刺史 寧海軍史 新羅王"으로 되어 있어 약간의 차이가 있으나 그 등급은 비슷하였다.

129 敬信 : 신라 제38대 원성왕이 즉위하기 전의 이름이다(재위 785~798). 나물왕의 12세손으로 아버지 孝讓은 明德大王, 할아버지 魏文(또는 訓入)은 興平大王, 증조할아버지 義寬(또는 義官)은 神英大王, 고조할아버지 法宣은 玄聖大王으로 추존되었다. 어머니는 繼烏夫人(또는 知烏夫人) 박씨이며 昭文太后로 추봉되었고, 妃는 淑貞夫人 金氏로 각간 神述의 딸이다.
그는 재위 14년(785~798) 동안 前代와는 다른 정책과 업적을 남겼으니, 우선 새로운 왕통의 권위를 확립하기 위해서 始祖·太宗武烈王·文武王과 자신의 祖(興平大王)·父(明德大王)를 합쳐 5廟의 주인공을 마련함으로써 聖德王과 開聖大王(宣德王)을 撤毁하였다. 이러한 廟制의 변천은 신라 사회의 발전을 뜻하는 것으로서(邊太燮, 1964 ; 강진원, 2017) 이때부터를 실제 下代의 시작으로 볼 수 있다(申瀅植, 1977a ; 김경애, 2006). 또한 정치적 일신을 꾀하기 위해 摠管을 都督으로 바꾸고, 특히 왕 4년에는 讀書出身科를 두어 실력 위주의 유교정치이념을 강조하였다(전덕재, 2010 ; 차미희, 2000).
한편, 원성왕대에는 下代 권력구조의 특징을 이루는 왕실친족집단에 의한 권력 장악의 典型이 확립되기 시작하였다. 이처럼 왕과 태자를 정점으로 한 극히 좁은 범위의 근친 왕족들이 上大等·兵部令·宰相 등의 요직을 독점하고자 하였다. 하대는 이들 근친 왕족들에 의하여 왕위가 이어져 원성왕계로 특징 지어진다 원성왕은 불교에 대한 관심도 많았다. 785년에 僧官을 두어 政法典이라 하고(신선혜, 2018), 795년에는 奉德寺(또는 報恩寺)를 창건하였으며, 望德樓를 세웠다. 798년 12월 29일에 죽으니, 遺命으로 奉德寺 남쪽 吐含岳 서쪽 동굴에 화장하였고, 능을 追福하기 위한 崇福寺가 세워졌다. 아들은 태자로 책봉되었던 仁謙과 의영과 禮英이 있었고, 두 딸로 大龍夫人·小龍夫人이 있었다(吳星, 1985 ; 李明植, 1992 ; 김경애, 2006 ; 권영오, 2011 ; 金昌謙, 2018).

130 良相卒 立上相敬信爲王 : 『三國史記』의 내용과 약간 차이가 있다. 『삼국사기』의 기록을 보면, "宣德薨 無子 群臣議後 欲立王之族子周元 周元宅於京北二十里 會大雨 閼川水漲周元不得渡 或曰 卽人君大位 固非人謀 今日暴雨 天其或者不欲立周元乎 今上大等敬信前王之弟 德望素高 有人君之體 於是 衆議翕然 立之繼位 旣而雨止 國人皆呼萬歲"라 하고 있다.
宣德王이 죽은 뒤 첫 번째로 추대된 사람은 金周元이었다. 그는 金文王의 후손이며 당시 兵部令으로서 실권을 장악하고 있었다. 兵部令은 宰相과 私臣을 겸하는 최고 실력자였다(申瀅植, 1984). 김주원은 上宰라 하고, 金敬信(元聖王)은 次宰라 할 정도로 그는 당대 최고의 실력자였다(『三國遺事』 元聖大王條). 김주원이 1차로 추대되긴 하였지만, 衆臣의 반발을 받은 듯하다. 즉 당시 김경신은 仁謙과 禮英의 두 아들 및 많은 손자들(昭聖王·憲德王·興德王·憲貞·均貞 등)의 정치적 기반을 갖고 있었으니, 이

다. 정원 14년(798, 신라 원성왕 14)에 경신이 죽었다. 그의 아들이 경신보다 먼저 죽었으므로 국인들이 경신의 맏손자 준옹(俊邕)¹³¹을 세워 왕으로 삼았다.¹³² 정원 16년(800, 신라 애장왕 1)에 준옹에게 개부의동삼사 검교태위 신라왕(開府儀同三司檢校太尉 新羅王)을 제수하였다. 사봉낭중 겸어사중승(司封郎中¹³³·兼御史中丞) 위단(韋丹)¹³⁴에게 부절과 책명을 주어 보냈다. 위단이 운주(鄆州)¹³⁵에 이르렀을 때 준옹이 죽고 그의 아들 중흥(重興)¹³⁶이 왕이 되었다는 보고가 있어 조명(詔命)으로 위단을 불러들였다. 영정(永貞) 원년(806, 신라 애장왕 9) 조서를 내려 병부낭중(兵部郎中)¹³⁷ 원계방(元季方)¹³⁸에게 부절을 주어 보내어 중흥을 왕으로 책봉하였다.¹³⁹

를 배경으로 金周元을 밀어낸 것 같다. 그러므로 元聖王의 즉위에 "國人皆呼萬歲"라고 기록한 것이다(申瀅植, 1985a ; 최의광, 2009 ; 권영오, 2011).

131 俊邕 : 신라 39대 昭聖王이 즉위하기 전의 이름이다(재위 799~800). 원성왕의 큰아들인 仁謙(惠忠太子)의 아들이며, 어머니는 聖穆太后이고, 妃는 김씨 桂花夫人으로 대아찬 叔明의 딸이다. 태자에 책봉된 아버지 仁謙이 일찍 죽고, 뒤이어 태자가 된 숙부 義英 또한 794년에 죽자 그가 795년 정월에 태자로 책봉되었다. 그는 왕위에 오르기 전 원성왕 5년(789) 大阿湌을 제수 받고 당나라에 사신으로 갔으며, 790년에는 波珍湌을 제수받아 재상이 되었다. 791년 10월에는 侍中에 임명되었으나, 이듬해 8월에 병으로 물러났다. 2년 동안의 짧은 재위로 별다른 업적은 없으나, 원성왕의 유교정치 추진을 정책으로 계속 밀고 나간 점은 특기할 만하다. 즉, 그는 원성왕 때의 讀書三品科를 뒷받침하려는 정책을 시행하였으니, "元年 春三月 以菁州居老縣爲學生祿邑(『三國史記』 新羅本紀)"이라 하여 菁州의 居老縣을 學生祿邑으로 삼고 있다. 재위 2년째인 800년 6월에 승하하였다(정호섭, 2004 ; 권영오, 2011 ; 김창겸, 2018).

132 十四年 … 國人立敬信嫡孫俊邕爲王 : 元聖王은 세 아들이 있었는데, 太子인 仁謙(惠忠王)은 元聖王 7년(791)에 사망하였고, 차남인 義英도 원성왕 10년(794)에 사망하였다. 3남인 禮英(惠康王)은 卒年을 모른다. 元聖王系는 장남의 네 아들 俊邕(昭聖王, 侍中)·彦昇(憲德王, 侍中·上大等·兵部令)·秀宗(興德王, 侍中·上大等) 및 忠恭(侍中·上大等)이 계속 왕위를 독점한 반면 禮英系의 두 아들 均貞과 憲貞은 侍中을 역임하였을 뿐 왕이 되지 못하였다.
그리하여 下代는 이들 두 家系의 대립·연합으로 왕권이 유지되었다. 특히 仁謙의 손자인 明(閔哀王)은 禮英의 손자인 祐徵과의 대립에서 피살된 바 있으니, 그때 武烈系는 양 파로 분리되어 金陽은 反王黨派, 金昕은 王黨派로 갈라졌다. 이때 張保皐와 金陽 연합세력이 閔哀王을 죽이고 祐徵을 神武王으로 추대한 것이다. 즉 원성왕계의 왕위 계승은 下代 전반기까지는 인겸계가 우세하였으나, 후반기에는 예영계가 독점적으로 계승하였다(이기동, 1980 ; 권영오, 2011 ; 김창겸, 2013).

133 司封郎中 : 당나라 이부 소속으로 나라의 봉작을 담당하는 관리이다. 정원은 1명이고 관품은 종5품이었다.

134 韋丹 : 당나라 京兆府 萬年縣 출신으로 字는 文明이다. 어려서 부모를 잃고 외조부 안진경을 좇아 학문을 익혀 명경과에 급제하여 安遠令이 되었다. 咸陽尉, 전중시어사 숨人을 역임하고 시봉랑중 겸 어사중승으로 신라왕 책봉사에 임명되었다. 그 후 그는 容州刺史가 되어 관내의 백성들에게 농사를 적극적으로 권장하고 학교를 세워 학문을 크게 진작시켰고, 河南少尹을 거쳐 간의 대부 등을 역임하고 58세의 나이로 죽었다(『新唐書』 권197 열전 韋丹傳). 특히 위단은 신라왕 책봉사에 임명되었을 때 자신에게 할당된 관직을 팔아서 얻은 재물로 개인의 활동경비를 조달하던 종래의 관행인 이른바 사독관을 거절하고 필요한 경비를 조정에 정당하게 청구하여 집행하였다. 이처럼 위단은 청렴하고 강직한 관리였고 백성의 생활안정에 힘쓴 목민관이었다(『舊唐書』 권15 헌종 원화 7년(812) 2월조).

135 鄆州 : 현재의 중국 山東省 諸城縣이다. 위단이 운주까지 왔다가 되돌아간 사실은 『唐會要』 권95 신라전, 『新唐書』 권220 신라전, 『冊府元龜』 권965 외신부 封冊條, 『資治通鑑』 권235 정원 16년조, 『新唐書』 권197 열전 韋丹傳에도 수록되어 있다. 한편 『全唐文』 권491에 실려 있는 「奉送韋中丞使新羅序」는 위단이 책봉사의 명을 받고 신라로 떠날 때 權德輿가 그에게 지어준 글이다.

136 重興 : 중흥은 애장왕을 지칭하는 것으로 보인다. 『삼국사기』 신라본기에 의하면 애장왕의 이름은 淸明이고, 뒤에 重熙로 고쳤다고 한다. 그러므로 『구당서』에 기록된 중흥은 誤記이다.

137 兵部郎中 : 당나라 병부 소속의 관직으로, 정원은 2명이고 관품은 종5품이었다.

138 元秀方 : 당나라 京兆尹을 역임한 元義方의 동생으로 명경과를 통하여 楚丘尉가 되었다. 그 후 전중시어사와 度支員外郎을 거

元和元年十一月, 放宿衛王子金獻忠歸大國.[140] 仍加試祕書監. 三年遣使金力奇來朝. 其年七月, 力奇上言:「貞元十六年, 奉詔册臣故主金俊邕爲新羅王, 母申氏爲太妃, 妻叔氏爲王妃. 册使韋丹至中路, 知俊邕薨, 其册却迴在中書省. 今[141]臣還國, 伏請授臣以歸.」敕:「金俊邕等册, 宜令鴻臚寺於中書省受領, 至寺宣授與金力奇, 令奉歸國. 仍賜其叔彥昇門戟, 令本國準例給.」四年, 遣使金陸珍等來朝貢. 五年, 王子金憲章來朝貢.

원화(元和) 원년(806, 신라 애장왕 7) 11월에 숙위로 와 있던 왕자 김헌충(金獻忠)을 본국에 돌려보내고,[142] 이어서 시비서감(試祕書監)[143]을 가수(加授)하였다. 원화 3년(808, 신라 애장왕 9)에 사신 김력기(金力奇)를 보내어 내조(來朝)하였다. 이 해 7월에 김역기가 "정원 16년(800, 신라 애장왕 1)에 신의 고주(故主) 김준옹(金俊邕)으로 신라왕을 삼고, 어머니 신씨(申氏)로 태

쳐 金部와 膳夫郎中을 역임하면서 주위 사람들로부터 직책을 수행하는 능력을 인정받았다. 당시 권력을 잡고 있던 王叔文이 元秀方을 싫어하여 그를 병부낭중으로 앉혀 신라에 사신으로 보냈다. 신라에 왔다 간 후 그의 행적은 뚜렷하지 않다. 다만 元秀方이 51세의 나이에 죽자 同州刺史로 추증되었다는 사실이 알려져 있다(『新唐書』 권201 열전 元萬頃). 그리고 『唐書直筆』 권4에서 그를 당대의 유학자라 하였다(권덕영, 2005).

139 聞俊邕卒 … 詔遣兵部郎中元秀方持節册重興爲王 : 哀莊王은 昭聖王의 長男으로 下代 최초로 시도된 세습제의 단적인 예이다. 昭聖王은 仁謙의 장남이었지만 정치적 야심을 갖고 있는 세 동생(彦昇·秀宗·忠恭)의 도전을 받고 있었다. 昭聖王의 사망 후 왕통은 적자(애장왕)에게 계승되었지만 정치적 실권은 세 명의 동생이 쥐고 있었다. 그리하여 애장왕은 彦昇에게 兵部令·私臣·上大等의 職을 제수하면서 정권을 맡길 정도였다.
애장왕은 자신의 왕통을 확립하고 왕권의 위엄을 갖추기 위해 太王后와 王后의 책봉을 마련하고, 원성왕 때 새로 이룩한 5묘제를 다시 바꾸어 太宗武烈王과 文武王의 2廟를 別置시켜 元聖王系의 왕통을 강조하였다(邊太燮, 1964). 이로써 원성왕계 왕통의 위계질서를 마련하고 나아가 일본과 通好하여 국제적 안목을 넓히면서 臨海殿과 萬壽房(東宮處所)을 새로 축조하여 왕실의 위엄을 높이려 하였다. 이어 805년 1월 王母와 王妃를 새삼 책봉하여 王家의 위신을 강조하였으며, 金力奇·金陸珍을 唐에 보내 前王(昭聖王)의 册號를 받아왔다. 802년에는 海印寺를 창건했다. 왕 6년 8월 公式 20여 조를 발표했으며, 같은 해 位和府의 衿荷臣을 令으로 고쳐 불렀고, 例作府에 省 2명을 두었다. 806년에는 새로 절을 짓는 것을 금하고 수리만 허용했으며 불교 행사에 錦繡의 사용을 금했다.
왕 6년의 "頒示公式二十餘條" 내용을 주목하여 보면, 이는 원성왕계 왕권의 확립을 위한 일종의 법적 조치일지도 모른다. 그러나 강조된 왕위계승의 원칙과 왕권의 위엄도 애장왕이 숙부 언승에게 피살됨으로써 무너졌다(최홍조, 2004 ; 권영오, 2011 ; 김창겸, 2018).

140 「國」: 무영전본·백납본 「國」.

141 「今」: 무영전본 「今」, 백납본 「令」.

142 放宿衛王子金獻忠歸本國: 『삼국사기』 애장왕 7년조는 "放宿衛王子金獻忠歸國 仍加試祕書監"이라 하여 표현이 같다. 그러나 여기에서는 숙위가 받은 試祕書監이 經籍과 圖書의 任을 맡는 儀禮職이라는 사실보다도 그의 귀국하는 방법에 대해 주목할 필요가 있다. 金獻忠의 숙위 귀국은 自意에 의한 것도 아니고 임기만료에 따른 귀국도 아니었으니, 放還이라는 추방의 의미를 갖고 있었다. 즉, 전에 볼 수 없었던 '放'字의 사용은 숙위 지위에 변화가 있었다는 뜻이니, 정치적·외교적 기능의 상실에 따른 정치적 추방이라는 점에서 숙위의 지위가 약화되었음을 알 수 있다. 따라서 김헌충은 하대 숙위의 성격을 반영하는 첫 사례로 그의 추방은 신라 정치의 쇠퇴에 따른 당연한 귀결이었다(申瀅植, 1981 ; 1984).

143 試祕書監 : 試는 관제 용어로 관리에게 임기 1년으로 급료를 반만 주는 관리에게 붙이는 칭호이다. 祕書監은 당대 비서성의 장관으로 종3품이며, 나라의 경전 및 도서에 관한 일을 담당하였다.

위(太妃)로 삼으며,[144] 아내 숙씨(叔氏)로 왕비(王妃)를 삼는다는[145] 조책(詔冊)을 받들었습니다. 그러나 책사 위단이 중도에서 준옹의 죽음을 알고 그 책명(冊命)을 도로 가지고 돌아가서 중서성(中書省)[146]에 두었습니다. 이번에 신이 본국으로 돌아가므로 신이 가지고 갈 수 있도록 주시기를 엎드려 청합니다."라고 상언(上言)하니, 조칙(詔勅)하여 말하기를 "김준옹 등의 책명은 마땅히 홍려시[147]로 하여금 중서성에서 수령해 오게 해야 하니, (홍려)시에 알려서 김력기에게 주어 받들고 돌아가게 하라. 이어서 그의 삼촌 언승(彦昇)[148]에게 문극(門戟)[149]을 내려주니, 본국은 준례(準例)에 따라 내려주라"고 하였다.[150] 원화 4년(809, 신라 헌덕왕 1)에 사신 김육진(金陸珍)[151] 등을 보내와 조공하였다. 원화 5년(810, 신라 헌덕왕 2)에는 왕자(王子) 김헌장(金憲章)[152]이 와서 조공하였다.

---

144 母申氏爲太妃 : 哀莊王의 母后는 昭聖王妃 桂花夫人 金氏이므로 "母后申氏"라는 『舊唐書』의 기록은 잘못된 것이다.

145 妻叔氏爲王妃 : 哀莊王妃에 대한 기록은 『三國史記』 新羅本紀에 金氏(後宮)·朴氏(王后)로 되어 있으니, "王妃叔氏"라는 『舊唐書』의 기록은 잘못된 것이다. 『삼국사기』 신라본기 애장왕조에 의하면 "三年 夏四月 以阿湌金宙碧女入後宮"이라고 하였으며, "六年 春正月 封母金氏爲太王后 妃朴氏爲王后"라 하고 있다. 다만 애장왕의 비인 박씨는 신라 하대에 박씨가 왕비 세력으로 등장하는 계기가 되었다(장일규, 2011).

146 中書省 : 隋代에는 內史省 혹은 內書省이라 하였고, 武德 3년(620) 中書省으로 고쳤다. 門下省·尙書省과 함께 軍國大政을 관장해 '三省'이라 불렸다. 中書省은 詔勅을 초안해 門下省의 검토를 거쳐 尙書省에 보내 집행했다. 중앙 각 관청과 지방의 州府에서 올리는 각종 문서는 중서성을 거쳐 황제에게 전달되며, 득실을 參議하고 批答을 작성했다. 장관인 中書令 2명과 中書侍郞 2명이 있고 中書舍人 6명이 表章을 검토하고 詔勅을 초안했다. 이 밖에 右補闕과 右拾遺가 각각 2명이었고, 右散騎常侍·右諫議大夫·起居舍人·通事舍人 등 속관이 있었다.

147 鴻臚寺 : 당나라 정부 관청의 명칭으로 北齊시대에 처음 설치되었다. 九寺의 하나이다. 이전 大鴻臚의 직권을 이어받아 賓客의 대접과 朝禮, 吉凶弔祭의 의례를 관장했다. 주요 관리에는 장관인 鴻臚卿과 차관인 鴻臚少卿, 鴻臚寺令과 鴻臚寺丞, 京邑隆甫, 奉禮郞 등이 있었다.

148 彦昇 : 원성왕 6년(790)에 大阿湌을 제수받아 중국 당나라에 사신으로 다녀왔다. 794년 侍中에 임명되었고, 그 다음 해에 伊湌으로서 宰相이 되었다. 796년에는 兵部令을 제수받았다. 이러한 세력기반이 哀莊王의 즉위와 함께 그를 攝政의 지위에 오를 수 있게 하였다. 애장왕대 그의 세력은 대단해 집안이 당나라의 조정에까지 알려질 정도였다(李基東, 1984 ; 윤병희, 1982 ; 김동수, 1982 ; 최홍조, 2004 ; 김창겸, 2013).

149 門戟 : 唐·宋代에 廟社와 宮殿의 문이나 府州의 公門 혹은 功臣이나 고관의 집 대문에 세워두는 의장용 창을 말한다(『宋史』 輿服志 2).

150 三年 遣使金力奇來朝 : 『三國史記』 卷10 新羅本紀 10, 哀莊王 6년 條, 『新唐書』 권220 신라전, 『唐會要』 권95 신라전, 『冊府元龜』 권972 외신부 조공조에 동일한 내용이 수록되어 있다.

151 金陸珍 : 金陸珍의 使行 목적은 謝恩에 있었다. 일찍이 800년에 당나라에서 소성왕을 책봉한 詔冊은 그해 왕이 죽음으로써 전하지 못하고, 당나라 중서성에 보관되었던 것을 애장왕 9년(808)에 사신으로 당나라에 간 金力奇 편에 돌려보내고, 아울러 왕의 숙부 彦昇과 동생 仲恭에게 門戟을 내려준 데 대한 감사의 뜻으로 간 것이었다. 한편 『朝鮮金石總覽』에 의하면, 그에 앞서 803년에는 大奈麻로서 왕명을 받들어 경주 鍪藏寺의 阿彌陀如來造像事蹟碑의 비문을 짓기도 하였다. 이 비문의 1·2면 글은 상하에 泐字가 많아 뜻이 통하지 않으나, 그의 문장과 지식이 대단함을 보여 준다. 일부 학자는 그가 쓴 것이 아니라고 하나 "□(□守奈麻臣金陸珍奉敎)" 운운한 것으로 보아 그가 쓴 것이라 추측된다. 더구나 당시 당나라에 사신으로 다녀오고 비문을 쓸 수 있는 사람은 대개 당나라에 유학을 다녀온 사람이나 숙위로 가 있던 사람이 대부분이었는데, 김육진도 그러한 사람이었다(李基東, 1979b ; 이종문, 2014).

152 金憲章 : 金憲章은 왕자라고 하나 어느 왕의 아들인지 알 수 없다. 당나라 順宗이 죽은 지 5년 후인 헌덕왕 2년(810) 10월에 순종의 명복을 빌기 위하여 금·은·불상·불경 등을 가지고 陳慰使로 중국에 갔다.

> 七年, 重興卒, 立其相金彦昇爲王, 遣使金昌南等來告哀. 其年七月, 授彦昇開府儀同三司·檢校太尉·持節大都督雞林州諸軍事, 兼持節充寧海軍使·上柱國·新羅國王, 彦昇妻貞氏冊爲妃. 仍賜其宰相金崇斌等三人戟, 亦令本國準例給. 兼命職方員外郎·攝御史中丞崔廷持節弔祭冊立, 以其質子金士信副之. 十一年十一月, 其入朝王子金士信等遇惡風, 飄至楚州鹽城縣界, 淮南節度使李鄘以聞. 是歲, 新羅飢, 其衆一百七十人求食於浙東. 十五年十一月, 遣使朝貢.

원화 7년(812, 신라 헌덕왕 4)에 중흥(重興)이 죽으니, [그 나라에서] 재상 김언승(金彦昇)[153]을 세워 왕으로 삼고,[154] 사신 김창남(金昌南) 등을 보내와 고애(告哀)하였다. 이 해 7월에 언승에게 개부의동삼사 검교태위 지절대도독계림주제군사 겸지절충영해군사 상주국 신라국왕(開府儀同三司檢校太尉·持節大都督雞林州諸軍事 兼持節充寧海軍使 上柱國·新羅國王)을 제수하고, 언승의 아내 정씨(貞氏)를 왕비로 책봉하였다.[155] 아울러 재상 김숭빈(金崇斌) 등 세 사람에게 문극(門戟)을 내려 주고,[156] 역시 본국으로 하여금 준례대로 내려 주라고 하였다. 아울러 직방원외랑(職方員外郎)[157] 섭어사중승(攝御史中丞)[158] 최정(崔廷)[159]에게 부절을 가지고 가서 조제와

---

153 金彦昇: 신라 제41대 憲德王이 즉위하기 전의 이름이다. 金彦昇은 元聖王의 장남인 仁謙의 둘째아들로 조카인 哀莊王을 죽이고 왕이 되었다. 그는 조부 元聖王 10년에 侍中이 된 후 2년 뒤에는 兵部令으로 실권을 장악하였으며, 형인 昭聖王이 죽고 조카인 哀莊王이 13세로 즉위하자 섭정을 하였다. 그리하여 애장왕 2년에는 御龍省私臣이 되었으며 곧 上大等이 되었다. 애장왕이 왕권을 강화하고 왕통의 권위를 세우려 하자 김언승은 사촌조카인 悌隆(뒤에 僖康王)과 함께 애장왕을 죽이고 자신이 왕이 되었다. 憲德王은 재위 18년(809~826) 동안 원성계 왕권을 본궤도에 올려놓았다. 즉위 후 金昌南·金憲章 등을 당에 보내 정치적 승인을 얻었으며, 사촌동생인 均貞을 侍中으로 삼는 한편, 武烈系인 金憲昌(金周元의 아들) 역시 侍中으로 임명하여 다른 家系와의 정치적 타협을 모색하였다. 武烈系의 반발이 金憲昌亂으로 야기되긴 하였지만 均貞 일파의 도움으로 이를 진압하였다. 그러나 이 난의 결과로 禮英派 등장의 계기가 주어졌으며, 또한 이 난을 통하여 하대 귀족 분열의 일면을 엿볼 수 있다(김진수, 2018). 이러한 김헌창의 난에서 특히 주목되는 것은 독립된 가계의 귀족들이 私兵 세력을 바탕으로 상호 연합해서 항쟁하는 양상을 보였다는 점이다(吳星, 1979 ; 李基東, 1984 ; 윤병희, 1982 ; 김동수 1982 ; 최홍조, 2004 ; 조범환, 2010b ; 권영오, 2011 ; 김창겸, 2018).

154 七年 重興卒 立其相金彦昇爲王: 元和 7년(812, 憲德王 4)에 憲德王(彦昇)이 즉위한 것으로 되어 있으나 이는 잘못된 것이다. 哀莊王의 이름은 淸明이고 重興이 아니었으며, 그의 사망 연도도 元和 4년(809)이다.

155 彦昇妻貞氏冊爲妃: 憲德王의 왕비는 禮英(왕의 叔父)의 딸인 貴勝夫人으로 왕의 사촌동생이었다. 憲德王妃가 貞氏라는 기록은 잘못된 것으로서『삼국사기』에서도 의문을 표시하고 있으니, "按王妃禮英角干女也 今云貞氏 未詳"이라는 기록이 그것이다.

156 仍賜其宰相金崇斌等三人戟: '宰相 金崇斌'의 의미는 그가 헌덕왕 원년에 上大等이었다는 사실과 관계가 있다. 신라에는 제도적 또는 법률적인 의미에서 宰相이 없으나, 上大等·侍中·兵部令·私臣 중에서 宰相을 칭한다. 그러나 무조건 그 명칭을 주는 것은 아니었으니, 두 가지 이상을 겸직하는 경우나 정치적 실권을 장악한 권력자에게 준 관용적 표현이었다(申瀅植, 1985a). 또한 재상은 4관직 중에서 1~2개를 거친 인물에게 준 명칭으로서 上相·上臣·上宰라 하였으며, 上大等·侍中에서 兵部令·私臣을 겸하는 자에게 흔히 일컬은 명칭이었다. 따라서 上大等에게만 준 것이 아니었으며, 국가기구의 초월적 존재라기보다는 당시의 정치적 실권자에게 준 별칭이었다고 생각된다(木村誠, 1977).

157 職方員外郎: 職方은 周代부터 있었던 職方司로 수·당대에는 병부에 속해 있으면서 軍用地圖와 城隍·鎭戍·烽堠 및 이민족의

책립을 시행하게 하였는데, 그 질자(質子) 김사신(金士信)을 부사(副使)로 딸려 보냈다.[160] 원화 11년(816, 신라 헌덕왕 8) 11월 입조한 왕자 김사신(金士信)[161] 등이 사나운 바람을 만나 초주(楚州) 염성현(鹽城縣) 지경에까지 표류하여 갔다는 사실을 회남절도사(淮南節度使) 이용(李鄘)이 알려 왔다. 이 해에 신라에 흉년이 들어 무리 170명이 먹을 것을 찾아 절동(浙東)에까지 왔다.[162] 원화 15년(820, 신라 헌덕왕 12) 11월에 사신을 보내어 조공하였다.[163]

> 長慶二年十二月, 遣使金柱弼朝貢. 寶曆元年, 其王子金昕來朝. 大和元年四月, 皆遣使朝貢. 五年, 金彦昇卒, 以嗣子金景徽爲開府儀同三司·檢校太尉·使持節大都督雞林州諸軍事, 兼持節充寧海軍使·新羅王. 景徽母朴氏爲太妃, 妻朴氏爲妃. 命太子左諭德·兼御史中丞源寂持節弔祭册立.

장경(長慶) 2년(822, 신라 헌덕왕 14) 12월에 사신 김주필(金柱弼)을 보내 조공하였다.[164] 보

귀화 등에 관한 업무를 관장하던 관서였다. 직방사의 장관은 郎中이며 원외랑은 차관이었는데, 정원은 1명이고 관품은 정6품이었다.

158 攝御史中丞 : 御史中丞은 관리를 감찰·탄핵하던 관서인 어사대의 차관직으로, 정원은 2명이고 관품은 정4품이었다. 攝은 임시로 겸직하는 것을 뜻한다.

159 崔廷 : 崔廷이 신라에 와서 헌덕왕의 책봉서를 전한 사실은 『신당서』·『당회요』·『책부원귀』·『삼국사기』에도 기록되어 있는데, 이 때 이납이 부사로 동행하였다(권덕영, 2005).

160 以其質者金士信副之 : 金士信은 제12대 숙위 下代에서는 金獻忠 다음으로 나타난 인물이다. 그를 기록상에 質子로 하고 있음은 宿衛가 그 정상적인 기능을 정지당한 下代 숙위의 일반적 현상이었다. 金士信은 唐廷에서 관직도 못 받았으며, 일정한 직능도 없이 단지 本國王의 薨去에 애도사를 수행해 온 副使였다. 이로써 신라 하대의 宿衛는 唐으로부터 한낱 인질에 불과한 지위로 전락되었음을 엿볼 수 있다. 나·당 간의 불화 시에 宿衛가 인질이 된 경우는 이미 金仁問에서 본 바 있었다(申瀅植, 1981 ; 김수태, 1999b). 숙위가 외교사절의 임무를 갖고 있으면서 그가 귀국 시에 唐 측의 副使로서의 역할을 수행한 것은 흔히 있는 일이다. 이와 같은 신라 하대 숙위가 가진 인질적 성격은 일반적이었으니, 이는 金獻忠과 金義琮의 방환 의미와 맥을 같이한다고 할 수 있다.

161 十一年 其入朝金士信 : 金士信은 元和 4년(809, 憲德王 元年)에 당의 弔祭副使로 귀국했는데, 『舊唐書』에서 元和 11년(憲德王 8)에 다시 入唐한 것으로 기록하고 있어 의문이 크다. 다른 문헌에는 이 해에 金士信이 入唐하였다는 기록이 없으니, 元和 11년의 金士信은 동명이인일 수도 있다. 그러나 그가 당과의 친선을 위하여 재입당할 수도 있으니, 그 가능성을 金文王·金仁問의 경우에서 엿볼 수 있다.

162 新羅飢 其衆一百七十人求食植於浙東 : 이러한 사실에 대하여 『三國史』記 新羅本紀에서는 "(憲德王) 七年 秋八月 西邊州郡大飢 盜賊蜂起 出軍討平之" 및 "八年 春正月 年荒民飢 抵浙東求食者 一百七十人"이라고 하고 있다. 절동 지방은 중국 절강의 동쪽지방으로, 당대에는 이곳에 정강동도가 설치되었다. 신라인이 절동 지방에 가서 식량을 구한 사실은 『당회요』 권95 신라전에도 실려 있다. 헌덕왕의 재위 18년간 日食·流星을 비롯한 13회의 괴변이 이어지고 있으니, 이로써 당시의 어려운 상황을 엿볼 수 있다. 특히 헌덕왕 때는 기근이 심하였으며(12·13년), 石頹현상이 나타나 반란이 일어날 것을 예고하고 있었다(권영오, 2012 ; 이문기, 2015 ; 김창겸, 2018).

163 十五年十一月 遣使朝貢 : 入唐使의 인명 기록은 없으나 『三國史記』 新羅本紀에 "(憲德王) 十二年(元和 15년, 820) 十一月 遣使入唐朝貢 穆宗召見麟德殿 宴賜有差"라 되어 있다.

164 遣使金柱弼朝貢 : 『삼국사기』 신라본기 헌덕왕 14년조, 『唐會要』 권95 신라전, 『冊府元龜』 권972 외신부 조공 長慶 2년 12월

력(寶曆) 원년(825, 신라 헌덕왕 17)에 왕자 김흔(金昕)이 와서 내조하였다.[165] 대화(大和) 원년(827, 신라 흥덕왕 2) 4월에 사신을 보내어 조공하였다. 대화 5년(831, 신라 흥덕왕 6)에 김언승(金彦昇)이 죽으니,[166] 그의 아들 김경휘(金景徽)를 개부의동삼사 검교태위 사지절대도독계림주제군사 겸지절충영해군사 신라왕(開府儀同三司·檢校太尉·使持節大都督雞林州諸軍事 兼持節充寧海軍使·新羅王)으로 삼았다.[167] 경휘의 어머니 박씨(朴氏)를 태비로 삼고, 아내 박씨를 왕비로 삼았다. 태자좌유덕(太子左諭德)[168] 겸어사중승(兼御史中丞) 원적(源寂)[169]에게 부절을 주어 보내어 조제하고 책립(册立)하게 하였다.

조에 동일한 사실이 수록되어 있다. 한편 金柱弼이 입당한 해 신라는 金昕을 입당시켜 숙위케 했다고 하는데(『삼국사기』 권44 열전 金陽傳), 그는 金柱弼 일행과 동행하여 입당했을 것으로 추정된다(權悳永, 1996). 金柱弼은 다음 해 정월까지 당에 머무르면서 해적에게 잡혀와 당에서 노비로 팔린 신라 양민의 방환을 唐帝에게 요청하여 허락받았다(『唐會要』 권86 奴婢條).

[165] 寶曆元年 其王子金昕來貢 : 金昕의 字는 泰이고, 태종 무열왕의 9세손이다. 金昕은 실제로는 왕자가 아니었으며, 武烈系 후손으로 헌덕왕 14년(822)에 의해서 발탁되어 宿衛로 入唐한 것이다. 귀국 후에는 원성왕권을 지지하였으며, 太守·都督·相國(宰相)을 거쳐 왕 측근에서 큰 활약을 하고 있음을 알 수 있다. 그러나 민애왕 2년(839) 정월에는 대장군이 되어 군사 10만 명을 거느리고 김양 등이 지휘하는 金祐徵(뒤의 神武王)의 군사를 대구에서 방어하다가 실패하여 정계에서 은퇴하였다. 그 뒤 소백산으로 들어가 승려들과 함께 지내다가 849년 8월 27일 山齋에서 47세로 죽었다. 그의 무덤은 奈靈郡(지금의 경상북도 영주)에 있다. 이와 같이 武烈系 후손은 元聖系 왕권에게 이용되어 분열되었으니, 昕의 從兄弟인 陽은 장보고를 도와 金祐徵를 神武王으로 등장시켰다. 이때 당나라 穆宗으로부터 金紫光祿大夫 試太常卿의 벼슬을 받았다. 다만 『삼국사기』 신라본기에는 그가 당나라에 간 해가 825년이라 하였다(金貞淑, 1984 ; 김창겸, 2018).

[166] 五年 金彦昇卒 : 『新唐書』 권220 신라전에 "長慶寶曆間 再遣使者來朝宿衛 彦昇死"라 하였고, 『唐會要』 권95 신라전에는 "太和 4년彦昇卒"이라는 기사가 있다. 헌덕왕의 사망 시기에 대해서 태화 4년(830)설과 5년설이 있으나, 실제 그의 사망 연도는 寶曆 2년(826)이며, 太和 5년은 흥덕왕 6년에 해당된다. 이러한 『舊唐書』의 연대 오류는 비단 여기만이 아니며 여러 곳에서 散見된다.

[167] 以嗣子金景徽爲 … 新羅王 : 『三國遺事』 王曆篇 흥덕왕조에는 '景暉'로 표기하였다. 경휘는 흥덕왕이 즉위하기 전의 이름이다(재위 826~836). 원래 이름은 秀宗 또는 秀升이었다가 뒤에 景徽로 고쳤다. 金彦昇(憲德王)의 아들로 기록되어 있으나 실제로는 憲德王의 同母弟이다. 아버지는 원성왕의 큰아들인 惠忠太子 仁謙이며, 어머니는 聖穆太后 金氏이다. 妃는 昭聖王의 딸인 章和夫人 김씨로 즉위한 해에 죽으니 定穆王后로 추봉되었다. 애장왕 5년에 侍中이 된 그는 치열한 왕위계승전에서 헌덕왕을 도왔으며, 헌덕왕 11년에는 金崇斌의 뒤를 이어 上大等이 되고, 14년에는 副君이 되어 月池宮에 들어감으로써 왕위 계승의 기반을 마련하였다. 흥덕왕은 즉위하면서 애장왕대로부터 이어지는 일련의 정치개혁을 시도하였다.
흥덕왕의 개혁은 행정기구의 漢式 개편과 물리적인 힘에 의한 귀족세력의 억제, 왕권의 전제화 방향으로 진행되었고, 풍속규제 정책 역시 그 일환으로 이루어졌다(전미희, 2005). 이와 아울러 金憲昌의 亂 진압에 공을 세운 金庾信의 후손들을 우대해 주었고, 淸海鎭·唐城鎭을 설치하여 해적의 침탈을 막는 등 내치의 안정에 힘썼다(윤경진, 2015). 827년에는 승려 丘德이 당나라로부터 경전을 가지고 들어왔으며, 830년에는 度僧 150명을 허가해 주었다. 한편, 828년에는 金大廉이 당나라에 사신으로 가서 가져온 차(茶) 종자를 흥덕왕이 지리산에 심게 하여 무성하게 되었다. 흥덕왕은 앵무새에 대한 노래를 지었다고 하나 현재 그 가사는 전하지 않는다. 836년 12월에 승하하였다. 葬地는 지금의 경상북도 경주시 강서면 육통리에 있는 장화왕비와 합장된 흥덕왕릉이다(李基東, 1980 ; 1991 ; 윤병희, 1982 ; 김동수, 1982 ; 채미하, 2013b ; 김창겸, 2013).

[168] 太子左諭德 : 당나라 동궁 소속의 관직으로, 정원은 1명이고 관품은 정4품이었다.

[169] 源寂 : 源寂의 가계는 자세하지 않으나, 義成軍節度判官 檢校兵部員外를 거쳐 安王府長史를 역임했다(『白氏長慶集』 卷52, 中書制誥(5), 源寂可安王府長史). 劉禹錫이 源寂에게 주었던 송별시 「送源中丞充新羅冊立使」 중에 원적을 '相門才子'라 하였는데, 이는 源寂이 재상 가문 혹은 그에 버금가는 문벌 출신임을 암시한다. 뿐만 아니라 白居易·柳宗元과 함께 당시 문단을 장악하고 있던 유우석이 그를 위하여 송별시를 지었고, 監察御史와 秘書丞을 역임한 만당의 시인 姚合 역시 源中丞, 곧 원적에게 송별시를 지어주었다는 사실은 원적의 학문적 위치를 가늠케 해준다(권덕영, 2005).

> 開成元年,王子金義琮來謝恩,兼宿衛. 二年四月,放還藩,賜物遣之. 五年四月,鴻臚寺,新羅國告哀,質子及年滿合歸國學生等共一百五人,並放還. 會昌元年七月,敕:「歸國新羅官·前入新羅宣慰副使·前充兗州都督府司馬·賜緋魚袋金雲卿可淄州長史.」

개성(開成) 원년(836, 신라 희강왕 1)에 왕자 김의종(金義琮)이 와서 사은(謝恩)하고 아울러 숙위(宿衛)하였다.[170] 개성 2년 4월에 왕자에게 물건을 하사하고 본국으로 돌려보냈다.[171] 개성 5년 4월에 홍려시(鴻臚寺)[172]가 신라국에 국상(國喪)이 났다는 사실을 알려 왔다고 아뢰므로, 질자(質子) 및 기간이 차서 돌아가야 할 국학생 등 도합 105명을 돌려보냈다.[173] 회창(會昌) 원년(841, 신라 문성왕 3) 7월에 [무종이] 조칙하여, "신라로 귀국한 관원으로서 이전에 선위부

---

170 開成元年 王子金義琮來謝恩 兼宿衛 : 金義宗이라고도 한다. 김의종은 開成 元年(836), 즉 興德王 11년에 崛山寺 通曉大師 梵日 등을 데리고 입당하였다가(『祖堂集』 권17 溟州崛山寺 通曉大師傳) 약 1년간 당에 머물러 숙위한 후 희강왕 2년 4월 11일에 당의 장안을 떠나 9월에 武州 南津을 통하여 귀국하였다. 그가 왕자였는지는 확인할 수 없으나, 만약 그가 왕자였다면 그의 숙위 파견은 禮英派로부터의 정치적 축출일 가능성이 크다(申瀅植, 1981). 그는 문성왕 2년(840) 1월에 시중이 되었다가 3년 만인 843년에 물러났다. 김의종의 입당 사실은 『三國史記』 권10 신라본기 哀莊王 7년조, 『新唐書』 권220 신라전, 『唐會要』 권95 신라전, 『冊府元龜』 권996 納質條에도 수록되어 있다.

171 賜物遣之 : 이 사실은 아마도 僖康王 2년의 '唐文宗賜宿衛金忠信等錦綵有差'를 의미한 것으로 풀이된다. 왕자라고 했을 경우 金忠信(宿衛)을 지칭할 수 있기 때문이다. 『舊唐書』나 『三國史記』에 宿衛로 왕자를 표기한 예는 다음과 같다.
① 元和元年十一月 放宿衛王子金獻忠歸本國(『舊唐書』 新羅傳)
② 寶曆元年 其王子金昕來朝(上同)
③ 開成元年 王子金義琮來謝恩兼宿衛(上同)
④ 元和十一年十一月 其入朝王子金士信等遇惡風 飄至楚州鹽城縣界(上同)
⑤ (聖德王) 十三年 二月 遣王子金守忠入唐宿衛(『三國史記』 新羅本紀)
⑥ (聖德王) 二十七年 秋七月 遣王弟金嗣宗入唐獻方物 … 仍留宿衛(上同)
⑦ (哀莊王) 七年 春二月 唐憲宗放宿衛王子金獻忠歸國(上同)
⑧ (憲德王) 十七年 三月 遣王子金昕入唐朝貢 … 請留宿衛(上同)
이러한 경우로 보아 宿衛가 곧 王子는 아니지만 통상 왕자로 기록되었다고 볼 수 있다. 金仁問·文王 형제나 金三光의 경우에도 그들이 숙위로 부임할 때는 분명히 왕자가 아니었다.

172 鴻臚寺 : 주대에는 大行人, 秦代에는 典客, 漢代에는 大鴻臚 등으로 불리다가 北周에 이르러 鴻臚寺라 하였다. 외국 사절의 접견이나 凶儀·祠廟의 일을 관장하는 당나라 9寺 가운데 하나이다(『구당서』 권44 직관지3 참조).

173 質子及年滿合歸國學生等 … 並放還 : 滯唐신라인의 귀국거부현상을 의미한다. 朝貢使나 宿衛로서의 체당 기간은 길어야 1년 미만이며 滯唐유학생의 수업 연한은 10년이 한도였다. 여기서 방환된 사람들이 '質子及年滿合歸國學生'임을 고려할 때 質子는 숙위를 말하고 학생은 숙위학생을 뜻하기 때문에 주로 후자를 의미한다고 할 수 있다. 여기에서 무엇보다도 유학생이 법정시한을 넘기고 귀국을 거부하는 것이 양국 간에 정치문제화되고 있음을 알 수 있다. 체당유학생들이 귀국을 거부하는 이유는 대부분 6두품 계열인 그들이 귀국해봐야 미진한 대우밖에 받지 못하는 데 있었다. 그리하여 金可紀처럼 재입당하여 그곳에서 일생을 보낸 인물이 있는가 하면 崔致遠과 같이 그곳에서 文人들과 교우를 맺어 스스로 활로를 개척하는 경우가 많았다(申瀅植, 1984). 또한 대부분의 유학생들은 귀국해도 그 정치적 대우에 불만을 품고 후백제나 고려에 귀의하여 그 국가들이 신라를 이념적으로나 명분으로 극복할 수 있도록 기여하였다. 따라서 이러한 6두품 유학 지식인의 귀부는 결국 신라 멸망의 원인이었다고 지적할 수 있다(申瀅植, 1984 ; 강나리, 2018).

사(宣慰副使)로 신라에 들어간 전충연주도독부사마(前充兗州都督府司馬)[174] 사비어대(賜緋魚袋)[175] 김운경(金雲卿)[176]은 치주장사(淄州長史)[177]에 합당하다."라고 하였다.

---

174 前充兗州都督府司馬 : 兗州는 수대의 魯郡으로, 지금의 중국 산동성 兗州市 일대이다. 정관 14년(640)에 이곳에 도독부를 설치하여 兗州, 泰州, 沂州 3주를 관할하였다(『구당서』 권38 지리지1). 한편 司馬는 少昊氏 때부터 있었다고 전해지는 관직인데, 당대에는 도독부와 도호부 또는 절도사의 소관으로 관품은 종4품이었다.

175 緋魚袋 : 魚袋는 당대 5품 이상의 관료에게 발급한 漁符 위에 관리의 성명을 기입하여 신분증의 역할을 했다. 주머니 안에 넣어 두었기 때문에 어대라고 하였다. 『宋史』 輿服志에 의하면, 어대제도는 당나라에서 시작되었다고 하는데, 당시는 일종의 符契로서 魚符라고 하였다. 이에는 금어대와 은어대가 있었다. 그리고 어형은 금 또는 은으로 장식하였으며, 어대는 공복의 帶에 매달아 뒤에다 늘이고 이로써 귀천을 밝혔다고 한다. 당나라에서는 四色公服制度에 의하여 복색을 1~3품은 紫, 4·5품은 緋, 6·7품은 綠, 8·9품은 靑으로 정하였는데 3품 이상 服紫에는 금어대, 5품 이상 服緋에는 은어대를 차게 하였다. 우리나라에서는 통일신라 전후에 당나라의 사색공복제도를 도입, 습용하였으나 어대제도는 보이지 않는다(이현숙, 1992 ; 하일식, 2003).

176 金雲卿 : 신라 하대의 문인이다. 신라의 숙위학생으로서는 처음으로 헌덕왕 13년(821)에 당나라 賓貢科에 합격생이 되었다. 右監門衛率府兵曹參軍과 渷州都督府司馬를 지냈다. 그는 빈공과 합격 후 20년만인 會昌 元年(841, 文聖王 3)에 귀국하였다. 따라서 그의 入唐 수학의 연한을 생각하면 25년 이상을 당에 있었다는 계산이 나온다. 여기에서 숙위학생이 빈공과 합격 후 그곳에서 관직생활을 하였으며, 귀국할 때는 외교관의 역할도 하였다는 사실을 알 수 있다. 그 후 대표적인 숙위학생들이 外職이나 文翰職에 참여하여 羅末麗初의 문화적 공백을 메꾸어 주었다(李基白, 1979b). 빈공 합격 후 20년만인 문성왕 3년(841)에 宣慰副使로 귀국하여 왕을 책봉하였다. 이때 그의 詩友였던 周翰의 이별시가 한 수 남아 있다. 그의 귀국 후 활동에 대해서는 잘 알려져 있지 않다(申瀅植, 1984 ; 李基東, 1979b).

177 淄州長史 : 淄州는 수대의 淄川縣이었는데, 618년 淄州로 되어 淄川·長白 萊蕪縣 등의 3현을 관할하였다. 그 후 몇 차례 치폐를 거듭하다가 758년에 다시 설치되었다(『구당서』 권38 지리지1). 지금의 중국 산동성 淄博市 淄川區 일대이다.

『신당서(新唐書)』 신라전

『신당서』는『구당서』의 결점을 보충하려고 편찬한 당대(唐代)의 정사(正史)이다. 신라전이 수록된『신당서』동이열전은『구당서』그것과 비교할 때 큰 차이는 없다. 『구당서』동이열전이 길고도 자세한 만큼,『신당서』동이열전도 여느 정사와 달리 매우 길고 자세한 내용을 수록하였다. 다만『신당서』신라전을『구당서』신라전과 비교하면, 신라 재상가(宰相家)의 사치와 횡포를 구체적으로 표현하였고, 두목(杜牧)의『번천문집(樊川文集)』에 수록된 장보고(張保皐)와 정년(鄭年)을 따로 언급하였다(申瀅植, 1985a).

『신당서』 권200,
열전145 동이 신라

新羅, 弁韓苗裔也. 居漢樂浪地, 橫千里, 縱三千里, 東拒¹長人, 東南日本, 西百濟, 南瀕海, 北高麗. 而王居金城, 環八里所, 衛兵三千人. 謂城爲侵牟羅, 邑在內曰喙評, 外曰邑勒. 有喙評六, 邑勒五十二. 朝服尙白, 好祠山神. 八月望日, 大宴賚官吏, 射. 其建官, 以親屬爲上, 其族名第一骨·第二骨以自別. 兄弟女·姑·姨·從姊妹, 皆聘爲妻. 王族爲第一骨, 妻亦其族, 生子皆爲第一骨, 不娶第二骨女, 雖娶, 常爲妾媵. 官有宰相·侍中·司農卿·太府令, 凡十有七等, 第二骨得爲之. 事必與衆議, 號和白, 一人異則罷. 宰相家不絕祿, 奴僮三千人, 甲兵牛馬猪稱之. 畜牧海中山, 須食乃射. 息穀米於²人, 償不滿, 庸爲奴婢. 王姓金, 貴人姓朴, 民無氏有名. 食用柳³栢若銅·瓦. 元日相慶, 是日拜日月神. 男子褐袴. 婦長襦, 見人必跪, 則以手据地爲恭. 不粉黛, 率美髮以繚首, 以珠綵飾之. 男子剪⁴髮鬻, 冒以黑巾. 市皆婦女貿販. 冬則作竈堂中, 夏以食置冰上. 畜無羊, 少驢·騾, 多馬. 馬雖高大, 不善行.

---

1 「拒」: 남감본·급고각본·무영전본 「距」, 백납본 「拒」. 문맥상 「拒」로 교감.

2 「於」: 남감본·무영전본·백납본 「於」, 급고각본 「于」.

3 「柳」: 남감본·무영전본·백납본 「柳」, 급고각본 「栁」.

4 「剪」: 남감본·무영전본 「剪」, 급고각본·백납본 「翦」.

5 弁韓苗裔也: 『신당서』 신라전에는 신라의 기원을 弁韓으로 제시하였다. 신라의 변한기원설은 『구당서』 신라전의 "新羅(本)弁韓(之)苗裔也"에서 시작된 것이지만, 『양서』 신라전에는 "其先本辰韓種也"라고 하여 원래 진한의 후예라고 하였다. 이처럼 중국 사서에는 신라의 기원에 대하여 변한설과 진한설 두 가지로 기록하였다. 다만 『양서』·『진서』·『북사』에서는 "辰韓亦曰 秦韓 相去萬里 傳言秦世亡人避役來適馬韓 馬韓亦割其東界 居之以秦人 故名之曰秦韓" 또는 "自言秦之亡人避役入韓, 韓割東界以居之"라고 하여, 신라가 중국 秦의 流亡人과 연결된 진한의 후예라고 하였다. 이러한 내용은 『三國志』 東夷傳에 "古之亡人避秦役"이라고 한 것을 계승한 것으로『後漢書』와 『翰苑』에도 수록되었다. 특히 秦役을 피해서 한반도로 유입된 '古之亡人'은 넓은 의미의 衛氏朝鮮系 유민으로 보기도 한다(李賢惠, 1984 ; 丁仲煥, 1962). 『수서』 신라전에는 "居漢時樂浪之地, 或稱斯羅. 魏將毌丘儉討高麗, 破之, 奔沃沮. 其後復歸故國, 留者遂爲新羅焉"이라고 하여, 신라를 관구검의 침입 때 옥저로 피난하였던 고구려의 殘留民으로 보았는데, 이것은 『通典』·『文獻通考』 등에서 계승되었다. 한편 신라 말에 활동하였던 崔致遠은 신라가 연나라의 유망민이라는 설을 제시하였다. 이처럼 신라 기원에 대해서는 진한의 후예, 변한의 후예, 고구려계 잔민, 연나라의 유망민 등 네 가지 견해가 전하고 있다.

그런데 『수서』의 신라기원설은 『삼국지』·『후한서』·『양서』 등과 그 사료의 계통을 달리하며, 『북사』는 신라의 기원에 관한 내용을 『양서』의 계통을 따르면서도 『수서』의 내용도 아울러 전재함으로써 두 계통의 설을 소개하고 있다. 곧 『북사』는 신라의 관등을 신라는 변한(弁韓)의 후예이다.[5] 한나라 낙랑[6]의 땅에 자리하여, 동서로는 1,000리이고 남북으로는 3,000리인데,[7] 동쪽은 장인(長人)과 떨어져 있고, 동남쪽은 일본, 서쪽은 백제이고, 남쪽은 바다에 다다르며, 북쪽은 고[구]려이다. 그리고 왕은 금성(金城)[8]에 사는데, 둘레는 8리

비롯한 풍속·형정·물산 등에 관해서는 『수서』를 그대로 전재하고 있어, 『남사』의 내용이 『양서』를 그대로 따르고 있는 것과 좋은 대조를 이룬다(申瀅植, 1985a). 『구당서』 신라전에서 신라를 '변한의 묘예'라 한 것은 왕성인 金城 주위에 3,000명의 獅子隊를 배치하고 있다는 내용과 함께 『수서』의 기록에 새로운 내용을 추가하고 있을 뿐이다. 한편 뒤의 기록이지만 『唐會要』에서도 신라를 변한의 묘예라 하였다. 곧 『수서』의 그것을 따르면서도 신라인의 계통에 대하여는 '弁韓之苗裔'라 하여 『양서』·『수서』와 달리 『구당서』를 따른 것이다.

한편 『通典』은 신라의 先種이라 한 辰韓傳에서는 진한의 기원을 '秦之亡人'에서 찾아 『삼국지』·『후한서』·『양서』의 계통을 따르고 있으나, 신라전에서는 신라의 기원을 관구검의 침입으로 옥저 지방에 도망 온 고구려인들의 잔류로부터 찾고 있어 『수서』의 계통을 따르고 있다. 이와 같은 서술법은 양 무제 때의 기사를 『양서』에서, 수 문제 때의 기사를 『수서』에서 취하면서, 신라의 풍속·지방제·물산·관등 등의 내용도 해당 사료의 내용을 각각의 시기에 그대로 편입시키고 있는 것에서도 나타난다. 마치 각각의 사료를 그대로 편집한 느낌인데, 이러한 내용은 杜佑가 『양서』나 『수서』에 나타난 풍속 등에 관한 기사를 각 시기의 특징적 사실로 이해했던 데 기인한다. 다만 부견 때에 신라 사신 衛頭가 조공한 사실을 새로이 편입하고 貞觀 22년에 김춘추가 조공한 사실을 추가하고 있는 것만이 기존의 사서와 다르다(박남수, 1992). 따라서 『신당서』 신라전에서 신라의 기원을 변한으로 삼은 것은 『구당서』 신라전을 따른 것이라고 할 수 있다.

한편 건국신화에서도 고구려와 백제는 하나의 범주에 들어가는 반면, 신라는 그 계통이 다른 것으로 본다(趙芝薰, 1996). 또한 백제·신라의 왕을 비교할 때, 고구려와 백제의 왕은 주로 善射者나 强勇者임에 반해, 신라왕은 德望·智慧者임을 강조하고 있어 양국의 연관성을 부인하고 있기도 하다(申瀅植, 1984).

6 　漢樂浪地 : 낙랑은 漢 武帝가 고조선의 옛 땅에 설치한 漢四郡 중 하나이다. 당시 영역은 위만조선의 옛 땅을 중심으로 지금의 평안남도 일대와 황해도 북쪽을 포함하였다. 11개 屬縣 가운데 조선은 낙랑의 首縣으로 군의 治所가 있었는데, 그 치소가 지금의 평양이다. 낙랑군은 한 昭帝 始元 5년(기원전 82)에 큰 변화를 겪었다. 곧 긴축정책을 써서 眞番과 臨屯 가운데 절반을 폐기하고, 나머지 반을 낙랑과 玄菟에 합하여 옛 진번군의 7현과 옛 임둔군의 7현까지를 통치하였기 때문이다. 3년 뒤에 잠시 樂朝郡이라 개칭되었다가, 다시 낙랑군으로 환원되었다. 그러나 이 때 낙랑 土人인 王調가 태수 劉憲을 죽이고 大將軍樂浪太守라 자칭한 반란이 일어났다. 이 일로 옛 진번 7현에 설치되었던 南部都尉와 옛 임둔 7현에 설치되었던 東部都尉가 폐지되었고, 그곳의 渠帥들을 모두 縣侯로 봉해지면서 낙랑군 세력은 이전보다 축소되었다. 고구려 미천왕 14년(313)에 낙랑군은 설치된 지 약 420년 만에 멸망하였다. 평양 서남쪽 토성리 주변의 2,000여 기에 달하는 고분군은 낙랑군 시기의 무덤으로 추정된다(윤용구, 2004). 『신당서』 신라전의 낙랑은 당시 당나라 사람이 한반도를 낙랑의 故地라고 생각하는, 곧 신라를 포함한 한반도를 이해하는 시각이 반영된 것이다.

7 　橫千里 縱三千里 : 『舊唐書』 신라전에는 "東西千里 南北二千里"라고 하였다.

8 　金城 : 신라의 왕성이다. 『三國史記』 권1, 신라본기 혁거세거서간 21년조에는 "築京城 號曰金城"이라고 하였고, 26년조에는 "春正月 營宮室於金城"이라고 하였으며, 권34, 잡지3 지리지1 신라조에는 "初赫居世二十一年築宮城 號金城 婆娑王二十二年於金城東南築城 號月城 或號在城 周一千二十三步 新月城北有滿月城 周一千八百三十八步 又新月城東有明活城 周一千九百六步 又新月城南有南山城 周二千八百四步 始祖已來處金城 至後世多處兩月城"이라고 하였다. 곧 혁거세는 재위 21년(기원전 21)에 처음으로 궁성을 쌓은 다음 금성이라고 불렀는데, 파사왕 22년(101)에는 금성의 동남쪽에 따로 재성이라고도 불리는 月城을 쌓았다. 그 뒤에 신월성을 중심으로 주변에 만월성과 명활성, 남산성 등을 축성하였다. 왕은 대체로 금성에 거처하다가 뒤에는 두 월성에 주로 머물렀다. 이처럼 금성은 월성과 밀접한 관계를 맺었다.

금성의 위치에 대하여 月城의 서북쪽 내지는 閼川 부근으로 보는 견해(金秉模, 1984), 금성의 본래 의미를 '임금城(王城)'을 뜻하는 '검(城)'으로 보아 현재의 월성을 가리킨다는 견해(金廷鶴, 1982 ; 尹武炳·金鍾徹, 1972 ; 朴方龍, 1985), 지금의 校洞 근처로 비정하는 견해(藤島亥治郞, 1930 ; 李鍾旭, 1980) 등 다양하다. 그러나 위 기록에서 금성과 월성은 다르게 나오므로, 금성을 월성으로 비정하기는 어렵다. 또한 두 월성이라고 하였으므로 월성을 축성한 뒤 신월성을 따로 축성한 것으로 이해할 수 있다. 하지만 그 관계를 명확히 설명하기는 쉽지 않다.

지금의 월성은 1915년부터 여러 차례에 걸쳐 조사되었는데, 토기조각, 鐵滓, 骨製具 등이 출토되었다. 특히 동북문터 동쪽 성벽에서는 자연석을 맞추어 쌓은 유구가 흩어져 있어서, 성을 쌓을 때 자연석을 보강재로 사용하였음을 알 수 있다(張慶浩, 1984). 그 뒤 1985년도에 실시된 주변 발굴을 통해서 추정 동문터와 안압지 사이에서 垓字 시설도 확인되었다(文化財硏究所, 1985).

이고, 지키는 병사는 3,000명이다.[9] 성(城)을 일러 침모라(侵牟羅)라고 하는데,[10] 읍(邑)이 안에 있는 것을 훼평(喙[11]評)[12]이라고 부르고, 밖에 있는 것은 읍륵(邑勒)이라 말한다. 훼평은 6곳, 읍륵은 52곳이 있다.[13] 조복(朝服)은 흰 빛을 숭상하고,[14] 산신에게 제사하기를 좋아한다.[15]

재성은 왕이 거처하는 성이라는 뜻인데, 월성에서는 '재성'이라고 돋을새김된 기와가 출토되었기에, 월성이 재성임은 분명하다. 다만 신월성일 가능성도 없지 않다. 그런데 두 월성 가운데 하나의 월성은 곧 신월성이므로, 만월성과는 분명 다른 셈이다. 만월성은 삼국 통일 이후에 기존의 왕궁이 좁기 때문에, 안압지 동쪽부터 천주사터와 첨성대를 포함하여 내물왕릉 동쪽 부근까지 궁성을 넓히고 土墻 성벽으로 둘러 만월처럼 되었던 까닭에 붙여진 이름으로 이해되기도 한다. 곧 신월성 북쪽에 둥글게 확장된 부분이 만월성이었다고 한다(朴方龍, 1985). 금성과 월성에 대한 최근의 연구성과로는 황보은숙(2009), 양정석(2010), 국립경주문화재연구소(2010)를 참고.

9 衛兵三千人 : 지키는 병사가 무엇을 가리키는지 명확하지 않다. 다만 『舊唐書』 신라전에는 "衛兵三千人 設獅子隊"라고 하였으므로, 병사의 조직이 사자대라고 불렸음은 알 수 있다. 王宮이나 王城의 守備軍으로는 侍衛府 180명, 大幢 107명, 9誓幢 1,186명, 漢山停 200명 정도, 漢山州誓 20명 등 대략 1,700명 정도의 병사가 있었다고 한다(李文基, 1997).

10 謂城爲侵牟羅 : 『梁書』에는 王城을 '健牟羅'라고 표기하였다. '健'은 '크다[大]'는 뜻이고, '牟羅'는 '모르'·'마을'의 뜻이어서 '큰 마을'이라고도 할 수 있다. 따라서 侵牟羅는 강제로 빼앗은 '牟羅'라는 뜻으로, 건모라를 토대로 표기한 것으로 보인다. 큰 마을의 기준인 모라는 〈광개토왕릉비〉에서는 牟盧·牟婁라고 하였는데, 촌락공동체인 동시에 촌락집회소로, 우리말의 두레와도 흡사하다. 정치적으로 변천하여 南堂처럼 발전하였는데, 이와 함께 두레도 노동·예배·도의·유희 등 사회적으로 발전하였다(李丙燾, 1976). 다만 여기서 '건모라'는 점차 왕성[王都]의 의미로 변화된 듯하다. 곧 신라의 모체가 된 斯盧가 원래는 작은 村이나 城에 불과했기 때문에 건모라라고 표기했을 것으로 여겨진다.

11 喙 : 신라 관련 기록에서 보이는 '喙', '梁', '涿' 등은 우리말 고유 지명을 借字 표기한 것으로, '梁'은 訓借 표기, '喙', '涿'은 音借 표기한 것으로 이해된다. 곧 '喙'는 '喙'의 同字 또는 이체자로 보아야 하며, '喙', '涿', '喙'은 모두 '돍'을 음차 표기한 것이다. 이것은 押梁小國의 '梁'을 '督'이라 하고, '돍'을 '督'으로 음차 표기한 사례에서 확인되는데, 『三國遺事』에서 '梁'의 음을 '道'라고 한 것은 '돍'에서 종성을 생략한 표기로 볼 수 있다고 하였다(金永萬, 2007). '탁'으로도 읽지만, 여기서는 원문에 충실하기 위해서 일단 '훼'로 읽는다.

12 喙評 : 『梁書』 新羅傳에도 보인다. '喙(喙)評'에 대해서 기존에는 6세기 중엽 신라 왕성의 畿內 6停을 지칭한 것으로 보았지만(末松保和, 1954), 〈포항중성리신라비〉(이하 중성리비)에서 '喙評'이라는 용례가 확인되면서, '部'라는 한자식 명칭이 사용되기 이전에 '부'를 대신하여 '喙'가 사용되었을 것으로 추정되고 있다. 곧 6부 가운데 喙, 沙喙 외의 4부는 '部'와 동일한 의미의 '喙'를 사용하였는데, 그 뒤 이들 喙가 탈락하여 잠탁부, 본피부 등으로 일컬었다는 견해이다(李文基, 2009 ; 전덕재, 2009). 또한 〈중성리비〉 단계의 6부는 '6喙評', 곧 喙, 評, 喙評으로 일컬었는데, 部名이 〈중성리비〉 단계의 喙로부터 시작하여 524년의 〈울진봉평신라비〉(이하 봉평비) 이전에 6喙評으로 확산 정착되었고, 〈봉평비〉에서 '六部'로 거듭난 것으로 풀이하기도 한다(이용현, 2010).

〈중성리비〉에 보이는 '喙評'은 뒤이어 나오는 爭人들이 모두 6부 관련 지명을 칭하였다는 점에서 喙 출신임이 분명하다. 곧 '喙評'은 '喙'과 관련된 명칭이고, '評'은 거주 지역을 중심으로 한 지역명으로 뒤에 한자어 '部'로 바뀌면서 '喙部'가 출현한 것이라 할 수 있다(박남수, 2010a). 따라서 『新唐書』 新羅傳의 '喙評'은 국왕 출신지인 '喙評'의 명칭으로 6부를 대표하는 이름으로 삼은 『梁書』 新羅傳의 내용을 그대로 계승하였던 셈이다.

13 邑在內曰喙評 … 邑勒五十二 : 『太平御覽』 권781, 四夷部 所引에는 "其邑在內曰喙評 在外曰邑勒 亦中國之言郡縣也"라고 하여 중국의 군현과 비교하였다. 따라서 喙評과 邑勒은 신라의 지방행정구역으로 볼 수 있다. 곧 6喙評과 52邑勒이 內·外邑으로 대칭을 이루고 일정한 수효로 이루어졌다는 점에 대하여, 6喙評을 大幢·貴幢[上州停]·漢山停·牛首停·河西停·完山停 등 지방군사제도의 6停과 다른 東畿停·南畿停·中畿停·西畿停·北畿停·莫耶停 등의 王都 주변의 6停으로 비정하고, 52邑勒은 대략 6세기 중엽의 현실을 바탕으로 尙州·良州·廣州 등 37郡과 漢城地域 및 東北海岸地方을 포함한 수치로 파악하였다(末松保和, 1954). 『新唐書』 편찬자가 비록 중국의 군현에 비교하지 않았지만, 왕성인 침(건)모라를 언급하고 왕경에 6훼평, 지방에 52읍륵을 언급하였다면, 6훼평은 〈봉평비〉에서 언급한 신라 6부를 지칭한다고 보아야 하며, 52읍륵은 지방행정단위로서 州郡을 지칭한다고 보아야 할 듯하다.

14 朝服尙白 : 『三國志』 東夷傳 이후에 우리 민족이 백색 옷을 숭상했다는 언급은 중국 사람들에게 이미 잘 알려진 사실이었다는 것이다. 그런데 朝服은 『三國史記』 권33 잡지2 色服志에 의하면 "自太大角干至大阿湌紫衣 阿湌至級湌緋衣 並牙笏 大奈麻·奈

8월 보름날에는 관리에게 큰 잔치를 내리고 활쏘기를 시킨다.[16] 그 관제는 [왕의] 친속(親屬)으로 으뜸을 삼는데, 족명(族名)은 제1골과 제2골로 스스로 구별한다.[17] 형제의 딸, 고모, 이모, 사촌이나 육촌 자매 등을 모두 맞아 처로 삼는다. 왕족은 제1골인데, 처 역시 그 족(族)으로 아들을 낳으면 제1골이 된다. [또한 제1골은] 제2골의 여자를 아내로 맞지 않는데, 비록 아내로

麻靑衣 大舍至先沮知黃衣"라고 하여, 신라 때의 조복은 紫·緋·靑·黃 4색의 복색이 있었다고 하였는데, 그 기준은 신분이 아닌 관등이었다. 자연히 眞骨이라도 모두 紫色의 옷을 입을 수는 없었고, 관등이 大阿湌 이상이어야 입을 수 있었다. 진골만이 大阿湌 이상이 될 수 있었으므로, 紫衣를 입으면 곧 眞骨이지만, 眞骨이라고 해서 무조건 紫衣를 입었던 것은 아니라는 말이 된다. 따라서 조복으로 백색을 입었다는 언급은 맞지 않는다. 오히려 平民의 일상복을 설명하는 듯하다. 다만 平民의 옷을 朝服이라고 할 수 없으므로, 중국의 문헌에 따른 무비판적인 轉載라고 추정된다.

15 好祠山神 : 신라의 山神 祭祀는 脫解와 吐含山, 大祀의 3山처럼 초기국가 이래의 산악숭배사상과 밀접한 관련을 가졌다. 나아가 그것은 『三國史記』 권41, 金庾信傳 上에서 "眞平王 建福二十八年辛未 公年十七歲 見高句麗百濟靺鞨 侵軼國疆 慷慨有平寇賊之志 獨行入中嶽石崛 齊戒告天盟誓曰 敵國無道 爲犲虎以擾我封場 略無寧歲 僕是一介微臣 不量材力 志淸禍亂 惟天降監 假手於我 居四日 忽有一老人 被褐而來"라 하였듯이, 敵國을 타도하기 위해서 山神(老人)에게 비는 것으로도 나타났다. 신라의 산악숭배는 국가의 발전 과정에 따라 國家祭禮로 발전하였던 셈이다(채미하, 2008). 특히 산과 관계되는 제사로는 大祀·中祀·小祀가 있었는데, 모두 산을 숭배하는 것이었다. 곧 大祀의 3山은 奈歷·骨火·穴禮로 신라의 母體이면서 신라의 護國神이었는데, 3山은 지금의 大邱·永川·慶山·淸道 일대로 신라의 국방상 요새였다. 中祀는 五岳·四鎭·四海·四瀆 등인데, 그 가운데 5岳이 대표적인 제사였다. 5岳은 동쪽으로 吐含山, 남쪽으로 地理山, 서쪽으로 鷄龍山, 북쪽으로 太伯山, 그리고 가운데로는 父岳이며, 신라의 境界를 대표하는 동시에 신라에 편입된 국가를 상징하였다. 小祀는 霜岳·雪岳 등 24개의 名山에 제사하는 것으로 전국의 산악을 대상으로 하였다.

16 八月望日 大宴賚官吏射 : 8월 보름날은 신라의 최대 명절이었다. 『三國史記』 권1, 新羅本紀 儒理王 9년조에는 "王旣定六部 中分爲二 使王女二人 各率部內女子 分朋造黨 自秋七月旣望 每日早集大部之庭 績麻 乙夜而罷 至八月十五日 考其功之多少 負者置酒食 以謝勝者 於是 歌舞百戱 皆作謂之嘉俳 是時 負家一女子起舞 嘆曰會蘇會蘇 其音哀雅 後人因其聲而作歌 名會蘇曲"이라고 하여, 7월 16일부터 매일 아침에 6부의 여자들이 길쌈한 것을 8월 보름날에 헤아려서 이긴 편에게 술과 음식을 차려 사례를 행하였는데, 이 때 노래와 춤, 놀이 등을 함께 행하면서 會蘇曲이라는 노래도 불렀다고 하였다. 이러한 행사를 신라 사람들은 '嘉俳'라고 불렀다고 特記하였다. 이처럼 8월 보름날이 신라에서는 매우 중요한 행사였지만, 이 때에 활쏘기가 함께 열렸는지는 명확하지 않다. 다만 『隋書』 新羅傳에는 "至八月十五日設樂 令官人射 賞以馬布"라고 하였고, 『舊唐書』 新羅傳에는 "又重八月十五日 設樂飮宴 賚群臣 射其庭"이라고 하여, 8월 15일에 관인들에게 활쏘기를 시켜 馬布를 상으로 내렸다고 하였다. 결국 신라에서 8월 15일에 시행된 활쏘기는 '가배'가 베풀어질 때 함께 행해진 것으로, 천자·제후·경·대부가 제사를 드릴 때에 시행하는 중국의 활쏘기와는 구별된다고 할 수 있다(채미하, 2013a).

17 其族名第一骨第二骨以自別 : 제1골과 제2골을 언급한 것은 『三國史記』 권5, 신라본기 眞德王 8년조에 "唐令狐澄新羅記曰 其國王族謂之第一骨 餘貴族第二骨"이라고 한 것이다. 『新羅國記』는 顧愔이 지은 글인데, 그는 당나라 代宗 大曆 3년(768, 혜공왕 4)에 倉部郞中 御史中丞 歸崇敬이 遣新羅使로 신라에 파견되었을 때 부사로 함께 왔다. 『新羅國記』는 令狐澄이 乾符 연간(874~879)에 『貞陵遺事』를 찬술하면서 인용하였다(岡田英弘, 1951). 따라서 제1골과 제2골은 늦어도 8세기 중반 신라의 실상을 말하는 것이다. 따라서 이 때의 제1골은 당연히 진골을 일컫지만, 제2골에 대해서는 頭品層 전체로 보거나(池內宏, 1960 ; 李基白, 1974), 六頭品만을 지칭한 것으로 이해하거나(今西龍, 1922 ; 木村誠, 1986), 아직 두품이 성립하지 않은 상태에서 진골이 아닌 귀족 일반을 지칭하는 것으로 보는데(井上秀雄, 1974 ; 武田幸男, 1975a), 7세기에 진골 왕족들이 제1골과 제2골로 나뉘어 왕위를 다투었고, 8세기 중후반에 이르러 진골 중에 現王의 近親族이 다른 왕족을 왕족으로 인정하지 않으려고 제1골을 칭하였으며, 9세기에 그 제1골이 나머지 귀족을 진골이라고 부르지 않으려고 하였다고 보기도 한다(서의식, 2010). 하지만 이와는 달리 제2골은 朴氏 성으로 보는 견해도 있다(李基東, 1984). 『新唐書』 新羅傳의 내용으로는 제1골이 왕족인 것은 분명하지만, 제2골을 두품으로 상정했는지, 정치적으로 왕족이 아닌 귀족을 상정했는지는 확실하지 않다. 그러나 『新唐書』 新羅傳에서 "官有宰相侍中司農卿太府令 凡十有七等 第二骨得爲之"라고 하였으므로, 왕족은 제1골, 관인은 제2골이라고 생각하였을 가능성이 제법 높다고 하겠다.

18 宰相 : 『舊唐書』 新羅傳에는 "仍賜其宰相金崇斌等三人戟"라고 하였고, "國人共立宰相金良相嗣"라고 하였다. 金崇斌은 『三國史記』 권10, 신라본기 헌덕왕 11년조에 "二月 上大等金崇斌卒 伊金秀宗爲上大等"이라고 하였고, 金良相은 『삼국사기』 권9, 신

맞으면 언제나 잉첩으로 삼는다. 관직으로는 재상,[18] 시중(侍中),[19] 사농경(司農卿),[20] 태부령(太府令)[21] 등 모두 17등급이 있는데,[22] 제2골이 이 관직을 맡는다. [국가에] 일이 있으면 반드시 여럿이 의논하는데, '화백(和白)'이라고 부르며, 한 사람의 다름이 있으면 [논의를] 끝냈다.[23] 재

라본기 혜공왕 16년에 "夏四月 上大等金良相與伊敬信 擧兵誅志貞等 王與后妃爲亂兵所害 良相等謚王爲惠恭王"이라고 하였으므로, 재상은 상대등을 말하는 듯하다. 곧 중국 정사에서 신라의 상대등을 재상으로 기록하였던 것이다. 특히 宰相職은 따로 설치된 공식 관직이 아니었고, 어디까지나 당시 실권자를 의미하였으므로(申瀅植, 1985a), 당시 실권자를 재상으로 표기하였다고 할 수 있다.

19 侍中 : 執事部의 長으로 신라의 首相에 해당한다. 『三國史記』 권5, 新羅本紀 진덕왕 5년조에 "二月 改稟主爲執事部 仍拜波珍湌竹旨爲執事中侍"라고 하여, 처음으로 집사부에 중시를 두었다. 執事部의 설치는 金春秋와 金庾信의 정치적 필요성에서 성립된 것이지만, 『三國史記』 권9, 新羅本紀 경덕왕 6년조에 "春正月 改中侍爲侍中"이라고 하여 시중으로 이름을 바꾸면서, 신라 中代에는 왕권의 防波堤 또는 행정책임자로 정치를 대변하기 위한 제도적 조치이기도 하였다. 다만 그 성격이 新羅의 전 시기 동안에 동일하게 유지된 것은 아니라 사회 변동에 따라 변하기도 하였다(李基白, 1974). 특히 下代에 접어들면서 侍中의 지위에 큰 변동이 생겨, 『三國史記』 권38, 잡지7 직관지 상에서 보듯이 "執事省 本名稟主 或云祖主 眞德王五年 改爲執事部 興德王四年 又改爲省"이라고 하였으므로, 이때에 이르러 왕족 간 타협의 결과로 시중의 지위에도 변화가 발생하였다고 여겨진다(李基白, 1974).

20 司農卿 : 신라에는 없던 관직이다. 다만 『三國遺事』 권2, 기이2 駕洛國記조에서 보듯이, '伊尸品王의 왕비는 司農卿 克忠의 딸'이라고 하여, 가야에 사농경이 있었다고 하였는데, 믿을 수 있는 것은 아니다. 다만 신라에서 사농경의 직무는 대체로 倉部나 調府의 卿이 맡았던 것으로 추정된다.

21 太府令 : 관련 기록이 없어서 정확한 직무를 알 수 없지만, 調府의 長이라고 추정하기도 한다.

22 凡十有七等 : 17등은 관직이 아니라 官等이다. 『新唐書』 편찬자들이 신라의 관직과 관등을 혼동하여 서술한 셈이다. 곧 17관등은 伊伐湌 이하 造位까지이므로, 宰相·侍中 등의 관직과는 함께 설명할 수 있는 것은 아니다.
신라 관등제는 6세기 전반의 금석문 자료가 발견되지 않았을 때에 『梁書』와 『南史』 新羅傳의 5~6개 관등(법흥왕 8년, 521)부터 『隋書』의 17관등(진평왕 16년, 594)으로 발전한 것으로 보거나(曾野壽彦, 1955), 『양서』 단계부터 6세기 말~7세기 전반 무렵에 고구려·백제의 관등제에 대응하여 12, 13관등제를 정비하였다가 진덕왕 때에 당나라의 正從9品 官位制를 수용하면서 17관등제가 성립된 것으로 보기도 하였다(宮崎市定, 1959). 그러나 〈단양신라적성비〉(이하 〈적성비〉)의 발견으로 그동안 분분했던 신라 17관등제와 外位制가 늦어도 551년까지는 성립되었음이 밝혀졌다(李基東, 1984). 그 후 〈봉평비〉와 〈포항냉수리신라비〉가 발견되면서 법흥왕 때에 京位 관등제가 갖추어졌다는 주장이 설득력을 얻게 되었다. 특히 두 비의 발견으로 왕경 여타 4부의 수장급이 '干支'를 칭하였음이 확인되어, 喙·沙喙의 관등이 왕경 여타 4부에 확대·관철되면서 신라의 관등제가 체계화되었다고 정리되었다(武田幸男, 1990). 더욱이 〈중성리비〉가 발견된 뒤 최근에 이르러 〈봉평비〉의 '五干支'가 확인되면서 신라의 관등제는 점차적으로 이루어졌을 것으로 추정되고 있다. 따라서 『양서』와 『남사』 신라전의 신라 관등은 이들 중고기 관등과 분명한 차이가 있다. 곧 『양서』 신라전의 신라 관등 기사는 〈봉평비〉에 보이는 大奈麻 이하의 관등을 빼고서 〈봉평비〉에 보이지 않는 子賁旱支와 齊旱支를 기술한 것이다. 자연히 『양서』 신라전 관등 기사는 梁 普通 2년(521)인 법흥왕 때의 정보와는 상당한 차이가 있어, 그 한계성으로 인하여 관등명을 모두 전하는 것은 아닌 셈이다(하일식, 2000). 한편 『양서』 최후의 성립이 당나라 초기(629~636)의 일이기에, 그 이전의 신라에 대한 지식이 개입되지 않았다고 단언할 수 없음을 지적하였지만(末松保和, 1954 ; 李基東, 1984), 子賁旱支와 齊旱支 등의 관등은 〈천전리서석 추명〉(539)의 珎干支와 〈적성비〉(~551)의 伊干△에서 비로소 확인되기 때문에, 『양서』의 신라 관등은 진흥왕 10년(549)에 양나라가 신라 입학승 覺德과 함께 사신을 보낼 무렵에 취득한 정보를 간략히 서술한 것이 아닌가 여겨진다(박남수, 2010a).

23 和白 : 『隋書』 新羅傳에는 "其有大事 則聚群官詳議而定之"라 하였으므로, 여러 관리가 모여 회의하였던 것을 和白이라고 할 수 있다. 다만 관련 기록은 국내 자료에서는 확인되지 않기 때문에, 화백은 신라 중대에 나타난 한자화된 보통명사로, 신라의 독자적인 회의체를 지칭하는 명칭이라고 하였다(李基白, 1993). 의결 규칙은 '1人'에 대한 해석에 따라 1인의 專斷이라고 보거나(池內宏, 1960), 만장일치제의 의결방식으로 보기도 하는데(李丙燾, 1976), 대체로 만장일치제로 보고 있다. 화백의 기원은 원시부족회의소에서 출발한 6부족장 회의이며 그 성격은 群官에 대한 해석에 따라 군신회의(李丙燾, 1976), 귀족회의(李基白, 1974), 왕실 각 가계의 씨족집단회의(李基東, 1984) 등으로 이해한다. 화백회의를 개최한 장소는 『三國遺事』 권1, 기이1 진덕왕조에 나오는 것처럼 동쪽으로는 靑松山, 남쪽으로는 亏知山, 서쪽으로는 皮田, 북쪽으로는 金剛山인 4靈地였다.

상의 집에는 녹봉이 끊어지지 않고, 노비는 3,000명이나 되며, 무장한 군사와 소, 말, 돼지 등도 이에 맞먹는다. 가축은 바다 가운데 산에서 방목을 하였는데, 먹고자 할 때에는 활을 쏘아서 잡는다. 사람들에게 곡식을 빌려 주는데, 기간이 지나서 갚으면 노비로 삼는다.[24] 왕의 성씨는 김씨이고, 귀인(貴人)의 성씨는 박씨이며,[25] 백성은 성씨가 없이 이름만 있다. 식기는 버드나무로 만든 그릇을 사용하며, 구리나 질그릇을 쓰기도 한다.[26] 정월 초하룻날에는 서로 축하하는데,[27] 이날에는 일월신(日月神)에게 절을 올린다. 남자는 갈고(褐袴)를 입는다. 여자는 긴 저고리를 입는데, 사람을 보면 반드시 꿇어앉아 손으로 땅을 짚고서 공경한다. 분을 바르거나 눈썹을 그리지 않고, 아름다운 머리카락을 머리 위로 틀어 정리하고서 구슬과 비단으로 장식한다. 남자는 머리카락을 깎아 팔고 검은 모자를 쓴다.[28] 시장에서는 모두 부녀가 물건을 사고

---

24 宰相家不絶祿 … 庸爲奴婢 : 이 기록은 『新唐書』 新羅傳에만 있다. 이 기록 다음에는 바로 "王姓金 貴人姓朴"라고 하였는데, 이것은 『舊唐書』 新羅傳에서 "國人多金朴兩姓"이라고 짧게 서술한 것과 대비된다. 곧 『新唐書』 新羅傳에서는 『舊唐書』 新羅傳과는 달리 유독 신라의 귀족에 대해서 자세히 서술하였다. 아마도 『新唐書』 편찬 당시 송나라의 정치상황과 관련되지 않았을까 싶은데, 이에 대한 구체적인 고찰이 필요하다.

25 王姓金 貴人姓朴 : 奈勿王 즉위 이후에 신라 왕실은 대체로 김씨가 계승하였다. 다만 貴人의 성씨가 박씨라고 한 것은 中古는 물론 下代의 왕비가 대부분 박씨였기 때문이다. 특히 신라 하대에 박씨는 仁謙系의 忠恭과 밀접한 관련을 맺으며 累代에 걸쳐 박씨가 왕비가 되었다. 곧 원성왕대 이후에 박씨 세력은 인겸과 애장왕, 충공, 흥덕왕과 혼인 관계를 맺으며 주요 정치세력으로 등장하였다. 헌덕왕의 즉위 이후 박씨 세력과 충공은 인겸계 후손은 물론 예영계 후손과 혼인 관계를 맺었다. 그러나 흥덕왕 사후 치열한 왕위계승쟁탈전이 벌어지자 충공계가 정치적 상황에 따라 분열한 것처럼 박씨 세력도 分枝化하였다. 특히 均貞과 결혼한 박씨 세력은 그의 아들 신무왕, 손자 문성왕과 연속적으로 혼인하면서 정국의 주도권을 장악하였다. 나아가 신무왕이 張保皐의 도움으로 즉위하면서, 이들 가운데 일부는 장보고 선단의 기반인 서남해안 일대로 옮겨 경제적 기반을 확보하기도 하였다. 문성왕대에 중앙의 박씨 세력은 金陽이나 良順 등의 견제를 받아 점차 주도권을 잃어갔다. 치열한 권력 투쟁 속에서 이들은 다시 충공계와 긴밀한 관계를 맺으면서 김양 세력을 축출해 나갔다. 그것은 헌안왕과 경문왕의 아버지 啓明을 통해 이루어졌으므로, 문성왕은 서남해안 일대 박씨 세력을 慰撫하고자 하였다. 헌안왕 역시 이러한 의도를 그대로 계승하였다. 헌안왕은 여론을 등에 업고 왕비와 신하의 이해를 얻어 膺廉에게 왕위를 넘겨주었다. 경문왕은 즉위 초에 문성왕과 헌안왕처럼 서남해안 일대에 경제적 기반을 확보하는 한편 그곳의 박씨 세력을 아우르려고 하였다. 그것을 위해서 그는 서남해안 일대의 사찰에 불사를 설행하였다. 그 뒤 경문왕은 친동생인 魏弘을 중심으로 왕실의 위상을 강화하면서 새로운 친족과 측근세력을 등용하여 왕권을 강화하였다. 이때 그는 서남해안 일대의 박씨 세력은 물론 경주의 박씨 세력을 한데 아우르려는 의도를 드러내었다. 특히 도당 유학한 박씨 세력을 측근세력으로 등용하였다. 이러한 과정에서 박씨 세력은 점차 혈연적인 일체감을 형성하였고, 점차 정치적 영역을 확대해 갔다. 특히 경문왕 사후에 아들 헌강왕이 박씨 세력을 왕비로 맞이하면서 정국을 주도하는 주요 정치세력으로 자리하게 되었다. 마침내 경문왕계 왕실의 마지막 혈손인 효공왕 이후 박씨 세력은 신라의 왕위를 차지하게 되었다. 경문왕의 즉위와 경문왕계 왕실의 활동은 박씨 세력의 재건에 중요한 계기로 작용하였다(張日圭, 2011).

26 食用柳杯若銅·瓦 : 『舊唐書』 新羅傳에는 "其食器用柳桮 亦以銅及瓦"라고 하였는데, 이를 그대로 轉載한 것이다.

27 元日相慶 是日拜日月神 : 『隋書』 新羅傳에는 "每正月旦相賀 王設宴會 班賚群官 其日拜日月神"이라고 하였고, 『舊唐書』 新羅傳에는 "重元日 相慶燕饗 每日拜日月神"이라고 하였다. 신년 아침에 서로 절하는 것은 賀正禮로, 『삼국사기』 권5, 新羅本紀 진덕왕 5년조에는 "春正月朔 王御朝元殿 受百官正賀 賀正之禮始於此"라고 하여 이때에 하정례를 처음 받았다고 하였다. 신라의 하정례는 임금이 군신들에게 賀禮를 받은 뒤 잔치를 베푸는 것이었다. 하정례의 관행은 이전부터 있었을 것으로 추정되지만, 진덕왕 5년에 이르러 漢式의 법제로 공식화된 것으로 보인다. 이때 일월신에 대한 제사도 함께 이루어졌다(채미하, 2013a).

28 男子褐袴 婦長襦 … 冒以黑巾 : 『舊唐書』 新羅傳에는 "婦人髮繞頭 以綵及珠爲飾 髮甚長美"라고 하였으므로, 신라 여인의 머리 관리에 대해서는 『舊唐書』 新羅傳을 그대로 轉載하였다. 다만 남자의 복식이나 여자의 對人儀禮 등은 새로운 내용인데, 그 토대가 되는 자료가 무엇인지는 알 수 없다.

판다. 겨울에는 집 안에 부엌을 만들고, 여름에는 음식물을 얼음 위에 둔다. 가축 중에는 양은 없고, 나귀와 노새는 적으며, 말은 많다. 말은 키와 몸집이 크지만 잘 달리지는 못한다.[29]

> 長人者, 人類長三丈, 鋸牙鉤爪, 黑毛覆身, 不火食, 噬禽獸, 或搏人以食, 得婦人, 以治衣服. 其國連山數十里, 有峽, 固以鐵闔, 號關門, 新羅常屯弩士數千守之.

장인(長人)은 사람의 부류로 키는 3장이고, 톱니처럼 생긴 이빨에 갈퀴처럼 생긴 손톱을 가지고 있으며, 검은 털이 온몸을 덮고 있다. 음식을 익혀 먹지 않고, 새나 짐승을 날로 물어뜯으며, 간혹 사람을 잡아 먹는다. 부인을 얻어서는 의복을 만들게 한다. 나라에는 산이 수십 리나 연이어 있는데, 계곡에는 철로 만든 문짝을 견고하게 놓아서 관문이라 부른다. 신라는 항상 노사(弩士) 수천 명을 주둔시켜서 지켰다.[30]

> 初, 百濟伐高麗, 來請救, 悉兵往破之, 自是相攻不置. 後獲百濟王殺之, 滋結怨. 武德四年, 王眞平遣使者入朝, 高祖詔通直散騎侍郎庾文素持節答[31]賚. 後三年, 拜柱國, 封樂浪郡王·新羅王.

일찍이 백제가 고[구]려를 칠 때 [신라에게] 구원병을 요청하였는데, [신라는] 모든 군사를 이끌고 가서 쳐부수었기에, 이때부터 서로 공격을 멈추지 않았다. 그 뒤에 백제왕을 사로잡아

---

29 市皆婦女貿販 … 不善行 : 이 기록 역시 『新唐書』 新羅傳에만 있는데, 그 토대가 되는 자료가 무엇인지는 알 수 없다. 다만 남자의 복식이나 여자의 對人儀禮과 함께 『新唐書』 편찬자가 신라의 풍속에 상당한 관심을 가졌음을 알려준다.

30 長人者 … 新羅常屯弩士數千守之 : 『三國史記』 권34, 志3 地理志1 新羅조에 "新書又云 東距長人 長人者 人長三丈 鋸牙鉤爪 搏人以食 新羅常屯弩士數千 守之 此皆傳聞懸說 非實錄也"라고 하여, 장인에 대한 이야기는 '전해 들은 떠도는 이야기이고 실제 기록은 아니다.'라고 부정하였다. 다만 『太平廣記』 권481, 新羅조에 수록된 중국 牛肅의 『紀聞』에는 "新羅國 東南與日本隣 東與長人國接 長人身三丈 鋸牙鉤爪 不火食 逐禽獸而食之 時亦食人 裸其軀 黑毛覆之 其境限以連山數千里 中有山峽 固以鐵門 謂之鐵關 常使弓弩數千守之 由是不過"라고 하여, 『新唐書』 新羅傳의 내용과 거의 비슷하면서도 구체적인 내용이 수록되어 있다. 따라서 중국에서는 신라와 長人의 관계가 전승되었을 것으로 추정된다. 조선 후기에 金正浩는 『大東地志』 권7, 慶尙道 慶州 城址조에서 "살피건대 장인은 곧 일본이다. 장인이라고 한 것은 唐人의 잘못이다."라고 하면서, 장인을 역사적 사실로 인정하고 장인을 일본인으로 비정하였다. 그 뒤 『新唐書』 新羅傳의 장인 기사는 중국인의 동방거인 관념의 영향하에 형성된 설화로, 顧愔의 『新羅國記』가 원형이라고 하였고(方善柱, 1963), 天寶 연간에 당의 사신으로 신라에 온 魏曜가 신라에서 입수한 정보를 우숙에게 전달하여 장인설화가 나타났다고 보았다(李成市, 1991). 하지만 장인 기사는 두 가지 이야기가 상호 모순되게 기술된 것으로, 특히 關門 관련 기사는 신라 문무왕대와 관련되기에, 장인 기사는 문무왕 때에 통일전쟁에 참가한 당나라 사람에 의해서 傳聞되었고, 장인은 신라의 동북방 일대에서 독자적으로 군사활동을 전개하였던 靺鞨族이었다고 보기도 한다(조이옥, 2006).

31 「答」 : 남감본·무영전본·백납본 「答」, 백납본 「荅」.

죽이자 원한이 더욱 깊어졌다.[32] 무덕(武德) 4년(621, 신라 진평왕 43)에 [신라]왕 진평[33]이 사신을 보내 입조(入朝)하였는데,[34] 고조는 통직산기시랑(通直散騎侍郞)[35] 유문소(庾文素)에게 조서를 내려 부절(符節)[36]을 가지고 가서 하사하도록 하였다.[37] 3년 뒤에는 주국(柱國)[38]을 내렸

---

32 初百濟伐高麗 … 滋結怨 : 백제가 신라에 구원을 요청했다는 기록이 어떤 사실을 말하는지는 알 수 없다. 다만 『三國史記』 권4, 新羅本紀 진흥왕 11년조에 "春正月 百濟拔高句麗道薩城 三月 高句麗陷百濟金峴城 王乘兩國兵疲 命伊湌異斯夫 出兵擊之 取二城"이라고 하여, 진흥왕이 재위 11년(550)에 백제와 함께 고구려의 도살성을 함락한 뒤, 고구려와 백제가 서로 다투자 도살성과 금현성을 모두 공격하여 얻었다고 하였다. 아마도 이때의 일을 말하는 듯하다. 왜냐하면 이 사건을 계기로 신라와 백제의 동맹은 사실상 결렬되었고, 두 나라는 치열하게 세력을 다투었기 때문이다. 『三國史記』 권4, 新羅本紀 진흥왕 15년조에는 "百濟王明與加良 來攻管山城 軍主角干于德·伊耽知等 逆戰失利 新州軍主金武力 以州兵赴之 及交戰 裨將三年山郡高干都刀 急擊殺百濟王 於是 諸軍乘勝 大克之 斬佐平四人·士卒二萬九千六百人 匹馬無反者"라고 하여, 신라가 두 성을 공략한 지 4년 뒤에 백제 성왕이 관산성에서 新州軍主 金武力에게 살해되었다고 하였다. 550년 이후에 신라와 백제 두 나라는 점점 끊임없는 전쟁의 소용돌이 속으로 빠져들었던 셈이다.

33 王眞平 : 신라 제26대 왕인 진평왕을 말한다. 『三國史記』 권4, 신라본기 진평왕 즉위조에는 "諱白淨 眞興王太子銅輪之子也 母金氏萬呼一云萬內 夫人 葛文王立宗之女 妃金氏摩耶夫人 葛文王福勝之女 王生有奇相 身體長大 志識毅明達"이라고 하였다. 그는 前王인 진지왕이 화백회의에 의해 폐위되자 즉위하면서, 진지왕에게 넘어갔던 왕위를 다시 銅輪系로 되찾아 聖骨의 지위를 확립하려고 하였다(李基東, 1972). 특히 眞智系의 반발을 회유코자 진지왕의 아들인 龍春을 內省의 私臣으로 임명하여 왕권의 전제화를 꾀한 바 있고, 전제화를 위한 수단으로 제도적 정비를 단행하였는데, 그 대표적인 것이 位和府·船府·調府·禮部·領客府 등 중앙관청의 설치이다. 특히 622년 2월에는 內省私臣을 설치하였고, 진지왕의 아들 金龍春을 처음으로 임명하였다. 나아가 다음 해에는 병부에 대감 2인을 두었다(이정숙, 1986 ; 김두진, 1990 ; 이정숙, 1994 ; 전미희, 1993 ; 이정숙, 2012). 재위 54년 만에 죽었고, 漢只에 장사지냈다.

34 遣使者入朝 : 이때의 견당사는 신라 최초의 견당사인데, 7월에 신라의 왕경을 떠나 10월에 당나라에 들어가 方物을 바친 것으로 보인다(權惪永, 1997). 眞平王의 견당사 파견은 고구려, 백제, 신라가 경쟁적으로 對唐外交를 전개하겠다는 신호탄이다. 唐은 624년에 세 나라의 국왕을 똑같이 冊封하여, 외교적으로 삼국을 견제하였다. 다만 신라는 고구려 25회, 백제 22회보다 많은 34차례의 사신을 보내어 적극적으로 대당외교를 펴나갔다. 이 무렵 신라는 수나라에 이어서 618년에 중국의 통일왕조로 등장한 당나라와 621년부터 조공을 통한 외교관계를 수립하고, 거의 매년 당나라에 외교사절을 파견하였다(申瀅植, 1981).
고대 중국과 그 주변국가 간에는 朝貢이라는 외교관계가 성립되어 있었다. 中華思想의 대외 표시인 朝貢은 주변 국가들에게 정치·문화·사회 등 국가의 모든 제도와 정책을 개발하기 위한 공적 통로였다. 곧 朝는 天子를 배알하는 것이며, 그때 方物을 進貢하면서 외교와 무역이 동시에 이루어졌기 때문이다(金庠基, 1948 ; 李春植, 1969). 특히 조공 관계가 성립되면 각 나라는 중국으로부터 책봉을 받았는데, 고구려는 遼東郡公, 백제는 帶方郡公, 신라는 樂浪郡公 등의 칭호를 받았다(申瀅植, 1981). 이를 통하여 국내에서는 국왕의 위상을 높여 왕권의 강화를 꾀할 수 있었다. 다만 주변 국가가 天子에 入貢하는 것 그 자체가 조공을 의미하는 것은 아니고 연례적이면서 恒續的 관계가 이루어질 때 조공 관계가 성립된다(全海宗, 1966).
한편 朝貢은 삼국의 정치·문화적 독창성을 저해하는 수단이기도 하여(전해종, 1966), 중국적 세계 속으로 편입되는 것을 말한다. 때문에 조공은 동아시아세계 형성에 기여하기도 하였지만(高明士, 1983), 우리 쪽에서 볼 때는 어디까지나 相補的인 입장으로(徐榮洙, 1981), 형식적인 의례 수단에 불과할 수도 있다. 그럼에도 불구하고 조공을 통해서 국왕의 위상을 강조하고 문물 제도의 발전을 이루었다.

35 通直散騎侍郞 : 종5품상의 문산관이다. 『三國史記』에는 정4품의 문산관인 通直散騎常侍라고 하였다.

36 符節 : 대나무나 돌 혹은 옥으로 만든 일종의 信標인데, 그 위에 글자가 새겨져 있다. 그것을 나누어 각각 하나씩 가지고 있다가 필요할 때 합하여 眞僞를 확인하였다. 부절은 주로 외국에 가는 사신이나 군대를 출병할 때 장군 등이 지참하여 왕명을 수행하였다.

37 高祖詔通直散騎侍郞庾文素持節答賚 : 『三國史記』 권4, 新羅本紀 진평왕 43년조에는 "秋七月 王遣使大唐朝貢方物 高祖親勞問之 遣通直散騎侍郞庾文素來聘 賜以璽書及畫屛風·錦綵三百段"이라고 하여, 유문소가 신라에 사신으로 오면서 황제의 璽印을 사용한 문서인 璽書를 비롯하여 그림 병풍과 錦綵 300단을 가져와 진평왕에게 하사하였다고 하였다. 금채 300단은 150필 정도로 보인다.

38 柱國 : 柱國大將軍의 준말이다. 『舊唐書』 직관지에는 종2품으로 정2품인 上柱國과 함께 수직사관으로 일종의 명예직이라고 하였다.

고, 낙랑군왕(樂浪郡王)이자 신라왕으로 책봉하였다.[39]

貞觀五年, 獻女樂二. 太宗曰:「比林邑獻鸚鵡, 言思鄉, 丐還, 況於[40]人乎.」付使者歸之. 是歲, 眞平死, 無子, 立女善德爲王, 大臣乙祭柄國. 詔贈眞平左光祿大夫, 賻物段二百. 九年, 遣使者册善德襲父封, 國人號聖祖皇姑. 十七年, 爲高麗·百濟所攻, 使者來乞師, 亦會帝親伐高麗, 詔率兵以披虜勢, 善德使兵五萬入高麗南鄙, 拔水口城以聞. 二十一年, 善德死, 贈光祿大夫, 而妹眞德襲王. 明年, 遣子文王及弟伊贊子春秋來朝, 拜文王左武衛將軍, 春秋特進. 因請改章服, 從中國制, 內出珍服賜之. 又詣國學觀釋奠·講論, 帝賜所製晉書. 辭歸, 敕三品以上郊餞.

---

[39] 拜柱國 封樂浪郡王新羅王:『册府元龜』 外臣部 封册條에 보면, 책봉은 중국이 전통적인 中華思想에 입각하여 변방 4夷에 대해서 羈縻策 내지는 欽風慕華 수단으로 入朝하는 왕이나 책봉받은 왕의 사망 시에 일정한 王號 또는 封爵을 내려주는 것을 뜻한다. 이것은 넓은 의미에서 형식적인 主從 관계를 의미하지만, 入朝國의 주권이나 국가적 독립의 상실은 아니었으며, 어디까지나 형식적이고 의례적이었다. 신라의 경우도 '중국으로부터 승인'이라는 정치적 접근을 통해 당시 문명세계에 참여하는 명분을 찾을 수 있었다. 신라 국왕이 당으로부터 받은 관작은 아래와 같다.

[신라 국왕의 책봉 관작]

왕의 이름	舊唐書	册府元龜	三國史記
眞平王	柱國 樂浪郡王 新羅王	上開府 樂浪郡公 新羅王	柱國 樂浪郡公 新羅王
善德王	柱國 樂浪郡王 新羅王	柱國 樂浪郡公 新羅王	柱國 樂浪郡公 新羅王
眞德王	柱國 樂浪郡王	柱國 樂浪郡王	柱國 樂浪郡王
武烈王	開府儀同三司 樂浪郡王	開府儀同三司 樂浪郡王	開府儀同三司 新羅王
文武王	開府儀同三司 上柱國 樂浪郡王	雞林州大都督	開府儀同三司 上柱國 樂浪郡王 新羅王
孝昭王	輔國大將軍 行豹韜衛大 將軍 雞林州都督	輔國大將軍 行豹韜衛大將軍 雞林州都督	新羅王 輔國大將軍 行左豹韜尉大將軍 雞林州都督
聖德王	開府儀同三司 寧海軍使	開府儀同三司 寧海軍使	驃騎將軍 特進行左威衛大將軍 使持節大都督 雞林州諸軍事 雞林州刺史 上柱國 樂浪郡公 新羅王
宣德王	檢校太尉都督 雞林州刺史 寧海軍使 新羅王	簡較太師都督 雞林州刺史 寧海軍使	檢校太尉 雞林州刺史 寧海軍使 新羅王
昭聖王	開府儀同三司 檢校太尉 新羅王	開府簡較太尉 雞林州大 都督等 新羅國王	開府儀同三司 檢校太尉 新羅王
憲德王	開府儀同三司 檢校太尉 持節大都督 雞林州諸軍 事兼持節充寧海軍使 上柱國 新羅國王		開府儀同三司 檢校太尉持節 大都督 雞林州諸軍事兼持節 充寧海軍事 上柱國 新羅王

鷄林州(大)都督을 제외하면 신라 국왕은 당으로부터 樂浪郡王의 관작을 늘 받았다. 다만 낙랑군왕의 관작은 대체로 문무왕 때, 곧 신라의 삼국 통일 완료 이전까지에 집중되어 있다. 『舊唐書』 職官志에 보면, 柱國은 종2품의 勳官인데, 郡王이나 郡公은 종1품의 官爵이고, 開府儀同三司는 從一品의 文散官이다.

[40] 「於」: 남감본·무영전본·백납본 「於」, 급고각본 「于」.

정관(貞觀) 5년(631, 신라 진평왕 53)에 여악사(女樂士) 2명을 바쳤다. 태종은 "임읍(林邑)[41]에서 바친 앵무새도 고향이 생각난다고 하여 돌려보냈음을 따른다면, 하물며 사람에게서랴"고 하면서, [귀국하는] 사신에 붙여 돌려보냈다.[42] 이 해에 진평이 죽었는데,[43] 아들이 없어서 딸 선덕을 세워 왕으로 삼았고, 대신 을제(乙祭)가 나라를 다스렸다.[44] 조서를 내려 진평을 좌광록대부(左光祿大夫)[45]로 추증하고, 부의 물건으로 200단을 보냈다. [정관] 9년(635, 신라 선덕왕 4)에 사신을 보내어 선덕을 책봉하여 아버지의 봉작(封爵)을 잇게 하였는데,[46] 나라 사람들은 [그녀를] 성조황고(聖祖皇姑)라고 불렀다. [정관] 17년(643, 신라 선덕왕 12)에 고[구]려와 백제의 공격을 받게 되자 사신을 보내 와 군사를 구하였다.[47] 이때는 마침 [태종] 황제가 친히 고[구]려를 치는 중이어서 조서를 내려 군사를 이끌고 와서 오랑캐의 형세를 나누라고 하였다. 선덕은 군사 5만 명으로 고[구]려의 남쪽 경계에 들어가서 수구성(水口城)을 공략한 뒤 [이 사실을] 알려 왔다.[48] [정관] 21년(647, 신라 진덕왕 1)에 선덕이 죽으니, 광록대부[49]를 추

---

41 林邑:『北史』外國列傳에는 사이에 대한 기록이 실려 있는데, 권83에 蠻·獠·林邑·赤土·眞臘·婆利(丹丹·盤盤) 등이 수록되었다. 林邑은 『北史』 외국열전에 수록된 임읍을 말한다. 본 책의 『구당서』 각주 25 참조.

42 貞觀五年 獻女樂二 … 付使者歸之:『三國史記』권4, 新羅本紀 진평왕 53년조에 "秋七月 遣使大唐獻美女二人 魏徵以爲 不宜受 上喜曰 彼林邑獻鸚鵡 猶言苦寒 思歸其國 況二女遠別親戚乎 付使者歸之"라고 하여, 뜻은 같으나 내용이 약간 다르다. 곧 『舊唐書』 신라전의 '女樂二人'이 『三國史記』에는 '美女二人'으로 되어 있고, "聲色之娛 不如好德"과 같이 유교적 가치관을 강조한 『구당서』와는 달리 『삼국사기』는 뜻만 같게 하고 있다. 귀국 과정도 『구당서』에서는 '宜付使者 聽遣還家'라 하였지만 『삼국사기』에서는 '付使者歸之'로 간략히 하고 있다. 『三國史記』 권4, 新羅本紀의 내용은 오히려 『新唐書』 新羅傳을 그대로 따랐다고 할 수 있다.

43 是歲 眞平死:『三國史記』권4, 新羅本紀 진평왕 54년조에는 "古記云 貞觀六年壬辰正月卒 而新唐書 資理通鑑皆云 貞觀五年辛卯 羅王眞平卒 豈其誤耶眞平王"이라고 하여, 진평왕의 薨年은 貞觀 6년(632)이다.

44 無子 立女善德爲王 大臣乙祭柄國 : 善德王(재위 632~647)은 신라의 제27대 왕으로, 진평왕의 長女이다. 진평왕은 선덕·天明의 두 딸만을 두었는데, 진지왕에게 되찾은 왕통을 자신의 嫡統에게 계승시키기 위해 노력하였다. 그리하여 왕위에 야욕이 큰 龍春을 內省의 私臣으로 임명하여 정치적 타협을 꾀하였다. 또한 天明을 용춘에게 出嫁시켜 회유하면서 선덕왕의 즉위에 협조를 구하였다. 곧『三國史記』권4, 신라본기 선덕왕 즉위조에는 "諱德曼 眞平王長女也 母金氏摩耶夫人 德曼性寬仁明敏 王薨 無子 國人立德曼 上號聖祖皇姑"라고 하였으므로, 그의 왕위 계승은 和白에 의한 추대를 통해서 이루어진 것으로 나타났다. 자연히 선덕왕은 乙祭·水品·閼川 등의 구세력과 金春秋·金庾信의 새 세력 간에 힘의 균형으로 정치를 운영하였다. 그러나 647년 1월에는 상대등 毗曇과 廉宗 등 진골 귀족들이 여왕이 정치를 잘못한다는 구실로 반란을 일으켰는데, 반란은 김춘추와 김유신이 진압하였지만, 선덕왕은 충격을 받고 재위 16년 만에 사망하였다. 諡號를 선덕이라 하고, 狼山에 장사지냈다. 선덕왕대 정국에 대한 대표적인 연구성과는 井上秀雄(1962), 申瀅植(1984), 강재철(1991), 金杜珍(1994), 鄭容淑(1994), 朱甫暾(1994), 김덕원(2007b), 이정숙(2012) 참고.

45 左光祿大夫 : 당나라 초기의 종1품 文散官이다.

46 遣使者冊善德襲父封:『三國史記』권4, 新羅本紀 善德王 4년조에 "唐遣使持節 冊命王爲柱國樂浪郡公 新羅王"이라고 하였고, 『冊府元龜』권964, 外臣部 책봉조에는 "郡公"이라 하였다. 『舊唐書』 신라전에는 선덕왕이 정2품인 '郡公'보다 높은 종1품 '郡王'의 작호를 받았다.

47 十七年 爲高麗百濟所攻 使者來乞師 : 643년에 선덕왕은 세 차례 견당사를 보냈다. 1월에는 자장의 放還을 요청하기 위해서 보냈고, 9월에는 청병하기 위해서 보냈으며, 11월에도 같은 목적으로 견당사를 파견하였다(權惠永, 1997).

48 善德使兵五萬入高麗南鄙 拔水口城以聞 : 선덕왕은 唐의 요구에 의해 5만의 군사를 이끌고 고구려 南界의 水口城을 점령하였다. 다만 水口城에 대한 국내 자료는 없다. 『삼국사기』 신라본기 선덕여왕 14년조에도 國西의 7성이라고 할 뿐 구체적 언급이 없

증하고, [그의] 여동생인 진덕으로 왕위를 잇게 하였다.[50] 다음 해에 [그의] 아들 문왕(文王)[51]과 아우 이찬의 아들인 춘추(春秋)를 보내 입조하게 하였다.[52] 문왕에게는 좌무위장군(左武衛將

다. 그러나 이곳은 고구려·신라 사이의 군사·교통상 요충지일 것은 틀림이 없다. 때문에 문무왕 11년에 신라군의 북상 시에 일시 머물렀던 水谷城(平山 또는 新溪 일대)일 가능성이 크다. 이곳은 濟·麗 간의 전술적 요지로, 근구수왕 원년(375), 아신왕 3년(394), 무녕왕 원년(501)에도 양국 간의 치열한 전투가 있었다.

49 光祿大夫 : 광록대부는 당나라의 文散官이다. 前漢시대 光祿勳의 屬官에 顧問과 議論을 담당하는 中大夫가 있었는데 太初元年(기원전 104) 光祿大夫로 개칭하였다. 西晉시대에는 左光祿大夫와 右光祿大夫가 설치되었는데 모두 加官이었으며 이후 여러 중국 왕조에서도 모두 설치되었다. 수대에는 좌광록대부, 우광록대부, 금자광록대부, 은청광록대부가 있었고 모두 散官이었다. 貞觀 11년(637)에 광록대부를 종2품, 금자광록대부를 정3품, 은청광록대부를 종3품으로 정했으며, 문산관의 제3등과 제4등, 제5등으로 삼았다.

50 而妹眞德襲王 : 진덕왕(재위 647~654)은 신라 제28대 국왕으로, 이름은 勝曼이다. 진평왕의 친아우인 國飯葛文王의 딸로, 어머니는 月明夫人 朴氏이다. 銅輪直系의 마지막 왕으로, 이후 聖骨은 단절되었다. 선덕왕의 훙거 이후에 정치적 실권을 장악한 김춘추·김유신의 신세력은 진덕왕을 즉위시켜 구세력의 반발을 무마시켰다. 곧 그들은 진덕왕의 즉위를 통해서 기존 왕족의 불만을 해소시키면서 정책 추진을 통해서 자기 세력의 정치기반을 닦으려고 하였다(申瀅植, 1984). 진덕왕은 654년에 재위한 지 8년 만에 훙거하였다. 진덕왕대에 대한 대표적인 연구성과는 김영하(1980), 임경빈(1993), 김덕원(2007b), 이정숙(2012) 참고. 한편 1982년에 중국 시안 근교에 자리한 당나라 태종의 무덤인 昭陵 주변에서 十四國君長石像 중 하나인 신라 진덕여왕상으로 추정되는 석상 하반신 일부가 출토되었다. 14국군장석상은 태종 시기에 국가와의 침탈 전쟁, 영토 확장, 외교관계에서 이룩해놓은 업적을 찬양하기 위해 突厥·吐蕃·龜玆·高昌·신라 등 14국의 외국 수장들의 형상을 담은 석상을 만들어 소릉 아래 세운 것이었다. 2002년에 陝西省考古硏究所와 昭陵博物館 발굴조사팀은 석상이 발견된 부근에서 '신라 … 군(新羅 … 郡)', '덕(德)' 등의 명문이 새겨진 진덕여왕석상 座臺 殘片을 발견하여 1982년에 발굴한 석상을 진덕여왕상의 하반신 일부로 추정하고 있다(박현규, 2007).

51 文王(?~665) : 文王은 『舊唐書』 신라전에는 '文正', 『東國通鑑』에는 '文汪'이라고 하였다. 하지만 『舊唐書』 本紀에는 '文王'으로 되어 있고, 『三國史記』 권5, 진덕왕 2년조에 "遣伊金春秋及其子文王朝唐"이라고 하였고, 문무왕 5년 2월조에는 "伊湌文王卒 以王子禮葬之 唐皇帝遣使來弔"라고 하였다. 그는 태종무열왕의 셋째아들로, 문무왕의 동생이다. 진덕왕 2년(648)에 아버지 김춘추와 함께 당에 파견되었고, 태종무열왕 2년(655)에는 伊湌이 되었으며, 다음 해에는 左武衛將軍으로 역시 당에 조공갔으며, 658년에는 中侍에 임명되었다. 661년에는 迊湌으로 있으면서 大幢將軍 品日을 도와 백제부흥군과 泗沘城 부근에서 싸웠으나 패전하였다.

52 遣子文王及弟伊贊子春秋來朝 : 『舊唐書』 신라전에는 "眞德遣其弟國相·伊贊干金春秋及其子文王來朝"라고 하였고, 『三國史記』 권5, 진덕왕 2년조에는 "遣伊金春秋及其子文王朝唐"이라고 하였다. 文王은 태종무열왕의 제3자였고, 김춘추는 태종무열왕이므로, 진덕왕이 보낸 문왕과 춘추의 관계를 잘못 서술된 셈이다. 곧 문왕은 진덕왕의 아들이 아니고, 그의 동생이 되는 이찬의 아들은 춘추가 아니다.
문왕은 신라 최초의 당나라 宿衛였다. 숙위는 唐 주변 국가의 왕자들이 唐廷에 侍留하는 일종의 儀仗隊로, 국제적인 質子의 뜻을 지닌다(卞麟錫, 1966 ; Lien-Shen Yang, 1960). 그러나 신라의 對唐交涉에 나타나는 宿衛는 이러한 인질적 존재가 아니라, 신라의 對唐交涉의 總和로 생각할 수 있다. 곧 그것은 전통적인 朝貢에다 人質이라는 獻進을 결합한 후, 禮儀之邦이 흡수해야 할 문화적 의미(國學 입학)까지 포함된 종합적 교섭자라고 할 수 있다(申瀅植, 1981 ; 申瀅植, 1984). 동시에 이러한 宿衛外交의 추진에 당시의 실권자인 金春秋의 정략이 포함되어 있음을 간과해서는 안 될 것이다. 신라는 7세기 이래 계속된 百濟의 군사적 위협으로 국가적 시련을 겪고 있었다. 大耶城 함락 직후 김춘추는 高句麗外交에 실패한 데 이어 毗曇亂(647)으로 집권세력으로 부상하였다. 김춘추는 그해 日本訪問外交를 꾀하지만 실패하고, 648년에 아들(文王)을 대동하고 宿衛外交를 시작하였다. 宿衛는 眞德女王 2년(648)에 金春秋의 주선으로 그 아들 文王이 처음으로 파견된 후 16명의 기록이 있다. 이 외교는 그 출발할 때의 세 가지 기능이 전 시대를 통해 동일하게 계승되지는 않았다. 항상 그 시대의 필요성과 요청에 따라 성격이 바뀌고 있었다. 宿衛外交를 3기로 나누어 볼 수가 있으니, 제1기는 統一戰爭期로서 숙위는 唐廷에서 將軍職을 받으면서 濟·麗征伐의 請兵使 또는 先鋒將이 되었다. 文王이 左武衛將軍·金仁問이 左領軍衛將軍·金三光이 左武衛翊府中郎將을 각각 받고 있음에 잘 나타나 있다. 이들은 실제로 통일전에 참가하여 實戰에서 큰 공을 세웠다. 제2기는 中代 專制王權期이다. 이 시기는 전쟁이 종식되어 양국 간의 문물교류가 촉진되는 시기였으니, 그들은 文化·經濟의 交易者가 되었다. 이 시기에는 金德福·金守忠 이하 7명의 숙위가 있어 나·당 간의 문물교류에 큰 기여를 하였다. 제3기는 下代의 정치의 混亂期이다. 이 시기는 신라가 정치적 시련기에 있었으니, 숙위는 人質的 存在로 전락되었고 중국으로부터 追放되는 경우가 많았기 때문에 金獻忠·金昕 등 6명이 별다른

軍)⁵³을 벼슬로 주었고, 춘추에게는 특진(特進)으로 제수하였다.⁵⁴ 이로 인해 장복(章服)을 고쳐 중국의 제도를 따르기를 요청하니, 궁중의 진복(珍服)을 내어 주었다. 또한 국학⁵⁵에 가서 석전(釋奠)과 강론(講論)을 보게 하였으며, [태종] 황제는 손수 지은 『진서(晉書)』⁵⁶를 하사하였다.⁵⁷ 돌아간다는 말을 하자, 3품 이상의 관원이 교외에서 전송하도록 칙명을 내렸다.

> 高宗永徽元年, 攻百濟, 破之, 遣春秋子法敏入朝, 眞德織錦爲頌以獻, 曰:「巨唐開洪業, 巍巍皇猷昌. 止戈成大定, 興文繼百王. 統天崇雨施, 治物體含章. 深仁諧日月, 撫運邁時康. 幡旗旣赫赫, 鉦鼓何鍠鍠. 外夷違命者, 翦覆被天殃. 淳風凝幽顯, 遐邇競呈祥. 四時和玉燭, 七耀巡萬方. 維嶽⁵⁸降宰輔, 維帝任忠良. 三五成一德, 昭我唐家唐⁵⁹.」帝美其意, 擢法敏太⁶⁰府卿.

업적을 남기지 못하였다. 결국 景文王 10년(870)의 金因을 끝으로 宿衛外交는 소멸되었다(權悳永, 1997).

53 左武衛將軍 : 당나라 중앙관제의 하나인 좌무위에 속한 종3품의 무관직인데, 무위는 대궐을 호위하는 부대의 하나이다. 당에서는 좌우무위를 두고 대장군 각 1인, 장군 각 2인을 두었다. 金仁問·金三光이 받은 將軍職도 동일 수준의 것이지만, 어디까지나 名譽職으로 보아야 한다. 다만 신라 정부에 대한 외교상의 예우라 해도 정치적 수준을 높인 점은 주목된다.

54 春秋特進 : 特進은 당의 정2품의 文散官이며, 前漢 말기에 시작되어 列侯에게 주는 특수 지위였다. 諸侯王에게도 제수되기도 했다가 그 이후에 정식 加官 관호가 되었다. 隋代에 최초로 정2품 散官이 되었다가 大業 3년(607)에 폐지되었다. 그 이후 당대부터는 송나라 전기까지는 정2품 文散官이었다. 김춘추가 당 태종으로부터 특진의 관작을 받은 사실은 1931년에 경주 西岳書院에서 발견된 金仁問墓碑의 殘片에서도 확인된다.

55 國學 : 천자 제후 귀족의 자제 및 나라 안의 준재를 교육하기 위해 설치한 중국의 최고 교육기관으로 고대부터 설치·운영되었다. 수대 이후에는 國子監이라 하였다. 여기서의 국학은 곧 國子監과 같은 뜻으로 사용하였다. 신라에서도 당의 제도를 본받아 신문왕 2년에 국학을 설치하여 운영하였다.
『新唐書』 권44, 지34, 選擧志上에 보면, 국자감은 尙書省 아래 禮部에 소속되었으며, 國子學, 太學, 四門學, 律學, 書學, 算學 등의 학제로 구성되었다. 각 학제는 매년 말에 수학한 내용을 大義十條로 口問했는데, 반 이상의 성적을 얻었을 경우 상위 학교로 옮길 수 있었다. 신라는 당나라와 교류하면서 학제나 문한직제 등을 꾸준히 받아들여 실행하였다(장일규, 2019).

56 晉書 : 당 태종이 방현령·이연수 등이 칙명을 받들어 편찬한 책이다. 西晉 4대 54년과 東晉 11대 120년간의 일을 기록한 사서로, 晉에서 六朝 사이에 편찬된 수십 종의 『晉史』 중에서 특히 저명한 18家의 『晉史』를 모으고 장영서의 『晉書』를 위주로 삼아 태종 때에 다시 편찬하였다. 그러므로 '새로 편찬한 진서'라 하였다. 그 가운데 宣武紀와 陸機·王羲之의 2인의 列傳 史論은 태종이 직접 찬한 것이다.

57 帝賜所製晉書 : 『舊唐書』 신라전에는 "太宗因賜以所制溫湯及晉祠碑幷新撰晉書"라고 하여, 당 태종이 麗山 온천에 가서 세운 溫湯碑와 晉祠에 대해 지은 晉祠碑도 함께 받았다고 하였다. 온탕비는 『新唐書』 권1, 고조본기에 당 고조가 무덕 6년(623) 2월 庚戌에 溫湯에 갔다가 壬子에 廬山에서 사냥하고, 甲寅에 溫湯에서 돌아왔다는 기록이 있는데, 온탕비는 아마 그 사실에 대한 비명인 듯하다. 晉祠는 중국 山西省 太原市 서남쪽 懸甕山 기슭의 晉水가 발원하는 곳에 있는 사당인데, 晉의 시조 唐叔虞를 제사지내던 곳이다. 당 고조가 군대를 일으키고 이 사당에 제사했으며 태종이 정관 2년(628)에 그곳에 가서 비를 세우고 晉祠의 銘을 지었다.

58 「嶽」: 남감본·급고각본·무영전본 「嶽」, 백납본 「岳」.
59 「唐」: 남감본·급고각본·백납본 「唐」, 무영전본 「光」.
60 「太」: 남감본·무영전본 「大」, 급고각본·백납본 「太」, 문맥상 「太」로 교감.

고종 영휘(永徽) 원년(650, 신라 진덕왕 4)에 백제를 공격하여 깨뜨린 뒤, 춘추의 아들 법민(法敏)을 보내어 입조하게 하였다. 진덕은 비단에 송(頌)을 지어 바쳤는데,[61] "큰 당나라가 왕업을 연 것은 높고도 높은 황제의 뛰어난 지략 때문이라. 간과(干戈)를 멈추고[62] 큰 평정을 이루었으며 문치(文治)를 일으켜 백왕을 계승하였네. 천하를 통솔함에는 은혜를 숭상하고 만물을 다스림에는 공을 내세우지 않네. 깊은 인덕은 일월과 어울리고 잡은 운세는 시강(時康)을 멀리 하였네. 번기(幡旗)가 이미 빛나고 빛났고, 징과 북은 어찌 그리 울리던가. 외이(外夷)로 명령을 어긴 자는 잘리고 엎어지는 천앙(天殃)을 입었네. 순박한 풍속이 그윽함과 드러남에 엉기니 원근(遠近)에서 다투어 상서를 바치는구나. 사시(四時)는 옥촉(玉燭)[63]처럼 조화롭고 칠요(七耀)[64]는 만방을 두루 도네. 오직 제후만이 재보(宰輔)로 힘쓰고 오직 황제만이 충량(忠良)한 이를 임명하네. 오제삼황(五帝三皇)[65]의 이룬 덕이 우리 당나라를 빛내리라"고 하였다. [고종] 황제는 그 뜻을 아름답게 생각하여 법민을 태부경(太府卿)[66]으로 발탁하였다.

五年, 眞德死, 帝爲擧哀, 贈開府儀同三司, 賜綵段三百, 命太常丞張文收持節弔祭, 以春秋襲王. 明年, 百濟·高麗·靺鞨共伐取其三十城. 使者來請救, 帝命蘇定方討之, 以春秋爲嵎夷道行軍總[67]管, 遂平百濟. 龍朔元年, 死, 法敏襲王. 以其國爲鷄[68]林州大都督府, 授法敏都督.

61 眞德織錦爲頌以獻:『舊唐書』신라전에는 "眞德乃織錦作五言太平頌以獻之"라고 하여, 이때 지은 송을 '五言太平頌'이라고 하였다. 이 송은 당 고종의 성덕을 칭송하기 위한 글인데, 실제 작자는 알 수 없다. 『삼국유사』에서는 '太平歌'라 하였고, 『東文選』권4에는 五言古詩로 분류하여 「織錦獻唐高宗」이라는 제목으로 실려 있다. 태평송은 陽韻과 唐韻을 써서 칭송하는 이의 밝은 기운을 표현하였으며, 이 둘을 合韻하여 쓴 것이다.
이 송은 『舊唐書』신라전에도 수록되었는데, 그 내용의 차이는 별로 없다. 다만 『三國史記』의 내용은 『太平御覽』의 것을 옮긴 것 같으나 비교적 정확한 편이다.

62 止戈: 전쟁이 그쳤다는 것은 武를 사용한 본래 목적을 이루었다는 뜻이다. 『尙書』武成篇에 "一戎衣天下大定"이라 하였고, 『禮記』中庸篇에 "壹戎衣而有天下"라고 하였다. 周 武王이 몸소 갑옷을 입고 殷을 멸하여 천하를 통일한 사실에 빗대어 당나라 高祖와 태종의 업적을 기린 것이다.

63 玉燭: 옥으로 만든 초라는 말인데, 여기서는 그것이 매끈하게 빛나는 모습을 가리킨다. 『爾雅』釋天篇에 "春爲靑陽 夏爲朱明 秋爲白藏 冬爲玄英 四氣和謂之玉燭"이라고 하였다.

64 七曜: 日·月·火·水·木·金·土의 五星을 가리킨다.

65 五帝三皇: 중국 고대의 전설상의 군주를 지칭한다. 삼황은 伏羲, 神農, 軒轅을, 오제는 少昊, 顓頊, 高辛, 唐堯, 虞舜을 말하지만, 다른 견해도 적지 않다.

66 太府卿: 태부경은 당나라 9寺 중의 하나인 太府寺의 장관이다. 태부경은 종3품으로 정원은 1명이었는데, 경 이외에 少卿 2명, 丞 4명, 主簿와 錄事 각각 2명 등의 관원이 있었다. 태부경은 재화·저장·무역의 일을 관장하고 京都의 西市와 左右藏을 총괄하였다.

67 「總」: 남감본 「總」, 급고각본·무영전본 「總」, 백납본 「摠」. 문맥상 「總」으로 교감.

68 「鷄」: 남감본·무영전본·백납본 「鷄」, 급고각본 「雞」.

[영휘] 5년(654, 신라 무열왕 1)에 진덕이 죽으니, 고종이 애도하고는 개부의동삼사(開府儀同三司)[69]를 추증하고서 비단 300단을 내려 주었다. 태상승(太常丞) 장문수(張文收)에게 부절을 가지고 가서 조제(弔祭)하도록 명령하고, 춘추로 왕위를 잇게 하였다.[70] 다음 해(655)에 백제와 고[구]려, 말갈[71]이 함께 [신라의] 30성을 공격하여 취하자,[72] 사신이 와서 구원을 요청하였다.[73] [고종] 황제는 소정방(蘇定方)[74]에게 토벌하도록 명령하고, 춘추를 우이도행군총관(嵎夷

69 　開府儀同三司 : 北魏시대에 설치한 무관의 직명이다. 孝文帝 太和 17년(493)에 第1품下로 정했다가 23년에 從1품으로 바꾸었다. 北齊에서도 계승하였지만, 지위는 내려갔고 제수가 남발되었다. 隋代에는 左右衛, 武衛, 武侯, 領軍府 등에 1명씩 설치되었는데, 斥候의 임무를 맡았다. 일반적으로 '開府'라고 略稱하는데, 대신들의 加號로 그 의미는 三司와 동일하게 대우를 받고 관부를 개설할 수 있다는 것이다. 당나라 때에는 종1품의 문산관이었다. 신라에서는 진덕왕이 처음으로 이 벼슬을 받았다.

70 　以春秋襲王 : 金春秋는 太宗武烈王의 이름이다. 祖父는 眞智王이며, 父는 龍春이었다. 그는 부친인 龍春 밑에서 정치적 경륜을 쌓고 김유신과 결속하여 7세기 중엽의 신라 정치를 주도하였다. 또한 김유신의 누이인 문희와 정략적인 측면에서 혼인하여 왕위에서 폐위된 진지왕계와 신라에 항복해 새로이 진골 귀족에 편입된 금관가야계 간의 정치적·군사적 결합을 이루었다. 그러나 선덕여왕 11년(642)에 신라의 서방 요충지였던 대야성(大耶城)이 백제에게 함락되고 김춘추의 사위인 金品釋 부부가 죽임을 당하면서, 김춘추는 외교활동을 직접 펴나갔다. 고구려에 원병을 청하러 갔다가 고구려로부터 공취한 한강 상류 유역의 영토반환 문제로 인해 결렬되었고, 이후 647년의 毗曇亂 직후에 일본을 방문하여 군사동맹을 추진하였지만 역시 실패하였다(金鉉球, 1983). 그 뒤 비담의 난을 계기로 구귀족세력을 제거하고 정국을 장악하였고, 진덕왕을 옹립하였다. 진덕여왕대에는 자신이 생각하는 방향으로 외교활동과 내정개혁을 진행하였는데, 특히 진덕왕 2년(648)에 당나라에 파견되어 적극적인 친당정책을 추진하였다. 이에 당 태종으로부터 백제 공격을 위한 군사 지원을 약속받았다. 김춘추에 의한 친당정책은 650년에 신라가 중고시대 전 기간을 통해 계속 사용해오던 자주적인 연호를 버리고 당나라 연호인 永徽를 신라의 연호로 채택한 데에서 단적으로 나타난다. 김춘추에 대한 대표적인 연구성과는 박순교(1997), 김덕원(2005), 김덕원(2007a), 연민수(2012) 참고.

71 　靺鞨 : 수·당시대에는 지금의 만주와 한반도 북부에 살았던 퉁구스계 주민의 통칭이었다. 周代에 肅愼, 漢代에 挹婁, 勿吉 등의 명칭으로 불리다가 『北史』에 이르러서야 중국 정사에 말갈로 기록되었고, 『金史』에는 금나라의 선조가 말갈 출신이며, 말갈의 본래 호칭이 물길이라 하였다. 당나라 때는 이들을 총칭해 말갈이라고 기록했다. 『舊唐書』新羅傳에는 "百濟與高麗·靺鞨率兵侵其北界"라 하여 백제가 동원한 말갈은 만주 일대에 散在하던 말갈이라기보다는 한반도 내에 산재하던 말갈일 가능성이 높다.
일찍이 『삼국사기』· 『삼국유사』를 비롯한 우리 측 사서에는 중국 정사보다 앞서 말갈을 기록하였다. 한반도 내에 활동한 말갈의 종족 계통에 대해서는 크게 두 견해로 나뉜다. 하나는 종족 계통과 관련해 시대적·지역적 활동의 불합리성을 들어 위말갈, 예계 말갈, 고구려시대 피지배주민의 범칭 등으로 보는 견해이다. 다른 하나는 수·당 이전의 말갈이나 한반도에 남하하였던 말갈 모두 중국 정사에 나오는 말갈과 계통이 같다고 보는 견해이다. 이와 같이 말갈은 삼국의 형성 및 그 전개 과정에서 중요한 구실을 하였다. 말갈에 대한 연구성과로는 兪元載(1979), 權五重(1980), 한규철(1988), 김현숙(1992), 조이옥(1992), 문안식(2003), 선석열(2010), 김락기(2013), 박노석(2013) 참고.

72 　百濟高麗靺鞨共伐取其三十城 : 이때의 30여 성은 竹嶺과 雞立嶺 이북의 신라땅을 가리키는 듯하다. 『新唐書』高麗傳에는 "신라가 당에 사신을 보내 호소하기를 '永徽 6년(655)에 고구려와 말갈 등이 신라의 36성을 탈취했다.'"고 하였고, 『三國史記』권5, 신라본기 太宗武烈王 2년조에는 33성을, 『資治通鑑』권199와 『冊府元龜』권986, 外臣部 征討條 및 권995 交侵條에는 33성이라 하였다.

73 　使者來請救 : 『三國史記』권5, 太宗武烈王 2년조, 『新唐書』新羅傳, 『資治通鑑』권199, 『冊府元龜』권986, 外臣部 征討條 및 권995 交侵條 등에 동일한 내용이 수록되어 있다.

74 　蘇定方(592~667) : 당나라 장군으로 기주 武邑縣(지금의 河北省 武邑縣) 사람이다. 성은 蘇씨이고 이름은 烈이며, 字가 定方이다. 어려서 아버지를 따라 隋末 농민군을 진압했으며 후에 竇建德에게 항복해 竇建德을 따라 성읍을 공략해 공을 세웠다. 貞觀 初에 匡道府折衝都尉에 임명되었다. 貞觀 4년(630)에 李靖을 따라 동돌궐 頡利可汗을 격파해 左武候中郎將에 제수되었고, 顯慶 4년(659)에 鐵勒의 思結部 수령 都曼 등이 반란을 일으키자 재차 군대를 이끌고 西征해 도만에게 투항하게 해 당의 파미르 이서 지역 통치를 유지하는 데 공을 세웠다. 이 공으로 左武威大將軍에 임명되었다. 이듬해 神丘道大總管이 되어 군대를 이끌고 동정해 백제왕을 사로잡았다. 乾封 2년(667)에 죽었는데, 左驍衛大將軍 幽州都督에 추증되었고, 시호는 '莊'이었다(『舊唐書』卷83 ; 『新唐書』권111, 蘇定方傳 참조).

道行軍總管)⁷⁵으로 삼아 마침내 백제를 평정하게 하였다.⁷⁶ 용삭(龍朔)⁷⁷ 원년(661, 신라 문무왕 1)에 [춘추가] 죽으니, 법민으로 왕위를 잇게 하였다.⁷⁸ 그 나라를 계림주대도독부(鷄林州大都督府)⁷⁹로 삼고서 법민에게 도독을 제수하였다.

> 咸亨五年, 納高麗叛衆, 略百濟地守之, 帝怒, 詔削官爵, 以其弟右驍衛員外大將軍·臨海郡公仁問爲新羅王, 自京師歸國. 詔劉仁軌爲鷄⁸⁰林道大總⁸¹管, 衛尉卿李弼·右領軍大將軍

75 嵎夷道行軍總管 : 嵎夷道 방면을 원정하는 군대의 총사령관으로, 임시 관직이다. 嵎夷는 『書經』 堯典篇과 『尙書』 및 『後漢書』 권85 東夷傳 서문 등에 나온다. 동쪽 끝의 땅을 칭하여 말하는데, 여기서는 한반도를 말한다. 總管은 군사를 지휘·감독하는 관직으로 주로 北周 및 隋·唐代에 사용되었다. 『三國史記』 권37, 잡지 지리4에 수록된 熊津都督府의 13현 가운데에도 嵎夷縣이 있다.

76 遂平百濟 : 이때의 일에 대해서는 중국 기록이 간략하고, 대신 『삼국사기』 태종무열왕 7년조와 의자왕 20년조에는 자세한 상황이 설명되어 있다. 곧 『구당서』에는 당나라 쪽의 토벌장군으로 소정방만이 기술되어 있지만, 『삼국사기』에는 宿衛하던 金仁問(副大摠管)·劉伯英(左驍衛將軍) 등 副將의 명칭이 등장하는 동시에 출동한 군사의 수도 13만 명이라고 하여 뚜렷한 수치를 밝히고 있다. 또한 『삼국사기』는 출정 기간에 대한 구체적 자료를 제시하고 있는데, 당군이 본국을 떠난 시기는 3월이고, 신라의 金庾信 本隊는 5월 26일에 출정을 하였다. 6월 21일에 太子 法敏이 唐軍을 德物島(덕적도)에서 맞이하였으며, 7월 10일에 백제 정벌의 최종 일자를 확정하였다. 그러나 7월 9일에 黃山之原에서 階伯의 완강한 저항에 부딪혀 차질이 생겼으므로, 唐軍은 伎伐浦에 도착했지만 신라군은 3일간의 착오가 있었다. 그리하여 연합군은 7월 13일에야 王子 隆 및 大佐平 千福 등 고관의 항복을 받았다. 7월 18일에는 羅唐軍이 부여로 밀려들어오자 의자왕은 太子 孝와 함께 舊都 公州로 피난하고, 제2왕자인 泰가 남아서 扶餘城을 固守하려 하였으나 오래 지탱하지 못하고 1만여 명의 전사자를 내고 궤멸하였다. 이어 羅唐軍은 公州를 함락시키고 의자왕과 태자 孝도 마침내 투항하였다. 8월 2일에는 왕이 蘇定方 및 諸將들에게 酒宴을 베풀었으며, 9월 3일에는 소정방이 義慈王과 대소 臣僚 93명 및 포로 1,200명을 대동하고 귀국하였다. 신라의 백제 평정에 대한 연구는 서영교(2006), 노태돈(2009), 이상훈(2012) 참고.

77 龍朔 : 唐 高宗의 연호로, 661~663년이다. 당시 신라는 태종무열왕 8~문무왕 3년에 해당한다.

78 法敏襲王 : 법민은 무열왕의 첫째아들로 무열왕을 이어 왕위를 계승한 문무왕(재위 661~681)이다. 어머니는 金庾信의 누이인 文明王后이고, 妃는 慈儀王后로 波珍湌 善品의 딸이다. 태종무열왕 때 파진찬으로 兵部令을 역임했으며 얼마 뒤 태자로 책봉되었다. 661년에 태종무열왕이 삼국을 미처 통일하지 못하고 죽자 그것을 이어 삼국 통일의 과업을 완수하였다. 특히 그는 백제와 고구려의 옛 땅에 대한 지배권을 차지하기 위해 당나라와 새로운 전쟁을 치렀다. 신라와 당나라의 전쟁은 675년에 절정에 이르렀다. 곧 薛仁貴는 당나라에 숙위하고 있던 風訓을 앞세워 쳐들어왔지만, 신라의 장군 文訓이 1,400명을 죽이고 병선 40척, 전마 1,000필을 얻는 전과를 올렸다. 그 뒤 李謹行이 20만 명의 병사를 이끌고 침략해 왔는데, 신라군이 買肖城에서 크게 격파해 물리쳤다. 또한 676년에는 해로로 남하하던 설인귀의 군대를 沙湌 施得이 伎伐浦에서 격파하여 서해의 제해권마저 확보하였다. 그 결과 문무왕은 대동강에서 원산만에 이르는 이남의 영토에 대한 지배권을 장악하였다. 한편 그는 국가체제의 정비를 위해 적지 않은 노력을 기울였으며, 통일전쟁에 큰 공을 세운 하층 관리와 백성 및 濟麗殘民을 우대하여 爲民政策을 추진하였다(申瀅植, 1984). 그의 이러한 시책은 668년의 論功行賞에 뚜렷하게 반영되고 있다. 681년에 유해를 동해에 뿌려달라는 유언을 남기고 훙거하였다. 시호는 文武이며, 장지는 경상북도 경주시 甘浦 앞바다의 大王巖이다. 문무왕대에 대한 대표적인 연구 성과는 신형식(1984), 김수태(1999a), 배근홍(1999), 조법종(1999), 최재석(1999), 신종원(2001), 이문기(2004), 서영교(2003), 이성봉(2004), 양종국(2009), 서영교(2006), 노태돈(2009), 이상훈(2012) 참고.

79 鷄林州大都督府 : 『三國史記』 신라본기, 『舊唐書』 신라전, 『唐會要』 권95 新羅傳, 『冊府元龜』 권964, 외신부 封冊條 등에도 실려 있다. 鷄林州(大)都督은 계림인 신라를 다스리는 당의 대도독이다. 도독은 중국의 위대 이래 각 주의 군사 및 민사를 통할하던 관직인데, 總管이라고도 부른다. 당나라 때는 이웃 나라를 정벌한 뒤 그곳에 도독부를 설치하고 기미주의 형태로 통치하였다. 도독부는 통치 지역의 크기에 따라 대·중·하 도독부로 구분하여 통치하였다. 당은 신라의 반당운동이 노골화되자, 백제의 故土에 둔 5都督府와 같이 신라를 당의 직할지로 간주하려는 의도에서 설치하였다.

80 「鷄」 : 남감본·무영전본·백납본 「鷄」, 급고각본 「雞」.

> 謹行[82]副之, 發兵窮討. 上元二年二月, 仁軌破其衆於[83]七重城, 以靺鞨兵浮海略南境, 斬獲甚衆. 詔李謹行爲安東鎭撫大使, 屯買肖城, 三戰, 虜皆北. 法敏遣使入朝謝罪, 貢篚相望, 仁問乃還, 辭王, 詔復法敏官爵. 然多取百濟地, 遂抵高麗南境矣. 置尙·良·康·熊·全·武·漢·朔·溟九州, 州有都督, 統郡十或二十, 郡有大守, 縣有小守. 開耀元年, 死, 子政明襲王. 遣使者朝, 丐唐禮及它文辭, 武后賜吉凶禮并文詞[84]五十篇. 死, 子理洪襲王. 死, 弟興光襲王.

함형(咸亨) 5년(674, 신라 문무왕 14)에 [신라에서] 고[구]려의 저항하는 무리들을 받아서 [옛] 백제땅을 빼앗아 지키게 하였다.[85] [고종] 황제가 화를 내며 조서를 내려 [법민의] 관작을 삭탈하고, 그의 아우 우효위원외대장군(右驍衛員外大將軍) 임해군공(臨海郡公) [김]인문(仁問)을 신라왕으로 삼아 경사로부터 귀국시켰다.[86] 조서를 내려 유인궤(劉仁軌)[87]를 계림도대총

---

81 「總」: 남감본·백납본 「摠」, 급고각본·무영전본 「總」. 문맥상 「總」으로 교감.

82 「謹行」: 중화서국 「李謹行」.

83 「於」: 남감본·무영전본·백납본 「於」, 급고각본 「于」.

84 「詞」: 남감본·무영전본 「辭」, 급고각본·백납본 「詞」. 문맥상 「詞」로 교감.

85 納高麗叛衆 略百濟地守之 : 신라는 濟·麗의 멸망 후에 부흥운동과 遺民 흡수에 적극적이었다. 당의 영토 야욕을 간파한 신라는 문무왕 11년(671)에 당과 정면으로 충돌하기 시작하였다. 신라는 부흥운동을 꾀하는 濟麗殘民을 포섭하는 한편, 당의 점령 지역에서 도망해오는 다수의 유민들에게 피난처를 제공하여 당의 反攻勢力을 약화시킬 수 있었다. 또한 문무왕 6년(666)에는 이미 淵淨土 등의 歸降을 받아들이면서 민족 융합을 꾀하기도 하였다. 특히 백제인보다 고구려인을 우대하여 최고 一吉湌의 관직을 주기도 하였으며, 그 유민으로 黃衿誓幢을 구성하여 하여 관용과 동맹의 정책을 추진하였다(서영교, 2006 ; 노태돈, 2009 ; 이상훈, 2012).

86 右驍衛員外大將軍·臨海郡公仁問 : 『삼국사기』 권44, 열전4에 김인문의 전기가 실려 있다. 그는 字가 仁壽이고, 태종무열왕의 둘째아들이다. 儒家의 책은 물론 莊子와 老子, 佛家의 책도 읽었다. 또한 隷書, 활쏘기, 말타기, 鄕樂 등도 잘하였다. 永徽 2년(651, 진덕왕 5년)에 23세의 나이로 왕명을 받아 당나라에 들어가 宿衛로 머물면서 左領軍衛將軍을 하사받았다. 2년 뒤에는 귀국하여 押督州(지금의 경산) 摠管으로 임명되었다가 신라가 백제와 치열한 전쟁을 계속할 수밖에 없게 되자, 대당외교를 위해서 다시 당나라에 들어갔다. 그 뒤 당나라 군대와 함께 백제를 공격하러 와서 마침내 백제를 멸망시키고는 角干이 되었으며, 다시 당나라로 돌아가 숙위하였다. 이때 다시 당과 고구려의 전쟁을 위해서 황제의 명령으로 신라의 군대를 동원하는 데 관여하였고, 乾封 원년(666, 문무왕 6년)에는 泰山에 封禪하는 황제를 수행하면서 右驍衛大將軍이 되었다. 上元 원년(673, 문무왕 13년)에 문무왕이 고구려의 반란한 무리를 받아들이고 또 백제의 옛 땅을 차지하자, 당나라 수도에 있으면서 황제의 명령으로 右驍衛員外大將軍 臨海郡公으로 신라왕이 되었고, 곧바로 鷄林州大都督 開府儀同三司로 봉해졌다. 하지만 간곡히 사양하였다가 문무왕이 사죄하자 이전의 관직을 되찾았다. 調露 원년(679, 문무왕 19년)에 鎭軍大將軍 行右武威衛大將軍에 보임되었고, 載初 원년(690, 신문왕 10년)에는 輔國大將軍 上柱國 臨海郡開國公 左羽林軍將軍에 제수되었다가 延載 원년(694, 효소왕 3년) 4월 29일에 병으로 누워 당나라 西安에서 죽으니, 향년 66세였다. 효소왕은 太大角干을 추증하고 695년 10월 27일에 신라 왕경의 서쪽 언덕에 묻었다. 김인문은 일곱 차례나 당나라에 들어갔는데, 그 기간은 무려 22년 정도였다.

당 고종이 김인문을 신라왕으로 삼고 귀국시킨 것은 곧 문무왕을 인정하지 않고 신라를 침입한 것을 의미한다. 宿衛는 唐의 조정에서 侍留하는 인질적 존재이므로, 本國이 당나라에게 적대행위를 할 때는 감금하는 경우가 있었다(申瀅植, 1966). 문무왕에 대한 官爵의 삭탈은 그들의 冊封 승인을 취소한다는 뜻이지만 신라에서 정치적 구속력을 갖는 것은 아니었다. 김인문을 신라왕으로 삼았다는 것은 그가 본국 사정을 잘 알고 있기 때문에 선봉장으로 삼은 것이다. 이러한 唐의 움직임에 대해 신라가 형식적

관(鷄林道大總管)으로 삼았고, 위위경(衛尉卿)[88] 이필(李弼)과 우영군대장군(右領軍大將軍) 이근행(李謹行)[89]으로 돕게 하여, 군사를 내어 힘써 토벌하도록 하였다. 상원(上元) 2년(675, 신라 문무왕 15) 2월에 [유]인궤가 칠중성(七重城)[90]에서 (그들) 무리를 깨뜨리고, 말갈의 군사로 바다를 건너 남쪽 경계를 공략하니, 목을 베고 사로잡은 것이 매우 많았다.[91] 조서를 내려 이근행을 안동진무대사(安東鎭撫大使)로 삼아 매초성(買肖城)에 주둔시켰는데, 세 번을 싸워서 적들이 모두 패배하였다.[92] 법민이 사신을 보내 입조하여 사죄하였는데, 공물 보따리가 서로 이어졌다. [김]인문은 이내 [신라에서] 돌아와 왕위를 사양하므로, 조서를 내려 법민의 관작을 회복시켜 주었다. 그러나 [신라는] 백제의 땅을 많이 차지하였고, 마침내 고[구]려의 남쪽 경계에 이르렀다. 상주·양주·강주·웅주·전주·무주·한주·삭주·명주 등의 9주를 설치하였

으로 謝罪使를 파견함으로써 金仁問은 중도에서 되돌아가게 된다. 그러나 신라는 여전히 부흥운동을 조장하고 唐軍을 공격하여 민족통일에 적극적으로 참여하였다(藤田亮策, 1932 ; 權悳永, 1997 ; 金壽泰, 1999b ; 權悳永, 2004).

87 劉仁軌(601~685) : 당나라 汴州 尉氏 사람으로, 字는 正則이다. 집은 가난했지만 학문을 좋아하여 태종 貞觀 연간에 給事中이 되었다. 하지만 성격이 곧은 탓에 李義府의 미움을 받아 靑州刺史로 쫓겨났다. 高宗 龍朔 원년(661)에 소환되어 백제를 공격하는 임무를 받고 帶方州刺史가 되었다. 그 뒤 尙書左僕射 겸 太子賓客을 거쳐 洮河道行軍鎭守大使가 되었다. 현종 개원 연간에 文獻이라고 追諡되었다.

88 衛尉卿 : 당나라 9寺 중의 하나인 衛尉寺의 최고 관직으로, 정원은 1인이고 관품은 從3품이었다.

89 李謹行 : 粟末靺鞨의 추장인 突地稽의 아들로, 주변 나라의 인재를 군관으로 삼은 당나라의 정책에 따라 장군이 되었다. 무력이 뛰어나 주위의 여러 나라들이 그를 두려워하였다고 한다.

90 七重城 : 지금의 경기도 파주시 적성면 감악산 주변에 있었던 산성으로, 吐呑城, 重城이라고 부른다. 이곳은 백제의 難隱別이었는데 고구려는 娘臂城이라 하였다. 성의 둘레는 2,000척이 넘고 성안에는 우물이 있었다. 임진강 남쪽에 위치하였기에 신라군이 임진강을 두고 싸운 전투에서 항상 중요한 요새로 기능하였다. 곧 원래 고구려의 땅이었지만 신라가 진흥왕대에 빼앗았다. 선덕여왕 때는 閼川이 성 밖에서 고구려 군사를 물리쳤고, 태종무열왕 7년(660) 11월에는 軍主 匹夫가 전사하면서까지 방어하였지만 결국 고구려에게 빼앗겼다. 문무왕 7년(767)에 신라가 재차 이를 공취하였다. 그 뒤 나당전쟁의 와중에서 문무왕 15년(675) 2월에 당의 劉仁軌에게 일시 빼앗겼으나, 그해 9월 당나라 군사와의 買肖城전투에서 승리하면서 회복하여 唐兵을 몰아냈다. 신라 중대 이후 小祀 중에 하나인 '鎌岳(七重城)'이며, 『新增東國輿地勝覽』 권11, 積城縣 祀廟條에 신라에서 당나라 장수 薛仁貴를 紺岳山神으로 삼았다는 전승이 실려 있다(서영교, 2006 ; 박순교, 2006 ; 노태돈, 2009 ; 이상훈, 2012).

91 以靺鞨兵浮海略南境 斬獲甚衆 : 이 기록은 『資治通鑑』의 내용과 일치하지만, 『舊唐書』 신라전에는 기록이 없다. 『三國史記』 권5, 신라본기 문무왕 15년조에는 "然多取百濟地 遂抵高句麗南境爲州郡 聞兵與契丹·靺鞨來侵 出九軍待之 … 又築關城 靺鞨入阿達城劫掠 城主素那逆戰死之 唐兵與契丹·靺鞨來 圍七重城 不克 小守儒冬死之 靺鞨又圍赤木城 滅之 縣令脫起率百姓拒之 力竭俱死 唐兵又圍石峴城 拔之 縣令仙伯·悉毛等 力戰死之 又我兵與唐兵大小十八戰 皆勝之 斬首六千四十七級 得戰馬二百匹"이라고 하여, 일부는 중국 기록과 비슷하지만, 2월의 칠중성전투 이후 내용은 서로 다르다.

92 買肖城 三戰 虜皆北 : 『三國史記』 권5, 신라본기 문무왕 15년 가을 9월 29일조에는 "李謹行率兵二十萬 屯買肖城 我軍擊走之 得戰馬三萬三百八十匹 其餘兵仗稱是"라고 하였고, 『三國史記』 권43, 열전3 金庾信傳下에서는 "至乙亥年 唐兵來 攻買蘇川城 元述聞之 欲死之 以雪前恥 遂力戰有功賞 以不容於父母 憤恨不仕 以終其身"이라고 하였다. 매초성은 지금의 경기도 양주시 주내면 고읍리로 비정된다. 하지만 경기도 연천군 청산면 대전리산성에 비정하는 견해도 있다(閔德植, 1988).
『新唐書』 신라전에는 당나라가 세 번 싸워서 신라군을 모두 패배하게 하였다고 하였지만, 『三國史記』에는 신라군이 대승한 것으로 나와 있다. 문무왕 11년(671)~16년(676)의 여러 기록에서 중국 쪽에서는 자신의 敗戰 기록을 거의 삭제하였기 때문에, 『삼국사기』 기록이 더 신빙성이 있다(John. C. Jamieson, 1969). 신라가 백제·고구려를 멸망시킨 뒤 당나라에 대한 항쟁에서 큰 승리를 거둔 지역으로 역사적 의의가 큰 곳이다. 곧 신라는 이곳에서 승리하면서 북쪽 육로로부터 당나라 군대의 침략을 저지하게 되었다(李相勳, 2007).

는데,[93] 주에는 도독(都督)을 두어[94] 10군 내지 20군을 통솔하게 하였다. 군에는 대수(大守)가 있고, 현에는 소수(小守)가 있었다.[95] 개요(開耀) 원년(681, 신라 신문왕 1)에 [법민이] 죽자, 아들 정명(政明)이 왕위를 이었다.[96] 사신을 보내어 입조하였는데, 『당례(唐禮)』와 다른 문사(文

[93] 九州 : 州는 신라의 지방행정구획 가운데 가장 높은 단위이다. 제22대 지증왕 6년(505)에 처음 설치되었고, 이후 영토가 확장되면서 주를 증설하였는데, 통일 이전에는 대체로 5개 주가 있었다. 고구려와 백제를 통합한 후에는 각각의 영토에 3주씩 9주를 배치하였고, 5小京도 같이 배정하여 중국을 모방한 신라의 천하관을 확립하였다. 곧 신문왕 5년(684)에 完山州와 菁州를 끝으로 완비하였고, 景德王 16년(757)에 이름을 전반적으로 바꿨다. 한편 9주에는 각기 緋衿幢·萬步幢·師子衿幢·五州誓 등의 군부대가 배치되어 있었다. 이들 군부대의 군관과 병졸은 관아 주변과 주위의 산성에 주둔하면서 주사와 주성을 방위하고 도적을 잡거나 반란을 진압하는 등 치안을 유지하는 역할을 수행하였다. 이에 대한 연구로 藤田亮策(1953), 木村誠(1976b), 朴泰祐(1987), 李仁哲(1993), 李文基(1990), 姜鳳龍(1999), 河日植(2001) 참고.

[94] 都督 : 신라의 최고 外官으로, 各州 長官인데, 원래는 軍主나 摠管으로 불렸다. 『三國史記』 권40, 잡지9 직관하에 "都督九人 智證王六年 以異斯夫爲悉直州軍主 文武王元年改爲摠管 元聖王元年稱都督 位自級湌至伊湌爲之"라고 하여, 지증왕 6년(505)에 異斯夫를 처음으로 悉直州軍主로 삼고서 文武王 때는 이름을 총관으로 고쳤다고 했다. 이것은 고구려 정벌을 위한 임시 軍營의 책임자를 지역별로 표시한 것에 불과하므로, 명칭 변경의 시기는 불확실하다. 都督은 級湌 이상의 관등에 있던 眞骨로 임명되었으며, 州助·長史가 각기 1명씩 두어졌고, 지방감찰관으로 外司正 2명이 배치되었다. 중앙에서 파견된 이들 지방관 외에도 주에는 지방인 출신의 吏職者들이 있어서 지방행정을 보좌하였다. 그 대표적인 인물로 무진주의 州吏였던 安吉을 들 수 있다. 이들 지방관과 이직자들은 주사에서 상시적으로 근무하였다. 正倉院에서 발견된 村帳籍은 당시 지방행정이 문서행정을 통하여 이루어졌음을 보여주고 있다. 신라는 문무왕 15년(675)에 銅으로 百司와 州郡의 印을 주조하여 나누어 주었는데 이 또한 당시의 지방행정이 문서행정과 책임행정의 형태로 수행되었음을 의미한다. 都督은 단순한 外職이 아니었으며 中古대에는 金武力·舒玄·庾信의 3대에 걸친 대표적 예로 보아 兵部令의 전 단계로서 당대의 최고 실력자였다(申瀅植, 1984). 왕권이 전제화를 추구했을 때에는 단순한 外官으로서 그 역할이 보잘것없었으나, 下代에는 金憲昌·金昕·金陽 등과 같이 武烈系 후손으로 지방세력과 연결되는 경우가 많았다. 더욱이 下代 후반기에 이르러 중앙정치의 문란으로 都督 중 일부는 豪族으로 轉身하여 신라의 대표적인 지방세력이 되기도 하였다.

[95] 郡有大守 縣有小守 : 太守와 少守를 잘못 쓴 것이다. 통일신라시대의 郡은 120개이고, 縣은 299개이다. 군의 지방관은 太守였다. 태수는 舍知에서 重阿湌까지의 관등 보유자가 임명되었다. 태수 이외에 중앙에서 지방감찰을 담당한 外司正 1명이 파견되었고, 당시 모든 행정단위에는 法幢이 편성되어 있었으므로 군에도 法幢軍官이 파견되었다. 法幢主나 法幢頭上은 태수가 겸직하였지만 法幢監이나 法幢辟主 등은 중앙에서 파견된 군관이 임명되었다. 이들 법당군관은 公等이라 불린 지방민 출신의 郡吏 9명과 함께 郡司를 구성하고 태수를 보좌하였다. 현에는 지방관으로 少守 혹은 縣令이 파견되었다. 소수는 幢에서 大奈麻까지의 관등 보유자가 임명되었고, 현령은 先沮知에서 沙湌까지의 관등 보유자가 임명되었다. 현에도 법당이 편성되어 있었는데, 소수는 법당두상을 겸하고 현령은 법당벽주를 겸하는 경우가 많았다. 소수가 현령보다 군사적으로 중요한 현에 파견되었던 것이다. 현에도 중앙에서 파견된 법당군관과 지방민 출신의 縣吏들이 있어서 縣司를 구성하고 소수 혹은 현령을 보좌하였다. 태수·소수·현령은 일반 행정권을 포함하여 병마권·경찰권·요역의 징발권, 조세 및 공부의 징수권, 사법권을 행사했다. 당시 지방관들은 원칙적으로 국학 출신자만이 임용될 수 있도록 그 자격 요건이 제한되어 있었다. 태수는 관등이 13위인 사지~6위인 중아찬이 임명되고 있는 점으로 미루어 보아 대개 6두품 계열이 차지한 관직이라 생각된다. 그것은 重阿湌제도와 같이 6두품 계열에게 준 특수한 규정에서 살필 수 있다(邊太燮, 1956). 縣의 책임자인 縣令은 17위 造位에서 先沮知~8위인 사찬의 관등자가 임명되었다.

[96] 子政明襲王 : 『三國史記』 권8, 신라본기 신문왕 즉위조에 "諱政明 明之字日 文武大王長子也 母慈儀一作義 王后 妃金氏 蘇判欽突之女 王爲太子時納之 久而無子 後坐父作亂 出宮 文武王五年 立爲太子 至是繼位 唐高宗遣使冊立爲新羅王 仍襲先王官爵"이라고 하였다. 정명의 즉위는 『唐會要』 권95 신라전, 『冊府元龜』 권964, 外臣部 封冊조, 『資治通鑑』 권202, 開耀 원년 10월 丁亥條 등에도 비슷한 내용이 수록되었다. 곧 정명은 신라 제31대 왕(재위 681~692)으로, 문무왕의 장자이며, 문무왕 4년(664)에 태자로 책봉되었다. 어머니는 慈儀王后이고 왕비는 김씨로 蘇判 欽突의 딸인데, 태자 때 혼인하였으나 아들을 못 낳았던 데다가 아버지의 반란에 연좌되어 왕궁에서 쫓겨났다. 신문왕 3년(683)에 다시 一吉湌 金欽運의 딸을 왕비로 삼았다. 신문왕은 즉위 직후 金欽突·興元·眞功·軍官 등의 귀족을 제거하여 전제정치를 추구하였고, 특히 安勝의 族子인 大文의 모반사건을 적발하여 반무열계세력을 완전히 제거하였다. 또한 당과의 대립이 계속된 긴장 속에서 통일전쟁의 어려움을 수습하고 國學을 설치하여 새로운 정책 전환을 꾀하였다. 중앙관부의 실무직을 대폭 늘리고, 9주5소경으로 지방제도 개편을 마무리하였으며, 군사제도도 정비하였다. 또한 재위 7년(689)에는 관리에게 녹봉으로 지급하던 祿邑을 폐지하고 해마다 歲租를 차등 있게 지급

辭)를 요청하므로, [측천]무후는『길흉례(吉凶禮)』[97]와 문사(文詞)[98] 50편을 하사하였다.[99] [정명이] 죽자, 아들 이홍(理洪)이 왕위를 이었다.[100] [이홍이] 죽자, 아우 흥광(興光)이 왕위를 이었다.[101]

> 玄宗 開元中, 數入朝, 獻果下馬·朝霞紬·魚牙紬·海豹皮. 又獻二女, 帝曰:「女皆王姑姊妹, 違本俗, 別所親, 朕不忍留.」厚賜還之. 又遣子弟入太學學經術. 帝間賜興光瑞文錦·五色羅·紫繡紋袍·金銀精器, 興光亦上異狗馬·黃金·美髢諸物. 初, 渤海靺鞨掠登州, 興光

하여 관리들의 경제력 확대를 억제시키기도 하였다. 신문왕대에 대한 대표적인 연구성과는 邊太燮(1964), 강진철(1969), 金相鉉(1981), 金壽泰(1992b), 김희만(1992), 박해현(1996), 최홍조(1999), 서영교(2004), 채미하(2004), 정선여(2013), 김수태(2013) 참고.

97 吉凶禮 : 五禮 가운데 양국의 사정이나 풍속이 다른 까닭에 바로 적용하기 어려운 군례, 빈례, 가례를 제외하고 吉禮와 凶禮 가운데 긴요한 부분만을 가려내어 편찬한 책이다(채미하, 2006).

98 文詞 :『文館詞林』을 말한다. 곧 당 고종 10년(658)에 허종경과 유백영 등이 칙명을 받고 편찬한 1,000권으로 된 巨帙의 詩文叢書인데, 현재 23권의 잔질이 일본에 남아 전하고 있다(黃渭周, 1991).

99 丐唐禮及它文辭 武后賜吉凶禮幷文詞五十篇 :『舊唐書』신라전에는 "因上表請唐禮一部幷雜文章 則天令所司寫吉凶要禮於文館詞林 採其詞涉規誡者 勒成五十卷以賜之"라고 하였고,『삼국사기』권8, 신문왕 6년조에는 "遣使入唐 奏請禮記幷文章 則天令所司 寫吉凶要禮 幷文詞林 採其詞涉規誡者 勒成五十卷 賜之"라고 하였다. 신라가 이 해에『禮記』와 문장을 요청한 것은 동왕 2년 6월에 설치한 국학의 운영과 관련이 있었던 것으로 보인다(濱田耕策, 1980a). 한편 이때 입당한 견당사는『禮記』와 문장에 관한 책뿐만 아니라 당에 머물고 있던 圓測法師를 귀국시켜줄 것을 요청하였으나, 성사되지 않았다(權悳永, 1997).

100 子理洪襲王 : 신라 제32대 왕(재위 687~702)으로, 이름은 理洪, 또는 理恭이다. 신문왕의 태자이며, 어머니는 金欽運의 딸인 神穆王后 김씨이다. 691년(신문왕 11년)에 태자로 책봉되었다. 곧『三國史記』권8, 신라본기 효소왕 즉위조에 "諱理洪 一作恭 神文王太子 母姓金氏 神穆王后 一吉金欽運 一云雲 女也 唐則天遣使弔祭 仍冊王爲新羅王輔國大將軍行左豹韜尉大將軍雞林州都督 改左右理方府爲左右議方府 理犯諱故也"라 하였다. 695년에 西市典과 南市典을 두어 지증왕대에 설치된 東市典과 더불어 왕경의 3대 시전으로 물화의 유통을 쉽게 하였다. 또한 698년에 日本國의 사신을 접견했으며, 699년에는 당나라에 사신을 파견하였다. 하지만 어려서 즉위하여 유약하였고, 왕자를 두지 못하였다. 702년 7월에 薨去하니, 望德寺 동쪽에 장사지냈고, 왕릉은 狼山 동남쪽에 있다. 효소왕대에 대한 대표적인 연구성과는 金壽泰(1991), 辛鍾遠(1994), 曺凡煥(2010a) 참고.

101 弟興光襲王 : 흥광은 신라 제33대 성덕왕(재위 702~737)이 즉위하기 전의 이름이다. 원래 隆基였는데, 뒤에 興光으로 고쳤다. 신문왕의 둘째아들이며, 효소왕의 同母弟이다. 효소왕이 아들이 없이 죽자, 화백회의에서 그를 왕으로 추대하였다. 왕비는 성덕왕 3년(704)에 乘府令이던 蘇判 金元太의 딸 成貞王后(嚴貞王后)를 맞아들였다. 그러나 성덕왕 15년에 왕궁에서 내보내고, 伊湌 金順元의 딸 炤德王后를 계비로 맞이하였다. 성덕왕 때에는 통일신라시대의 정치적 안정을 바탕으로 국가의 행정을 담당하는 執事部의 中侍가 모든 정치적 책임을 지면서 왕권의 전제화 경향이 보다 강화된 것으로 설명되고 있다. 또한 그동안 소원하였던 당과의 관계 개선에 주력하였다. 곧 당의 현종과 친선을 회복하고, 46회의 조공사를 당에 파견하였다(權悳永, 1997). 또한 金守忠(13년)·金嗣宗(27년)·金志滿(29년)·金思蘭(31년)·金忠信(32년)·金志廉(33년) 등 6명의 숙위를 파견하였다(申瀅植, 1981). 특히 732년 9월 발해 군대가 바다를 건너 산동반도 등주를 공격하자 당과 혈맹관계를 회복하고자 김유신의 손자로 왕의 총신이었던 金允中과 병사를 파견하였다. 비록 큰 눈이 내려 길은 막히고 얼어 죽은 병사가 절반이나 되어 도중에서 회군하고 말았지만, 이를 계기로 당으로부터 735년 패강 이남의 영토에 대한 신라의 영유권을 정식으로 승인하는 외교적 성과를 이끌어낼 수 있었다(조이옥, 1990). 한편으로는 일본에 대한 강경한 자세를 늦추지 않았다. 당시 일본 조정은 동아시아 국제환경의 변화를 직시하지 못한 채 독선적인 의식을 가지고 있었는데, 735년 일본에 사신을 보내면서 신라는 어제의 신라가 아니며 이름도 王城國으로 고쳤다고 자부했기에 성덕왕은 일본과의 교류에 관심을 갖지 않았다. 아울러 유교적 예제를 정비하고 불교정책에도 많은 관심을 가졌다. 시호는 聖德이며, 移車寺 남쪽에 장사지냈다. 성덕왕대에 대한 대표적인 연구성과는 濱田耕策(1980b), 申瀅植(1984), 신종원(1987), 이기동(1998), 박해현(2003), 이기봉(2011), 조범환(2011b), 박남수(2012) 참고.

擊走之, 帝進興光寧海軍大使, 使攻靺鞨. 二十五年死, 帝尤悼之, 贈太子太保, 命邢璹以鴻臚少卿弔祭, 子承慶襲王, 詔璹曰:「新羅號君子國, 知詩·書. 以卿惇儒, 故持節往, 宜演經誼, 使知大國之盛.」又以國人善棋, 詔率府兵曹參軍楊季鷹爲副. 國高弈皆出其下, 於[102]是厚遣使者金寶. 俄册其妻朴爲妃, 承慶死, 詔使者臨弔, 以其弟憲英嗣王. 帝在蜀, 遣使泝[103]江至成都朝正月.

현종 개원(開元) 연간(713~741, 신라 성덕왕 12~효성왕 5)에 여러 차례 입조하여 과하마(果下馬),[104] 조하주(朝霞紬), 어아주(魚牙紬), 해표피(海豹皮) 등을 바쳤다.[105] 또한 여자 2명을 바쳤는데, [현종] 황제는 "여자들은 모두 국왕의 고종(姑從) 자매이다. 본국의 풍속과 다른 곳에 친척과 나누어 놓는 것이니, 짐은 차마 머물게 할 수 없다."고 하고는 넉넉히 하사하여 돌려보냈다. 또한 자제들을 보내어 태학(太學)에 들어가서 경술을 배우게 하였다.[106] [현종] 황제가 가끔 흥광에게 서서금(瑞文錦), 오색라(五色羅), 자수문포(紫繡紋袍)와 함께 금은(金銀)으로 만든 정밀한 기물을 내려주니, 흥광도 또한 이구마(異狗馬), 황금(黃金), 미체(美髢) 등의 여러 물품

---

102 「於」: 남감본·무영전본·백납본 「於」, 급고각본 「于」.

103 「泝」: 남감본·급고각본·백납본 「泝」, 무영전본 「沂」.

104 果下馬:『三國志』권30, 魏書 東夷傳 濊條에 의하면, 東濊에서는 과하마가 산출되는데, 과하마는 키가 3尺 정도여서 과일나무 아래에서도 말을 타고 지나다닐 수 있기 때문에 붙인 이름이라고 하였다.

105 玄宗 開元中 數入朝 獻果下馬朝霞紬魚牙紬海豹皮:『三國史記』권8, 신라본기 성덕왕 22년 여름4월조에 "夏四月 遣使入唐 獻果下馬一匹牛黃人蔘美朝霞紬魚牙紬鏤鷹鈴海豹皮金銀等 上表曰 臣鄕居海曲 地處遐 元無泉客之珍 本乏人之貨 敢將方産之物 塵瀆天官 驚蹇之才 滓穢龍廐 竊方燕豕 敢類楚 深覺顔 彌增戰汗"이라고 하였다. 신라의 조공사가 입당할 때 가지고 간 方物은 金·銀·牛黃·魚牙紬·朝霞紬 등으로 기록되어 있다. 그러나 신라측의 方物은 시기별로 바뀌었는데, 7세기에는 金·果下馬·鐵甲·彫斧·金總布·美女 등이 주로 나타나고 있으며, 8세기에는 金·銀·銅·針·牛黃·布木·人蔘·美髢·朝霞紬·魚牙紬·海豹皮·鏤鷹鈴 등이 보내졌다. 8세기 말 이후에는 불상·불경과 금은 도금을 입힌 장식물·세공품·비단류 등 신라의 제품이 주로 方物의 대상물이었다(金庠基, 1948 ; 申瀅植, 1981).

106 又遺子弟入太學學經術:『三國史記』권8, 신라본기 성덕왕 27년 추7월조에 "遣王弟金嗣宗 入唐獻方物 兼表請子弟入國學 詔許之 授嗣宗果毅 仍留宿衛"라고 하였다.『舊唐書』新羅傳에도 "開元十六年 遣使來獻方物 又上表請令人就中國學問經敎 上許之"라 하였다. 곧 宿衛學生(渡唐留學生)은 일반 조공사나 宿衛의 안내로 入唐修學하게 되어 있어, 제6대 숙위인 金嗣宗이 숙위학생의 안내자로 입당한 것이다(申瀅植, 1985).

숙위학생의 파견은 당 태종의 문호개방과 羈縻策에서 출발하였지만, 신라의 대내적 필요성에서 촉진되었다. 곧 신라도 고구려나 백제와 같이 6세기 후반 이후 유교적 정치이념을 통해서 왕권 강화를 도모하였기 때문이다. 특히 당과의 적극적인 문화외교를 위해서 꾸준히 숙위학생을 파견하였다. 숙위학생은 당의 국자감에 입학하여 10년간 수업을 하는데, 비용은 신라와 당 두 나라가 공동으로 부담하였다. 따라서 숙위학생은 예외 없이 官費留學生일 수밖에 없었다(申瀅植, 1969 ; 張日圭, 1992 ; 李在云, 1999).

숙위학생은 대체로 신라 사신의 배편으로 왕래하였다. 신라 하대에는 이들 가운데 일부가 귀국 후 지방관으로 임명되기도 하였고, 당나라에서 관직생활을 지내기도 하였다. 자연히 이들은 당나라의 정치·사회상을 반영하여 신라 사회를 개혁하려는 경향을 가졌다. 정치 진출은 眞骨 세력의 반발로 여의치 않았지만(李基白, 1974), 文翰職을 통해 중국 문화를 수용하고 신라 왕실의 측근정치를 돕는 데 기여하였다(李基東, 1984). 이들의 행적을 확인할 수 있는 대표적인 인물이 崔致遠이다(장일규, 2008).

을 바쳤다. 일찍이 발해말갈[107]이 등주(登州)[108]를 공격하였을 때에 홍광은 그들을 쳐서 도망하게 하였는데, [현종] 황제는 홍광을 영해군대사(寧海軍大使)로 진급시켜 벼슬을 주면서 말갈을 공격하게 하였다.[109] [개원] 25년(737, 신라 효성왕 1)에 [홍광이] 죽자, [현종] 황제는 매우 슬퍼하며, 태자태보(太子太保)[110]를 추증하였다. 형숙(邢璹)[111]을 홍려소경(鴻臚少卿)[112]으로 삼아 [신라에 가서] 조제하고, [홍광의] 아들 승경(承慶)이 왕위를 잇도록 하였다.[113] 조명을 내려 [형]숙에게, "신라는 군자의 나라라고 불리며, 『시경』과 『서경』을 안다. 경은 참된 유자(儒者)이기에 부절을 주어 가게 하는 것이니, 마땅히 경전에서 언급한 것을 잘 펴서 대국(大國)

---

107 渤海靺鞨 : 고구려 멸망 후 고구려 유민과 속말말갈이 연합하여 698년에 동모산 부근에 세운 발해를 지칭한 말이다. 발해는 698~926년 약 220여 년간 만주와 한반도 북부 지역을 무대로 번영했던 나라이다. 발해를 건국한 대조영의 주체에 관하여 『舊唐書』 권199, 발해말갈전에서는 고구려의 별종이라 하였고, 『新唐書』 권219, 발해전에서는 속말말갈인으로서 고구려에 복속된 종족이라 하여 차이를 보이고 있다. 또한 713년에 당이 발해의 대조영을 발해군왕으로 책봉한 이후에는 말갈의 칭호를 버리고 오로지 발해로만 칭했다고 하였다. 그러나 713년 이후에도 중국에서는 발해로 專稱하지 않고 여전히 발해말갈, 말갈발해 등으로 칭하는 경우가 있다.

108 登州 : 지금의 중국 山東省 龍口市 일대이다. 요동, 한반도, 일본과 통하는 항구이다. 발해가 당의 등주를 공격한 이유는 무왕 대 무예의 흑수말갈 토벌에 대한 불만을 품고 당으로 망명한 그의 아우 대문예의 압송 요청에도 불구하고 당이 그를 돌려보내 주지 않기 때문이다. 대무예는 732년 장문휴로 하여금 당의 등주를 공격하여 등주자사 위준을 살해하였다.

109 初渤海靺鞨掠登州 … 使攻靺鞨 : 『三國史記』 권8, 신라본기 성덕왕 32년조에는 "秋七月 唐玄宗 以渤海靺鞨越海入寇登州 遣大僕員外卿金思蘭歸國 仍加授王爲開府儀同三司寧海軍使 發兵擊靺鞨南鄙 會大雪丈餘 山路阻隘 士卒死者過半 無功而還"이라고 하여, 당의 요구에 따라 나·당 연합군이 발해를 공격하였으나 실패하였다고 기록하고 있다. 하지만 다음 해에는 金忠信을 宿衛로 파견하였는데, 성덕왕 33년조에 "臣所奉進止 令臣執節本國 發兵馬 討除靺鞨"이라고 하여, 발해말갈을 토벌한 것으로 되어 있다(조이옥, 1990 ; 조이옥, 2000).

110 贈太子太保 : 漢나라 이후 太子太傅, 太子太師와 함께 東宮三師로 일컬어졌다. 원래는 태자를 보좌하고 인도하는 임무를 맡았으나 隋·唐 이후에는 단순히 벼슬을 추증하는 수단으로 변질되어 태자와는 아무런 관계가 없게 되었다. 정원은 1명이고 관품은 종1품이다. 唐으로부터의 책봉은 왕의 교체 시나 사망 후 追贈의 경우가 일반적이며, 단지 외적 퇴치나 특수한 공훈 등 특별한 경우에 加授하는 예가 있다. 성덕왕은 32년(733)에 渤海靺鞨의 침입을 격퇴하여 당으로부터 '開府儀同三司寧海軍使'의 職을 더 받았다.

111 邢璹 : 당 현종대의 관료이다. 일찍이 사문관 조교 시절에 魏의 王弼이 저술한 『周易略例』를 보충·설명한 『周易正義略例疏』 3권을 찬술하였고(『宋史』 권202, 藝文志), 숙종이 동궁으로 있을 때는 太子侍讀을 역임하였다(『新唐書』 권6, 숙종 즉위년 ; 『玉海』 권128, 官制 당 太子侍讀). 신라에 사신으로 파견될 당시 그는 좌찬성대부 섭홍려소경이었는데, 아들 邢縡가 왕홍의 모반사건에 연루되면서 집안이 몰락하고 말았다(『舊唐書』 卷105, 列傳 왕홍전).

112 鴻臚少卿 : 원래는 攝鴻臚少卿이었다. '攝'은 관제 용어로 대리 또는 겸직을 의미하는데, 하급 관리가 고급 관리의 역할을 하는 경우에 붙는다. 홍려소경은 당나라의 9寺 가운데 하나인 홍려시의 차관직으로, 정원은 2명이고 관품은 종4품상이다. 빈객의 대접과 조례, 길흉조제의 의례를 관장하는 임무를 맡았다.

113 承慶 : 신라 제34대 국왕인 孝成王(재위 737~742)의 이름이다. 그는 성덕왕의 차남으로, 장남 重慶이 성덕왕 14년에 太子로 봉해졌으나 일찍 죽는 탓에 23년에 태자가 되었다. 성덕왕이 재위 36년만에 죽자 즉위하였다. 어머니는 성덕왕의 繼妃인 炤德王后이고, 비는 효성왕 3년(739)에 맞아들인 伊飡 金順元의 딸 惠明이다. 효성왕은 즉위하면서 司正府의 丞과 左右議方府의 승을 모두 佐로 바꿨다. 이것은 '丞'자가 왕의 이름에 저촉되기 때문이다. 그는 성덕왕 때에 정상화된 당나라와의 외교적 관계를 한층 강화하는 한편, 외교적 통로를 이용해 중국의 선진문물을 수입하였다. 하지만 740년에는 파진찬 永宗의 모반사건에서 보듯이, 중대 왕실의 전제정치 추구 경향이 점차 약화되면서 그동안 쌓인 정치적 모순이 드러나기 시작하였다. 재위 6년째 되던 742년 5월에 훙거하였고, 시호를 孝成이라 하였다. 法流寺 남쪽에서 화장해 유골을 동해에 뿌렸다고 전한다. 효성왕대에 대한 대표적인 연구성과는 김수태(1992a), 박해현(1993), 조범환(2011a) 참고.

의 융성을 알리도록 하라"고 하였다.[114] 또한 그 나라 사람들이 "바둑을 잘 둔다."고 하여 조서를 내려 솔부병조참군(率府兵曹參軍)[115] 양계응(楊季鷹)으로 부사를 삼았다. [그] 나라의 바둑 고수도 모두 그 아래였으므로, 이에 사신에게 금보(金寶)를 넉넉히 주어 보냈다. 얼마 후에 그 아내 박씨를 왕비로 책봉하였다.[116] 승경이 죽으니, 사신에게 조서를 보내 문상하게 하고, 그의 아우 헌영(憲英)으로 왕위를 잇게 하였다.[117] [이때에 현종] 황제는 촉에 있었는데, [신라가] 사신을 보내어 [양자]강을 거슬러 성도(成都)에 이르러 정월에 입조하였다.[118]

大曆初, 憲英死, 子乾運立, 甫卌, 遣金隱居入朝待命. 詔倉部郎中歸崇敬往弔, 監察御史陸 珽·顧愔爲副册授[119]之, 幷母金爲太妃. 會其宰相爭權相攻, 國大亂, 三歲乃定. 於[120]是, 歲

---

114 新羅號君子國 … 使知大國之盛 : 중국은 전통적으로 동방을 仁義之方으로 여기고 그곳에 君子國이 있다고 생각하였다. 『淮南子』에서 "東方有 君子國"이라 하였고 『後漢書』 동이전에서는 "東方有君子不死之國"이라고 하였다. 그리고 군자국 사람들은 서로 양보하고 다투지 않으며, 천성이 유순하여 도리로 다스리기 쉽다고 했다. 당대의 사람들 역시 그러한 의식을 가지고 신라를 군자국으로 지목하였다(權悳永, 2011). 한편 신라는 당으로부터 君子之國·仁義之邦의 칭호를 듣기 위해 많은 노력을 기울였다. 일찍부터 중국에서는 우리나라를 東夷의 대표로서만이 아니라 '雖夷狄之邦 而俎豆之象存 中國失禮 求之四夷'(『三國志』東夷傳 序)라 하여 禮義之邦으로 생각해왔다. 특히 신라 말에 최치원은 '신라가 유불을 존숭하고 진흥하여 군자국을 이루었다.'고 강조하였다(張日圭, 2008).

115 率府兵曹參軍 : 率府는 당나라 10率府의 하나로, 東宮의 儀衛와 警備 등의 임무를 관장하였다. 兵曹參軍은 각 率府에 배속된 무관으로, 정원은 1명이고 관품은 從8品下였다.

116 俄冊其妻朴爲妃 : 『三國史記』 권9, 신라본기 효성왕 2년 춘2월조에는 "唐遣使 詔冊王妃朴氏"라고 하였는데, 『唐會要』 권95, 新羅傳에는 "冊承慶妻朴氏爲新羅王妃"라고 하였다. 이에 대하여 효성왕 4년조에 나오는 왕비 김씨에 관련된 사실을 편찬자가 잘못 인용한 것이라고도 하였고(李丙燾, 1977), 효성왕에게 왕비가 두 사람 있었는데 『新唐書』 신라전에서는 첫째 왕비를, 『唐會要』에서는 둘째 왕비를 책봉한 기사라고 하였다(金壽泰, 1996).

117 憲英 : 신라 제35대 왕인 경덕왕(재위 742~765)의 이름이다. 성덕왕의 셋째아들이며, 어머니는 炤德王后이고, 효성왕의 同母弟이다. 효성왕이 아들이 없었기 때문에 태자로 책봉되었다가 왕위를 계승하였다. 왕비는 伊湌 金順貞의 딸이다. 재위 2년(743)에 다시 舒弗邯 金義忠의 딸을 왕비로 맞이하였다. 그는 왕권 강화를 위해 집사부의 중시(시중)를 중심으로 일련의 관제 정비와 개혁 조치를 취하였다. 곧 개혁적 제도 정비는 귀족세력을 제어하면서 전제왕권체제를 강화하려는 일종의 漢化정책으로 이해할 수 있다. 그러나 이러한 한화정책 추진은 745년 귀족세력을 대표하는 상대등에 임명된 金思仁에 의해 비판을 받게 되었다. 이후에 경덕왕은 더욱 적극적으로 한화정책을 추진하였다. 곧 757년에는 지방 9개 주의 명칭을 비롯한 군현의 명칭을, 759년에는 중앙 관부의 관직명을 모두 漢式으로 바꾸었던 것이다. 나아가 내외 관리의 月俸을 혁파하고 다시 녹읍을 부활시켰다. 이것은 새로 성장하는 귀족세력의 경제적인 욕구가 지금까지 歲租만 받던 월봉을 혁파시키고 녹읍 부활을 제도화시킨 것이라 하겠다. 하지만 이러한 노력은 성공한 것 같지 않다. 한편 대당외교에는 여전히 적극적이었지만, 일본과의 관계는 원만하지 못하였던 것 같다. 곧 763년에 경덕왕의 측근세력이었던 상대등 신충과 시중 김옹이 면직되었는데, 이것은 경덕왕의 개혁 조치에 대해 귀족세력이 반발한 결과로 보인다. 경덕왕 말년의 정치는 왕권의 재강화에 실패한 전제왕권과 귀족세력의 정치적 타협 위에서 존립할 수 있었던 것이므로, 혜공왕대의 정국에 상당한 영향을 주었다. 牟祗寺 서쪽 언덕에 장사지냈다. 경덕왕대에 대한 대표적인 연구성과는 李昊榮(1974), 李基白(1995), 金壽泰(1996), 박해현(1997a), 신정훈(2000), 김영하(2007) 참고.

118 帝在蜀 遣使泝江至成都朝正月 : 『三國史記』 권9, 신라본기 경덕왕 15년 춘2월조에는 "玄宗御製御書五言十韻詩 賜王曰 嘉新羅王歲修朝貢 克踐禮樂名義 賜詩一首"라고 하여, 이때 현종은 경덕왕에게 조공을 잘하고 예악과 대의명분을 잘 실천한다고 하면서 오언십운시를 주었다고 한다.

119 「授」: 남감본·급고각본·백납본 「受」, 무영전본 「授」. 문맥상 「授」로 교감.

120 「於」: 남감본·무영전본·백납본 「於」, 급고각본 「于」.

朝獻. 建中四年死, 無子, 國人共立宰相金良相嗣. 貞元元年, 遣戶部郎中蓋塤持節命之. 是年死, 立良相從父弟敬信襲王. 十四年, 死, 無子, 立嫡孫俊邕. 明年, 遣司封郎中韋丹持册, 未至, 俊邕死, 丹還. 子重興立, 永貞元年, 詔兵部郎中元季方册命. 後三年, 使者金力奇來謝, 且言, 往歲册故主俊邕爲王, 母申太妃, 妻叔[121]妃, 而俊邕不幸, 册今留省中, 臣請授以歸. 又爲其宰相金彦昇·金仲恭·王之弟蘇金添明丐門㦸, 詔皆可. 凡再朝貢. 七年死, 彦昇立, 來告喪, 命職方員外郎崔廷弔, 且命新王, 以妻貞爲妃. 長慶·寶曆間, 再遣使者來朝, 留宿衛. 彦昇死, 子景徽立. 太[122]和五年, 以太子左諭德源寂册弔如儀. 開成初, 遣子義琮謝, 願留衛, 見聽, 明年遣之. 五年, 鴻臚寺籍質子及學生歲滿者一百五人, 皆還之.

대력(大曆)(766~779, 신라 혜공왕 2~15) 초에 헌영이 죽고, 아들 건운(乾運)이 왕위에 올랐는데, [나이가] 어렸으므로 김은거(金隱居)[123]를 보내 입조하여 책명을 기다렸다.[124] 조서를 내려 창부낭중(倉部郎中)[125] 귀숭경(歸崇敬)[126]이 가서 문상하고, 감찰어사(監察御史) 육정(陸珽)과

---

121 「叔」: 남감본·급고각본·무영전본 「淑」, 백납본 「叔」. 문맥상 「叔」으로 교감.

122 「太」: 남감본·급고각본·무영전본 「太」, 백납본 「大」.

123 遣金隱居入朝待命 :『三國史記』권9, 신라본기 혜공왕 3년 추7월조에는 "遣伊金隱居 入唐貢方物 仍請加冊命 帝御紫宸殿宴見"이라고 하였다. 김은거가 입당하여 혜공왕의 책봉을 청한 사실은『唐會要』권95, 신라전,『册府元龜』권965, 外臣部 冊封條와 권972 朝貢條,『資治通鑑』권224 大曆 2년조에 실려 있다. 김은거는 혜공왕 3년(767)에 견당사로 당에 다녀온 후 4년에 侍中이 되었다가 6년에 퇴임하였으며, 11년에는 謀叛으로 피살되었다. 그는 친혜공계 인물로 혜공왕의 책봉을 받고 귀국하여 실권을 장악하였으며, 이에 반대하던 大恭과 金融의 반란을 진압하였다. 그러나 金良相이 왕 10년에 상대등이 되면서 정권이 金良相·金敬信 일파에게로 넘어가게 되니, 이에 金隱居는 왕 11년(775)에 반란을 일으킨다. 이 반란은 친혜공왕적 반란이며 반김양상적인 도전이었다. 그 뒤 廉相·正門의 반란이 진압되면서 권력은 김양상 일파가 장악하게 된다.

124 大曆初 憲英死 子乾運立 甫㓜 遣金隱居入朝待命 : 乾運은 신라 제36대 혜공왕(재위 765~780)이 즉위하기 전의 이름이다. 경덕왕의 嫡子로서 경덕왕 19년(760)에 태자로 책봉되었다. 어머니는 舒弗邯 義忠의 딸인 滿月夫人 김씨이다. 비는 이찬 維誠의 딸인 新寶王后가 元妃이고, 이찬 金璋의 딸인 昌昌夫人이 次妃이다. 즉위했던 때의 나이가 8세였으므로 왕태후가 섭정하였다. 하지만『삼국유사』권2, 기이2 경덕왕 충담사 표훈대덕조에서 보듯이, 혜공왕은 경덕왕이 표훈을 통해 천제에게 부탁하여 낳은 아들이었다. 혜공왕의 이러한 태생은 신라의 진골 귀족에게 알려졌고, 혜공왕은 즉위 후 제대로 왕정을 펴나가기가 어려웠다. 곧 신라 중대 사회의 모순이 본격적으로 노정되었다. 때문에 재위 16년 동안에는 많은 정치적 반란사건이 있었다. 다만『舊唐書』신라전에서 "七年 遣使金標石來賀正 授衛尉員外少卿 放還 八年 遣使來朝 幷獻金銀牛黃魚牙紬朝霞紬等 九年至十二年 比歲遣使來朝 或一歲再至"라고 하였듯이, 혜공왕은 재위 16년 동안 11회의 朝貢·賀正·謝恩 사절을 중국 당나라에 파견하였다. 이 중에서 8회는 혜공왕 9년(773)에서 12년(776)에 이르는 4년 동안에 이루어졌다. 이것은 새로 등장하는 김양상 일파의 정치적 진출에 대응하려는 왕실의 對唐 정책으로 생각할 수 있다(李基白, 1974). 하지만 이와 같은 외교적인 노력에도 불구하고 777년 상대등 김양상의 상소에 의해 신랄한 비판을 받게 되었다. 혜공왕 일파에 대한 김양상의 상소를 통한 정치적 경고는 친혜공왕파를 자극하게 되어, 780년에 김양상 일파를 제거하려는 이찬 金志貞의 반란이 있었다. 그러나 오히려 김양상과 이찬 敬信에 의해 진압되고 말았다. 이 반란의 와중에서 혜공왕과 왕비는 살해되었다. 혜공왕대에 대한 대표적인 연구성과는 李基白(1962), 李基白(1974), 申瀅植(1977b), 이영호(1990), 이영호(1991), 박해현(1997b), 채미하(2000), 신정훈(2001), 서영교(2005), 金壽泰(2011) 참고.

125 倉部郎中 : 당나라 戶部 소속으로 전국의 창고와 조세 수납을 담당하던 倉部의 장관직이다. 정원은 1명이고 관품은 종5품상이

고음(顧愔)을 부사로 삼아 책봉하며, 아울러 어머니 김씨를 태비로 삼았다.[127] [이 때에] 재상들이 권력을 다투면서 서로 공격하여 나라가 크게 어지러웠는데, 3년 만에 이내 안정되었다. 이에 이 해에 입조하여 공물을 바쳤다. 건중(建中)[128] 4년(783, 신라 선덕왕 4)에 [건운이] 죽었는데,[129] 아들이 없자, 나라 사람들이 모두 재상 김양상(金良相)을 세워 [왕위를] 잇게 하였다.[130] 정원(貞元) 원년(785, 신라 원성왕 1)에 호부낭중(戶部郎中)[131] 개훈(蓋壎)에게 부절을 주어 보내어 [양상을 왕으로] 책봉하였다. 이 해에 [양상이] 죽자, 양상 종부의 아우인 경신(敬信)을 세워 왕위를 잇게 하였다.[132] [정원] 14년(798, 신라 원성왕 14)에 [경신이] 죽었는데, 아

었다.

126 歸崇敬(?~799) : 蘇州 吳郡 출신으로 字는 正禮이다. 어려서부터 경학에 뛰어나 명경과에 급제하여 사문 조교로 발탁되었다. 그 뒤에 博通墳典科에 다시 급제하여 좌습유, 기거랑, 찬선대부 겸 사관수찬, 집현전교리와 같은 문한직과 同州와 潤州長史의 외직을 역임한 후 倉府郎中兼御史中丞이 되어 신라에 책봉사로 왔다. 귀숭경 일행은 768년(혜공왕 4) 2월 중순경에 당을 떠나 여름쯤에 신라에 도착하였다고 한다(權悳永, 1997).『舊唐書』권149와『新唐書』권164, 열전 귀숭경전에 의하면, 당에서 신라에 파견된 다른 사신들은 구슬과 비단을 사사로이 무역하여 이익을 도모하였으나 귀숭경은 오직 사신의 임무에만 충실하여 신라인의 존경을 받았으며, 신라에 다녀간 후 그의 청렴한 덕이 세상에 알려져 국자사업 겸 한림학사에 제수되었다고 한다.『문집』20권을 남겼다.

127 幷母金爲太妃 :『三國史記』권9, 신라본기 혜공왕 4년 봄에는 "唐代宗遣倉部郎中歸崇敬兼御史中丞 持節冊書 冊王爲開府儀同三司新羅王 兼冊王母金氏爲大妃"라고 하였다. 당시의 책봉에서는 특별히 왕의 어머니 김씨를 대비로 책봉하였다. 이것은 혜공왕의 초년 정치가 대비에 의한 수렴청정이었음을 말해준다.

128 建中 : 唐 德宗의 연호로, 780~783년이다. 당시 신라는 선덕왕 1~4년에 해당한다.

129 建中四年死 : 건중 4년(783)에 혜공왕이 훙거하였다고 하였지만, 혜공왕이 죽은 해는 건중 원년(780)이다. 이것은 김양상이 당과 소원한 관계여서 혜공왕의 죽음을 제때에 알리지 않았기 때문에 나타난 착오라고 추정된다(李基白, 1974).

130 國人共立宰相金良相嗣 : 良相은 신라 제37대 선덕왕(재위 780~785)이다. 奈勿王의 10대손으로, 할아버지는 角干 元訓이며, 아버지는 孝芳(孝方) 海湌으로 開聖大王에 추봉되었다. 어머니는 四炤夫人(四召夫人) 김씨로 聖德王의 딸이며 貞懿太后로 추봉되었다. 妃는 具足夫人으로 각간 良品(狼品, 義恭)의 딸이다. 그는 경덕왕 23년(764) 1월에 시중에 임명되었다. 특히 혜공왕 7년(771)에는 대각간 金邕과 함께 檢校使肅政臺令兼修城府令檢校感恩寺使角로서 성덕대왕신종 제작의 책임을 맡았다. 그 뒤 11년(774)에는 伊湌으로 상대등에 임명되었고 13년(776)에는 漢化된 官制의 復故작업을 주관하였다. 그리고 다음 해에는 당시의 정치를 비판하는 상소를 올려 전제주의적 왕권의 복구를 꾀하는 일련의 움직임을 견제하였다. 혜공왕 16년(780) 2월에 이찬 金志貞이 반란을 일으켜 궁궐을 범하자, 상대등으로 4월에 金敬信과 함께 병사를 일으켜 김지정을 죽이고 혜공왕과 왕비를 죽인 뒤 왕위에 올랐다. 그의 즉위는 武烈王系인 金周元을 경계하고 그들의 반발을 억제하려던 김경신의 강력한 뒷받침에 의한 것으로 생각된다. 즉위 5년(784)에 讓位를 결심했으나 뜻을 이루지 못하고, 병석에서 내린 조서에서도 항상 선양하기를 바랐다고 하였기 때문이다. 다만 신라의 북쪽 경계를 강화하는 데 힘써 패강진에 대한 대대적인 보완작업을 실시하였다. 선덕왕대에 대한 연구성과는 李基東(1976), 金壽泰(1983), 金壽泰(1985), 김창겸(2003), 권영오(2011) 참고.

131 戶部郎中 : 나라의 재정을 담당하던 당나라 戶部 소속의 관직으로, 정원은 2명이고 관품은 從5品上이었다.

132 敬信 : 신라 제38대 원성왕이 즉위하기 전의 이름이다(재위 785~798). 나물왕의 12세손으로 아버지 孝讓은 明德大王, 할아버지 魏文(訓入)은 興平大王, 증조할아버지 義寬(義官)은 神英大王, 고조할아버지 法宣은 玄聖大王으로 추존되었다. 어머니는 繼烏夫人(知烏夫人) 박씨이며 昭文太后로 추봉되었고, 妃는 淑貞夫人 金氏로 각간 神述의 딸이다. 선덕왕이 자식이 없이 죽자 태종무열왕의 6세손인 金周元과의 왕위다툼에서 승리하여 즉위하였다.『三國史記』권10, 신라본기 원성왕 즉위조와『三國遺事』권2, 기이2 원성대왕조에는 金周元과의 왕위계승다툼에 대한 설화가 실려 있다. 당시 김주원은 김경신보다 왕위 계승 서열이 높았는데, 김경신은 幞頭를 벗고 素笠을 쓰고 12絃琴을 들고 天官寺 우물로 들어가는 꿈을 꾸었다. 餘三의 해몽을 듣고 비밀리에 北川의 신에게 제사를 지냈는데, 선덕왕이 죽자 비가 와서 閼川이 불어 김주원이 건너오지 못했으므로 신하들이 경신을 추대하였다. 뒷날 김주원의 아들 金憲昌이 헌덕왕 때에 아버지가 왕위에 오르지 못한 것을 이유로 반란을 일으킨 것을 보더라도 양자 사이에 왕위계승다툼이 있었음을 짐작할 수 있다.

들이 없자, 맏손자 준옹(俊邕)을 [왕으로] 세웠다.[133] 다음 해에 사봉낭중(司封郎中)[134] 위단(韋丹)[135]에게 책명을 주어 보냈는데, 아직 도착하지 않았을 때에 준옹이 죽어서 [위]단이 돌아왔다. [준옹의] 아들 중흥(重興)이 [왕위에] 오르자,[136] 영정(永貞)[137] 원년(805, 신라 애장왕 6)에 조서를 내려 병부낭중[138] 원계방(元季方)[139]에게 책명을 주[어 보내]었다. 3년 뒤에 사신 김력

원성왕은 신라 하대를 열었으므로, 새로운 왕통의 권위를 확립하기 위해서 始祖·太宗武烈王·文武王과 자신의 祖(興平大王)·父(明德大王)를 합쳐 5廟의 주인공을 마련하여 聖德王과 開聖大王(宣德王)을 撤毀하였다. 또한 정치적 일신을 꾀하기 위해 摠管을 都督으로 바꾸고, 재위 4년에는 讀書出身科를 두어 실력 위주의 유교정치이념을 강조하였다. 나아가 7년에 장손인 俊邕(뒤에 昭聖王)을 侍中으로 삼은 뒤 8년에는 兵部令에 임명하고 재상의 職을 주어 권력을 이양하였으며, 둘째 손자인 彦昇(뒤에 憲德王)에게도 실권을 주었다. 다만 원성왕은 모든 실권을 長男(仁謙)系에게 맡겨 왕통의 권위를 강조하였다. 이러한 과정에서 왕과 태자를 정점으로 한 극히 좁은 범위의 근친 왕족들이 상대등·병부령·재상 등의 요직을 독점하도록 하였다. 798년 12월 29일에 薨去하니, 遺命으로 奉德寺 남쪽 吐含岳 서쪽 동굴에 화장하였고, 능을 追福하기 위한 鵠寺가 세워졌다. 아들은 태자로 책봉되었던 인겸과 의영과 禮英이 있었고, 두 딸로 大龍夫人·小龍夫人이 있었다. 원성왕대에 대한 대표적인 연구성과로는 邊太燮(1964), 吳星(1979), 李基東(1984), 金壽泰(1985), 李明植(1992), 權英五(1995), 金昌謙(1995), 申政勳(2004), 김경애(2006), 최의광(2009), 이기봉(2012) 참고.

133 俊邕 : 신라 제39대 소성왕(재위 799~800)의 이름이다. 원성왕의 큰아들인 仁謙(惠忠太子)의 아들이며, 어머니는 聖穆太后이고, 妃는 김씨 桂花夫人으로 대아찬 叔明의 딸이다. 태자에 책봉된 아버지 仁謙이 일찍 죽고, 뒤이어 태자가 된 숙부 義英이 또한 794년에 죽자 795년 정월에 태자로 책봉되었다. 원성왕 5년(789) 大阿湌을 제수받고 당나라에 사신으로 갔으며, 790년에는 波珍湌을 제수받고 재상이 되었다. 791년 10월에는 侍中에 임명되었으나, 이듬해 8월에 병으로 물러났다. 2년 동안의 짧은 재위로 별다른 업적은 없으나, 원성왕의 유교정치 추진을 계속된 정책으로 밀고 나갔다. 특히 『三國史記』 권10, 신라본기 소성왕 원년조에 "春三月 以菁州居老縣爲學生祿邑"이라고 하였듯이, 學生들의 수업을 위한 경제적 뒷받침을 마련하여, 학문을 국가적으로 장려하였다. 소성왕대에 대한 연구성과는 李基東(1984), 김창겸(2003), 권영오(2011) 참고.

134 司封郎中 : 당나라 吏部 소속으로, 나라의 封爵을 담당하는 관리이다. 정원은 1명이고 관품은 종5품상이었다

135 韋丹 : 당나라 京兆府 萬年縣 출신으로 자는 文明이다. 어려서 부모를 잃고 외조부 안진경을 좇아 학문을 익혀 명경과에 급제하여 安遠令이 되었다. 咸陽尉, 전중시어사 숨人을 역임하고 시봉랑중 겸 어사중승으로 신라왕 책봉사에 임명되었다. 그 후 그는 容州刺史가 되어 관내의 백성들에게 농사를 적극적으로 권장하고 학교를 세워 학문을 크게 진작시켰고, 河南少尹을 거쳐 간의대부 등을 역임하고 58세의 나이로 죽었다(『新唐書』 권197, 열전 韋丹傳). 특히 위단은 신라왕 책봉사에 임명되었을 때 자신에게 할당된 관직을 팔아서 얻은 재물로 개인의 활동경비를 조달하던 종래 관행인 이른바 私覿을 거절하고 필요한 경비를 조정에 정당하게 청구하여 집행하였다. 청렴하고 강직한 관리였고 백성의 생활안정에 힘쓴 목민관이었다(『舊唐書』 권15, 헌종 원화 7년 2월조).

136 重興 : 신라 제40대 애장왕(799~809)을 가리키는 듯하다. 다만 『삼국사기』 권10, 신라본기 애장왕 즉위조에는 "諱淸明 昭聖王太子也 母金氏桂花夫人 卽位時年十三歲 阿兵部令彦昇攝政 … 秋七月 王更名重熙"라고 하여, 이름이 淸明이고, 뒤에 重熙으로 고쳤다고 하였다. 『舊唐書』 신라전에도 '重興'이라고 하였지만, 이 모두 誤記이다.
애장왕은 소성왕의 장남이었는데, 소성왕대의 정치적 실권은 동생인 彦昇·秀宗·忠恭 등이 쥐고 있었으므로, 애장왕 때에도 이들의 권력은 상당하여, 애장왕은 彦昇에게 兵部令·私臣·上大等의 職을 제수하면서 정권을 맡길 정도였다. 다만 애장왕은 자신의 왕통을 확립하고 왕권의 위엄을 갖추기 위해 5廟制의 변화와 太王后와 王后의 책봉을 새삼 마련하였는데, 원성왕 때 새로 이룩한 5묘제를 다시 바꾸어 太宗武烈王과 文武王의 2廟를 別置시켜 元聖王系의 왕통을 강조하였다(邊太燮, 1964). 또한 6년 8월 공식(公式) 20여 조를 발표했으며, 806년에는 새로 절을 짓는 것을 금하고 수리만 허용했으며 불교행사에 錦繡의 사용을 금했다. 하지만 공식 반포가 숙부인 실권 세력에게 영향을 미쳐 언승에게 피살되고 말았다. 애장왕대에 대한 연구성과는 吳星(1979), 李基東(1984), 김창겸(2003), 권영오(2011) 참고.

137 永貞 : 唐 順宗의 연호로, 805년이다. 당시 신라는 애장왕 6년에 해당한다.

138 兵部郎中 : 당나라 兵部 소속의 관직으로, 정원은 2명이고 관품은 종5품상이었다

139 元秀方 : 당나라 京兆尹을 역임한 元義方의 동생으로 명경과를 통하여 楚丘尉가 되었다. 그 뒤 전중시어사와 度支員外郎을 거쳐 金部와 膳夫郎中을 역임하면서 주위 사람들로부터 직책을 수행하는 능력을 인정받았다. 당시 권력을 잡고 있던 王叔文이 원계방을 싫어하여 그를 병부낭중으로 앉혀 신라에 사신으로 보냈다. 신라에 왔다 간 후 그의 행적은 뚜렷하지 않다. 다만 원계방이

기(金力奇)가 와서 사례를 하면서, 또한 "몇 해 전에 고주(故主) 준옹을 왕으로 삼고, 어머니 신씨(申氏)를 태비로 삼았으며,[140] 아내 숙씨(叔氏)를 비로 하였지만,[141] 준옹이 세상을 떠나서 그 책문은 지금 [중서]성[142] 안에 있습니다. 신이 [그 책문을 가지고] 돌아가기를 바랍니다."고 말하였다. 또한 재상 김언승(金彦昇), 김중공(金仲恭), 왕의 동생인 소[판] 김첨명(金添明)의[143] 문극(門戟)[144]을 요청하므로,[145] 조서를 내려 모두 허락하였다. 다시 조공하였다. [원화(元和)] 7년(812, 신라 헌덕왕 4)에 [중흥이] 죽자[146] 언승이 [왕위에] 올라[147] [사신이 와서] 상(喪)을 알렸다. 직방원외랑(職方員外郞)[148] 최정(崔廷)[149]에게 명령하여 조제하고 새로운 왕에게 책명하였

51세의 나이에 죽자 同州刺史로 추증되었다는 사실이 알려져 있다(『新唐書』 권201, 열전 元萬頃). 그리고 『唐書直筆』 권4에서 당대의 유학자라 하였다(권덕영, 2005).

140 母申太妃 : 애장왕의 母后는 昭聖王妃 桂花夫人 金氏이므로 誤記이다.
141 妻叔妃 : 『삼국사기』 권10, 신라본기 애장왕 3년조에 "夏四月 以阿飡金宙碧女入後宮"이라고 하였고, 6년조에는 "春正月 封母 金氏爲太王后 妃朴氏爲王后"라고 하였다. 따라서 애장왕의 비가 숙씨라는 것은 誤記이다. 다만 애장왕의 비인 박씨는 신라 하대에 박씨가 왕비 세력으로 등장하는 계기가 되었다(張日圭, 2011).
142 省 : 中書省을 말하는 듯하다. 隋代에는 內史省 혹은 內書省이라 하였고, 武德 3년(620) 中書省으로 고쳤다. 門下省·尙書省과 함께 軍國大政을 관장해 '三省'이라 불렸다. 中書省은 詔勅을 초안하여 門下省의 검토를 거쳐 尙書省에 보내 집행했다. 중앙 각 관청과 지방의 州府에서 올리는 각종 문서는 중서성을 거쳐 황제에게 전달되며, 득실을 參議하고 批答을 작성했다. 장관인 中書令 2명과 中書侍郞 2명이 있고 中書舍人 6명이 表章을 검토하고 詔勅을 초안했다. 이 밖에 右補闕과 右拾遺가 각각 2명이었고, 右散騎常侍·右諫議大夫·起居舍人·通事舍人 등 속관이 있었다.
143 蘇金添明 : 蘇判 金添明을 말한다. 金添明에 대해서는 『舊唐書』 신라전에 "仍賜其宰相金崇斌等三人戟"이라고 하였으므로, 김숭빈일 수도 있다. 다만 김언승, 김중공과 함께 문극을 하사받았으므로, 함께 정치적 실권을 유지하였던 이로 생각된다. 소판의 관등 역시 그럴 가능성을 보여준다.
144 門戟 : 唐·宋代에 廟社와 宮殿의 문이나 府州의 公門 혹은 功臣이나 고관의 집 대문에 세워둔 의장용 창을 말한다(『宋史』 輿服 志 2).
145 又爲其宰相金彦昇金仲恭王之弟蘇金添明乞門戟 詔皆可 : 소성왕대의 정치적 실권은 동생인 彦昇·秀宗·忠恭 등이 쥐고 있었으므로, 애장왕 때에도 이들의 권력은 상당하여, 애장왕은 彦昇에게 兵部令·私臣·上大等의 職을 제수하면서 정권을 맡길 정도였다. 이들이 문극을 받은 것은 바로 이들의 정치적 영향력이 당나라에까지 알려졌음을 의미한다.
146 七年死 : 元和 7년(812, 헌덕왕 4년)에 애장왕이 죽은 것으로 되어 있으나, 이를 誤記이다. 그의 사망 연도도 元和 4년(809)이다.
147 彦昇 : 신라 제41대 헌덕왕(재위 809~826)의 이름이다. 원성왕의 長男인 仁謙의 둘째아들로 조카인 애장왕을 죽이고 왕이 되었다. 원성왕 10년에 侍中이 된 후 2년 뒤에는 兵部令으로 실권을 장악하였으며, 형인 소성왕이 죽고 조카인 애장왕이 13세로 즉위하자 섭정을 하였다. 애장왕 2년에는 御龍省私臣이 되었으며, 곧 上大等이 되었다. 애장왕이 왕권을 강화하고 왕통의 권위를 세우려 하자 사촌조카인 悌隆(뒤에 희강왕)과 함께 애장왕을 죽이고 자신이 왕이 되었다.
그는 즉위 후 사촌동생인 均貞과 무열왕계 金周元의 아들 金憲昌을 각각 역시 시중으로 임명하여 다른 가계와의 정치적 타협을 모색하였다. 그러나 金憲昌이 반란을 일으키는 등 여전히 반대 세력의 반발에 부딪치기도 하였다. 정국은 날로 불안해졌고, 빈번한 기근으로 사회도 점차 혼란해졌다. 특히 당나라에서는 平盧淄靑節度使 李師道의 반란으로 신라에 출병을 요청하여 816년에 金雄元으로 甲兵 3만 명을 이끌고 반란의 진압을 돕기도 하였다.
김헌창의 난은 武珍·完山·沙伐·國原·西原·金官 등지의 호응을 얻은 반란이었다. 신라의 영역 3분의 2가 반란과 관련된 큰 사건이었지만 悌隆·均貞·祐徵一派 등이 관군과 함께 진압하였다. 곧 禮英派가 반란 진압의 주도세력으로 떠오르면서 이후 仁謙派와 정치적으로 세력을 다투었다. 김헌창의 난은 下代 귀족 분열의 일면을 엿볼 수 있는 사건으로 이해되고 있다(姜聲媛, 1983). 특히 독립된 가계의 귀족들이 私兵 세력을 바탕으로 상호 연합해서 항쟁하는 양상을 보였다는 점이 주목되기도 한다. 헌덕왕대에 대한 대표적인 연구성과는 吳星(1979), 李基東(1984), 김동수(1982), 윤병희(1982), 최홍조(2004), 조범환(2010b) 참고.

으며, 그 처인 정씨(貞氏)를 왕비로 삼았다.[150] 장경(長慶) 연간(821~824, 신라 헌덕왕 13~16)과 보력(寶曆) 연간(825~826, 신라 헌덕왕 17~흥덕왕 1)에 두 번에 걸쳐 사신을 보내어 입조하고 숙위로 머물렀다.[151] 언승이 죽고 아들 경휘(景徽)가 [왕위에] 올랐다.[152] 태화(太和) 5년 (831, 신라 흥덕왕 6)에 태자좌유덕(太子左諭德)[153] 원적(源寂)[154]으로 책봉과 조문을 의식대로 하도록 하였다. 개성(開成)(836~840, 신라 희강왕 1~문성왕 2) 초에 아들 의종(義琮)을 보내어

---

148 職方員外郎 : 職方은 周代부터 있었던 職方司로 수·당대에는 병부에 속해 있으면서 軍用地圖와 城隍·鎭戌 烽堠 및 이민족의 귀화 등에 관한 업무를 관장하던 관서였다. 직방사의 장관은 郞中이며 원외랑은 차관이었는데, 정원은 1명이고 관품은 정6품이었다.

149 崔廷 : 원화 2년(807)에 동천절도관찰사 엄려가 노비와 장택을 마음대로 적몰한 죄로 탄핵받았을 때 그 사건과 관련하여 함께 거론되었는데, 그때의 관직은 판관 탁지부사 검교상서 형부원외랑 겸시어사였다. 그 외의 구체적인 행적은 알 수 없다. 최정이 신라에 와서 헌덕왕의 책봉서를 전한 사실은 『신당서』·『당회요』·『책부원귀』·『삼국사기』에도 기록되어 있는데, 이때 이납이 부사로서 동행하였다.

150 以妻貞爲妃 : 『삼국사기』 권10, 신라본기 헌덕왕 즉위조에는 "妃貴勝夫人 禮英角干女也"라고 하였으므로, 헌덕왕의 왕비는 禮英(왕의 叔父)의 딸인 貴勝夫人으로 왕의 사촌동생이었다. 왕실의 近親婚은 흔히 있는 일로서 金春秋의 아버지 龍春은 조카(사촌형의 딸)와 혼인하였으며, 金春秋·金庾信의 중복된 결혼에서도 近親婚을 엿볼 수 있다. 憲德王妃가 貞氏라는 기록은 잘못된 것으로 『삼국사기』에서도 "按王妃禮英角干女也 今云貞氏 未詳"이라고 하였다.

151 長慶寶曆間 再遣使者來朝 留宿衛 : 이때의 숙위는 金士信과 金昕으로 보인다. 곧 金士信은 金獻忠 다음으로 나타난 인물이다. 당 조정에서 관직도 못 받았으며, 일정한 직능도 없이 단지 本國王의 薨去에 哀悼使를 수행해 온 副使였다. 결국 신라 하대의 숙위는 당으로부터 한낱 인질에 불과한 지위로 전락되었음을 엿볼 수 있다. 나·당 간의 불화 시에 宿衛가 인질로 된 경우는 이미 金仁問에서 본 바 있었다(申澄植, 1981). 한편 김주필이 입당한 해 신라는 金昕을 입당시켜 숙위케 했다고 하는데(『삼국사기』 권44 열전 金陽傳), 그는 김주필 일행과 동행하여 입당했을 것으로 추정된다(權悳永, 1996). 김주필은 다음 해 정월까지 당에 머무르면서 해적에게 잡혀와 당에서 노비로 팔린 신라 양민의 방환을 唐帝에게 요청하여 허락받았다(『唐會要』 권86 奴婢條).

152 子景徽立 : 경휘는 헌덕왕의 아들이 아니라 동생으로, 신라 제42대 흥덕왕(재위 826~836)의 이름이다. 『三國史記』 권10, 신라본기 헌덕왕 즉위조에 "諱秀宗 後改爲景徽 憲德王同母弟也"라고 하였듯이, 원래 이름은 秀宗(秀升)이었는데, 景徽로 고쳤다. 아버지는 원성왕의 큰아들인 惠忠太子 仁謙이며, 어머니는 聖穆太后 金氏이다. 妃는 昭聖王의 딸인 章和夫人 김씨로 즉위한 해에 죽으니 定穆王后로 추봉되었다. 그는 애장왕 때에 시중, 헌덕왕 때에 상대등, 副君이 되어 정국의 중심에 섰다. 특히 金憲昌亂 후의 정국을 수습하면서 세력을 넓혀 갔다. 즉위 후 그는 애장왕대로부터 이어지는 일련의 정치개혁을 시도하였다. 執事部를 執事省으로 고쳤고, 재위 9년(834)에는 모든 官等에 따른 服色·車騎·器用·屋舍 등의 骨品制 규정을 한층 강화하여 신분의 구분을 엄히 하였다. 이것은 단순한 사치금지령의 성격만이 아닌 하대 왕권의 강화를 위한 법적 조치라 할 수 있다. 곧 행정기구의 漢式 개편과 물리적인 힘에 의한 귀족세력의 억제, 그것을 통한 왕권의 전제화 방향으로 진행하였다. 아울러 金憲昌亂 진압에 공을 세운 金庾信의 후손들을 우대해 주었고, 淸海鎭·唐城鎭을 설치하여 해적의 침탈을 막는 등 내치의 안정에 힘썼다. 청해진과 당성진의 설치는 해적의 퇴치와 아울러 노예무역을 중심으로 한 교역활동을 통하여 그 경제력을 확대시키고 있던 서남해변의 지방 호족세력을 억압하기 위한 조처였다. 다만 金均貞·祐徵父子와 밀접하였는데, 이것은 均貞과 悌隆 간의 대립을 목도한 왕이 균정파와의 제휴를 통하여 자신의 권위를 유지하려 했던 것 같다. 836년 12월에 훙거하였다. 왕릉은 경주에서 벗어나 안강에 위치해 있다. 흥덕왕대에 대한 대표적인 연구성과는 武田幸男(1975b), 윤병희(1982), 김동수(1982), 李基東(1991), 전미희(2005), 채미하(2013b) 참고.

153 太子左諭德 : 당나라 동궁 소속의 관직으로, 정원은 1명이고 관품은 정4품이었다.

154 源寂 : 家系는 자세하지 않으나, 義成軍節度判官 檢校兵部員外를 거쳐 安王府長史를 역임했다(『白氏長慶集』 卷52, 中書制誥 (5), 源寂可安王府長史). 그리고 劉禹錫이 源寂에게 주었던 송별시 「送源中丞充新羅冊立使」 중에 원적을 '相門才子'라 하였는데, 이는 원적이 재상 가문 혹은 그에 버금가는 문벌 출신임을 암시해 준다. 뿐만 아니라 白居易·柳宗元과 함께 당시 문단을 장악하고 있던 유우석이 그를 위하여 송별시를 지었고, 監察御史와 秘書丞을 역임한 만당의 시인 姚合 역시 源中丞, 곧 원적에게 송별시를 지어 주었다는 사실은 원적의 학문적 위치를 가늠케 해준다(권덕영, 2005).

사례하고 숙위로 머무르기를 원하므로 들어주었고,[155] 다음 해에 돌려보냈다. [개성] 5년(840, 신라 문성왕 2)에 홍려시(鴻臚寺)[156]에 속한 질자(質子)와 유학생 가운데 연한이 다한 105명을 모두 돌려보냈다.[157]

> 有張保皐·鄭年者, 皆善鬪[158]戰, 工用槍. 年復能沒海, 履其地五十里不噎, 角其勇健, 保皐不及也. 年以兄呼保皐, 保皐以齒, 年以藝, 常不相下. 自其國皆來爲武寧軍小將. 後保皐歸新羅, 謁其王曰:「遍中國以新羅人爲奴婢, 願得鎭淸海, 使賊不得掠人西去.」 淸海, 海路之要也. 王與保皐萬人守之. 自太[159]和後, 海上無鬻新羅人者. 保皐旣貴於[160]其國, 年飢寒客漣水, 一日謂戍主馮元規曰:「我欲東歸, 乞食於張保皐.」 元規曰:「若與保皐所負何如. 奈何取死其手.」 年曰:「飢寒死, 不如兵死快, 況死故鄕邪.」 年遂去. 至, 謁保皐, 飮之極歡. 飮未卒, 聞大臣殺其王, 國亂無主, 保皐分兵五千人與年, 持年泣曰:「非子不能平禍難.」 年至其國, 誅反者, 立王以報. 王遂召保皐爲相, 以年代守淸海. 會昌後, 朝貢不復至.

장보고(張保皐)와 정년(鄭年)이 있는데,[161] 모두 싸움을 잘하였지만 특히 창을 잘 썼다. 년은[162]

---

155 開成初 遣子義琮謝 願留衛 見聽 : 義琮은 義宗이라고도 한다. 開成 元年(836, 흥덕왕 11년)에 崛山寺 通曉大師 梵日 등을 데리고 입당하였다가(『祖堂集』권17, 溟州崛山寺 通曉大師傳), 약 1년간 당에 머물러 숙위한 후 희강왕 2년 4월 11일에 당의 장안을 떠나 9월에 武州 會津을 통하여 귀국하였다. 그가 왕자였는지는 확인될 수 없으나, 왕자였다면 그의 宿衛 파견은 禮英派로부터의 정치적 축출일 가능성이 크다(申瀅植, 1981). 그는 문성왕 2년(840) 1월에 시중이 되었다가 3년 만인 843년에 물러났다. 김의종의 입당 사실은 『三國史記』권10 신라본기 哀莊王 7년조, 『新唐書』 新羅傳, 『唐會要』권95 신라전, 『冊府元龜』권996, 納質條에도 수록되어 있다.

156 鴻臚寺 : 외국 사절의 접견이나 凶儀·祠廟의 일을 관장하는 당나라 9寺 가운데 하나이다. 周代에는 大行人, 秦代에는 典客, 漢代에는 大鴻臚 등으로 불리다가 北周에 이르러 鴻臚寺라 하였다. 당대 홍려시의 장관은 종3품인 홍려경 1인이 있었으며 차관인 少卿은 2명으로 종4품상이었다. 이외의 관원으로는 丞·主簿·綠事·府·史 등이 있었다(『舊唐書』권44, 직관지3).

157 鴻臚寺籍質子及學生歲滿者一百五人 皆還之 : 滯唐新羅人의 귀국 거부현상을 의미한다. 朝貢使나 宿衛로서 滯唐 기간은 길어야 1년 미만이며 滯唐留學生의 수업 연한은 10년이 한도였다. 여기서 방환된 사람들이 '質子及年滿合歸國學生'임을 고려할 때 質子는 숙위를 말하고 학생은 宿衛學生을 뜻하기 때문에 주로 후자를 의미한다고 할 수 있다. 여기에서 무엇보다도 유학생이 법정시한을 넘기고 귀국을 거부하는 것이 양국 간에 정치문제화되고 있음을 알 수 있다. 滯唐留學生들이 귀국을 거부하는 이유는 대부분 6두품 계열인 그들이 귀국해봐야 미진한 대우밖에 받지 못하는 데 있었다. 그리하여 金可紀처럼 재입당하여 그곳에서 일생을 보낸 인물이 있는가 하면 崔致遠과 같이 그곳에서 文人들과 교우를 맺어 스스로 활로를 개척하는 경우가 많았다(申瀅植, 1984). 또한 대부분의 유학생들은 귀국해도 그 정치적 대우에 불만을 품고 후백제나 고려에 귀의하여 그 국가들이 신라를 이념적으로나 명분으로 극복할 수 있도록 기여하였다. 따라서 이러한 6두품 유학지식인의 귀부는 결국 신라 멸망의 원인이었다고 지적할 수 있다.

158 「鬪」: 남감본·급고각본·무영전본 「鬪」, 백납본 「閗」.

159 「太」: 남감본·급고각본·무영전본 「太」, 백납본 「大」.

160 「於」: 남감본·무영전본·백납본 「於」, 급고각본 「于」.

161 有張保皐鄭年者 : 『三國史記』권44, 열전4 張保皐傳에는 "此與新羅傳記頗異 以杜牧言傳 故兩存之"라고 하여, 신라의 傳記와는 제법 다르지만, 두목이 지은 전이 있으므로 그대로 남긴다고 하였다. 신라의 전기가 무엇을 말하는지는 알 수 없지만, 『新唐

또한 능히 바다에 들어가 50리를 헤엄쳐도 숨을 쉬지 않은데, 그 용맹하고 건장한 것을 다투면 보고가 미치지 못하였다. 년은 보고를[163] 형이라고 부르지만, 보고는 나이를 내세우고 년은 재주를 내세워 항상 서로 뒤지지 않으려고 하였다. [두 사람이] 다 그 나라로부터 와서 무녕군(武寧軍)[164]의 소장(小將)이 되었다.[165] 뒤에 보고는 신라로 돌아가서 그 왕을 알현하고는[166] "중국 전역에서 신라 사람을 노비로 삼고 있습니다. 원하건대 청해(淸海)에 진을 두어 적이 사람을 사로잡아 서쪽으로 가지 못하도록 하십시오."라고 아뢰었다. 청해는 해로의 요지이다. 왕은 보고에게 1만 명을 주어서 지키게 하였다. 태화(太和, 827~835, 신라 흥덕왕 2~10)부터는 해상에서 신라 사람을 사고파는 자가 없어졌다.[167] 보고는 이미 그 나라에서 귀하게 되었지만, 년은 연수(漣水)[168]에서 나그네로 굶주렸다. 어느 날 수주(戍主) 풍원규(馮元規)에게 "나는 신

書』에 수록된 장보고 전기는 杜牧의 문집인『樊川文集』권6의 내용을 그대로 轉載한 것이다. 송나라 때 편찬된『文苑英華』에도 수록되어 있다. 다소의 차이는 있다.

162 鄭年:『三國史記』권44, 張保皐傳에는 "年或作連"이라고 하여, 鄭連으로도 불렀다.

163 張保皐(~846) : 원래의 이름은 弓福, 弓巴로, 활을 잘 쏘았던 듯하다. 일본에서는 張寶高라고 불렀는데, 신라와 당, 일본을 잇는 해상무역을 주도하였기 때문에 그렇게 불렀던 듯하다. 家系에 대해서는『三國史記』권44, 張保皐傳에도 "但不知鄕邑父祖"이라 하였으므로, 당시 여느 평민처럼 성씨를 사용하지 못하였기에, 신분은 6두품에도 미치지 못한 듯하다(李基白, 1974). 다만 그가 뛰어난 武才를 지닌 용감한 인물이었고, 당나라에서 무예를 바탕으로 李正己의 반란을 진압하는 무녕군의 소장으로 활동하였으므로, 신라에서 이미 土豪層으로 활동하였을 것으로 보기도 한다(金光洙, 1985). 특히 동아시아 해상무역을 주도하면서 金陽·金祐徵 등과 함께 민애왕을 제거하고 신무왕을 즉위시키는 등 중앙 정계에서 뚜렷하게 활동하였기에, 단순한 무역상인으로 볼 수는 없다. 곧 장보고는 재당 신라인의 분포와 활동상을 정확히 인식하고서, 그것을 네트워크로 엮어 해상무역을 이끌어 나가며 많은 부를 축적하여 신라의 중흥을 이끌었다. 특히 선종 승려의 구법활동을 적극적으로 도우면서, 혼란한 사회를 정비하려는 신라 왕실이 일으킨 불사에도 관여하였다(張日圭, 2010). 자연히 그는 당시 국제정세와 신라의 정국에 매우 민감한 경향을 가졌던 정치세력으로 볼 수 있다. 장보고에 대한 연구는 최근에 매우 활발히 이루어졌는데, 지금까지의 연구성과와 관련 문헌기록을 모은 자료집이 있다(재단법인 해상왕장보고기념사업회, 2003 ; 김문경, 2006 ; 김문경·이유진, 2012).

164 武寧軍 : 무령군의 武寧縣에 주둔한 군영이다. 무령현은 徐州節度使에 속한 군대로, 이정기가 세운 제나라를 공격하는 선봉에 섰다(정병준, 2003 ; 지배선, 2007).

165 皆善鬪戰 … 自其國皆來爲武寧軍小將:『三國史記』권44, 張保皐傳에는 "皆善鬪戰 年復能沒海底行五十里不噎 角其勇壯 保皐差不及也 年以兄呼保皐 保皐以齒 年以藝 常齟齬不相下 二人如唐 爲武寧軍小將 騎而用槍 無能敵者"라고 하여, 거의 비슷한 내용인데,『新唐書』에만 특별히 창을 잘 썼다는 내용이 特記되었다.

166 謁其王:『三國史記』권10, 新羅本紀 興德王 3년조에는 "夏四月 淸海大使弓福 姓張氏 一名保皐 入唐徐州爲軍中小將 後歸國謁王 以卒萬人鎭淸海 淸海 今之莞島"라고 하여, 장보고가 흥덕왕 3년(828)에 청해진을 설치하였다고 하였다. 이때 장보고가 만난 신라의 국왕은 흥덕왕이다.

167 後保皐歸新羅 … 海上無鬻新羅人者:『三國史記』권44, 張保皐傳에는 "後保皐還國 謁大王曰 遍中國 以吾人爲奴婢 願得鎭淸海 使賊不得掠人西去 淸海新羅海路之要 今謂之莞島 大王與保皐萬人 此後海上無鬻鄕人者"라고 하였다.『三國史記』에는 장보고가 먼저 청해진을 설치하겠다고 요청하였고, 청해가 완도라고 명시한 반면,『新唐書』에는 왕이 1만 명을 장보고에게 주었고, 태화 연간 이후에 해상에서 적들이 없어졌다고 特記되었다.

168 漣水 : 지금의 중국 江蘇省 淮安에 있는 縣이다. 이곳은 楚州와 함께 8세기 중반 이후부터 신라인들이 신라방이라고 불리는 마을을 이루고 살고 있었다. 특히 양주와 정주를 잇는 운하를 통해서 揚州, 泗州 등지로 나갈 수 있는 곳이면서, 배를 타고 바로 신라의 서남해안 일대로 갈 수 있기에, 장보고 선단의 주요 활동지로 기능하였다(李基東, 1997). 圓仁의『入唐求法巡禮行記』권1, 開成 4년 3월 17일에 보면, 일본 조공사 일행은 이곳에서 신라 선박 9척과 해로에 익숙한 신라 선원 60여 명을 고용하였다고 하였으므로, 정년은 장보고 선단과 긴밀히 관련되지 않았다고 하더라도, 바다에 익숙한 능력을 가지고 선원으로 활동하였을

라로 돌아가 장보고에게 걸식하고자 합니다." 하고 말하였다. 원규가 "당신이 보고를 저버린 것은 어떻게 할 것인가?[169] 어찌 그 손에 죽으려 하는가."라고 하자, 년은 "나그네로 굶주려 죽는 것은 싸우다가 죽는 것보다 좋지 않다. 하물며 고향에서 죽는 것임에랴."라고 하였다. 년은 마침내 갔다. [청해진에] 이르러서 보고를 만났는데, 보고는 술자리를 내어 극진히 환대하였다. 술자리가 미처 끝나기도 전에 '대신이 왕을 죽여 나라가 어지럽고 왕은 없다.'[는 소식이] 들려 왔다.[170] 보고는 군사를 나누어 5,000명을 년에게 주며, 년을 붙잡고 눈물을 흘리면서 "네가 아니면 능히 화난(禍難)을 평정할 수 없다."고 말하였다. 년은 그 나라에 이르러 반란을 일으킨 자를 죽이고, 왕을 세워 [장보고의 은혜에] 보답하였다.[171] 왕은 마침내 보고를 불러들여 재상으로 삼고,[172] 년에게 대신하여 청해를 지키게 하였다. 회창(會昌) 연간(841~846, 신라 문성왕 3~8) 이후에는 조공이 다시 이르지 않았다.[173]

것으로 보인다.

169 若與保皐所負何如 奈何取死其手 : 풍원규는 정년이 장보고에게 무엇인가 부담을 주었다고 표현하였는데, 그것은 정년이 장보고를 따라 귀국하지 않고 연수에 남아있었기 때문이었다. 장보고는 무령군 소장으로 활동하면서 신라 사람이 노예로 생활하는 모습을 보고 이를 없애기 위해서 귀국하였다. 하지만 정년은 어떤 이유에서인지 장보고를 따라 귀국하지 않고 당나라에 남아 이곳저곳을 떠돌며 굶주린 생활을 끌고 나갔다. 정년은 장보고보다 武才가 뛰어났으므로, 장보고는 정년과 함께 자신의 뜻을 이루고자 하였을 것이다. 풍원규가 말한 저버린 일은 아마도 이를 말하는 것인 듯하다. 그렇다면 풍원규는 장보고와 정년의 재당 생활을 대부분 알고 있는 知人임에 틀림없다. 다만 그 생애와 활동상을 알 수 없다.

170 聞大臣殺其王 國亂無主 : 『三國史記』 권10, 신라본기 閔哀王 즉위년조에 "閔哀王立 姓金氏 諱明 元聖大王之曾孫也 大阿飡忠恭之子 累官爲上大等 與侍中利弘逼王殺之 自立爲王"이라고 하여, 충공의 아들인 명은 상대등으로 재임하면서 시중 이홍과 함께 희강왕을 핍박하여 죽이고 왕위에 올랐다. 당시에는 원성왕의 후손인 인겸계와 예영계가 왕위를 두고 치열하게 다투었다(李基東, 1984 ; 金昌謙, 2003 ; 권영오, 2000).

171 保皐分兵五千人與年 … 立王以報 : 『三國史記』 권10, 신라본기 閔哀王 즉위년조에 "二月 金陽募集兵士 入淸海鎭 謁祐徵 阿飡祐徵在淸海鎭聞金明簒位 謂鎭大使弓福曰 金明弑君自立 利弘枉殺君父 不可共戴天也 願仗將軍之兵 以報君父之讎 弓福曰 古人有言 見義不爲 無勇 吾雖庸劣 唯命是從 遂分兵五千人 與其友鄭年曰 非子不能平禍亂"이라고 하여, 장보고는 김우징·김양과 함께 민애왕을 치기로 하고 정년에게 군사 5,000명을 주었다. 신무왕의 즉위는 장보고 군사와 김양의 도움으로 가능하였다. 희강왕을 죽게 한 민애왕을 시해한 것은 그동안 분열하여 대립하였던 예영의 아들인 김헌정과 김균정이 손을 맞잡는 계기가 되었다. 자연히 신무왕은 김헌정과 김균정계의 화합을 꾀하였다(李基東, 1984 ; 金昌謙, 2003 ; 권영오, 2009).

172 王遂召保皐爲相 以年代守淸海 : 『三國史記』 권10, 신라본기 神武王 즉위년조에 "封淸海鎭大使弓福爲感義軍使 食實封二千戶"라고 하여, 장보고는 감의군사로 임명되고 식읍을 받았다. 그 뒤 『三國史記』 권10, 신라본기 文聖王 즉위년조에 "敎曰 淸海鎭大使弓福 嘗以兵助神考 滅先朝之巨賊 其功烈可忘耶 乃拜爲鎭海將軍 兼賜章服"이라고 하였듯이, 문성왕 때에는 곧바로 진해장군에 임명되면서 문무백관이 입는 장복을 받았다. 장보고는 '재상'이라고 명확히 제시하지는 않았지만, 신무왕과 문성왕이 즉위하던 해에 맨 먼저 장보고를 감의군사와 진해장군으로 임명하면서 '재상급' 지위를 얻었다. 그의 세력은 『三國史記』 권10, 신라본기 文聖王 7년조에 "春三月 欲娶淸海鎭大使弓福女爲次妃 朝臣諫曰 夫婦之道 人之大倫也 故夏以塗山興 殷以▩氏昌 周以褒姒滅 晉以驪姬亂 則國之存亡 於是乎在 其可不愼乎 今弓福海島人也 其女豈可以配王室乎 王從之"라고 하였듯이, 문성왕의 장인이 될 만한 위상을 갖추게 되었다. 하지만 조정의 신하들은 장보고가 해도인임을 강조하면서, 그의 딸을 왕비로 맞는 일을 완강히 반대하였다. 그는 다음 해 봄에 청해진을 중심으로 반란을 일으켰는데, 아무도 그를 제압할 수 없을 만큼 절대적인 세력을 갖추었다. 이러한 과정에서 장보고는 문성왕 8년(846)에 죽임을 당하였다.

173 會昌後 朝貢不復至 : 회창 연간(841~846) 이후에 조공이 끊겼다는 것은 앞의 장보고와 관련시켜 볼 때, 회창 연간 이후에 장보고의 조공이 끊겼다는 의미로 이해된다. 곧 장보고는 『三國史記』에 의하면 문성왕 8년(846)에 반란을 일으켰다가 閻長에 의해서 죽임을 당하였기 때문에, 장보고 선단이 당 조정에 보낸 조공이 더이상 시행되지 않았다는 뜻으로 보인다. 그러나 『續日本

贊曰: 杜牧稱:「安思順爲朔方節度時, 郭汾陽, 李臨淮俱爲牙門都將, 二人不相能, 雖同盤飮食, 常睊相視, 不交一言. 及汾陽代思順, 臨淮欲亡去, 計未決. 旬日, 詔臨淮分汾陽半兵東出趙, 魏, 臨淮入請曰:「一死固甘, 乞免妻子.」 汾陽趨下, 持手上堂, 曰:「今國亂主遷, 非公不能東伐, 豈懷私忿時邪?」 及別, 執手泣涕, 相勉以忠義, 訖平劇盜, 實二公之力. 知其心不叛, 知其心, 難也; 忿必見短, 知其材, 益難也. 此保皐與汾陽之賢等耳. 年投保皐必曰: '彼貴我賤, 我降下之, 不宜以舊忿殺我.' 保皐果不殺, 人之常情也. 臨淮請死於汾陽, 亦人之常情也. 保皐任年, 事出於己, 年且寒饑, 易爲感動. 汾陽, 臨淮, 平生亢立, 臨淮之命, 出於天子. 權於保皐, 汾陽爲優. 此乃聖賢遲疑成敗之際也. 世稱周, 邵爲百代之師, 周公擁孺子而邵公疑之, 以周公之聖, 邵公之賢, 少事文王, 老佐武王, 能平天下, 周公之心, 邵公且不知之. 苟有仁義之心, 不資以明, 雖邵公尙爾, 況其下哉!」 嗟乎, 不以怨毒相槊, 而先國家之憂, 晉有祁奚, 唐有汾陽, 保皐, 孰謂夷無人哉!

찬한다.[174] 두목[175]이 말하기를, "안사순(安思順)[176]이 삭방절도(朔方節度)로 있을 때 곽분양(郭汾陽)[177]과 이임회(李臨淮)[178]가 모두 아문(牙門)의 도장(都將)이었는데, 두 사람은 서로 용납하지

後紀』 권11, 仁明天皇 承和 9년 정월 을사조에는 "寶高는 지난해 11월 중에 死去"라고 하였고, 『入唐求法巡禮行記』 권4, 會昌 5년 7월 9일조에는 前淸海鎭兵馬使 崔暈이 국난을 당하여 회창 5년(845) 7월에 漣水의 신라방에서 망명생활을 하고 있다고 하였다. 따라서 장보고는 846년 이전인 841년에 이미 죽임을 당한 것으로 보면서, 그것은 반란으로 인한 살해가 아니라 김양의 사주로 염장에 의해 암살된 것이라고 보기도 한다(崔根泳, 1990 ; 鄭淸柱, 1992 ; 서영교, 2007). 841년이든지, 846년이든지 장보고가 죽임을 당했을 때는 당나라 무종이 재위하였던 때였다. 무종은 '會昌廢佛'이라는 法難을 일으켰는데, 장보고 선단은 신라는 물론 일본 승려의 당나라 구법활동을 도왔다. 이들이 대체로 견당사와 함께 입당·귀국하면서 문화 교류에 힘썼음을 고려할 때, 장보고의 청해진 세력이 몰락하는 것은 이러한 당나라의 사회상 변화와 무관하지 않은 셈이다. 특히 장보고가 서해안에서 경주로 향하는 모든 물자 수송을 차단하는 것을 막기 위해서 암살하였다고 이해하기도 한다(서영교, 2001).

174 贊曰 : 이 내용은 『三國史記』 권44, 열전4, 장보고전에도 대체로 비슷한 내용으로 게재되어 있다.

175 杜牧 : 『新唐書』 권150, 열전126, 文藝上에 "譎怪則李賀, 杜牧, 李商隱, 皆卓然以所長爲一世冠, 其可尙已"라고 하여, 이하, 이상은 등과 함께 진기하고 괴이하면서도 뛰어난 문재를 가진 문인으로 추앙되었다고 하였다.

176 安思順 : 『三國史記』 권44, 열전4, 장보고전에는 "天寶安祿山亂, 朔方節度使安思順, 以祿山從弟賜死"라고 하여, 안녹산의 반란 당시에 안사순은 삭방절도사로 있다고 안녹산의 종제이기에 사사되었다고 하였다. 『新唐書』 권5, 본기5, 玄宗 天寶 15년 3월 丙辰조에 "殺戶部尙書安思順, 太僕卿安元貞"이라고 하여, 756년(천보 15) 3월 병진일에 호부상서로서 태복경 안원정과 함께 죽임을 당하였다고 하였다.

177 郭汾陽 : 당나라 현종~덕종 때 활동하였던 郭子儀(697~781)를 말한다. 현종 때 삭방절도사로서 安史의 난을 평정하였고, 숙종 때는 河東副元帥로 回紇族과 연합하여 장안과 낙양을 수복하였다. 그 공으로 汾陽王으로 봉해졌기에 곽분양이라고 불린다. 이광필과 함께 안사의 난을 평정하는 데 힘썼으므로, 흔히 '李郭'으로 불린다. 『新唐書』 권150, 열전62, 곽자의전 참고.

178 李臨淮 : 당나라 현종~대종 때 활동하였던 李光弼(708~764)을 말한다. 營州 출신의 거란인이었는데, 아버지 李楷洛이 당에 귀부하였고, 사후 아버지의 관위를 계승하였다. 755년에 곽자의와 함께 顔杲卿을 지원하며 반란군의 배후를 위협하였고, 756년에는 河東節度使로서 史思明이 이끈 반군을 격파하였다. 여러 반란을 평정한 공로로 臨淮郡王에 봉해졌기에 이임회라고 불렸다. 곽자의와 함께 안사의 난을 평정하는 데 힘썼으므로, 흔히 '李郭'으로 불린다. 『新唐書』 권149, 열전61, 이광필전 참고.

못하여, 비록 같은 소반에서 음식을 먹더라도 항상 서로 흘겨보며 한마디의 말도 나누지 않았다. 분양이 사순을 대신하게 되었을 때,[179] 임회는 도망가려고 하였지만 결단을 내리지 못하였다. 10여 일이 지나서 임회에게 조서를 내려 분양의 병력 절반을 나누어 동쪽으로 조(趙)와 위(魏)로 나아가게 하니, 임회가 들어가 '나 하나의 죽음은 감내하겠으니 부디 처자는 살려주시오'라고 청하였다. 분양이 곧바로 내려가 손을 잡고서 오르면서 '지금 나라가 어지럽고 임금은 파천하였는데, 공이 아니면 능히 동쪽을 토벌할 수 없으니, 어찌 사사로운 원망을 품겠습니까'라고 말하였다. 작별할 때, 손을 잡고 눈물을 흘리면서 서로 충의로써 힘쓰고자 하였으니, 큰 도둑을 평정한 것은 사실 두 공의 힘이었다. 마음을 알면 배신하지 않아야 하니 그 마음을 알기는 어렵다. 원망을 가지고 있으면 반드시 단점을 보는 것이니 그 재능을 알기는 더욱 어렵다. 이는 보고가 분양의 현명함을 함께 한 것과 같다. 년이 보고에게 갈 때에 '그는 귀하고 나는 천하니, 나를 낮추면 마땅히 이전의 원망을 가지고 나를 죽이지 않을 것이다.'라고 말하였다. 보고가 과연 죽이지 않았으니 사람의 상정(常情)이었다. 임회가 분양에게 죽음을 청한 것도 역시 사람의 상정이었다. 보고가 년에게 맡긴 것은 일이 자기에게서 나온 것이고, 년이 또 춥고 배고픈 처지에 있었으므로 감동하기 쉬웠다. 분양과 임회가 평생을 대립하였지만, 임회에 대한 명령은 천자에게서 나왔다. 보고에게 견주어 본다면 분양이 우월한 듯하다. 이것은 곧 성현이 성패(成敗)의 때를 주저하는 바이다. 세상에서는 주공(周公)[180]과 소공(召公)[181]을 백대의 스승으로 삼았지만, 주공이 젖먹이[182]를 옹립하였을 때는 소공도 의심하였다. 주공의 성스러움과 소공의 현명함으로 젊어서는 문왕(文王)[183]을 섬기고, 늙어서는 무왕(武王)[184]을 도와 능히 천하를 평정하였지만, 주공의 마음을 소공도 알지 못하였다. 진실로 인의의 마음이 있더라도 명견(明見)을 바탕으로 삼지 않는다면 비록 소공도 오히려 그러하거늘 하물

---

179 及汾陽代思順 : 『新唐書』 권150, 열전62, 곽자의전에 "十四載 安祿山反 詔子儀爲衛尉卿靈武郡太守 充朔方節度使"라고 하여, 755년(천보 14)에 조서를 받아 위위경과 영무군태수가 되고, 삭방절도사에 충원되었다고 하였다.

180 周公 : 주나라 文王의 아들이자 武王의 동생이다. 아버지와 형을 도와 나라를 열고, 무왕이 세상을 떠난 뒤에는 조카인 성왕을 옹립하고서 왕실의 기반을 다지는 데 힘썼다.

181 召公 : 주나라 문왕의 아들이자 무왕의 동생이며, 주공의 아우이다. 무왕과 성왕을 도와 왕실의 안정에 이바지하였고, 지방관으로 나아가서는 백성을 아끼는 정치를 베풀었다. '召伯'으로도 불렸다.

182 成王 : 주나라 2대 왕으로, 무왕의 아들이다. 어려서 즉위한 탓에 무왕의 동생인 주공의 섭정을 행하였다가 7년 뒤에 정사를 이어받아 봉건체제 구축에 힘써 주나라의 전성기를 맞게 하였다.

183 文王 : 주나라의 건국을 이끈 위인으로, 주나라 건국주 무왕의 아버지이다. 곧 상나라 紂王의 신하로 呂尙 太公望의 도움을 받아 덕치를 이루었다. 뒤에 西伯으로 불리다가 제후의 신하를 얻었다. 주나라 건국 후에 무왕에 의해서 문왕으로 추존되었다.

184 武王 : 주나라 건국주로 문왕의 둘째아들이다. 주왕이 酒池肉林에 빠져 정사를 올바로 살피지 못하자 제후를 모아 상나라를 멸망시키고 주나라를 건국하였다. 아버지 문왕과 함께 聖王으로 후대에 숭앙되었다.

며 그만 못한 사람에 있어서랴?"라고 하였다. 아! 원한으로 서로 싸우지 않고 국가의 우환을 먼저 생각하는 것은 진나라에 기해(祁奚)가 있었고, 당나라에 분양과 보고가 있었으니 누가 동이에 인물이 없다고 하겠는가!

『구오대사
(舊五代史)』
신라전

『구오대사』에도 외국열전(外國列傳)이 실렸다. 다만 외국이라는 표현은 청나라 때 『구오대사』를 복원하면서 붙인 것이어서, 실제로 '외국'을 붙인 것인지는 알 수 없다(高柄翊, 1970; 국사편찬위원회, 1987; 동북아역사재단, 2011). 외국열전에는 당시 송나라에게 현실적인 위협이자 주요 외교 대상이었던 거란을 비교적 상세히 다룬 반면, 신라를 비롯하여 토번(吐藩), 회골(回鶻), 당항(党項), 곤명(昆明), 우전(于闐), 점성(占城) 등은 간략히 다루었다. 곧 신라전은 모두 36자로 그리 많은 양은 아니다(동북아역사재단, 2011).

『구오대사』 권138, 외국열전2 신라

新羅, 其國俗重元¹日相慶賀, 每以是日拜日月之神. 婦人以髮繞頭, 用綵及珠爲飾, 髮甚鬒美.²

신라는 나라의 풍속에 중원일(重元日)에는 서로 축하하면서, 매번 이날에 일신(日神)과 월신(月神)에게 절을 한다.³ 부인들은 머리카락을 머리에 둘러 감싸고서, 비단과 구슬을 사용하여 장식하였는데, 머리카락은 매우 많아 검으면서도 아름다웠다.⁴

---

1 「元」: 무영전본 「元」, 백납본 「九」.

2 백납본에는 小字로 다음과 같이 적혀 있다. "永樂大典卷六千二百一十."

3 相慶賀 每以是日拜日月之神 : 『隋書』 신라전에는 "每正月旦相賀 王設宴會 班賚群官 其日拜日月神"이라고 하였고, 『舊唐書』 신라전에는 "重元日 相慶賀燕饗 每其日拜日月神"이라고 하였으며, 『新唐書』 신라전에는 "元日相慶 是日拜日月神"이라고 하였다. 신년 아침에 서로 절하는 것은 賀正禮로, 『삼국사기』 신라본기에는 "眞德王五年 春正月朔 王御朝元殿 受百官正賀 賀正之禮始於此"라고 하여 진덕왕 5년에 하정례를 처음 받았다고 하였다. 신라의 하정례는 임금이 군신들에게 賀禮를 받은 뒤 잔치를 베푸는 것이었다. 하정례의 관행은 이전부터 있었을 것으로 추정되지만, 진덕왕 5년에 이르러 漢式의 법제로 공식화된 것으로 보인다. 이때 일월신에 대한 제사도 함께 이루어졌다(채미하, 2013a).

4 婦人以髮繞頭 用綵及珠爲飾 髮甚鬒美 : 『舊唐書』 新羅傳에는 "婦人髮繞頭 以綵及珠爲飾 髮甚長美"라고 하였고, 『新唐書』 新羅傳에는 "率美髮以繚首 以珠綵飾之"라고 하였다. 『舊五代史』의 내용은 『舊唐書』를 그대로 정리한 것이다.

『신오대사(新五代史)』 신라전

『신오대사』에는 다른 정사와 달리 특별히 '부록'이 실렸다. '부록'은 내용과는 차이가 있어서 부수적으로 첨가되는 부분을 가리키므로, 새로운 체제라고 할 수 있다. 더욱이 '부록'의 내용은 '사이(四夷)'로 표현하였는데, 외국 관련 기사가 본문에는 걸맞지 않지만 참고로 첨부할 정도의 가치가 있음을 의미한다. 곧 외국 관련 내용은 열전의 본질과는 차이가 난다는 뜻인 셈이다. 하지만 그 내용은 『구오대사』 외국열전을 그대로 따라 거란을 비롯하여 20개 정도의 이민족을 모두 다루었다. 더욱이 『구오대사』처럼 당시 가장 주요한 외교 대상이었던 거란을 주로 다루고, 나머지 나라는 간략히 서술하였다(동북아역사재단, 2011).

『신오대사』 권74, 사이부록3 신라

新羅, 弁韓之遺種也. 其國地·君世·物俗見於唐. 其大族曰金氏·朴氏, 自唐高祖時封金眞爲樂浪郡王, 其後世常爲君長. 同光元年, 新羅國王金朴英遣使者來朝貢. 長興四年, 權知國事金溥遣使來. 朴英·溥世次, 卒立, 史皆失其紀. 自晉已後不復至.

신라는 변한(弁韓)의 후손들이다.[1] 그 나라의 지리와 군장(君長)의 세계(世系), 물산이나 풍속 등은 『당서(唐書)』에 보인다.[2] 그 대족(大族)으로는 김씨와 박씨를 말한다.[3] 당나라 고조 때 김진(金眞)을 책봉하여 낙랑군왕으로 삼은 것부터[4] 그 후예를 항상 군장으로 삼았다. 동광(同光) 원년(923, 신라 경명왕 7)에는 신라국왕 김박영(金朴英)이[5] 사신을 보내 조공하였다.[6] 장흥(長興) 4년(933, 신라 경순왕 7)에는 권지국사(權知國事)[7] 김부(金溥)[8]가 사신을 보내 [사신이] 왔

---

1 弁韓之遺種 : 『신당서』 신라전 참조.

2 其國地君世物俗見於唐 : 『舊唐書』 卷199上, 東夷列傳 新羅條뿐만 아니라 『新唐書』 卷200, 列傳145, 東夷列傳 新羅傳에도 자세히 전한다.

3 其大族曰金氏朴氏 : 『舊唐書』 新羅傳에서는 "國人多金朴兩姓 異姓不爲婚"이라고 하여 김씨와 박씨가 많다고 하였지만, 『新唐書』 新羅傳에서는 "王姓金 貴人姓朴 民無氏有名"이라고 하여, 왕의 성은 김씨이고, 귀인의 성은 박씨라고 구체적으로 구분하였다.

4 封金眞爲樂浪郡王 : 신라 제26대 진평왕은 金眞平으로 불렸으므로, 金眞은 김진평의 오기이다. 진평왕은 『舊唐書』 新羅傳과 『新唐書』 新羅傳에 의하면, 당나라 고조 武德 7년(624)에 낙랑군왕과 신라왕으로 책봉되었다.

5 新羅國王金朴英 : 이때가 동광 7년이므로, 당시 신라의 국왕은 제54대 경명왕(917~923)이다. 『三國史記』 권12, 新羅本紀 景明王 卽位年條에는 "景明王立 諱昇英 神德王之太子"라고 하였고, 『三國遺事』 권1, 王曆1 제54대 경명왕조에는 "朴氏 諱昇英 父神德"이라고 하였으며, 『三國史記』 권12, 新羅本紀 神德王 卽位年條에는 "神德王立 姓朴氏"라고 하였다. 따라서 경명왕은 朴氏 王인 신덕왕의 아들로, 이름은 朴昇英인 셈이다. 『新五代史』에서는 박승영의 '승'자를 빼고 신덕왕 이전 신라왕의 성씨인 김씨를 붙여 '金朴英'으로 잘못 기록한 셈이다.

6 遣使者來朝貢 : 『三國史記』 권12, 新羅本紀 景明王 7年條에는 "王遣倉部侍郞金樂 錄事參軍金幼卿 朝後唐貢方物 莊宗賜物有差"라고 하여, 이때 金樂과 金幼卿을 後唐에 보내 入朝하였다고 하였다. 후당은 莊宗 李存勖이 923년에 洛陽을 도읍으로 삼아 건국하였으므로, 이때 신라는 처음으로 후당에 사신을 보냈다. 신라와 후당의 관계에 대해서는 金在滿(1983) 참고.

7 權知國事 : 왕호를 인정받지 못하는 동안에 사용한 국왕에 대한 칭호이다. 임시로 왕위를 맡는다는 뜻이므로, 아직 책봉을 받지 못한 상태를 의미한다.

8 金溥 : 新羅 제56대 敬順王(927~935)을 말한다. 『三國史記』 권12, 新羅本紀 敬順王元年條에는 "諱敬順王立 諱傳 文聖大王

다.⁹ 박영과 아버지의 세차(世次), 죽은 해와 즉위한 해 등은 사관(史官)이 모두 그 대강을 잃어버렸다.¹⁰ [후]진 이후부터는 다시 [사신이] 오지 않았다.¹¹

之裔孫 孝宗伊湌之子也 母桂娥太后 爲甄萱所擧卽位 擧前王屍 殯於西堂 與羣下慟哭 上諡曰景哀 葬南山蟹目嶺 太祖遣使弔祭"라고 하여, 문성왕의 후손으로 효종 이찬의 아들인데, 견훤의 침입으로 죽은 경애왕의 시신을 모신 서당 앞에서 견훤에 의해서 왕위에 올랐다고 하였다. 다만 이름은 '金傅'라고 하였으므로, 溥는 잘못이다.

9 金溥遣使來 : 『三國史記』 권12, 新羅本紀 敬順王 6年조에는 "夏四月 遣使執事侍郞金昢·副使司賓卿李儒 入唐朝貢"이라고 하여, 932년에 金昢과 李儒를 파견하여 조공하였다고 하였다. 이때 당은 後唐이므로, 933년에 신라에 이른 사신은 경순왕을 책봉하는 조서를 받들고 온 후당 명종이 보낸 사신이다.

10 史皆失其紀 : 이때의 史官은 어느 나라의 사관인지 정확히 알 수 없다. 아마도 후당의 사관을 가리키는 것으로 보인다.

11 自晉已後不復至 : 後晉은 5代 가운데 세 번째 왕조로, 石敬瑭이 936년에 후당을 멸망시키고 開封을 수도로 삼아 건국하였는데, 947년에 거란이 세운 요나라에 의해서 멸망하였다. 당시는 신라와 후백제가 모두 멸망하였고, 고려가 후삼국 통일을 이루었던 때였다. 『高麗史』 권2, 世家 太祖 戊戌 21年條에 "秋七月 … 是月 始行後晉年號"라고 하여, 938년에 後晉의 연호를 사용하였다고 하였으므로, 신라와 후진과의 통교는 있을 수 없었다.

신라 관련 『괄지지(括地志)』 일문(逸文)

翰苑 蕃夷部
新羅

括地志云:"案宋書, 元嘉中, 倭王珍自稱使持節·都督·倭·百濟·新羅·任那·秦[韓]·慕韓六國諸軍事. 此則新羅有國在晉宋之間. 且晉·宋·齊·梁, 並無正傳. 故其有國所由靡得詳也."

括地志曰:"新羅治金城, 本三韓之故地."

括地志曰:"新羅王姓金氏, 其先所出未之詳也."

括地志曰:"朝鮮, 高驪, 穢貊, 東沃沮, 夫餘五國之地, 國東西千三百里, 南北二千里, 在京師東. 東至大海四百里, 北至營州界九百二十里, 南至新羅國六百里, 北至靺鞨國千四百里."

括地志曰:"穢貊在高麗南, 新羅北, 東至大海, …"

참고문헌

경주시사편찬위원회 편, 1971, 『慶州市誌』, 경주시.
고병익, 1970, 「中國正史의 外國列傳-朝鮮傳을 중심으로-」, 『東亞交涉史의 硏究』, 서울대학교출판부.
국립경주문화재연구소, 2010, 『경주 월성 연구의 현황과 과제』, 국립경주문화재연구소.
국사편찬위원회 편, 1987, 『역주 중국정사조선전』, 국사편찬위원회.
권덕영, 1997, 『고대한중외교사-견당사연구』, 일조각.
권영오, 2011, 『新羅 下代 政治史硏究』, 혜안.
김덕원, 2007b, 『新羅中古政治史硏究』, 경인문화사.
김락기, 2013, 『고구려동북방 경역과 물길 말갈』, 경인문화사.
김문경, 2006, 『장보고자료집』, 재단법인 해상왕장보고기념사업회.
김문경·이유진, 2012, 『7~10세기 한중일교역연구문헌목록·자료집』, 한국해양재단.
金壽泰, 1996, 『新羅中代政治史硏究』, 一潮閣.
김영하, 2007, 『新羅中代社會硏究』, 일지사.
김창겸, 2003, 『新羅 下代 王位繼承 硏究』, 景仁文化社.
김창겸, 2018, 『신라하대 국왕과 정치사』, 온샘.
김태식, 1993, 『가야연맹사』, 일조각.
김태식, 2014, 『사국시대의 사국관계사 연구』, 서경.
김태식·이익주 편, 1992, 『가야사사료집성』, 가락국사적개발연구원.
金翰奎, 1982, 『古代中國的世界秩序硏究』, 一潮閣.
노중국, 2003, 『백제부흥운동사』, 일조각.
노중국, 2020, 『역사의 맞수 1: 백제 성왕과 신라 진흥왕』, 지식산업사.
노태돈, 2009, 『삼국통일전쟁사』, 서울대학교 출판문화원.
동북아역사재단, 2011, 『舊五代史·新五代史』譯註 中國 正史 外國傳 12.
문안식, 2003, 『한국 고대사와 말갈』, 혜안.
文化財硏究所, 1985, 『月城垓字試掘調査報告書』.
박남수, 1996, 『신라수공업사』, 신서원.
박남수, 2013, 『신라 화백제도와 화랑도』, 주류성.

박순교, 2006, 『김춘추, 외교의 승부사』, 푸른역사.

부산대학교 한국민족문화연구소, 2000, 『가야 각국사의 재구성』, 혜안.

부산대학교 한국민족문화연구소, 2001, 『한국 고대사 속의 가야』, 혜안.

서영교, 2006, 『羅唐戰爭史 硏究』, 아세아문화사.

서의식, 2010, 『新羅의 政治機構와 身分編制』, 혜안.

신종원외, 『익산미륵사와 백제-서탑사리봉안기 출현의 의의』, 일지사.

申采浩, 1983, 『韓國上古史』, 丹齋申采浩先生紀念事業會.

申瀅植, 1981, 『三國史記 硏究』, 一潮閣.

申瀅植, 1984, 『韓國古代史의 新硏究』, 일조각.

申瀅植, 1985a, 『新羅史』, 梨花女大出版部.

申瀅植, 1985b, 『統一新羅史硏究』, 삼지원.

安在鴻, 1947, 『新羅上古史鑑』.

梁柱東, 1957, 『古歌硏究』, 博文出版社.

梁柱東, 1965, 『增訂 古歌硏究』, 一潮閣.

유인선, 2002, 『새로 쓴 베트남의 역사』, 이산.

尹武炳·金鍾徹, 1972, 『文化財의 科學的 保存에 관한 硏究』, 과학기술처.

李基東, 1984, 『新羅骨品制社會와 花郞徒』, 일조각.

李基東, 1997, 『新羅社會史硏究』, 一潮閣.

李基白, 1967, 『國史新論』, 일조각.

이기백, 1974, 『신라정치사회사연구』, 일조각.

李基白, 1990, 『韓國史新論』新修版, 一潮閣.

이문기, 1997, 『신라병제사연구』, 일조각.

이문기, 2015, 『신라하대 정치와 사회연구』, 학연문화사.

이병도, 1976, 『한국고대사연구』, 박영사.

李丙燾, 1977, 『譯註 三國史記』, 을유문화사.

이상훈, 2012, 『나당전쟁연구』, 주류성.

이영호, 2014, 『신라 중대의 정치와 권력구조』, 지식산업사.

李仁哲, 1993, 『新羅政治制度史硏究』, 一志社.

이정숙, 2012, 『신라중고기 정치사회연구』, 혜안.

李鍾旭, 1980, 『新羅上代王位繼承硏究』, 영남대학교출판부.

李鍾旭, 1982, 『新羅國家形成史硏究』, 일조각.

이현혜, 1984, 『삼한사회형성과정연구』, 일조각.

李弘稙, 1971, 『韓國古代史의 硏究』, 신구문화사.

張日圭, 2008, 『최치원의 사회사상 연구』, 신서원.
재단법인 해상왕장보고기념사업회, 2003, 『7~10世紀 韓·中·日 交易關係 資料 譯註』.
조범환, 2018, 『중세로 가는 길목 신라하대사』, 새문안.
趙二玉, 2001, 『統一新羅의 北方進出 硏究』, 서경문화사.
趙芝薰, 1996, 『韓國文化史序說』, 나남문화사.
주보돈, 2018, 『김춘추와 그의 사람들』, 지식산업사.
지배선, 2007, 『중국 속 고구려 왕국 제(齊)』, 더불어책.
채미하, 2008, 『신라 국가제사와 왕권』, 혜안.
천관우, 1991, 『가야사연구』, 일조각.
崔根泳, 1990, 『統一新羅時代의 地方勢力硏究: 新羅의 分裂과 高麗의 民族統一』, 新書苑.
崔鶴根, 1968, 『國語方言硏究』, 서울대학교출판부.
하일식, 2006, 『신라집권적 관료제 연구』, 혜안.
한국고대사연구회, 1995, 『가야사연구-대가야의 정치와 문화-』, 춘추각.
한국상고사학회, 2002, 『대가야와 주변제국』, 경상북도.
한준수, 2012, 『신라 중대 율령정치사연구』, 서경문화사.

강나리, 2018, 「신라 하대 도당유학의 성행과 그 배경」, 『한국고대사연구』 90.
姜鳳龍, 1999, 「統一新羅 州郡縣制의 構造」, 『白山學報』 52.
姜聲媛, 1983, 「新羅時代 叛逆의 歷史的 性格」, 『韓國史硏究』 43.
강재철, 1991, 「'선덕여왕지기삼사'조 설화의 연구」, 『東洋學』 21.
강종훈, 2009, 「포항중성리신라비의 내용과 성격」, 『한국고대사연구』 56.
강진원, 2017, 「신라 하대 종묘와 烈祖元聖王」, 『역사학보』 234.
강진철, 1969, 「新羅의 祿邑에 대하여」, 『李弘稙博士回甲紀念韓國史論叢』.
고부자, 2007, 「신라 왕경인의 의생활」, 『신라 왕경인의 삶-신라문화제학술논문집』 28.
권덕영, 1985, 「신라 외위제의 성립과 그 기능」, 『한국사연구』 50·51.
권덕영, 1991, 「신라 관등 아찬 나마에 대한 고찰」, 『국사관논총』 21.
권덕영, 1996, 「신라 견당사의 나당간 왕복 행로에 대한 고찰」, 『역사학보』 149.
權悳永, 2004, 「金仁問 小傳」, 『文化史學』 21.
권덕영, 2005, 「8, 9세기 '군자국'에 온 당나라 사절」, 『신라문화』 25.
권덕영, 2006, 「나당교섭중에서의 조공과 책봉」, 『한국고대국가와 중국왕조의 조공책봉관계』, 고구려연구재단.
권덕영, 2011, 「신라 '군자국' 이미지의 형성」, 『한국사연구』 153.
權英五, 1995, 「신라하대 원성왕의 즉위과정」, 『釜大史學』 19.
권영오, 2000, 「新羅下代 왕위계승분쟁과 민애왕」, 『韓國古代史硏究』 19.

권영오, 2009, 「신라하대 중기(839~888) 왕위계승과 정국의 안정」, 『지역과 역사』 24.

權五重, 1980, 「말갈의 종족계통에 관한 논의」, 『震檀學報』 49.

김경애, 2006, 「신라 원성왕의 즉위와 하대 왕실의 성립」, 『韓國古代史硏究』 41.

金光洙, 1985, 「張保皐의 政治史的 位置」, 『張保皐의 新硏究』, 莞島文化院.

김기흥, 1996, 「신라의 '수륙겸종' 농업에 대한 고찰」, 『한국사연구』 94.

김기흥, 2000, 「골품제 연구의 현황과 전망」, 『한국고대사논총』 9, 한국고대사회연구소.

김덕원, 2005, 「신라 선덕왕대 김춘추의 외교활동과 정국 동향」, 『新羅史學報』 5.

김덕원, 2007a, 「신라 진덕왕대 김춘추의 대당외교와 관리정비」, 『新羅文化』 29.

김동수, 1982, 「新羅 憲德·興德王代 改革政治)」, 『韓國史硏究』 39.

김두진, 1990, 「신라 진평왕대 초기의 정치개혁」, 『진단학보』 69.

金杜珍, 1994, 「韓國 古代 女性의 地位」, 『韓國史市民講座』 15.

김병곤, 2009, 「진평왕의 즉위와 지증왕계 인물의 동향」, 『한국고대사연구』 56.

金秉模, 1984, 「都市計劃」, 『歷史都市 慶州』, 열화당.

金庠基, 1948, 「古代의 貿易形態와 羅末의 海上發展에 대하여」, 『東方文化交流史論攷』, 乙酉文化社.

金相鉉, 1981, 「萬波息笛說話의 형성과 의의」, 『韓國史硏究』 34.

김선숙, 2007, 「신라경덕왕대(742-765)의 국내외정세와 대일외교」, 『군사』 62.

김선주, 2002, 「고구려 서옥제의 혼인형태」, 『고구려연구』 13.

김선주, 2010, 「신라 사회의 혼인형태와 '서옥제'」, 『역사민속학』 17.

김성규, 2003, 「중국 왕조에서 빈례의 연혁」, 『중국사연구』 23.

金世潤, 1982, 「新羅下代의 渡唐留學生에 대하여」, 『韓國史硏究』 37.

金壽泰, 1983, 「통일신라기 전제왕권의 붕괴와 金邕」, 『歷史學報』 99·100.

金壽泰, 1985, 「신라 선덕왕·원성왕의 왕위계승-원성왕계의 성립과 관련하여」, 『東亞硏究』 6.

김수태, 1991, 「신라 효소왕대 진골귀족의 동향」, 『국사관논총』 24.

김수태, 1992a, 「신라효성왕대 박씨왕비의 재등장」, 『호서사학』 19·20합집.

金壽泰, 1992b, 「新羅 神文王代 專制王權의 확립과 金欽突亂」, 『新羅文化』 9.

김수태, 1999a, 「신라 문무왕대의 대복속정책-백제유민에 대한 관등수여를 중심으로」, 『신라문화』 16.

金壽泰, 1999b, 「羅唐關係의 變化와 金仁問」, 『白山學報』 52.

김수태, 2005, 「2세기말 3세기대 고구려의 왕실 혼인」, 『한국고대사연구』 38.

金壽泰, 2011, 「新羅 惠恭王代 만월부인의 섭정」, 『新羅史學報』 22.

김수태, 2013, 「신라 신문왕대 국왕 친영례의 시행」, 『新羅史學報』 29.

김영관, 2013, 「백제 의자왕 외손 李齊 묘지명에 대한 연구」, 『백제문화』 49.

金永萬, 1990, 「迎日冷水里新羅碑의 語文學的 考察」, 『韓國古代史硏究』 3.

金永萬, 2007, 「신라 지명 喙(훼)와 啄(탁)의 자음상 모순을 어떻게 볼 것인가」, 『地名學』 13.

김영하, 1980, 「新羅中古期의 對中認識」, 『民族文化硏究』 15.

金恩淑, 1997, 「삼국의 정치와 사회 Ⅲ: 신라의 대외관계 – 왜국과의 관계」, 『한국사』 7, 국사편찬위원회.

金在滿, 1983, 「五代와 後三國·高麗初期의 關係史」, 『大東文化硏究』 17.

김재홍, 2007, 「농경의 발전과 고대사회」, 한국고대사학회 편, 『한국고대사 연구의 새동향』, 서경문화사.

金貞培, 1968, 「三韓位置의 從來說과 文化性格의 檢討」, 『史學硏究』 20.

金貞淑, 1984, 「金周元世系의 成立과 變遷」, 『白山學報』 28.

金定慰, 1977, 「中世 이슬람 文獻에 비친 韓國像」, 『韓國史硏究』 16.

金廷鶴, 1982, 「雁鴨池 雜記」 上, 박물관신문, 130호.

김지은, 2007, 「경덕왕대의 대일외교」, 『신라문화』 30.

金昌謙, 1995, 「신라 원성왕의 즉위와 김주원계의 동향」, 『부촌 신연철교수 정년퇴임기념 사학논총』.

김창겸, 2017, 「신라문무왕의 해양의식」, 『탐라문화』 56.

金哲埈, 1956, 「高句麗·新羅의 官階組織의 成立過程」, 『韓國古代社會硏究』, 知識産業社.

김태식, 2003, 「가야사의 범위」, 『한국사』 7(삼국의 정치와 사회 3 – 신라, 가야), 국사편찬위원회.

김태식, 2006, 「중국 남제와의 외교 교섭」, 대가야박물관·계명대학교 한국학연구원, 『대가야 들여다보기』, 경상북도.

김태식, 2007, 「가야」, 한국고대사학회 편, 『한국고대사 연구의 새동향』, 서경문화사.

김한규, 2000, 「전통시대 중국 중심의 동아시아세계질서」, 『역사비평』 50.

김현숙, 1992, 「고구려의 말갈지배에 관한 시론적 고찰」, 『韓國古代史硏究』 6.

김희만, 1990, 「迎日 冷水碑와 新羅의 官等制」, 『경주사학』 9.

김희만, 1992, 「신라 신문왕대의 정치현황과 병제」, 『新羅文化』 9.

김희만, 2003, 「신라의 왕권과 관직제」, 『신라문화』 22.

김희만, 2009, 「포항 중성리신라비와 신라의 관등제」, 『동국사학』 47.

김희만, 2013, 「신라 중위제의 시행과 그 성격」, 『신라문화』 42.

김희만, 2015, 「신라의 관등명 '迊干(湌)'에 대한 검토」, 『한국고대사탐구』 19.

나은주, 2015, 「신라 문무왕대 외위제의 폐지와 지방민 동향」, 『신라사학보』 34.

남정호, 2010, 「의자왕 후기 지배층의 분열과 멸망」, 『백제학보』 4.

盧重國, 1981, 「高句麗·百濟·新羅사이의 力關係變化에 대한 一考察」, 『東方學志』 28.

노중국, 1992, 「영일 냉수리비」, 『역주 한국고대금석문』 제2권, 한국고대사회연구소.

노중국, 1997, 「신라 17관등제의 성립과정」, 『계명사학』 8.

노중국, 2007, 「삼국사기 초기기록과 삼국지 동이전」, 한국고대사학회 편, 『한국고대사 연구의 새동향』, 서경문화사.

노중국, 2010, 「포항중성리비를 통해 본 麻立干시기 신라의 분쟁처리 절차와 六部체제의 운영」, 『한국고대사연구』 59.

盧泰敦, 1975, 「三國時代의 部에 관한 硏究」, 『韓國史論』 2.

盧泰敦, 1989, 「蔚珍鳳坪新羅碑와 新羅의 官等制」, 『韓國古代史硏究』 2.

노태돈, 2010, 「포항중성리신라비와 外位」, 『한국고대사연구』 59.

文暻鉉, 1970, 「新羅國號의 硏究」, 『大丘史學』 2.

文暻鉉, 1983, 「新羅國號의 硏究」, 『新羅史硏究』, 慶北大出版部.

문경현, 1990, 「영일냉수리신라비에 보이는 부의 성격과 정치운영문제」, 『한국고대사연구』 3.

閔德植, 1988, 「買肖城址考」, 『손보기박사정년기념 고고인류학논총』.

박남수, 1987, 「新羅 上古 金氏系의 起源과 登場」, 『慶州史學』 6.

박남수, 1992, 「新羅 和白會議 關係記事의 檢討」, 『하석김창수교수화갑기념사학논총』.

박남수, 2004, 「삼국의 경제와 교역활동」, 『신라문화』 24.

박남수, 2010a, 「포항중성리신라비에 나타난 신라 6부와 관등제」, 『사학연구』 100.

박남수, 2010b, 「포항중성리신라비의 新釋과 지증왕대 정치개혁」, 『한국고대사연구』 60.

박남수, 2012, 「신라 성덕왕대 '상재' 김순정과 대일교섭」, 『新羅史學報』 25.

박남수, 2019, 「『삼국유사』기이편 「내물왕 김제상」·「제18실성왕」조와 신라의 정치과정」, 『신라문화제학술논문집』 40.

박노석, 2013, 「6세기 말 7세기 초 고구려와 말갈의 관계 - 『수서』 말갈전을 중심으로」, 『滿洲硏究』 15.

박대재, 2002, 「삼국지 한전의 진왕에 대한 재인식」, 『한국고대사연구』 26.

朴方龍, 1985, 「都城·城址」, 『韓國史論』 15, 국사편찬위원회.

박순교, 1997, 「진덕왕대 정치개혁과 김춘추의 집권과정」, 『청계사학』 13.

朴泰祐, 1987, 「統一新羅時代의 地方都市에 對한 硏究」, 『百濟硏究』 18.

박해현, 1993, 「신라효성왕대 정치세력의 추이 - 효성왕의 즉위과정을 중심으로」, 『역사학연구』 12.

박해현, 1996, 「新羅 中代의 성립과 神文王의 王權 强化」, 『湖南文化硏究』 24.

박해현, 1997a, 「신라 경덕왕대의 외척세력」, 『한국고대사연구』 11.

박해현, 1997b, 「혜공왕대 귀족세력과 중대 왕권」, 『全南史學』 11.

박해현, 2003, 「신라 성덕왕대 정치세력의 추이」, 『韓國古代史硏究』 31.

박현규, 2007, 「唐昭陵과 乾陵 소재 韓人石像 관찰」, 『韓國古代史硏究』 47.

方善柱, 1963, 「新唐書 新羅傳所載 長人記事에 對하여」, 『史叢』 8.

배근홍, 1999, 「신라 문무왕대 대당교섭술론」, 『신라문화』 16.

拜根興, 2006, 「신라 眞德女王石像 몸통 잔여와 대석 명문의 발견에 대한 일고찰」, 『신라사학보』 7.

卞麟錫, 1966, 「唐宿衛制度에서 본 羅唐關係」, 『史叢』 11.

邊太燮, 1956, 「新羅官等의 性格」, 『歷史敎育』 1.

변태섭, 1964, 「廟制의 변천을 통하여 본 신라사회의 발전과정」, 『역사교육』 8.

서영교, 2001, 「淸海鎭과 西南海岸의 田莊·牧場」, 『STRATEGY』 21.

서영교, 2003, 「문무왕대 왜전의 재설치와 대일외교」, 『전통문화논총』 1.
서영교, 2004, 「신문왕의 혼례의-『고려사』 예지와 비교를 통하여-」, 『白山學報』 70.
서영교, 2005, 「신라 혜공왕대의 성변과 정변」, 『民族文化論叢』 31.
서영교, 2007, 「혜성의 출현과 신라하대 왕위쟁탈전-張保皐 被殺과 관련하여-」, 『역사와 경계』 62.
徐永敎, 2009, 「新羅 侍衛府-警護와 警備의 相異-」, 『한국 고대사연구의 현단계』, 石門 李基東敎授 停年紀念論叢, 주류성.
徐榮洙, 1981, 「三國과 南北朝交涉의 性格」, 『東洋學』 11.
서영일, 2009, 「신라의 국가형성과 발전단계에 따른 방어체계연구」, 『신라문화』 34.
서의식, 1999, 「6~7세기 新羅 眞骨의 家臣層과 外位制」, 『한국사연구』 107.
선석열, 1990, 「영일냉수리신라비에 보이는 관등·관직문제」, 『한국고대사연구』 3.
선석열, 2010, 「중국정사의 말갈 7부와 삼국시기의 말갈」, 『高句麗渤海硏究』 37.
申東河, 1979, 「新羅骨品制의 形成過程」, 『韓國史論』 5.
신선혜, 2018, 「원성왕대 政法典의 개편과 政法治國理念」, 『신라사학보』 43.
신정훈, 2000, 「경덕왕의 왕권강화책의 성격」, 『동서사학』 6·7.
신정훈, 2001, 「新羅 혜공왕대 정치적 추이와 천재지변의 성격」, 『東西史學』 8.
申政勳, 2004, 「신라 원성왕 즉위초의 정치적 추이와 그 성격」, 『白山學報』 68.
신종원, 1987, 「신라오대산 사적과 성덕왕의 즉위배경」, 『최영희선생화갑기념 한국사학논총』, 탐구당.
신종원, 1994, 「『삼국유사』 '효소왕대 죽지랑'조 역주」, 『한국사상사학』 6.
신종원, 2001, 「문무왕과 대왕암」, 『김윤곤교수정년기념논총』, 한국중세사학회.
신현웅, 2005, 「『진서』 진한전 기사의 성격」, 『신라문화』 30.
申瀅植, 1966, 「新羅의 對唐交涉上에 나타난 宿衛」, 『歷史敎育』 9.
申瀅植, 1969, 「宿衛學生考-羅末麗初의 知識人의 動向에 대한 一齣-」, 『歷史敎育』 11·12합.
申瀅植, 1971, 「新羅王位繼承考」, 『柳洪烈博士華甲紀念論叢』.
申瀅植, 1977a, 「新羅史의 時代區分」, 『韓國史硏究』 18.
申瀅植, 1977b, 「무열왕권의 성립과 활동」, 『韓國史論叢』 2.
申瀅植, 1983, 「三國時代 戰爭의 政治的意味」, 『韓國史硏究』 43.
申瀅植, 1985c, 「羅末麗初의 渡唐留學生再論」, 『邊太燮博士華甲紀念韓國史學論叢』.
申瀅植, 1987, 「羅末麗初 渡唐留學生硏究」, 『고대한중관계사의 연구』, 삼지원.
양기석, 1986, 「삼국사기 도미열전 소고」, 『이원순교수화갑기념사학논총』.
양정석, 2010, 「신라 월성의 공간구조 인식에 대한 재검토」, 『史叢』 71.
양종국, 2009, 「웅진도독 부여융과 신라 문무왕의 취리산 회맹지 검토」, 『선사와 고대』 31.
여호규, 2006, 「책봉호 授受를 통해 본 수·당의 동방정책과 삼국의 대응」, 『역사와 현실』 61.
연민수, 2012, 「왜 개신정권의 출현과 김춘추의 사행」, 『新羅史學報』 25.

오성, 1979, 「新羅元聖王系 王位交替」, 『全海宗博士回甲紀念論叢』.

俞元載, 1979, 「『삼국사기』위말갈고」, 『史學研究』 29.

윤병희, 1982, 「新羅下代 均貞系의 王位繼承과 金陽」, 『歷史學報』 96.

윤선태, 1993, 「신라 골품제의 구조와 기반」, 『한국사론』 30, 서울대학교 국사학과.

윤용구, 1998, 「3세기 이전 중국사서에 나타난 한국고대사상」, 『한국고대사연구』 14.

윤용구, 2004, 「삼한과 낙랑의 교섭」, 『한국고대사연구』 34.

윤진석, 2011, 「태종 무열왕 김춘추 재조명」, 『경주문화』 17.

李基東, 1972, 「新羅奈勿王系의 血緣意識」, 『歷史學報』 53·54합.

李基東, 1976, 「新羅下代의 浿江鎭」, 『한국학보』 4.

李基東, 1978, 「新羅官等制度의 成立年代問題와 赤城碑의 發見」, 『史學志』 12.

李基東, 1979a, 「新羅太祖星漢의 問題와 興德王陵碑의 發見」, 『大丘史學』 15·16.

李基東, 1979b, 「新羅下代 賓貢及第者의 出現과 羅唐文人의 交驩」, 『全海宗博士華甲紀念史學論叢』.

이기동, 1980, 「新羅下代의 王位繼承과 政治過程」, 『歷史學報』 85.

이기동, 1991, 「新羅 興德王代 政治와 社會」, 『國史館論叢』 21.

이기동, 1998, 「신라 성덕왕대의 정치와 사회 – '군자국'의 내부사정」, 『歷史學報』 160.

이기동, 2003, 「신라 왕권 연구의 몇 가지 전제」, 『신라문화』 22.

이기동, 2014. 11. 17~21, 「신라인의 '서학' 열풍과 당대 문인과의 교유」, 『第2屆 中韓歷史學家論壇論文集』, 국사편찬위원회·南京大 域外漢籍研究所.

李基白, 1957, 「新羅 私兵考」, 『歷史學報』 9.

李基白, 1962, 「上大等考」, 『역사학보』 19.

李基白, 1972, 「新羅 五岳의 成立과 그 意義」, 『眞檀學報』 33.

이기백, 1993, 「통일신라의 전제정치」, 『한국사상의 정치형태』, 일조각.

李基白, 1995, 「新羅 專制政治의 崩壞過程」, 『學術院論文集』 人文·社會科學篇 34.

이기봉, 2011, 「신라 성덕왕대의 재이와 유교정치」, 『韓國史研究』 152.

이기봉, 2012, 「신라 원성왕대의 재이와 정치·사회적 변동」, 『新羅史學報』 25.

이도학, 2004, 「백제 의자왕대의 정치변동에 대한 검토」, 『동국사학』 40.

李明植, 1992, 「신라 원성왕계의 분기화와 왕권붕괴」, 『중재 장충식박사화갑기념논총』.

李文基, 1986, 「新羅 侍衛府의 成立과 性格」, 『歷史敎育論集』 9.

李文基, 1990, 「統一新羅의 地方官制 硏究」, 『國史館論叢』 20.

이문기, 2004, 「신라 문무왕대의 군사정책에 대하여」, 『역사교육논집』 32.

李文基, 2009, 「포항중성리신라비의 발견과 그 의의」, 『한국고대사연구』 56.

이부오, 2012, 「중국 사서의 서술 맥락을 통해 본 삼국지 한조의 진한과 진왕」, 『신라사학보』 26.

李相勳, 2007, 「唐의 軍事戰略을 통해 본 羅唐戰爭期의 買肖城 戰鬪」, 『新羅文化』 29.

이성봉, 2004, 「신라 문무·신문왕대의 집권정책과 골품제」, 『신라사학보』 15.

李成市, 1991, 「八世紀 新羅·渤海關係の一時角 -『新唐書』新羅傳長人記事の再檢討」, 『學習院雜誌』 92-4.

이영호, 1990, 「新羅 혜공왕대 정변의 새로운 해석」, 『歷史敎育論集』 13·14.

이영호, 1991, 「新羅 혜공왕12년 관제복고의 의미」, 『大丘史學』 39.

이영호, 2009, 「흥해지역과 포항중성리신라비」, 『한국고대사연구』 56.

이영호, 2010, 「金思蘭; 唐을 선택한 망명자」, 『복현사학』 28.

이용현, 2010. 4. 10, 「중성리비의 기초적 검토」, 『제113회 한국고대사학회 정기발표회 발표문』.

이우태, 1997, 「신라의 융성-정치체제의 정비」, 『한국사』 7: 고대의 정치와 사회 Ⅲ-신라·가야, 국사편찬위원회.

李在秀, 1960, 「朴赫居世傳說論考」, 『高秉幹博士頌壽紀念論叢』.

李在云, 1999, 「고운의 생애와 정치활동」, 『崔致遠硏究』, 백산자료원.

이정숙, 1986, 「신라 진평왕대의 정치적 성격」, 『韓國史硏究』 52.

이정숙, 1994, 「진평왕의 즉위를 전후한 정국동향」, 『부산사학』 27.

이종문, 2014, 「복원된 무장사비의 몇가지 문제점」, 『신라사학보』 31.

이종욱, 1974, 「남산신성비를 통하여 본 신라의 지방통치체제」, 『역사학보』 64.

李春植, 1969, 「朝貢의 起源과 意味」, 『中國學報』 10.

이현숙, 1992, 「신라말 어대제의 성립과 운용」, 『사학연구』 43·44.

이현숙, 2002, 「新羅醫學史硏究」, 이화여자대학교 박사학위논문.

이현혜, 1994, 「삼한의 대외교역체계」, 『이기백선생고희기념 한국사학논총』, 일조각.

이호영, 1974, 「신라 중대왕실과 봉덕사」, 『사학지』 8.

임경빈, 1993, 「新羅 眞德女王代의 政治改革 - 武烈王의 卽位와 관련하여 -」, 『북악사론』 3.

任昌淳, 1959, 「辰韓位置攷」, 『史學硏究』 6.

張慶浩, 1984, 「統一新羅時代의 宮殿建築」, 『考古美術』 162·163.

張日圭, 1992, 「新羅末 慶州崔氏 儒學者와 그 活動」, 『史學硏究』 45.

장일규, 2006, 「숭복사비명과 경문왕계 왕실」, 『歷史學報』 192.

장일규, 2009, 「신라 문한직의 설치와 그 변화」, 『韓國學論叢』 31.

張日圭, 2010, 「신라 하대 서남해안 일대 선종산문의 정토신앙과 장보고의 법화신앙」, 『新羅史學報』 18.

張日圭, 2011, 「응렴의 결혼과 그 정치적 의미」, 『新羅史學報』 22.

장일규, 2014, 「신라의 '一統' 인식과 그 영향」, 『新羅史學報』 32.

장일규, 2019, 「신라 문한직과 당 문한직의 관계 -《구당서》를 중심으로-」, 『新羅史學報』 45.

전덕재, 1992, 「신라 녹읍제의 성격과 변동에 관한 연구」, 『역사연구』 창간호.

전덕재, 2000, 「7세기 중반 관직에 대한 관등규정의 정비와 골품제의 확립」, 『한국 고대의 신분제와 관등제』, 아카넷.

전덕재, 2007, 「신라시대의 수리시설과 영천 청제」, 계명사학회 편, 『한·중·일의 고대 수리시설 비교연구』, 계명대학교출판부.

전덕재, 2009, 「포항중성리 신라비의 내용과 신라 6부에 대한 새로운 이해」, 『한국고대사연구』 56.

전덕재, 2010, 「신라의 독서삼품과 한국 과거제도의 前史」, 『한국사시민강좌』.

田蒙秀, 1940, 「新羅의 名義」, 『한글』 77.

전미희, 1993, 「신라 진평왕대 가신집단의 관료화와 그 한계」, 『국사관논총』 48.

전미희, 2000, 「냉수리·봉평비에 보이는 신라 6부의 성격」, 『한국고대사연구』 17.

전미희, 2005, 「신라 하대 골품제의 운영과 변화-흥덕왕대의 규정과 朗慧和尙碑 得難條의 검토를 중심으로」, 『新羅文化』 26.

전봉덕, 1956, 「新羅律令攷」, 『서울대논문집(인문사회과학)』 4.

全海宗, 1966, 「韓中朝貢關係考-韓中關係史의 鳥瞰을 위한 導論-」, 『東洋史學研究』 1.

정병준, 2003, 「李師道 藩鎭의 滅亡에서 張保皐의 登場으로」, 『대외문물교류연구』 2, 해상왕장보고연구회.

정선녀, 2013, 「신라 신문왕대 보덕국민의 반란」, 『역사와 담론』 66.

鄭容淑, 1994, 「新羅 善德王代의 政局動向과 毗曇의 亂」, 『李基白先生古稀紀念韓國史學論叢』 上, 一潮閣.

정재훈, 2001, 「수 문제의 통일지향과 대외정책-서북장족에 대한 대응을 중심으로」, 『중국사연구』 13.

丁仲煥, 1962, 「新羅村落과 六村人의 出自에 대하여」, 『歷史學報』 17·18.

丁仲煥, 1969, 「新羅聖骨考」, 『이홍직박사 회갑기념 한국사학논총』, 신구문화사.

鄭清柱, 1992, 「장보고 관련사료 검토」, 『장보고 해양경영사 연구』, 중앙대학교 동북아연구소.

정호섭, 2004, 「신라의 국학과 학생녹읍」, 『사총』 58.

조동일, 1999, 「책봉체제」, 『문명권의 동질성과 이질성』, 지식산업사.

조범환, 2010a, 「신목태후-신라 중대 효소왕대의 정치적 동향과 신목태후의 섭정」, 『서강인문논총』 29.

조범환, 2010b, 「신라 하대 憲德王의 副君 설치와 그 정치적 의미」, 『震檀學報』 110.

조범환, 2011a, 「왕비의 교체를 통하여 본 효성왕의 정치적 동향」, 『한국사연구』 154.

조범환, 2011b, 「신라 중대 성덕왕대의 정치적 동향과 왕비의 교체」, 『신라사학보』 22.

조법종, 1999, 「신라 문무왕대의 사회정책의 성격 검토」, 『신라문화』 16.

趙榮濟, 1983, 「新羅上古 伊湌 伊伐湌에 대한 一考察」, 『釜山史學』 7.

조이옥, 1990, 「신라 성덕왕대 대당외교정책연구」, 『이화사학연구』 19.

조이옥, 1992, 「통일신라시대의 말갈연구」, 『梨大史苑』 26.

조이옥, 1993, 「통일신라 경덕왕대 전제왕권과 녹읍에 대한 재해석」, 『동양고전연구』 1.

조이옥, 2000, 「8세기 전반 신라의 대발해 공격과 패강」, 『동양고전연구』 14.

조이옥, 2006, 「『新唐書』新羅傳長人記事의 長人國-新羅의 靺鞨認識과 관련하여」, 『지역과 역사』 19.

조이옥, 2010, 「한국고대사의 주변: 말갈에 대한 연구현황과 문제점」, 『온지논총』 24.

조재영, 1998, 「五穀의 개념과 그 중시의 배경」, 『민속연구』 8.

趙芝薰, 1955, 「新羅國號硏究論考」, 『高麗大五十周年紀念論文集』.

주보돈, 1979, 「신라 중고의 지방통치조직에 대하여」, 『한국사연구』 23.

주보돈, 1986, 「신라 중고기 촌락구조에 대하여(I)」, 『경북사학』 9.

주보돈, 1989, 「울진봉평신라비와 법흥왕대 율령」, 『한국고대사연구』 2.

주보돈, 1990, 「6세기 초 신라왕권의 위상과 관등제의 성립」, 『역사교육논집』 13·14.

朱甫暾, 1994, 「毗曇의 亂과 善德王代 政治運營」, 『이기백선생고희기념 한국사학논총』 상.

주보돈, 1998, 「신라 국호의 확정과 민의식의 성장」, 『신라 지방통치체제의 정비과정과 촌락』, 신서원.

주보돈, 2002, 「진·변한의 성립과 전개」, 『진·변한사연구』, 계명대학교 한국학연구원.

주보돈, 2006, 「신라의 부와 부체제」, 『부대사학』 30.

주보돈, 2009, 「신라 골품제 연구의 새로운 경향과 과제」, 『한국고대사연구』 54.

주보돈, 2010, 「浦項 中城里新羅碑에 대한 硏究 展望」, 『한국고대사연구』 59.

차미희, 2000, 「통일신라의 관인 교육과 선발」, 『최숙경교수정년기념사학논총』.

채미하, 2000, 「신라 혜공왕대 오묘제의 개정」, 『韓國史硏究』 108.

채미하, 2004, 「신라의 오묘제 시정과 신문왕권」, 『白山學報』 70.

채미하, 2006, 「신라 중대 오례와 왕권 - 오례 수용을 중심으로」, 『한국사상사학』 27.

채미하, 2012a, 「신라 흉례의 수용과 그 의미」, 『한국사상사학』 42.

채미하, 2012b, 「한국 고대의 죽음과 상·제례」, 『한국고대사연구』 65.

채미하, 2013a, 「한국고대의 궁중의례」, 『사학연구』 112.

채미하, 2013b, 「신라 흥덕왕대의 정치와 儀禮」, 『新羅文化』 42.

채미하, 2014, 「신라의 가례 수용과 운용」, 『한국고대사탐구』 18.

千寬宇, 1975, 「三韓의 成立過程」, 『史學硏究』 26.

천관우, 1976a, 「진·변한제국의 위치 시론」, 『백산학보』 20.

千寬宇, 1976b, 「三韓의 國家形成(上)」, 『韓國學報』 2.

千寬宇, 1979, 「目支國考」, 『한국사연구』 24.

崔炳云, 1982, 「서기 2세기경 新羅의 領域擴大」, 『全北史學』 6.

최의광, 2009, 「신라 원성왕의 왕위계승과 국인」, 『韓國史學報』 37.

최재석, 1999, 「신라 문무왕대의 대당, 대일정책」, 『한국학보』 95, 일지사.

최홍조, 1999, 「신문왕대 김흠돌난의 재검토」, 『大丘史學』 58.

최홍조, 2004, 「新羅 哀莊王代의 政治變動과 金彦昇」, 『韓國古代史硏究』 34.

하일식, 2000, 「신라 경위 관련 사료와 경위의 기원문제」, 『한국 고대의 신분제와 관등제』, 아카넷.

河日埴, 2001, 「三國統一後 新羅 支配體制의 推移」, 『韓國古代史硏究』 23.

하일식, 2003, 「통일신라의 나당교류와 당 관제의 수용」, 『강좌 한국고대사』 4, 가락국사적개발연구원.

한규철, 1988, 「고구려시대의 말갈연구」, 『釜山史學』 14·15합.

한준수, 2010, 「신라 진덕여왕대 당제의 수용과 체제정비」, 『한국학논총』 34.

한준수, 2011, 「신라 성덕왕대 균전토지제의 시행과 체제정비」, 『한국학논총』 35.

한준수, 2014, 「신라 중대 국학의 설치와 운용」, 『한국고대사탐구』 17.

홍승우, 2004, 「신라율의 기본성격」, 『한국사론』 50.

황보은숙, 2009, 「금성의 위치 비정」, 『新羅文化』 34.

黃渭周, 1991, 「文館詞林의 實體」, 『韓國의 哲學』 19.

今西龍, 1970, 『新羅史硏究』, 圖書刊行社.

唐代史硏究會編, 1979, 『隋唐帝國と東アジア世界』, 汲古書院.

藤島亥治郞, 1930, 『朝鮮建築史論』.

末松保和, 1954, 『新羅史の諸問題』, 東洋文庫.

濱田耕策, 2002, 『新羅國史の硏究』, 吉川弘文館.

井上秀雄, 1974, 『新羅史基礎硏究』, 東出版.

坂元義種, 1978, 『古代東アジアの國際關係』, 吉川弘文館.

岡田英弘, 1951, 「新羅國記と大中遺事について」, 『朝鮮學報』 2.

宮崎市定, 1959, 「三韓時代の位階制について」, 『朝鮮學報』 14.

今西龍, 1920, 「加羅疆域考」, 『史林』 5-1.

今西龍, 1922, 「新羅骨品考」, 『史林』 7-1.

藤田亮策, 1932, 「慶州金仁問墓碑の發見」, 『靑丘學叢』 7.

藤田亮策, 1953, 「新羅九州五京攷」, 『朝鮮學報』 5.

末松保和, 1948, 「朝鮮古代諸國の開國傳說と國姓について」, 『歷史』 1·2·3·4.

木村誠, 1976a, 「6世紀新羅における骨品制の成立」.

木村誠, 1976b, 「新羅郡縣制の確立過程と村主制」, 『朝鮮史硏究會論文集』 13.

木村誠, 1977, 「新羅の宰相制度」, 『東京都立大 人文學報』 118.

木村誠, 1986, 「統一新羅の骨品制-新羅華嚴經寫經跋文の硏究」, 『人文學報』 185.

武田幸男, 1975a, 「新羅骨品制の再檢討」, 『東洋文化硏究所紀要』.

武田幸男, 1975b, 「新羅興德王代の色服·車騎·器用·屋舍制-とくに唐制との關聯を中心として-」, 『博士還曆記念東洋史論叢』, 山川出版社.

武田幸男, 1977, 「金石文資料からみた新羅官位制」, 『江上波夫教授古稀記念論叢-歷史篇』.

武田幸男, 1990, 「新羅六部와 그 展開」, 『碧史李佑成敎授 停年退職記念論叢 民族史의 展開와 그 文化』 上.

濱田耕策, 1980a, 「新羅の國學と遣唐留學生」, 『呴沫學』 2.

濱田耕策, 1980b, 「新羅の聖德大王神鐘と中代の王室」, 『呴沫集』 3.

濱田耕策, 1984, 「新羅の祀典と名山大川の祭祀」, 『呴沫集』 4.

三池賢一, 1970, 「新羅官位制度」(上), 『法政史學』 220.

井上秀雄, 1962, 「新羅政治體制の變遷過程-門閥貴族の集團支配と專制王權」, 『古代史講座』 4, 學生社.

曾野壽彦, 1955, 「新羅の十七等の官位成立の年代についての一考察」, 『東京大學敎養學部人文科學科紀要』 5.

池內宏, 1960, 「新羅の骨品制と王統」, 『滿鮮史硏究』 上世 第2冊, 吉川弘文館.

坂元義種, 1968, 「五世紀の百濟大王とその王・侯」, 『朝鮮史硏究會論文集』 4.

高明士, 1983, 「唐代東亞敎育圈的形成-東亞世界形成史的一側面-」, 『從天下秩序看古代的中韓關係』.

Jamieson. John. C., 1969, 「羅唐同盟의 瓦解」, 『歷史學報』 44.

Yang, Lien-Shen, 1960, 「Hostages in Chinese History」, 『Studies in Chinese Institutional History』.

동북아역사 자료총서 40

譯註 中國 正史 東夷傳 4
晉書~新五代史 新羅

초판 1쇄 인쇄 2020년 11월 20일
초판 1쇄 발행 2020년 11월 30일

엮은이   동북아역사재단 한국고중세사연구소
펴낸곳   동북아역사재단

등 록   제312-2004-050호(2004년 10월 18일)
주 소   03739 서울시 서대문구 통일로 81 NH농협생명빌딩
전 화   02-2012-6065
팩 스   02-2012-6189
홈페이지 www.nahf.or.kr

ⓒ 동북아역사재단, 2020

ISBN   978-89-6187-576-9 94910
       978-89-6187-528-8 (세트)

• 이 책의 출판권 및 저작권은 동북아역사재단이 가지고 있습니다.
  저작권법에 의해 보호를 받는 저작물이므로 어떤 형태나 어떤 방법으로도
  무단전재와 무단복제를 금합니다.

• 책값은 뒤표지에 있습니다. 잘못된 책은 바꾸어 드립니다.